澳门中产阶层现状探索

Exploration
on the Situation of
the Middle Class in Macau

陈昕 萧志伟 赵联飞 著

中国社会科学出版社

图书在版编目（CIP）数据

澳门中产阶层现状探索／陈昕等著.—北京：中国社会科学出版社，2019.3

（台港澳研究丛书／黄平，赵剑英主编）

ISBN 978 - 7 - 5203 - 3926 - 1

Ⅰ.①澳… Ⅱ.①陈… Ⅲ.①中等资产阶级—研究报告—澳门 Ⅳ.①D676.59

中国版本图书馆 CIP 数据核字（2019）第 000206 号

出 版 人	赵剑英
责任编辑	喻　苗
特约编辑	李凯凯
责任校对	周　昊
责任印制	王　超

出　　版	中国社会科学出版社
社　　址	北京鼓楼西大街甲 158 号
邮　　编	100720
网　　址	http://www.csspw.cn
发 行 部	010 - 84083685
门 市 部	010 - 84029450
经　　销	新华书店及其他书店
印　　刷	北京明恒达印务有限公司
装　　订	廊坊市广阳区广增装订厂
版　　次	2019 年 3 月第 1 版
印　　次	2019 年 3 月第 1 次印刷
开　　本	710×1000 1/16
印　　张	26
插　　页	2
字　　数	431 千字
定　　价	99.00 元

凡购买中国社会科学出版社图书，如有质量问题请与本社营销中心联系调换
电话：010 - 84083683
版权所有　侵权必究

台港澳研究丛书

顾问委员会

陈佐洱　陈德铭　陈云林

编　委　会

主　　编	黄　平	赵剑英		
编　　委	陈　多	陈永浩	房　宁	黄仁伟
	李　林	陶文钊	汪　晖	王绍光
	许世铨	张海鹏	张曙光	周建明
	周志怀			

总　　序

在中华民族伟大复兴的过程中，台港澳问题的妥善解决和处理，具有至关重要的现实意义。

中国共产党十一届三中全会后，与改革开放以及中美建交相伴随，全国人大常委会发表了《告台湾同胞书》，提出了和平统一祖国的基本方针，阐述了缓和、改善和发展两岸关系的一系列政策主张；1981年10月1日，全国人大常务委员会委员长叶剑英向新华社记者提出"有关和平统一台湾的九条方针政策"；1983年6月25日，邓小平进一步阐述了实现两岸和平统一的六条具体构想，形成了"一国两制"方针的总体框架。

香港、澳门回归祖国以来，走上了同内地优势互补、共同发展的道路，"一国两制"的具体实践提出了如何妥善处理一国和两制内在关联的理论要求。与此同时，两岸关系在经历了1995年以来的四次台海危机后，也于2008年后进入了和平发展的新时期。如何把握在"一国两制"下同一国家内部不同制度所必然产生的冲突碰撞、互相磨合、平等相处和长期共存的问题？如何把握台湾地区民意与政党政治的发展趋势，维护两岸关系和平发展的局面？如何处理两岸民间交流和政治对话的关系，以"一国两制"的台湾模式规范两岸在统一前的政治关系，从而保障两岸关系和平发展与最终和平统一的"无缝链接"？如何理解"一国两制"构想对当今世界上的民族国家理论和制度发展理论的贡献？这些都是台港澳研究领域所面临的重大理论问题。

随着两岸军事对峙局面的缓解，中英谈判、中葡谈判的顺利推进，港澳地区的相继回归以及近年来两岸关系的和平发展，台港澳研究逐渐成为中国社会科学领域的一门"显学"。35年以来，许多研究机构和高等院校纷纷成立了台港澳或台湾研究机构（中心、所、院），已经发表了一大批有关台港澳政治、经济、社会、文化、教育、历史等方面的优秀成果，编辑出版了《台、港、澳研究》双月刊。九州出版社出版的涉台研究图片400余种，内容涉及台湾地区政治、经济、军事、法律、历史、文化及两岸关系等方面，包括《民进党研究丛书》《"台独"研究丛书》《清代台湾军事与社会》《两岸关系和平发展研究丛书》及《两岸经济一体化研究丛书》等具有较高学术价值或政策参考的著作。经过长年的知识积累，台港澳研究领域汇集了一批具有不同学科背景的专家学者，包括海外学成归来的人员和青年学者，不同年龄段的研究人员在知识结构和学科训练等方面难免存在较大差异，学术规范和方法有待进一步界定。

　　台港澳研究具有很强的现实性和政策应用性。作为区域性综合研究，其知识结构、理论体系和研究方法涉及政治学、法学、经济学、社会学、宗教学、历史学、文学、教育学等人文社会科学诸多领域。如何系统地总结既有的研究成果，做好台港澳研究的学术传承工作，加强不同学科间的对话，把台港澳研究建设成为一门坚实的特色学科，是一项刻不容缓的任务，也是我们出版这一套台港澳系列丛书的初衷。我们希望，通过这一套丛书的编辑出版，为有志于在台港澳研究领域深度耕耘的学者专家提供一块新的理论园地，加强台港澳研究的前瞻性和应用性，为在中华民族伟大复兴过程中实现国家的完全统一，提供责无旁贷的智力支持和决策参考。

　　是为序。

目 录

前 言 …………………………………………………………… (1)

增补版前言 …………………………………………………… (1)

第一章 中产阶层研究的概念和理论 ……………………… (1)
 第一节 术语的迷思 ……………………………………… (1)
 第二节 中产阶层（级）研究的理论溯源 ……………… (4)
 第三节 既有的澳门中产阶层（中等收入阶层）研究回顾 …… (8)
 第四节 对分析澳门中产阶层的思考 …………………… (11)

第二章 澳门中产（中等收入）阶层基本状况 …………… (14)
 第一节 澳门中产阶层的兴起和发展 …………………… (14)
 第二节 异质化的中产阶层 ……………………………… (19)

第三章 澳门中产（中等收入）阶层的认知和认同 ……… (27)
 第一节 对中产阶层的认知状况 ………………………… (27)
 第二节 中产阶层身份的认同状况 ……………………… (46)
 第三节 本章小结 ………………………………………… (60)

第四章 澳门中产（中等收入）阶层规模估计 …………… (62)
 第一节 估计中产阶层（中等收入阶层）规模的几个问题 …… (62)
 第二节 基于学理角度的中产阶层规模分析 …………… (65)
 第三节 对中产阶层（中等收入阶层）规模多种估计的讨论 …… (91)

第四节　本章小结 ………………………………………… (100)

第五章　澳门中等收入阶层的民生状况 ………………………… (102)
　　第一节　总的社会评价 …………………………………… (102)
　　第二节　就业 ……………………………………………… (109)
　　第三节　社会保障 ………………………………………… (145)
　　第四节　住房 ……………………………………………… (153)
　　第五节　医疗 ……………………………………………… (177)
　　第六节　教育 ……………………………………………… (189)

第六章　澳门中产阶层的社会政策关注 ………………………… (200)
　　第一节　澳门中产阶层概况 ……………………………… (200)
　　第二节　老中产阶层 ……………………………………… (207)
　　第三节　新中产阶层 ……………………………………… (212)
　　第四节　边缘中产阶层 …………………………………… (217)

第七章　澳门各阶层居民的社会政治参与 ……………………… (224)
　　第一节　回归前后澳门社团的变迁 ……………………… (225)
　　第二节　澳门居民与社团 ………………………………… (229)
　　第三节　澳门居民与政府 ………………………………… (234)
　　第四节　澳门社团与政府的关系 ………………………… (244)

第八章　澳门中产阶层与经济—社会发展 ……………………… (248)
　　第一节　澳门经济—社会发展对中产阶层的影响 ……… (249)
　　第二节　澳门中产阶层对经济—社会发展的影响 ……… (267)

第九章　澳门中产阶层规模的变动 ……………………………… (277)
　　第一节　澳门中产阶层规模的扩张（2011—2016） …… (277)
　　第二节　对现时澳门中产阶层规模的估计 ……………… (281)

第十章 澳门政治参与环境变化 (284)
第一节 经济和社会发展背景 (284)
第二节 政治大气候和周边环境的影响 (293)
第三节 网络的发展和在线政治的流行 (299)

第十一章 澳门中产阶层政治参与的特点 (303)
第一节 2012年以来中产阶层政治参与主要事件回顾 (303)
第二节 新中产阶层政治参与主要特点 (315)

第十二章 未来澳门中产的政治参与展望 (329)
第一节 对澳门第六届立法会直选议员选举的观察 (329)
第二节 对澳门第六届立法会直选议员参选政纲的分析 (335)
第三节 对未来澳门中产阶层政治参与的展望 (339)

第十三章 主要政策建议 (342)
第一节 全面推进民生建设 (342)
第二节 培养专业人才，促进中产阶层发育成长 (344)
第三节 完善沟通与政治参与机制 (345)
第四节 长期政策 (347)

结　语 (349)

附录A 课题组成员名单 (352)

附录B 拜访的政府部门、社区和社团名录 (353)

附录C 部分SPSS输出结果 (355)

参考文献 (379)

图表目录

图 2—1　澳门不同职业就业人数变化（1996—1999） ………… （16）
图 2—2　澳门不同职业就业人员数量（1999—2002） ………… （17）
图 2—3　澳门不同职业就业人数（1996—2012） ……………… （19）
图 2—4　澳门专业人员、公务管理人员、技术员及辅助专业
　　　　 人员占就业人口比例（1996—2012） ………………… （21）
图 2—5　澳门制造业整体、纺织业以及制衣业经营场所数量
　　　　 变化（1994—2011） …………………………………… （22）
图 2—6　澳门制造业整体、纺织业以及制衣业从业人数
　　　　 变化（1994—2011） …………………………………… （23）
图 2—7　澳门教师、医生数量及专业人员总数变化情况
　　　　（1996—2010） …………………………………………… （24）
图 2—8　澳门博彩业和制造业的就业人口变化
　　　　（1998—2010） …………………………………………… （26）
图 3—1　认同和不认同自身为中产阶层人士的年龄分布 ……… （58）
图 4—1　中等收入阶层暨中产阶层示意图 ……………………… （95）
图 5—1　澳门物价指数变动情况（2009—2012） ……………… （106）
图 5—2　澳门全职雇员对工作满意度的评价总体情况 ………… （127）
图 5—3　澳门居民对有关外劳问题的看法汇总情况 …………… （133）
图 5—4　澳门各类教育机构数量变动情况（1990—2009） …… （189）
图 8—1　澳门博彩业税收增长情况（2000—2010） …………… （252）
图 8—2　澳门中小企业主对有关澳门中小企业现状说法的
　　　　 态度 ……………………………………………………… （262）

图 9—1	澳门非博彩税收、经常性公共收入以及非博彩税收占比（2002—2016）	(278)
图 9—2	澳门工业生产指数及对外贸易指数变动趋势（2000—2016）	(279)
图 9—3	澳门各行业直接投资变化情况（2003—2016）	(280)
图 9—4	2010年以来澳门劳动力增加总体情况和中产阶层重点分布行业的增加情况对比	(281)
图 9—5	对澳门现时中产阶层规模的估计（2010—2016）	(282)
图 10—1	澳门2012年以博彩业毛收入的变化趋势	(285)
图 10—2	澳门道路行车线及车辆保有量的增长情况（1999—2016）	(289)
表 1—1	2001年发达国家白领与蓝领劳动者占经济活动人口比例	(3)
表 3—1	澳门居民知晓"中产阶层"或"中产阶级"的说法情况	(27)
表 3—2	不同年龄组的澳门居民知晓"中产阶层"或"中产阶级"说法的情况	(28)
表 3—3	不同性别的澳门居民知晓"中产阶层"或"中产阶级"说法的情况	(29)
表 3—4	不同受教育程度的澳门居民知晓"中产阶层"或"中产阶级"说法的情况	(30)
表 3—5	不同工作状态的澳门居民知晓"中产阶层"或"中产阶级"说法的情况	(31)
表 3—6	不同职业的澳门居民知晓"中产阶层"或"中产阶级"说法的情况	(32)
表 3—7	不同层级的全职工作人士知晓"中产阶层"或"中产阶级"说法的情况	(33)
表 3—8	不同身份的澳门居民知晓"中产阶层"或"中产阶级"说法的情况	(34)
表 3—9	您认为，判断一个人是不是中产阶层人士要不要看他的教育文化程度	(38)

表3—10	中产阶层人士应该具备的最低文化程度	(39)
表3—11	中产阶层人士是不是一定要有自己的房子	(40)
表3—12	中产阶层是否一定要在澳门有房子	(40)
表3—13	中产阶层人士的房子是否可以是经屋	(41)
表3—14	中产阶层人士住房是否可以没有还完贷款	(41)
表3—15	没有房但可以在近期交上首付是否可以算中产	(42)
表3—16	交上首付的最晚期限	(42)
表3—17	澳门居民心目中，中产阶层人士的月收入	(42)
表3—18	澳门居民心目中的中产阶层家庭月收入	(43)
表3—19	家庭人口和中产阶层家庭最低收入标准之间的交互分析	(45)
表3—20	澳门居民对自身中产阶层身份的认同	(46)
表3—21	个人收入状况与中产自我认同的关系	(47)
表3—22	住房拥有情况与中产自我认同的关系	(49)
表3—23	个人受教育程度与中产自我认同的关系	(50)
表3—24	工作状态与中产阶层身份认同	(51)
表3—25	职业与中产阶层身份认同之间的关系	(53)
表3—26	行业与中产阶层身份认同之间的关系	(54)
表3—27	认同自身为中产阶层人士的年龄分布	(56)
表3—28	认同自身为中产阶层人士的性别分布	(58)
表3—29	认同自身为中产阶层人士的婚姻状况	(59)
表3—30	认同自身为中产阶层人士的学历分布	(60)
表4—1	被调查家庭的基本情况	(66)
表4—2	12个家庭的每月收入支出明细	(68)
表4—3	根据收入和支出情况对家庭的分类	(69)
表4—4	家庭财务模型分析	(73)
表4—5	澳门不同职业人员的月均收入中位数（1996—2010）	(76)
表4—6	2010年澳门各职业群体月入1万元以上的群体数量估计	(79)
表4—7	澳门统计暨普查局公布的澳门居民收入分布	(81)
表4—8	澳门居民2012年年收入	(82)

表4—9	澳门居民家庭2012年收入情况	(83)
表4—10	中产阶层家庭最低收入标准与家庭实际收入的交互分析（N=604）	(84)
表4—11	不同家庭户规模的收入分布（N=986）	(85)
表4—12	澳门居民家庭的恩格尔系数	(87)
表4—13	家庭收入和恩格尔系数的交互分析（N=600）	(88)
表4—14	个人实际年收入与中产阶层个人最低收入标准的交互分析（N=606）	(90)
表4—15	工作状态和个人收入情况的交互分析（N=986）	(92)
表4—16	多种中产阶层（中等收入阶层）规模估计的结果	(93)
表4—17	澳门中产阶层的分布（包含学生）	(97)
表4—18	澳门中等收入人士和中产阶层人士的交互分析（含学生）	(98)
表4—19	中国澳门、香港以及美国的中产阶层和中等收入阶层比例	(99)
表5—1	澳门居民的幸福观	(102)
表5—2	不同收入层次居民的幸福感	(103)
表5—3	澳门居民对政府在稳定物价方面的表现评价	(104)
表5—4	不同收入阶层对政府物价的满意程度	(105)
表5—5	物价上涨对澳门居民压力最大的三个方面	(106)
表5—6	物价上涨对不同阶层影响最大的三个方面	(107)
表5—7	澳门居民是否担心未来一年自己会失业	(110)
表5—8	不同收入阶层的全职雇员对就业安全的感受	(111)
表5—9	不同职业的全职雇员担心未来一年面临失业的状况	(112)
表5—10	在澳门找到一份满意工作的难度	(113)
表5—11	找到一份满意工作较难的原因	(114)
表5—12	不同收入阶层人士认为找好工作困难的原因	(114)
表5—13	不同身份的人士认为找好工作困难的原因	(115)
表5—14	澳门全职雇员获得专业职业资格认证的情况	(116)
表5—15	全职雇员获得证书的种类	(116)
表5—16	不同收入层次的雇员获得专业资格证书的情况	(118)

表5—17	全职雇员对专业资格认证制度重要性高低的看法	(118)
表5—18	不同收入阶层的雇员对专业资格认证制度重要性的看法	(119)
表5—19	不同职业的雇员对专业资格认证制度重要性的看法	(120)
表5—20	对收入水平的满意度	(121)
表5—21	不同收入阶层对工作收入水平的满意度	(121)
表5—22	对职业发展前景的满意度	(122)
表5—23	不同收入阶层对职业发展前景的满意度	(122)
表5—24	对受人尊重程度的满意度	(123)
表5—25	不同收入阶层对工作受人尊重程度的满意度	(124)
表5—26	对工作辛苦程度的满意程度	(124)
表5—27	不同收入阶层对工作辛苦程度的满意度	(125)
表5—28	对工作趣味性的满意程度	(125)
表5—29	不同收入群体对工作趣味性的满意程度	(126)
表5—30	全职雇员目前参加培训的情况	(128)
表5—31	过去两年参加培训的情况	(128)
表5—32	未来两年内有无参加培训工作的计划	(128)
表5—33	过去两年参加培训情况和未来两年参加培训计划的交互分析	(129)
表5—34	不同收入阶层参加培训的情况	(130)
表5—35	是否知道澳门存在外劳的情况	(130)
表5—36	对"外劳给澳门带来了人力资源支持,促进了澳门经济的发展"说法的同意程度	(131)
表5—37	对"外来劳动力压低了本地劳动力的工资"说法的同意程度	(131)
表5—38	对"本地人就业好坏和外劳关系不大,关键取决于自身的竞争力"说法的同意程度	(132)
表5—39	对"外劳占据了大多数高级职位,导致本地人得不到发展"说法的同意程度	(133)

表5—40	不同收入阶层"外劳给澳门带来了人力资源支持,促进了澳门经济的发展"说法的同意程度	（134）
表5—41	不同收入阶层对"外来劳动力压低了本地劳动力的工资"说法的同意程度	（135）
表5—42	不同阶层对"本地人就业好坏和外劳关系不大,关键取决于自身的竞争力"说法的同意程度	（136）
表5—43	不同阶层对"外劳占领了大多数高级职位,导致本地人得不到发展"说法的同意程度	（137）
表5—44	不同身份居民对"外劳给澳门带来了人力资源支持,促进了澳门经济的发展"说法的同意程度	（138）
表5—45	不同身份居民对"外来劳动力压低了本地劳动力的工资"说法的同意程度	（139）
表5—46	不同身份居民对"本地人就业好坏和外劳关系不大,关键取决于自身的竞争力"说法的同意程度	（140）
表5—47	不同身份居民对"外劳占据了大多数高级职位,导致本地人得不到发展"说法的同意程度	（141）
表5—48	外劳的职级分布	（142）
表5—49	澳门居民对政府就业工作的满意度（不含不兼职的学生和雇主）	（142）
表5—50	不同收入阶层对政府就业工作的满意度	（143）
表5—51	不同身份居民对政府就业工作的满意度	（144）
表5—52	澳门居民参加社会保障的情况	（147）
表5—53	不同收入阶层参加社会保障的情况	（147）
表5—54	不同身份的居民参加社会保障的情况	（148）
表5—55	澳门居民为了社会保障采取的措施	（149）
表5—56	不同收入阶层的人士为了社会保障采取的措施	（149）
表5—57	澳门居民知晓双层式社会保障的情况	（150）
表5—58	不同身份的居民对双层式社会保障的认知	（150）
表5—59	不同收入阶层对双层式社会保障的认知	（151）
表5—60	澳门居民对当前社会保障制度的总体满意度	（151）

表 5—61	不同身份的居民对当前社会保障制度的总体满意度	（152）
表 5—62	不同收入阶层对当前社会保障制度的总体满意度	（153）
表 5—63	符合社会房屋申请的情况	（155）
表 5—64	符合经济房屋申请的情况	（155）
表 5—65	不同收入阶层符合社会房屋申请条件的情况	（156）
表 5—66	不同收入阶层符合经济房屋申请条件的情况	（157）
表 5—67	居住房子的来源	（157）
表 5—68	不同收入阶层居住房子的来源	（158）
表 5—69	租房居住的租金	（158）
表 5—70	租金的分布情况	（159）
表 5—71	不同收入阶层的住房租金情况	（159）
表 5—72	租金占家庭收入的情况	（161）
表 5—73	不同收入阶层租金占比分组情况	（161）
表 5—74	拥有自置住房的情况	（162）
表 5—75	不同收入阶层在澳门拥有自置住房的情况	（163）
表 5—76	不同身份群体在澳门拥有自置住房的情况	（163）
表 5—77	拥有自置住房的套数	（164）
表 5—78	不同收入阶层拥有住房的数量	（164）
表 5—79	居民拥有住房的性质	（165）
表 5—80	不同收入阶层拥有的住房性质	（165）
表 5—81	是否拥有商铺	（166）
表 5—82	不同收入阶层拥有商铺的情况	（166）
表 5—83	在澳门之外拥有住房的情况	（167）
表 5—84	不同收入阶层在澳门之外拥有住房的情况	（167）
表 5—85	控制居民身份后的收入水平与在外地有无住房的关系	（168）
表 5—86	住房和商铺的资产总值	（169）
表 5—87	不同收入阶层拥有的住房和商铺的资产总值	（169）
表 5—88	是否为住房或商铺供按揭	（171）
表 5—89	不同收入阶层供贷款的情况	（171）

表5—90	控制居民身份后不同收入阶层供贷款的情况	(172)
表5—91	每月按揭的多少	(173)
表5—92	不同收入阶层供按揭的情况	(173)
表5—93	按揭的占比	(174)
表5—94	不同收入阶层按揭的占比	(175)
表5—95	供按揭年数	(176)
表5—96	不同收入阶层按揭年数的比较	(176)
表5—97	供款年数的分组情况	(176)
表5—98	最经常的看病地点	(179)
表5—99	不同收入阶层看病地点的选择	(180)
表5—100	公立医疗机构和私立医疗机构的选择	(180)
表5—101	不同收入阶层对公立和私立医疗机构的选择	(181)
表5—102	公立医院和私立医院在业务水平方面的比较	(181)
表5—103	不同收入阶层对公立医院和私立医院在业务水平方面的比较	(182)
表5—104	公立医院和私立医院在服务态度方面的比较	(182)
表5—105	不同收入阶层对公立医院和私立医院在服务态度方面的比较	(183)
表5—106	公立医院和私立医院在设施方面的比较	(183)
表5—107	不同收入阶层对公立医院和私立医院在设施方面的比较	(184)
表5—108	公立医院和私立医院在办事效率方面的比较	(184)
表5—109	不同收入阶层对公立医院和私立医院在办事效率方面的比较	(185)
表5—110	公立医院和私立医院在等待就诊时间方面的比较	(185)
表5—111	不同收入阶层对公立医院和私立医院在等待就诊时间方面的比较	(186)
表5—112	对医疗补贴券的态度	(187)
表5—113	不同收入阶层对医疗补贴券的态度	(187)
表5—114	澳门居民对医疗服务的总体满意度	(188)
表5—115	不同收入阶层对医疗服务的总体满意度	(188)

表 5—116	有儿童入托的家庭比例	（190）
表 5—117	对托儿所的总体满意度	（190）
表 5—118	不同收入阶层对托儿所服务的总体满意度	（191）
表 5—119	有儿童在幼儿园的家庭比例	（192）
表 5—120	对幼儿园的总体满意度	（192）
表 5—121	不同收入阶层对幼儿园服务的总体满意度	（192）
表 5—122	有孩子在小学的家庭比例	（193）
表 5—123	对小学的总体满意度	（193）
表 5—124	不同收入阶层对小学教育的总体满意度	（194）
表 5—125	有孩子（包括本人）在中学的比例	（194）
表 5—126	对中学的总体满意度	（195）
表 5—127	不同收入阶层对中学教育的总体满意度	（195）
表 5—128	希望子女或本人读大学的地方	（196）
表 5—129	不同收入阶层希望子女或本人读大学的地方	（197）
表 5—130	对澳门地区教育的总体满意度	（197）
表 5—131	不同收入阶层对澳门地区教育的总体满意度	（198）
表 6—1	不同类型中产阶层的年龄分布比较	（201）
表 6—2	不同类型中产阶层的性别分布比较	（202）
表 6—3	不同类型中产阶层的婚姻状况分布	（203）
表 6—4	不同类型中产阶层的居住身份对比	（204）
表 6—5	澳门居民的社会关注	（205）
表 6—6	不同阶层的澳门居民的社会关注	（206）
表 6—7	不同阶层人士对自身职业发展前景的满意度	（217）
表 6—8	不同阶层人士担心自己未来一年失业的比例	（218）
表 6—9	不同阶层参加培训和进修学习的情况	（219）
表 6—10	不同阶层未来两年内参加学习的计划	（219）
表 6—11	不同阶层获得专业认证资格的情况	（220）
表 6—12	对"外劳占据了大多数高级职位，导致本地人得不到发展"说法的同意程度	（221）
表 7—1	澳门居民参加社团的情况	（229）
表 7—2	澳门居民参加社团的个数情况	（229）

表 7—3　不同阶层参加社团的比例 ………………………………（230）
表 7—4　不同阶层参加社团的个数 ………………………………（230）
表 7—5　澳门居民同意"社团对促进澳门居民参政议政有很大
　　　　　帮助"说法的情况 ……………………………………（231）
表 7—6　不同阶层同意"社团对促进澳门居民参政议政有很大
　　　　　帮助"说法的情况 ……………………………………（231）
表 7—7　澳门居民同意"社团对我个人表达意见有较多帮助"
　　　　　说法的情况 ……………………………………………（232）
表 7—8　不同阶层同意"社团对我个人表达意见有较多帮助"
　　　　　说法的情况 ……………………………………………（233）
表 7—9　澳门居民同意"社团对我个人来说没有什么吸引力"
　　　　　说法的情况 ……………………………………………（233）
表 7—10　不同阶层同意"社团对我个人来说没有什么吸引力"
　　　　　说法的情况……………………………………………（234）
表 7—11　在上一届立法会选举的时候是不是选民……………（235）
表 7—12　是否参加了立法会选举………………………………（235）
表 7—13　不同阶层在上一届立法会选举时参加选举的情况……（235）
表 7—14　澳门居民对"澳门居民有较多表达意见的渠道"
　　　　　说法的同意情况………………………………………（236）
表 7—15　不同阶层对"澳门居民有较多表达意见的渠道"
　　　　　说法的同意情况………………………………………（236）
表 7—16　澳门居民对"澳门政府在听取居民的意见和建议方面
　　　　　做得不错"说法的同意情况…………………………（237）
表 7—17　不同阶层对"澳门政府在听取居民的意见和建议方面
　　　　　做得不错"说法的同意情况…………………………（237）
表 7—18　澳门居民对"澳门政府的行政效率不高"说法的
　　　　　同意情况………………………………………………（238）
表 7—19　不同阶层对"澳门政府的行政效率不高"说法的
　　　　　同意情况………………………………………………（238）
表 7—20　澳门居民对"澳门政府官员总体尚算清廉"说法的
　　　　　同意情况………………………………………………（239）

表7—21	不同阶层对"澳门政府官员总体尚算清廉"说法的同意情况	（240）
表7—22	澳门居民对"政府决策的透明度不高"说法的同意情况	（241）
表7—23	不同阶层对"政府决策的透明度不高"说法的同意情况	（241）
表7—24	澳门居民如果对政府有意见或建议，最可能采取哪些方式向政府反映	（242）
表7—25	不同阶层如果对政府有意见或建议，最可能采取哪些方式向政府反映	（243）
表8—1	澳门就业人口的行业分布	（251）
表8—2	找到满意工作的难度	（253）
表8—3	澳门居民最希望从事的行业	（254）
表8—4	不同阶层对"判断一个人是不是中产阶层人士要不要看他的教育文化程度"的看法	（255）
表8—5	中小企业主的比例	（259）
表8—6	中小企业主面临的主要问题	（259）
表8—7	中小企业主对"我的企业遇到困难是因为受到了博彩业发展的影响"说法的同意程度	（260）
表8—8	中小企业主对"博彩业的发展给我的企业发展带来了新的机遇"说法的同意程度	（260）
表8—9	中小企业主对"澳门中小企业的明天十分令人担忧"说法的同意程度	（261）
表8—10	中小企业主对"我希望我的子女继续从事我现在的生意或业务"说法的同意程度	（261）
表8—11	中小企业主对"相比之下，我觉得10年前的生意更好做一点"说法的同意程度	（262）
表8—12	澳门居民的职业流动状况（2011—2012）	（267）
表11—1	澳门新中产的参与特征	（303）
表11—2	社团参与积极程度与年龄的交互分析	（317）
表11—3	社团参与积极程度与教育程度的交互分析	（318）

表11—4	和政府沟通方式在不同职业人群之间的差异…………	（324）
表11—5	你认为现时的澳门政治制度，能不能够保障市民参政议政及权利呢？……………………………………	（326）
表11—6	假如澳门经济变坏，会增加、减少，或是不会影响你参加立法会选举投票的意愿呢？…………………	（327）
表11—7	整体来讲，你认为立法会议员有无履行其应有职能呢？…………………………………………………	（327）
表12—1	第六届立法会选举和第五届立法会选举得票情况对比……………………………………………………	（333）
表12—2	第六届立法会各参选组别的政纲……………………	（335）

前　言[*]

澳门自回归祖国以来，经济社会发展取得了显著成就。2010年，澳门的本地生产总值从1999年的500亿元增长至2237亿元；[①] 人均GDP由1999年的11.7万元增至40万元，劳动力收入中位数从4900元提高至9000元，劳动失业率由6.3%降到2.8%，[②] 财政收入在2010年年底达到了796亿元。[③] 经济持续繁荣的同时，居民的社会生活水平也得到显著提高，家庭户月均消费水平由2002年不足1.3万元提高到2010年将近2万元，[④] 居民出生时期望寿命从77.9岁提高到82.5岁。[⑤] 而"双层式"社会保障等制度的施行更标志着澳门的社会事业发展取得了长足进步。

但是，在经济快速增长、社会财富迅速积累的同时，一些社会问题也逐步显现出来。尤其是在博彩业开放以后，各类社会问题日益突出。房价高、交通堵、生活贵、环境差、人口多等问题在近年成为人们关注的焦点，而从2007年以来出现的多次游行事件也表明部分民众在经济社会迅速变迁的背景下要求相关政策调整和解决民生新问题的呼声

---

[*] 本前言在本研究项目第一阶段报告的前言基础上补充完善而成。所增补的内容主要是研究项目整体思路的阐述以及对定量研究阶段工作的介绍。对于文中提到的统计数据，则根据上下文的需要酌情考虑是否更新至最新统计数据。

[①] 本书中的货币单位如无特殊说明，均指澳门元。此外，此处的国民生产总值以当年价格按支出法计算的国民生产总值；由于缺乏1999年的数据，500亿元这一数据是根据两种国民生产总值计算方法（按当年价格支出法和基本价格生产法）的有关数据进行的推算，其对应的基本价格生产法计算的国民生产总值约为405亿元。

[②] http://www.dsec.gov.mo/TimeSeriesDatabase.aspx.

[③] http://www.dsf.gov.mo/finance/finance_public.aspx.

[④] http://www.dsec.gov.mo/TimeSeriesDatabase.aspx.

[⑤] 同上。

渐高。

2010年，澳门第三届特区政府成立。行政长官崔世安在题为"协调发展，和谐共进"的《2010财政年度施政报告》中明确提出，"坚持'以人为本'，改善民生。听取民意，廉洁奉公，务实施政，以广大市民的切身利益为依归，致力推动澳门社会的持续进步，促进经济与社会、政府与民间、支柱产业与其他产业、人与自然的协调发展，和谐共进，确保特区长期稳定繁荣"①，并指出，"中产阶层作为社会的重要组成部分，在社会和经济建设中起着重要的作用。政府将积极进行科学调研，在制定政策中将中产阶层的有关诉求作为兼顾考虑的因素"。在《2011财政年度施政报告》中则更加明确地提出，"社会的快速发展，带动本地区的经济成长，由于房价、物价膨胀，对中产阶层也造成负担。在关注弱势社群的同时，特区政府亦关心中产阶层所面对的问题。为了解社会各阶层居民的需要，制定针对性的社会政策，将积极开展对中产阶层定义及社会流动情况的研究"。②两份施政报告发表以后，中产阶层迅速成为澳门社会民众的重要话题，关于中产阶层的讨论不断见诸媒体；③同时，学界也开始对这一问题进行探讨。④

澳门中产阶层问题的讨论来得恰逢其时。纵观当今世界，中产阶层问题在各个国家和地区备受关注。尽管在中产阶层是不是一个整体、如

---

① http：//portal.gov.mo/web/guest/govinfo/policy - address.
② 同上。
③ 有关媒体评论文章参见本书的文中注释和参考文献。
④ 澳门特区政府2013年施政报告中提出："经过一段时间的研究，并结合本地实际情况，政府采用中等收入阶层的概念，从多方面顾及中等收入阶层的发展需要。明年，我们将继续推动专业认证制度的建设，增加教育进修机会，实施税务减免，努力营造有利于社会流动的环境。"关于中产阶层和中等收入阶层的问题，本书正文中有详细讨论。大致来说，中产阶层是一个社会学概念，它主要是从社会分层的角度来分析社会的构成；而中等收入阶层是从收入角度对社会人群进行划分而得到的一个描述。此两者在学理上的差别甚大，但在现实中又有相互重合的现象。本书在正文中专辟章节对此进行阐述，有兴趣的读者可以参见相关章节。尽管本项目立项时间在2011年年初，在2011年年底发布的本研究第一阶段报告中已经对中产阶层和中等收入阶层概念进行了区分，并明确指出，特区政府2010年和2011年施政报告中所称的中产阶层实际上是指中等收入阶层。本书认为，中产阶层问题和中等收入阶层问题对澳门当前的经济和社会发展来说都有不可忽视的意义，前者对澳门社会长期发展研究有着不可忽视的影响，而后者对澳门社会当前的稳定和繁荣也意义重大。因此，本书将分别从中产阶层问题的角度和中等收入阶层问题的角度对相关问题进行分析和阐述。

何划分中产阶层等许多问题上还存在着争论，但一般来说，学界都同意中产阶层是分析现代社会结构和社会发展中不容忽视的考量因素。澳门在回归以来，尤其是博彩业开放以来，经济和社会均处于快速发展变迁之中。在这种情况下，研究澳门的社会结构和社会发展问题对促进澳门社会稳定、实现持续健康的发展具有重大而积极的意义。为此，澳门发展策略研究中心和中国社会科学院台港澳研究中心在2011年3月联合成立了"澳门中产阶层研究课题组"，合作开展对澳门中产阶层问题的研究。在调研过程中，我们深切感到，虽然澳门面积不大，总人口不多，但由于其独特的历史和当前经济社会发展的特殊性，中产阶层的问题和其他社会问题比起来存在着不小的差异。为了更好地阐明我们的研究结果，在呈现课题组的调研报告之前，我们对课题组开展澳门中产阶层探索研究的基本研究取向做出如下几点阐释。

首先，中产阶层研究是一个具有很强历史色彩的问题。不管是从术语学的角度还是从历史事实的层面来看，中产阶层都不是一个现代社会才有的问题。中产阶层这一概念起源于西方。远在古希腊时期，亚里士多德就提出，"在一切城邦中，公民可以分为三个部分：极富、极贫和两者之间的中产阶级"。到了19世纪中叶，西方（特别是欧洲）历史上形成了以自由职业者、手工业者、小企业主、小商人以及小农为主的"老中产阶级"。而随着现代化的进程，出现了庞大的管理人员和专业技术人员队伍，他们形成了所谓的"新中产阶级"。现在人们通常所谈论的"中产阶层"或者"白领阶层"，在更多时候就是指这样一个群体。因此，从这里可以看出，中产阶层的出现是一个有很强历史意涵的事情，不同历史时期的中产阶层所指代的社会人群实际上有着较大差别。这就给我们一个启示，那就是在研究澳门中产阶层问题的时候也必须带着历史的视角来对其加以审视。如果考虑到澳门在最近十余年间先后经历了回归祖国、博彩开放等重大历史事件和巨大经济社会转变这一基本现实，这一启示就显得尤其重要。从开展研究的角度说，研究者既要从横截面上准确描述当前中产阶层的状况，还应从历史变迁的角度勾勒这一状况的来龙去脉，并且对中产阶层未来发展走向的判断，也需要借助先前的历史经验进行深入的思考。

其次，中产阶层不仅仅是中产阶层自身状况的问题。中产阶层的形成是一个社会结构变迁问题,这一问题归根到底是现代社会经济发展的结果。如果没有现代化大生产、没有发达的分工体系、没有现代意义上的政府、没有现代意义上的服务业和各种新兴产业,也就谈不上所谓的中产阶层或新中产阶层。因此,要了解一个社会中的中产阶层为什么是现在这个样子,就必须从这个社会的经济、政治、文化和社会等多方面的发展状况去寻找原因。就澳门来说,虽然政府近年提出了适度多元化的产业发展战略,但博彩业一枝独秀已经成为不争的事实,由此带来的是规模庞大的博彩从业人员;同时,由于现代制造业的衰落和高端服务业发展的滞后也导致了对专业人士的需求不旺;再者,回归后成立的澳门特区政府一改回归前澳葡政府不作为的工作作风,开始承担大量社会管理任务,由此也带来管理人员的激增。此外,在澳门历史上有着悠久的社团活动历史;社团不仅在澳葡时期,而且在回归后也发挥着重要的作用,可以说,仅从产业结构和社团社会这两点就可以发现,澳门是一个和全球其他地区有着显著差异的社会,在这样一种经济社会背景中所形成的中产阶层显然有别于中国内地(大陆)、中国香港特区、中国台湾以至东亚和全球其他国家中的中产阶层,由此而来的所谓中产阶层问题也会有所区别。所以,我们认为,要深入了解澳门中产阶层问题,必须将澳门中产阶层置身于澳门整个社会之中,系统性地开展研究,这样才有可能把握澳门中产阶层问题的实质。

最后,中产阶层的研究领域是一个多重问题的叠加。如前所述,中产阶层的问题在学术研究上有较为悠久的传统:从19世纪开始,西方经典文献的作者(比如说马克思)已经开始讨论中产阶层问题;到了20世纪以后,随着西方现代社会的发展,对中产阶层的讨论也就更多,并形成了相关理论传统,这些研究为开展澳门中产阶层研究提供了不可或缺的理论背景。对这些理论传统的关注不是"为理论而理论",而是出于这样一种考虑:当前有关澳门中产阶层的问题是多个问题的叠加,既有近年来经济社会快速发展背景下出现的政策失调、一部分社会事业滞后等民生问题,又有回归以来政治秩序变迁所引起的中产阶层政治意愿问题,还有关于澳门中产阶层长期发展的问题。在这样一种情况下,有必要将有关中产阶层的问题分为几个层面加以讨论:对于社会政策层面的问题,理应采取政策研究的策略进行研究;对中产阶层的政治意愿问题，则应从完善政治参与制度的角度出发进行制度设计研究为宜；对有关中产阶层长期发展的问题，则应参照理论传统以及其他国家和地区的经验进行分析研究。

基于上述三点认识，我们可以说，中产阶层的研究问题不仅仅是对中产阶层自身进行考量的问题，而是要把中产阶层身处其中的整个社会纳入考察的范围，并在这样的范围内来对中产阶层问题进行思考和辨析。对中产阶层的研究也不单单是对中产阶层自身的横剖研究，而是在社会发展和变迁的视角下对中产阶层进行全方位的研究。这样一种研究在实质性（substantive）问题上包括了中产阶层的历史发展过程、中产阶层的生活现状、影响中产阶层形成和发展的要素、中产阶层对社会发展的影响，等等；而涉及的范围则横跨了经济、社会、政治、文化等多个领域；在研究的形态上则包含了理论探究、实证分析以及政策研究。并且，在这样一种研究取向下，有必要在目前的基础上进一步丰富研究的方法和技术。

我们认为，当前的澳门中产阶层研究要搞清楚的基本问题包括如下几个方面：①沿着澳葡时代——回归之后到赌权开放前——赌权开放后这样一种三阶段历史划分脉络，澳门地区的经济发展状况走过了怎样的历程；并由此带来了哪些后果以及对中产阶层的形成产生了什么样的影响？②回归前后社团的发展状况出现了哪些变化？社团和政府之间的关系出现了哪些新的情况？由此对澳门民众（尤其是中产阶层）参与政治生活带来了什么样的影响？③什么样的家庭和个人可以被合理地归入澳门中产阶层范围？人们对中产阶层身份的自我认同情况又是怎样的？如何在经典的中产阶层理论和澳门的社会现状之间搭起一座桥梁，从而使得澳门中产阶层研究可以在既有的理论框架下得以展开和延续？④回归前后的社会政策和民生保障的状况各是什么样子？当前中产阶层对政府保障民生的现状作何评价？他们最关心的问题又是什么？⑤澳门中产阶层和澳门的经济社会发展之间有着怎样的关系？中产阶层的发育和发展对澳门未来发展的可能影响是什么？

除了以上所说的中产阶层问题，还有一个中等收入阶层问题。中等收入阶层不等于中产阶层；而中等收入阶层问题和中产阶层问题尽管有关联，但远非同一。对于这个问题，我们的基本策略包括两个方面：第一，我们必须从学理和概念上将这两个问题进行明确的区分。中产阶层概念是一个理想型（ideal type）概念，是用来分析社会结构的概念工具。而中等收入阶层则是一个通过收入划分出来的社会群体，这一群体在一个具体的社会中是一个明确而实在的群体。从这一点来说，中产阶层会涉及一个自我认同和社会认同问题，而中等收入群体则具有客观的经济划分标准，只不过人们通常在这一标准的界限上存在不同程度的争议。

第二，我们必须从分析策略上将两个问题的分析进行必要的区分。中产阶层问题分析的重点是分析澳门中产阶层的过去、现在和未来，探讨的是澳门中产阶层和澳门社会结构变迁的关系，同时，还有澳门居民对中产阶层的认知和认同问题。而对于澳门中等收入阶层问题来说，其重点是借鉴其他国家和地区的经验，结合澳门的实际，来探索合宜的中等收入阶层划分标准，并在此标准之下分析澳门中等收入阶层的构成和需求。

基于以上的判断和考虑，我们制定了研究的基本策略，这一研究策略兼顾了中产阶层研究和中等收入阶层研究。首先，从研究设计来说，我们将本研究设计为一个混合研究（mixed design），通过结合质性研究和量化研究来充分认识澳门中产阶层问题和中等收入阶层问题。其中，质性研究部分包括了文献研究和实地研究，通过充分占有既有统计资料和研究资料，勾勒澳门经济和社会的整体变迁过程，并讨论中产阶层在这一过程中的形成和发展。其次，分别以家庭生活、现行社会政策以及社团为调查对象，全面了解与中产阶层以及中等收入阶层息息相关的家庭生计问题、民生政策问题以及政治参与问题，讨论划分或辨识澳门中产阶层以及澳门中等收入阶层的标准，并将此部分的研究作为展开量化调查的基础。再次，通过开展抽样调查，验证研究者在质性阶段的判断，并分别从中产阶层和中等收入阶层的角度来描述、分析澳门居民对社会各项政策的态度和意愿。最后，结合质性研究和量化研究的结果，向澳门政府提出相应的政策建议。

这饶富意义和具有前瞻性的研究得到澳门基金会的支持，项目研究从2011年3月开始，到2013年7月结束。整个研究过程可以大致分为三个阶段。

第一阶段为质性研究阶段，时间是从 2011 年 4 月至 10 月。从 2011 年 4 月底到 6 月底，课题组先后在澳门开展了 4 轮、为期 21 天的实地调研。其间共组织较大规模的社会人士座谈会 4 次，社区座谈会 3 次，正式拜访政府部门 8 个，拜会社团组织 11 家，并访谈家庭 12 户；此外，还进行了若干次非正式会谈。通过上述调研活动，项目组建立了对有关问题的初步判断和认识。2011 年 7 月上旬和 8 月底，项目组在北京先后组织了两次研讨会，并在 2011 年 9 月形成了第一阶段研究报告初稿；2011 年 10 月，经联合课题组讨论修改后，形成了第一阶段报告，并于同年 12 月进行阶段性成果发布。

第二阶段为量化研究阶段，是从 2012 年 1 月至 2012 年 10 月。根据第一阶段的研究结果，课题组从 2012 年 1 月开始着手问卷的设计和抽样调查方案设计。在设计问卷过程中，课题组先后在 2012 年 2 月、3 月和 7 月组织了较大规模的座谈会 6 次，拜访相关政府部门 3 次，拜会社团组织 8 家，拜访学术研究机构 2 家，其间还组织了多次课题组内部讨论会。2012 年 8 月，问卷正式定稿；课题组委托澳门科技大学在 2012 年 8 月上旬至 9 月底开展了入户调查。2012 年 10 月至 11 月对数据进行了录入清理和初步分析。

第三阶段为研究报告撰写阶段。研究报告的撰写从 2012 年 12 月开始，至 2013 年 7 月形成报告初稿；2013 年 10 月，项目组征求有关人士对报告初稿的意见并进行修订，于 2013 年 11 月初形成报告定稿。

在调研过程中，课题组得到相关政府部门、社团组织以及受访家庭和个人的大力支持和配合，他们为本课题提供了大量具有参考价值的资料和建议，课题组对此表示诚挚的谢意。

由于我们的学识水平所限，加之不少项目研究人员第一次接触澳门，研究报告中一定存在着不少缺陷甚至是谬误的地方。欢迎关心澳门发展的各界人士，尤其是研究澳门问题的专家提出批评意见，我们将认真听取并虚心接受。

澳门发展策略研究中心课题组
中国社会科学院台港澳研究中心课题组
2017 年 1 月 8 日

增补版前言

一 对澳门中产阶层研究课题的回顾

2011年,澳门发展策略研究中心联合中国社会科学院台港澳研究中心,开展了有关澳门中产阶层问题研究。该项研究持续两年半,采取了二手文献分析、实地访谈、问卷调查等多种调研方式,对澳门中产阶层问题的历史和现状进行了全面回溯和梳理,对澳门中产阶层的规模、构成及相关社会问题进行了研究,研究成果已于2017年1月由社会科学文献出版社出版。[①]

在2011年开展的这项研究中,非常重要的一点是研究者明确指出了"中等收入阶层"和"中产阶层"问题在学理上以及在现实层面的差异。在2010年及2011年财政年度施政报告中,澳门特别行政区行政长官连续两年提出加强对中产阶层的关注。研究者通过细致解读施政报告,指出了这两年的施政报告所称的中产阶层实际上是指中等收入阶层,并提出,"中产阶层问题分析的重点是分析澳门中产阶层的过去、现在和未来,探讨的是澳门中产阶层和澳门社会结构变迁的关系,同时还有澳门居民对中产阶层的认知和认同问题。而对于澳门中等收入阶层问题来说,其重点是借鉴其他国家和地区的经验,结合澳门的实际,来探索合宜的中等收入阶层划分标准,并在此标准之下分析澳门中等收入阶层的构成和需求"。在这一区分下,研究者从民生角度剖析了中等收入阶层面临的诸多问题,同时从社会发展角度探讨了澳门中产阶层问题。

[①] 参见陈昕、萧志伟《澳门中产阶层研究初探》,社会科学文献出版社2017年版。

政治参与是研究中产阶层过程中值得关注的重要方面，理应作为澳门中产阶层研究不可或缺的部分。比较遗憾的是，由于多种原因，中产阶层的政治参与问题并未作为重点纳入2011年开展的中产阶层研究之中，仅在其中的"社团社会"一章中对该问题进行了一定程度的探讨。回头来看，这一遗憾既和当时整个研究的重点放在中等收入群体有关，同时也和当时的台港澳地区发展的整体局面以及人们对当时澳门中产阶层发展状况的判断有关。

2013年以来，中国台湾、香港先后出现了"反服贸协议""占中"等一系列社会运动，澳门也于2014年5月爆发了"反离补法案"大规模示威游行。在这些运动中，不少组织者、参与者和支持者具有良好的教育程度，从事待遇优渥的工作，典型的如"占中"中的"占中三子"；在澳门地区的"反离补法案"示威游行中，相当数量的参与者为公务员。这些人士正是在社会研究理论中的典型中产阶层人士。无独有偶，如果我们将视野扩展至全球范围，还可以看到2011年发生在美国的占领华尔街运动、2014年发生在英国的占领伦敦运动，这些社会运动的组织者和参与者也基本上是中产阶层人士。由此引申出一个问题，中产阶层历来被认为是社会的稳定器，为什么在上述的一系列的社会运动中却充当了急先锋？进而，联系到澳门的种种实际情况，衍生出的问题则是澳门的中产阶层在未来的政治参与形态将会是怎样？以"反离补运动"为代表的社会运动是否会成为日后澳门中产阶层社会参与的常态？

这里有必要先提及关于中产阶层的基本理论。从经典的理论来说，中产阶层一般是指受过良好教育、依靠脑力劳动作为生存手段的社会阶层。尽管在20世纪后期，全球的社会经济有了许多新的发展，但总的来说，这一定义基本仍然是适用的。而从经验证据来看，中产阶层往往是社会主流价值的践行者和传承者，政治取向相对保守，因此是社会的稳定器。不过，这是关于中产阶层在社会稳定时期表现的总结。对于社会急剧变动时期乃至于一些特殊时期，中产阶层未必扮演同样的角色。在2011年关于澳门中产阶层的研究报告结语中，我们曾经明确提出："中产阶层问题是当今社会发展所面临的普遍问题……不过，历史和现实也清楚地表明，虽然中产阶层在大多数时候可以成为社会的稳定器，但如果政府政策应对不当，中产阶层也可能成为各种社会风波乃至政治动荡的'催化剂'。对澳门来说，这一问题同样如此。加强对澳门中产阶层的研究，深入探讨澳门中产阶层的历史、现状和发展走向，对实现澳门和谐稳定、促进澳门经济社会健康持续发展有明确而重要的意义。"[1]

一 研究澳门中产阶层政治参与的历史背景

我们认为，对澳门中产阶层政治参与的考察仍然应该坚持2011年中产阶层研究课题设立时的基本主张，那就是结合澳门的历史、文化和近年来的社会经济发展，进行具体分析和研究。在我们看来，这一具体历史背景包括如下几个方面。

首先，澳门中产阶层本体的生成和发展正在进入新的历史阶段。在1999年澳门回归前，澳门长期由葡萄牙政府管制，社会经济整体发展水平不高，社会民众教育文化程度较低，政府系统、文化机构等部门由葡萄牙人或土生葡人把持；而在回归之后，尤其是2002年博彩业适度开放之后，在经济上形成了博彩行业独大、其他传统行业萎缩的局面，从而导致了中产阶层的规模在较长时间内徘徊不前，增长十分缓慢。近年来，澳门本地教育的快速发展，海外留学归来人士不断增加，年轻人中接受高等教育的比例不断上升，居民整体的教育水平不断提升，这在个体素质层面上为中产阶层的培育提供了条件。同时，尽管适度多元的发展战略尚未取得明显进展，但更多的新兴行业正在逐步兴起。而在"一带一路"倡议和大湾区协同发展战略的影响下，越来越多的高学历澳门人士参与到非博彩产业之中，这又为中产阶层的发育提供了经济结构层面的基础。这样一个历史进程的后果就是中产阶层的规模较之以前以较快的速度增长，同时，中产阶层的构成也在发生一些变化，原来以政府公务员、医生、教育从业人士为主的格局更加趋于多元化（关于本点，可以参见本书第一章）。

---

[1] 参见陈昕、萧志伟《澳门中产阶层研究初探》，社会科学文献出版社2017年版，第284页。

其次，澳门的社团机制为中产阶层的发育成长和政治参与提供了独特的条件。澳门的社团出现于澳葡统治时期，在回归之前主要是承担大量民间治理和服务居民的任务。在1974年葡萄牙放弃殖民地统治之后，澳门人参与政治事务的空间有所增加，而随着1987年过渡期的到来，澳门人参与政治的热情逐步上升，社团在服务居民的同时，也逐渐成为人们参与政治的基本途径。从目前社团的功能来看，社团既有代表成员向政府争取团体利益的功能，同时部分社团也承担了服务社会的职能。此外，社团还是社会成员参政议政的重要渠道。目前，澳门有将近9000家社团，其中大部分规模较小，这些小规模的社团是许多澳门人，尤其是澳门年轻中产阶层参与政治活动的基本渠道。根据澳门青年联合会2011—2012年《澳门青年参与社团及政治活动现况调查》结果，近40%的青年通过社团参与政治活动。

再次，台湾和香港地区的政治小气候对澳门的中产阶层政治参与有很强的示范作用。香港和澳门同为特别行政区，均实行"一国两制"这一基本国策。由于港澳两地地理上临近，语言相通，且香港作为早年的亚洲四小龙之一，发展水平一直高于澳门，因此，香港的社会发展对澳门有很强的示范效应。而台湾和大陆同根同源，加之台湾、澳门两地有不少人均是福建、广东移民，因此，两地经贸往来和民间沟通十分密切。此外，澳门学生到台湾留学的比例一直较高，台湾的政治参与传统通过这部分学生传导回澳门，也对澳门的政治生态有重要的影响。

最后，互联网在澳门的快速发展促进了澳门地区政治参与的发展。在线政治讨论（online political discussion）、在线政治参与（online political participation）以及在线选举运动（online election campaign）是互联网出现以来被广为关注的社会现象，早在2001年，国外的互联网研究者就提出，在线政治将是互联网影响社会的五个最重要领域之一。[1] 澳门目前的互联网接入水平超过80%，高于一般发达国家，更远高于内地；而移动互联网的出现则进一步促进了在线政治参与。有调查研究表明，网络是澳门网民近年来与政府进行沟通的首要渠道。尤其是对于年

---

[1] DiMaggio, P., et al., "Social Implications of the Internet", *Annual Review of Sociology*, Vol. 27, 2001, pp. 307–336.

轻人来说，由于他们从小生长于互联网环境之中，非常习惯使用互联网处理各种事务，加之他们普遍受教育程度较高，使用互联网参与政治事务非常普遍。这一参与体现在两个方面，一方面是将网络平台作为讨论政治的公共空间和争夺话语权的舆论战场，典型的如爱瞒日报在脸书（Facebook）上的主页。另一方面，网络平台也成为社会运动的重要动员工具。2014年出现的"反离补运动"游行示威过程中，网络动员起到了非常重要的作用。在2017年立法会选举过程中出现的立法议员参选人应用网络直播进行选举动员也是一个明显的例子。

上述这四点是我们考虑澳门中产阶层政治参与问题的基本背景性因素。需要强调的是，这四项因素之间并非彼此毫无关联。在这四项因素中，最根本的因素是澳门中产阶层的构成在发生变化，更多的年轻人正在进入中产阶层。这一批年轻人对网络更熟悉，受台湾、香港地区的影响更大，而他们即将成为中产阶层的主体，因此，他们的发展状况值得引起高度重视。

三　增补部分说明

本次共增补了四章内容，分别作为本书的第九章、第十章、第十一章和第十二章。原书的第九章调整为第十三章。同时，增加了"增补版前言"，置于原书前言之后。结合新的研究内容，对原书的结语部分进行了文字上的微调，原书的其余部分除了勘误后略作文字修改，其内容保持不变。新增内容中，第九章、第十章、第十二章以及"增补版前言"的作者为赵联飞，第十一章作者为陈昕。最后，赵联飞对增补版全书进行了统一审校。

四　致谢

本项研究得到了澳门发展策略研究中心的大力支持，该会副理事长陈志峰副教授参与了课题研究的全过程，澳门发展策略研究中心行政主任陈佩仪小姐（时任）为项目研究的顺利开展做了很多协调工作，研究助理黄万滨先生在搜集资料、联系访谈对象方面出力甚多，他们的努力和付出是本研究得以顺利进行的保障,我们在此向他们表示诚挚的谢意。

由于我们学识水平有限,对澳门知之不多,本书中可能会存在着不够准确甚至是谬误之处,希望读者和专家们不吝批评指教,共同推动对澳门中产阶层政治参与问题认识的不断深入。

第一章 中产阶层研究的概念和理论

第一节 术语的迷思

在中国内地,中产阶层问题是近年来讨论较多的一个话题,在澳门也不例外。政府、学界、媒体以及社会大众对这一话题都有高度的热情。不过,仔细去看,人们也许会发现关于中产阶层的讨论实在是复杂,对于诸如"澳门有没有中产阶层""什么算是中产阶层"此类的问题,各类话语之间存在着不少争议。为了搞清楚这些问题,我们不妨首先对中产阶层这一概念的历史进行一个简单梳理。

今日我们常常提到的"中产阶层"是从英文"middle class"翻译而来;同时,这个词也曾经被翻译为中产阶级,与其类似的概念还有中间阶级、中间等级或者社会中间层等。之所以有这么多相似提法,主要是由于"中产阶层"这个群体本身的历史流变比较复杂,而在学术研究中,学者们往往会按照各自的理解和不同的理论、经验背景来选择使用。因此,尽管关于中产阶层的讨论十分热烈,然而迄今为止始终缺乏统一的概念界定。

从西方历史文献看,早在古希腊时期就出现了中产阶级。亚里士多德在《政治学》一书中指出,"在一切城邦中,公民可以分为三个部分:极富、极贫和两者之间的中产阶级[①]"。而到了近代社会学家马克思那里,中产阶层则是根据人们对生产资料的占有情况所划分出来的一个群体;马克思和恩格斯1848年写成的《共产党宣言》中写道:"以前的中等阶级的下层,即小工业家、小商人和小食利者,手工业者和农

[①] 其实,这里将其译为中产阶层更为合理。

民——所有这些阶级都降落到无产阶级的队伍里来了……"其中"中等阶级"的德文为"mittel klasse",被译成英文为"middle class"。"中等阶级"这一中文译法在这里是十分准确的,因为"阶级"在中文里面是一个政治经济学的概念,按中文构词法,加上"中等"二字后得到的"中等阶级"表示它是一个政治经济学意义上的概念。

"中间阶层"则是"middle class"的另一个译法。这一译法出现在描述欧洲社会的现代化变迁过程的中文译文中。17世纪以来,以英国为先导,纺纱机和蒸汽机的发明和使用,促生了工业革命,也使得以市场为中心的资本主义体制确立起来,这从根本上改变了英国的社会结构,工业革命前繁复的社会等级逐渐演变成贵族、市民和劳工阶层,对应为上层、中层和下层,彼此之间界限明晰。① 18世纪末19世纪初,随着城市工业化发展和重商主义影响,英国内地和北部工业城市中从事工程、运输、贸易、零售、金融以及艺术创造的职业群体纷纷进入社会中层,进一步改变了英国的经济、社会和文化。② 不难看出,这里的"中间阶层"实际上是侧重从社会等级结构的角度来描述那一批处于贵族和劳工之间的群体。

第二次世界大战后,全球范围内出现了深刻的经济社会变迁。从20世纪50年代以来,美国、欧洲、日本和其他西方发达国家先后进入工业社会和后工业社会,其社会结构发生了显著变化。以美国为例,在1956年的美国职业结构调查数据中,白领工作者的数量开始超过蓝领工作者,这些白领主要包括专业技术人员、经理阶层、教师、办公室职员和推销员等。到了1970年,白领工作者与蓝领工作者的比例超过5∶4,③ 到20世纪末21世纪初,美国、英国、德国、日本等国的白领雇员比例均超过了蓝领劳动者(见表1—1)。这说明在发达国家,白领已经成为社会中的主体,即呈现出"橄榄形"社会结构。④

---

① 英国等级制度历史悠久,17世纪的乔治王朝把英国社会划分为26个等级。
② 参见[美]约翰·斯梅尔《中产阶级文化的起源》,上海人民出版社2006年版。
③ 参见[美]丹尼尔·贝尔《后工业社会的来临》,商务印书馆1984年版。
④ 近年来,欧美发达国家的中产阶级增长图景也开始出现在发展中国家和地区,例如"亚洲四小龙"。不过,值得指出的是,东亚这四个国家和地区与西方世界有所不同,国家或地方政府的干预在重塑阶级结构中起了重要作用。

表1—1　2001年发达国家白领与蓝领劳动者占经济活动人口比例　　单位:%

	美国	英国	德国	日本	意大利	澳大利亚
白领	59.9	52.2	52.4	51.3	45.3	44.3
蓝领	40.1	47.6	46.0	48.0	54.4	56.9

资料来源：联合国劳工组织：《劳工统计年鉴（2001）》，转引自李强《关于中产阶级的理论与现状》，《社会》2005年第1期，第28—42页。

按照社会分层的理论，当我们将社会群体按照高低分成等级，会出现上层（upper class）、中层（middle class）和下层（under class）的概念。其中"中间阶级""中产阶层"或"中间阶层"，则指的是在社会资源的占有上居于社会中间层次的社会成员，是各个社会普遍存在的社会经济地位群体。此处的社会资源，不仅仅是指财富，还包括了职业声望、教育水平甚至文化资本等多方面的内容。不过，不少西方学者在讨论这一问题时仍然采用了"class"这一字眼，[①]并没有刻意使用"层"（stratum）。早年的翻译者在翻译有关西文文献时，并没有对这一问题给予足够的注意，一般将"middle class"翻译为"中产阶级"，但实际上，如果从社会分层的基本理论观点去剖析，翻译成"中产阶层"更为准确。因为在中文语境中，阶级和阶层是显著区别的；"阶级"的说法基本上是强调生产关系中对生产资料的占有情况，通常着重于强调阶级界限，呈现的是阶级与阶级之间在生产资料占有上的不平等关系，而阶层则是强调各社会群体在社会经济地位上的相对高低和社会分层的连续性。[②]

综上所述，我们基本上可以知道，如果从考虑位于社会中部的人群这一意义上来说，中产阶层的问题可谓源远流长，但这一问题在历史上

[①] 例如，研究第二次世界大战后美国中产阶层问题的社会学家米尔斯。

[②] 参见前言有关注释。此外，马克思主义理论家中，对"阶级"最经典的定义来自列宁："所谓阶级，就是这样一些大的集团，这些集团在历史上一定的社会生产体系中所处的地位不同，对生产资料的占有关系（这种关系大部分是在法律上明文规定了的）不同，在社会劳动组织中所起的作用不同，因而领得自己所支配的那份社会财富的方式和多寡也不同。所谓阶级，就是这样一些集团，由于他们在一定社会经济结构中所处的地位不同，其中一个集团能够占有另一个集团的劳动。"《列宁选集》第4卷，人民出版社1995年版，第11页。

的不同环境有其不同的具体内涵。现在大家谈论得非常多的当代社会中的中产阶层问题，基本上是从社会分层研究的意义上提出来的。澳门的中产阶层问题研究，也是在社会分层意义上的研究，而不是在阶级划分意义上的研究。正因为如此，我们说"middle class"在这一语境下应该译为"中产阶层"，而不是"中产阶级"。至于对社会分层研究之外的其他情况，则应该根据研究者在使用"middle class"这一词的具体语境，选择翻译为"中产阶级""中等阶级"等术语。在本书中，对于已有研究中的译法，采取尊重原译的态度，即采用中产阶级的译法；对于新提出的问题，则采用中产阶层的译法。

第二节 中产阶层（级）研究的理论溯源[①]

一 第二次世界大战以前的中产阶层（级）研究

在"二战"以前，所谓的中产阶层（级）研究实际上并不是现代社会分层意义上的中产阶层研究。但是，这些研究和社会分层意义上的中产阶层研究之间又有着千丝万缕的联系。总体来说，当时的理论家重在探讨中产阶级在社会结构中的位置、中产阶级与其他阶级的关系、中产阶级的社会功能以及发展趋势。其代表性的人物包括马克思、伯恩斯坦以及莱德勒等。

马克思是最早论述阶级和社会分层的理论大师之一，他提出了著名的阶级分析方法，而且较早关注到中产阶级的出现。在马克思之后，伯恩斯坦于1909年比较全面地阐述了有关中产阶级的观点，他根据当时德国的收入统计，指出中等收入人数的增加显著超过人口的增长，中产阶级的扩张反映了工人阶级的内在分化和经济改善。由此，伯恩斯坦修正了阶级两极化的理论，认为现代资本主义社会的阶级对抗会趋于缓和，阶级的分化未必会引发革命的爆发，主张渐进的社会改良策略。可

[①] 本章中，中产阶级和中产阶层的概念并列出现。当笔者认为历史上提到的中产较多的是从对生产资料的占有角度进行分析的时候，沿用旧的翻译，即"中产阶级"；而当笔者认为提到的中产较多的是从社会分层角度而言时，采用"中产阶层"。

以说，伯恩斯坦较早提出中产阶层和社会稳定之间存在紧密关系。①

从学术上全面论证中产阶级观点的是德国社会学家埃米尔·莱德勒，他研究了中产阶级的起源、发展以及社会地位和社会功能。莱德勒作为德国社会民主党的理论家，接受了党内前辈古斯塔夫·施穆勒的"新中产阶级"概念，认为社会上新产生的薪金雇员包括职员、办公室人员、尤其是技术人员和商业雇员在资产阶级和无产阶级中占据着一个"中间位置"，有其社会性格和特殊的阶级利益，他们与产业工人有多方面的差异，传统的工人阶级是由体力劳动者构成的。莱德勒的实证分析表明，在19世纪末20世纪初的德国，独立企业主（老式中产阶级）比重下降，而薪金雇员则有所上升。这种趋势恰恰就是美国社会学家米尔斯所讨论的美国同期社会结构变动情况。

二 第二次世界大战以后的中产阶层（级）研究

第二次世界大战以后，欧美各国的社会结构都发生了很大变化，其中非常显著的现象就是中产阶层、"白领"阶层的壮大，这种成长使得中产阶层（级）研究成为西方社会科学中的热门，相关的著作层出不穷。其中比较著名的研究包括米尔斯的《白领：美国的中产阶级》、大卫·洛克伍德的《职员》、帕克的《中产阶级的神话》、吉登斯的《发达社会的阶级结构》等，这些著作对欧美社会新生的中产阶层做出了深入而全面的探讨，与早期研究相比，这些分析一方面延续早期思想家的关注传统，同时又以实证研究为基础，分析了中产阶级的特征、生活方式和地位，并且对阶层内部的各个职业群体做了分类研究，也进一步丰富和发展了关于中产阶级的理论。归纳起来，这些理论大概包括如下要点。

一是区分老中产阶级和新中产阶级。20世纪的思想家们一般将中产阶级分为老中产阶级和新中产阶级，并将其视为中产阶级的两大主要类型。其中，前者主要是占用并使用有形的生产资料，而后者大多没有自己能够独立经营的财产，他们一般是中高级雇员，从事脑力劳动，其

---

① 实际上，伯恩斯坦这里提到的阶级概念不是政治经济学上的阶级概念，他所论述的阶级概念倒是和社会中间阶层或者中等收入阶层较为接近。

中相当一部分是专业技术性工作，他们的职业收入处于中间位置。

二是对新中产阶层（级）本质的判断。米尔斯认为新中产阶级的地位与普通劳动者一样，可以称之为"白领"来区别于"蓝领"工人阶层，但从本质上来说仍然属于工人阶级。古德纳则发展出"新知识分子"理论，他认为占主导地位的知识分子和在边缘地位的人文知识分子也在对社会施加影响和控制，通过科技知识的本领，他们的资本是基于教育的无形"人力资本"，而老中产阶级占有并使用有形的财富资本。上述这两种观点都倾向于认为新中产阶级的地位与工人阶级相近，都是被雇佣的、被统治的。而另外有些学者则将新中产阶级命名为"专业——管理阶级""新小资产阶级""服务阶级"等，倾向于认为公共部门的政府官员、管理阶层、专业人员、商业行政人员虽然没有生产资料所有权，但他们的职能是雇主工作的一部分，而且由于他们的劳动是非生产性的，就区别于产业工人，并从工人阶级创造的剩余价值中提取自己的利润。尽管上面提到的这三种观点主张有所不同，但它们基本上都还是参照马克思阶级理论的分析框架，即试图从生产资料的占有关系上来探索新中产阶层的本质。

三是中产阶层（级）是统一的还是分裂的。在这一问题上，存在着两种观点。第一种观点以英国社会学家吉登斯为代表，他认为尽管中产阶级内部有差别，但是从根本上来说，中产阶级的划分是依据所谓"市场能力"，具有"市场能力"是中产阶级这一群体的共同特征，因此，从这一意义上说，中产阶级是统一的。第二种观点则认为并不存在统一的中产阶级。如罗伯茨等人就认为，所谓中产阶级已经分裂为一系列更小的阶层，因此，是一个"破碎的中产阶级"；英国社会学家戈德索普也认为，中产阶级的成员由于受雇状态、就业关系的不同，比如养老金的不同、发展机会不同以及晋升提薪不同，阶层之间是有很大差异的，因而不存在统一的中产阶级。

四是中产阶层（级）的政治特征。对于中产阶级的政治特征，欧美的理论家有着不同的看法。在美国社会学家米尔斯的眼中，美国的新中产阶级表现为政治冷漠，形成这种姿态的原因是多重的，其中包括主流大众传媒以及与此相关的各种文化机器的宣传所起的政治消解作用；社会经济状况的稳定使中产阶级的政治要求降到最低限度；美国的政治是实现经济利益和保护经济活动的一种手段，因为这个国家的经济生活最为重要。[①] 而另外一派学者基于对欧洲中产阶级行为方式和价值取向的观察分析，发现社会富裕的同时伴随着中产阶级的不断增长和政治民主化，中产阶级的行为和态度常常会表现出政治民主特征，[②] 亨廷顿也指出"第三波民主化浪潮[③]的最积极支持者来自都市中产阶级"。而东亚研究者则对东亚中产阶级的政治取向提出了新看法，认为东亚中产阶级在政治方面表现出矛盾性，一方面具有自由主义倾向并追求民主，另一方面希望维持社会安全稳定、保障自身利益，并依附于强势国家。[④]

从上述关于中产阶层（级）理论的简略回顾可以看出，对于中产阶层这一问题从一开始就存在着诸多争议。不过，学界有所共识的则是，发达社会中的中产阶层最突出的社会功能是缓解社会矛盾，即作为一种中间结构来稳定社会，社会阶层分布呈"橄榄形"的结构对保持社会稳定和正常运作具有重要的作用；[⑤] 非发达社会中的中产阶层问题则相对复杂。一般认为，现代社会是一个中产阶层不断扩大的社会，当中产阶层变成社会的主体，下层就成为少数人群体，从社会结构和社会行动的角度看，中产阶层介于上层和下层之间，有利于缓冲上下层的对立、降低直接冲突的可能性；阶层内部包括各种职业群体，广泛的社会交往有利于上中下层的沟通，采取协调的方式加强阶级之间的亲和力。在意识形态上，中产阶层对社会的主流价值观有较强的认同感，抱有一种温和保守的政治态度，很少产生极端激进的思想。在经济和消费方面，中产阶层是社会消费的主要群体，他们收入的稳定性也保证了平稳庞大的消费市场，为社会经济稳定提供了基础。所以从历史进程看，大多数中产阶层占多数的社会结构都比较稳定。[⑥]

---

① 参见［美］米尔斯《白领：美国的中产阶级》，南京大学出版社2006年版。
② 参见［美］李普塞特《一致与冲突》，上海人民出版社1995年版。
③ 第三波民主化浪潮是指20世纪90年代发生在南欧、拉美和亚洲一些国家和地区的政治民主运动。
④ 参见萧新煌《东亚的发展模式：经验性的探索》，载罗荣渠主编《现代化，理论与历史经验的再探讨》，上海译文出版社1996年版。
⑤ 有的研究根据数据做出了菱形和洋葱形的结构图形，基本特征都是两头（上层和下层）比中间小。
⑥ 参见李强《关于中产阶级的理论与现状》，《社会》2005年第1期，第28—42页。

第三节 既有的澳门中产阶层（中等收入阶层）研究回顾

近年来，澳门中产阶层的问题日益引起研究者的关注，不少学者撰文讨论澳门中产阶层这一问题。大致来说，这些研究和讨论集中在如下三个方面。

第一个方面：澳门是否存在中产阶层？从既有文献看，研究者一致认为在澳门社会中存在着中产阶层。例如，澳门新视角学会开展的抽样调查研究指出，87%的受访民众认为澳门社会中存在中产阶层。[①] 而自2005年以来一直开展的《澳门居民生活素质调查》则表明，澳门居民对中产阶层有着自己的理解；并且，认为自己属于中产阶层的人群的收入中位数和澳门居民整体的收入中位数正在趋于合一，"历次调查显示，该阶层的收入中线分别是收入中位数的62%、86%和94%"。[②]

第二个方面：如何划定或者理解澳门的中产阶层？首先，能否对中产阶层进行划定。一些研究者认为，中产阶层"不宜定义"，并且，"'定义中产'至少有两个副作用。第一，'定义'有被观察对象被动接受其属性的意味，这显然不是我们现在做的事情，更不是凝聚社会共识时应采取的途径。第二，'定义'会使普罗大众先入为主地以为'中产阶层'有一个为国际接受、恒常的客观标准，但摆在面前的事实却是只有符合特定社会现实情况、又为该社会普遍接受的标准，且这个标准会随着社会的不断发展而有调整和修订的可能"。[③]

其次，用什么样的标准来划定中产。一些研究者指出，在经济学和社会学上都存在着对中产阶层的定义，经济学侧重于从收入和消费上对中产阶层进行界定[④]，社会学则注重"良好的教育，稳定的职业，有特定的价值和态度，达到某种社会地位"，同时也指出了，"至于如何判定什么是中产阶层，事实上存在着多个标准，常见的标准有收入、职

---

① 李略：《澳门中产阶层初探》，《澳门日报》2010年12月15日第F02版。
② 陈振宇：《谁是澳门的中产》，《澳门日报》2011年6月15日第F02版。
③ 同上。
④ 实际上，当从经济收入划分时，所划分出来的中产阶层已经是中等收入群体。

业、教育、消费、主观认同等方面"。① 有的研究者则强调虽然可以对中产阶层进行划分,但"中产标准各国不一"。② 不管怎么说,从上述两种态度基本上还是可以判断,这些研究者认为中产阶层可以从一定的外部特征进行划分。另外一些研究者则较为关注民众的自我认同,并就"自己是否属于中产阶层"以及"划分中产阶层的标准"对民众进行了调查,结果表明,仅有30%的人认为自己属于中产阶层,同时民众认为拥有自置的房产和较高收入对判定是否属于中产阶层来说几乎是同样重要的,倒是教育程度反而并不那么重要。③

最后,如果以经济收入作为划分标准,那么这个标准究竟是多少?先前有关调查显示,民众对中产阶层的收入界限没有共识,"关于(家庭)月收入下限,最多人选择的是2万元,占27%;其次是3万元,占16%;再次是2.5万元,占8.5%;4万元的占8%,5万元的占7.9%。还有14%的受访者不知道,其余的选项都没有超过3%"。"关于月收入上限,分歧更大,最多受访者选5万元,占30.8%;其次是10万元,占10.5%;再次是6万元,占9.2%;15万元的占5.8%,3万元的占5.4%。还有21%不知道,其余的选项都不到3%"。"2万元到5万元比较符合实际"④。

第三个方面:澳门的中产阶层有哪些特征?有研究者提出,澳门中产阶层具有三大特征:一是中产阶层并非"沉默的大多数",因为自回归以来,澳门中产阶层积极参加了各种社会行动,表达自己的观点和利益,提出对社会治理的看法。不过,在这个问题上也有不同的看法。《澳门居民生活素质调查》的结果指出,"中产阶层对于社会事务的关注程度未见突出,至于是否具备国际视野,更呈现内部分化的特征,整体而言略显薄弱"。而"如果以留意澳门时事作为度量受访者以旁观的态度关注社会的指标,社团活动的参与率则可以了解受访者是否愿意以行动直接参与社区和社会事务。历次调查结果显示,自认属中产阶层的受访者并不热衷于参与社团活动,平均低于30%"。二是澳门中产阶层

---

① 鄞益奋:《理解澳门中产阶层》,《九鼎》2011年第3期,第13—15页。
② 李略:《澳门中产阶层初探》,《澳门日报》2010年12月15日第F02版。
③ 同上。
④ 同上。

"和其他国家中的中产阶层的情况相似""内部存在很大的差异性"。三是澳门中产阶层诉求已经成为社会议题和政策议题。①

上面三个方面提出了有关澳门中产阶层研究的基本问题,对这三方面问题的研究是进一步开展澳门中产阶层研究的基础。对于上述问题,笔者有如下看法。

首先,正如其英文原文"middle class"所表明的那样,中产阶层指的是在社会结构中处于中等地位的阶层或人群;因此从理论上说,无论民众自身的认同如何,中产阶层作为一个位于社会结构中部的群体总是可以相对客观地区分或辨识出来。尤其是当我们使用经济学意义上的中等收入阶层来指代中产阶层的时候,中产阶层更是可以通过家庭收入的统计来明确进行区别。并且,从中产阶层作为社会的稳定器这一假设出发,这样一种区分或者辨识是制定相关社会政策的前提。因此,笔者认为,对中产阶层进行客观划分是必要的。民众对于中产阶层的认知和判断也十分重要,但显然在民众中并不存在唯一的完全趋同的中产阶层标准,依赖民众意见去划分中产阶层,会出现莫衷一是的情况。当然,我们也必须充分了解民众对中产阶层的认知;这样做的主要目的是避免出现社会政策中设定的中产标准和民众认知中的中产阶层标准差距过大,以至于对社会政策的施行产生负面作用。至于说将中产阶层的划分标准定在哪里,则必须考虑到中产阶层的划分或者辨识问题既是一个牵涉中产阶层理论的问题,更是一个实证性很强的问题。究竟澳门中产阶层包含哪些群体或者说有多大范围?我们需要一个在理论上说得通、在实证层面经得住推敲的标准。拿经济指标的划分来说,到底将中产阶层收入的上下界限限定在什么位置,需要通过采取一些更细致的分析手段(如家庭收支分析)来获得启示和线索。

其次,从社会学研究的角度看,中产阶层是一个理想型(ideal type)概念。因此,在现实中无法找到一个完全与之对应的社会实在。从历史上看,西方国家中的中产阶层的构成也经历了长时间的变迁,基本上直到第二次世界大战后才逐渐形成了相对稳定和一致的特征。从这一历史经验我们其实可以得出两点认识:一是各个国家和地区之间存在

---

① 鄞益奋:《理解澳门中产阶层》,《九鼎》2011年第3期,第13—15页。

不同的中产阶层划分标准是完全正常的，这对于一个处于快速变迁的社会来说尤其如此；因此，在研究如何划定或辨识澳门中产阶层时，应该像先前研究者提出的那样，充分考虑澳门的现实情况。二是从历史经验上看，中产阶层的出现和发展也有其可观察到的规律，这种规律为我们思考澳门中产阶层长期的发展也提供了启示，在考虑澳门中产阶层未来的发展走向时，必须对这些历史经验给予高度的关注。

总的来说，既有的澳门中产阶层研究虽然尚不丰富，但已经为进一步深入研究澳门中产阶层树立了良好的开端。如果要将澳门中产阶层的研究作为一个长期关注的议题，那么在今后的研究中还可以考虑本书前言中提出的几点基本主张：①采用历史的视角审视澳门中产阶层问题的成因，增强研究的历史感，克服共时性研究本身所固有的平面化缺陷；②将澳门中产阶层放入社会结构变迁和社会发展的语境进行分析和讨论，增强研究的系统性；③区分中产阶层问题的不同层面，分别从理论探讨、社会政策、社会发展和变迁等不同的角度展开研究。前言部分已对此做出具体阐释，此处不再赘述。

第四节　对分析澳门中产阶层的思考

如前所述，中产阶层的划分或辨识是一个存在很大争议，同时也是一件非常困难的事情。具体到澳门社会，如何辨识中产阶层则更困难。这一困难主要来自如下两个方面的原因。

首先，从一般意义上讲，在社会快速变迁时期，社会结构往往随之发生改变，人们的社会地位流动变动不居；在这样一个时期，要想获得一幅稳定的社会结构图景基本上是不现实的。而澳门社会在近20多年来，尤其是在澳门回归祖国之后，经济、政治、社会和文化都有了较大变化，整个澳门的社会结构处于快速的变迁之中，这给准确描述澳门的社会结构带来一定的困难。

其次，在大多数社会中，现代意义上的中产阶层往往是随着现代社会对技术人员和管理人员的需求增加而出现的。相对于传统中产阶层中的企业主们来说，这些人基本上不拥有生产资料，主要是依赖于专业知识和技术谋生。在这样的历史背景下，通常人们划分中产阶层的主要标准是三个：收入、职业声望和教育背景。对中产阶层人士来说，良好的教育背景、复杂的劳动程度、较高的收入是这些人所拥有的基本特征。但当前的澳门社会却不是这样。近年来，由于博彩业的开放，博彩娱乐业成为澳门的支柱性产业，导致博彩从业人员在澳门的（劳动）人口结构中占据较大比例。由于博彩产业的特殊性，目前的博彩从业人员的收入水平从整体上高于许多行业的从业人员；而同时由于博彩行业对大部分从业人员的受教育文化水平要求不高，该行业的人员平均受教育年限并不像其他现代型社会中那样和收入呈正相关；同时，作为该行业主体的大部分底层人员（如荷官[①]）的劳动复杂程度也比起具有同等收入的其他职业的从业人员（如医生、律师）来说要低。由于大量博彩从业人员的存在，澳门的中产阶层划分就遭遇另一个问题：大量的博彩从业人员是否可以纳入中产阶层的范围？

那么，如何解决上述的两个困难，来提出一个合理的中产阶层分析标准呢？在经过较长时间的调查研究和思考后，笔者认为可以根据如下要点来把握对澳门中产阶层的划分。

要点1：从维护社会稳定这一最根本的考虑出发，同时考虑成熟社会中的中产阶层具有社会稳定功能这一最基本的特征，笔者认为应将经济标准作为划分中产阶层的首要标准。这里有三点需要阐明。第一，之所以将经济标准作为首要标准，是因为经济是社会生活的基本内容。对整个社会来讲，经济问题是社会进步和发展的基本指标之一；对家庭和个体来讲，经济问题则体现为民生问题；而对澳门社会来说，民生问题恰恰是当前澳门民众所关心的突出问题。第二，之所以将经济标准而不是收入标准作为首要标准，主要是考虑由于近年来澳门房地产迅猛发展，房价快速上涨，从而导致房屋作为一种资产的意义变得极为突出。通常来说，经济和收入是高度相关的。比如，在典型的西方国家，一般来说，一个人用3—6年的收入可以买到一套满足居住需求的房子。在这种情况下，用收入衡量家庭的总资产来说是合理的。而在当前澳门，居民收入和住房的价值相比，仅占很小的一个部分。因此，有必要将住房等资产的拥有情况纳入考虑。第三，还必须考虑到有一部分中小企业

---

① 荷官，也叫庄荷，是赌场里的发牌人员。

主，他们主要依靠经营或资产获得收益。

要点2：不将职业和高等教育作为划分中产阶层的刚性条件。通常来说，专业人员和管理人员是现代社会中产阶层的主要构成群体，但这里的现代社会一般都经过了长期的工业化过程和后工业化过程。如果追溯到更早的年代，早期的中产阶层则主要是由各种小企业主、小店主等小资产者构成，当时的中产阶层未必具有良好的教育背景，同时也谈不上职业声望。在澳门历史上并不存在发达的现代产业，专业技术人员一直规模较小；而管理人员（公务员）的规模扩张也是澳门回归以后才出现的事情。如果将职业和高等教育作为划分中产阶层的刚性条件，那么澳门中产阶层的规模将极其有限。前面已经指出，由于博彩行业的特殊性，大量博彩从业人员具有较高收入、较低职业声望和较低受教育水平的特点，按当代西方的标准，这些人员不属于严格意义上的中产阶层。但是考虑到博彩业在澳门的地位以及该群体在劳动就业人口中的较高比例，笔者认为应该将其纳入中产阶层。并且，从长远来看，随着教育的发展，劳动力受教育年限将逐步提高；可以预见，今后博彩业从业人员的受教育水平也将随着劳动力整体受教育水平的提高而有所提高，其职业声望也不乏改变的可能。这样一来，我们划分的中产阶层就是一种在通俗意义（vernacular）上的中产阶层，也就是说收入位于社会中部的群体，在很大程度上，这一概念所指的群体和中等收入阶层所指的群体是重合的。这个概念实际上和严格意义上的中产阶层（新中产阶级）是有差异的。一般来说，严格意义上的中产阶层（新中产阶级）是这样一个群体的组成部分。

要点3：明确澳门中产阶层是一个既具有共性，同时其内部又具有高度异质性的群体。此处，笔者划分出来的澳门中产阶层的内部共性并不来自于吉登斯所言的"市场能力"，而是在于当前该阶层面临相似的民生问题；其异质性则来自于多个方面，包括教育背景、职业、政治参与等。明确这一点，我们就可以根据所关注的问题而确定不同的关注范围。当涉及民生问题时，我们需要关注整个澳门的中产阶层（中等收入阶层），尤其是中产阶层的中下层群体；而当我们考虑政治秩序问题时，则需要分别考察中产阶层内部各个群体的影响作用。

第二章 澳门中产（中等收入）阶层基本状况

第一节 澳门中产阶层的兴起和发展

一 澳葡时期——中产阶层的兴起[①]

和任何社会中的中产阶层一样，澳门中产阶层的成长和发展过程和澳门经济社会的变迁发展紧密相关。自葡萄牙人于1553年入据后，澳门的发展可谓饱经坎坷，历经了多次兴衰，回归后的繁荣可算作是澳门的第三次兴盛期。[②] 澳葡时期的中产阶层正是在这种历史过程中产生并成长起来的。

1. 经济发展

现代澳门经济起步于20世纪60年代，而在《澳门组织章程》于1976年年底颁布之后，澳门地区经济的发展更为迅速；经过约30年的高速增长和全面发展期，形成了"九九"回归前博彩旅游业、出口加工业、银行保险业、房产建筑业四大支柱产业的"准"多元经济结构。20世纪90年代初，澳门开始实施经济调整转型，试图增加澳门的国际竞争力，并期望实现从"东方的蒙地卡罗"向"东方的拉斯维加斯"转化；但由于澳门面积有限，经济资源短缺，经济基础薄弱，产业结构

---

① 此处的澳葡时期主要是指1976年葡萄牙政府颁布《澳门组织章程》至1999年12月20日澳门回归祖国之前这一段时间。

② 第一次兴盛是鸦片战争前澳门独领风骚，开辟海上丝绸之路，而清康熙以后，随着"禁海令"的解除，澳门海上贸易逐步衰落，到鸦片战争后，随着多个沿海口岸的被迫开放，澳门的海上贸易跌落至最低点；第二次兴盛则是鸦片战争到1873年葡萄牙政府颁布禁止澳门贩卖苦力的赦令，这一次短期兴盛则主要是因为澳门地区成为当时最大的苦力贸易中心。

比较单一，过分倚重于博彩旅游业，[1] 这一调整转型并未取得成功。制造业的升级换代未见成效，而新的增长点也迟迟没有出现。从1993年开始，随着房地产泡沫破灭，澳门经济增长持续放缓，并从1996年出现负增长，一直持续到回归前的1999年（1996年至1999年四年经济增长率分别为 -0.4%、-0.3%、-4.6%、-2.4%）。

2. 政治体制

1974年葡国革命推翻了独裁统治，开始对澳门采取非殖民地化及容许某种程度自治的政策，这一政策促进了20世纪80年代以来澳葡政府功能的扩张和规模的扩大。尽管政府仍然标榜经济上不干预哲学，但在教育、医疗以至社会福利方面已日渐扮演较积极的角色。另外，80年代以来，澳葡政府着眼于经济发展的多元化，为本澳制造业争取更广阔的海外市场，一定程度上推动了政府功能的扩大。不过，澳葡政府中的工作人员基本上都是由葡萄牙人担任，其中，土生葡萄牙人一般担任中层领导和骨干，外来葡萄牙人则多担任上层领导与主管的职位。虽然土生葡萄牙人占澳门人口的比例很小，[2] 但由于语言上和文化认同上的优势，他们对澳门的社会有着十分重要的影响。

3. 社团发展

澳门社团的起源可以追溯到鸦片战争之后，当时的社团主要是各种慈善公益组织。鸦片战争后，澳门经济大幅度衰落，当时中国清政府对澳门华人的现实利益需求或诉求往往心有余而力不足，而当时的澳葡政府更是无意满足华人的这种要求。结果，澳门慈善人士及商行，发起组织慈善团体，专司医疗、赈灾救济贫苦，由此形成了澳门历史上最早的社团组织。1976年，《澳门自由集会结社法》正式出台，此法首次允许澳门人成立公民社团。1999年8月，澳葡政府颁布《结社权规范》，允许澳门成立政治社团。[3]

---

[1] 自20世纪60年代至90年代，博彩旅游业产值始终占澳门本地生产总值的40%—50%，专营税占财政收入的60%—70%。

[2] 根据1996年的人口普查，澳门大约有固定居民42万人，其中大约97%是华裔居民，2%为土生葡萄牙人，1%是由里斯本或葡国前非洲殖民地安哥拉、莫桑比克及葡属果阿来澳工作的葡籍人士。

[3] 在1976年的法律中称为"公民社团"。

上述三方面的情况为我们观察澳葡时期的中产阶层提供了最基本的时代背景。总的来说，在澳葡时期，由于经济的发展，对各类专业人员的需求初步凸显，而政府功能的扩张也对管理人员有了更多的需求，由此带来中产阶层的有限成长。图2—1描绘了1996—1999年期间澳门不同职业就业人数的变化。

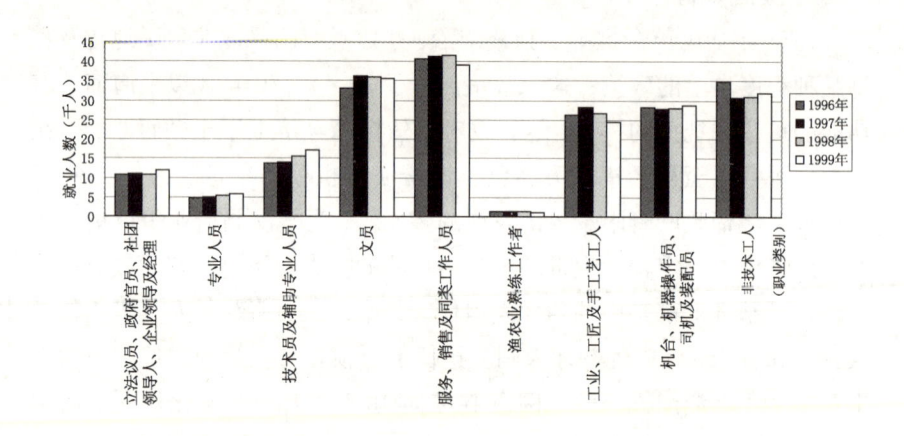

图2—1 澳门不同职业就业人数变化（1996—1999）

资料来源：根据 http://www.dsec.gov.mo/TimeSeriesDatabase.aspx 有关数据整理。

从统计数据看，澳门1999年的就业总人口达到了19.62万，其中，公务人员和企业领导人员数量达到了1.19万，专业人员达到0.59万，技术员及辅助专业人员达到了1.72万，文员则达到了3.55万，四者合计达到了7.05万。而从职业上看，这几类人员基本上正是澳门中产阶层人员的构成主体。并且，从收入上看，这四类人员的收入中位数也远远高于总就业人员的收入中位数。① 如果将文员这一类剔除，② 那么其他三类人员合计才达到3.6万。此外，尽管缺乏1996年以前的数据，从统计数据还是可以看出澳门不同职业就业人数的基本变化趋势。到

---

① 2010年，澳门就业人员月收入中位数为9000元，而这四类人员的月收入中位数类别顺序依次为：22500元、22000元、15000元、12000元。其他的职业中，仅有工业、工匠及手工艺工人这一类超过总体的中位数，达到了9500元。

② 博彩行业从业人员大部分（尤其是中低层从业人员）统计上归入文员类。

1999年，相对于1996年从业人员数量上升的职业类别是公务员和管理人员、专业人员、技术员及辅助专业人员以及文员，基本持平的是渔农业熟练工作者和各类操作人员，有所下降的则是服务及销售类人员、工业、工匠及手工艺工人和非技术工人。这一趋势反映了澳门经济发展和社会变迁的结果，如果这一趋势可以推至1996年以前，那么此前这四类职业从业人员数量相对于1996年以前下降的幅度还要大。

二 特区建立初期——中产阶层规模的徘徊

1999年年底，澳门回归祖国。2001年11月，澳门赌牌竞投标程序宣布启动。2002年年初，博彩业开放。在这一时期，中产阶层的发展在规模上经历了一个徘徊时期。图2—2表明了澳门回归以后至博彩业开放之前这一段时间中不同职业就业人员数量的变化情况。

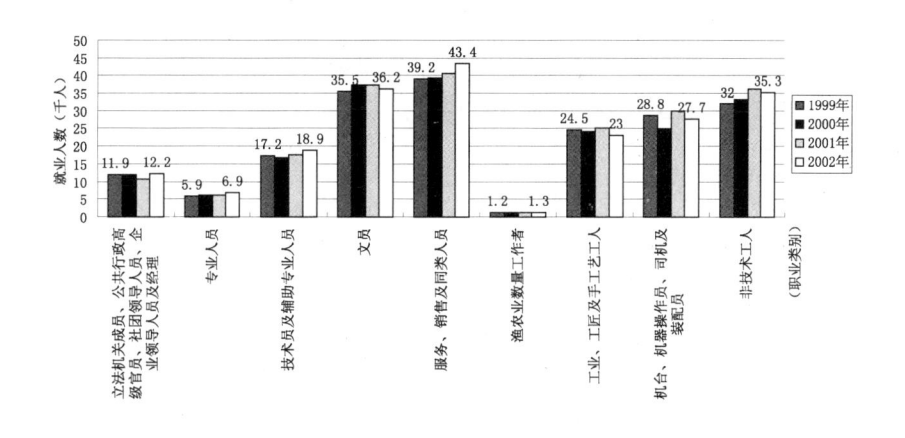

图2—2 澳门不同职业就业人员数量（1999—2002）

资料来源：根据http://www.dsec.gov.mo/TimeSeriesDatabase.aspx有关数据整理。

在1999—2002年期间，就业总人口从19.62万增加到20.49万。从图2—2中看，除了工业、工匠和手工艺工人和各类操作人员的就业人员数量下降外，其他类别的从业人员均有所上升。这样一个趋势也反映了澳门回归后最初几年的经济变化情况。比如说，工业、工匠和手工艺工人比例在这四年持续下降，反映了澳门制造业持续衰落的过程。

总的来说，前四类人员的数量在1999—2002年期间基本上没有发生很大的变化，加起来总共增加了不到4000人。如果考虑到从业总人口的增加，这四类人员在其中所占的比例也没有发生很大的变化：在1999年，这四类人员共占就业总人口的35.9%；在2002年，这一比例则为36.2%；两者的差别基本上可以忽略。正因为如此，笔者认为，中产阶层的发展在1999年至2002年期间处于徘徊不前的状态。出现上述情况的根本原因在于，1999年回归以后的几年中，澳门的经济和社会并没有发生大的改变。博彩业垄断经营的局面仍在继续，制造业等产业在全球和区域竞争加剧的情况下日益衰落；加之刚刚结束1996—1999年的经济负增长，1999—2002年澳门的经济可谓乏善可陈。

三 博彩业开放——中产阶层的扩大

2002年，澳门博彩业结束了长达40年由澳门旅游娱乐有限公司独家经营的状况，永利度假（澳门）股份有限公司、银河娱乐场股份有限公司获得博彩经营牌照。博彩业的开放，带动了旅游等行业的迅猛发展。而CEPA[①]的签署、"自由行"的开放、《泛珠三角区域合作框架协议》的签署，更是直接刺激了澳门经济的高速发展。虽然在2003年出现了"非典"，2008年出现了金融风暴，但澳门经济并没有受到大的影响。

经济的发展直接促使了中产阶层规模的扩大。随着经济的发展，对专业人员的需求逐步增加；同时，对各类管理人员的需求也有了一定提高。统计数据表明，到2012年年底，澳门总就业人口为34.33万；其中，公务员和企业管理人员的总数达到了1.91万，专业人员的规模则达到了1.34万，技术员及辅助专业人员达到了3.66万，文员达到了9.71万（见图2—3）。

---

① CEPA（Closer Economic Partnership Arrangement），即《关于建立更紧密经贸关系的安排》的英文简称。包括中央政府与香港特区政府签署的《内地与香港关于建立更紧密经贸关系的安排》、中央政府与澳门特区政府签署的《内地与澳门关于建立更紧密经贸关系的安排》。

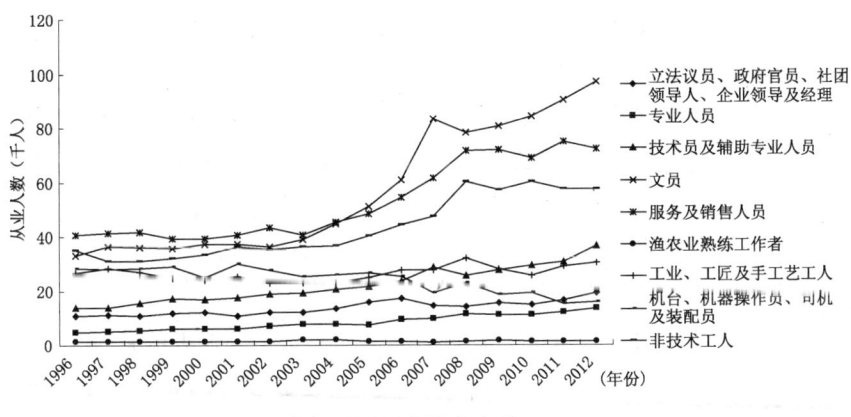

图2—3 澳门不同职业就业人数（1996—2012）

资料来源：根据http://www.dsec.gov.mo/TimeSeriesDatabase.aspx有关数据整理。

从图2—3还可以看出，除了机台、机器操作员、司机及装配员在2012年的就业人数低于2002年的同类指标，其他类别的人数均有不同程度的增长或持平，在这些就业人数增长的类别中，尤以文员为甚，从业人数增长了近2倍。实际上，这一增长正是由于博彩开放带来了博彩从业人员的激增，从而扩大了文员数量。

第二节 异质化的中产阶层

尽管到目前为止，澳门中产阶层的人员规模已经较为庞大，但其内部分化较为严重。除了在西方社会中存在的新中产阶层和老中产阶层，澳门还具有一个特殊的中产阶层，其典型的代表是博彩从业人员。我们必须注意到，这三类中产阶层人员之间存在较大的差异。

一 分化的老中产阶层

所谓澳门老中产是澳葡时期业已存在的中小工商业职业类型，它在今日已经成为澳门中产阶层整体的重要组成部分。换句话说，它是澳葡时期的中小工商业者类型的延续，在当今是作为澳门老中产与其他中产类型相区分。经过十多年的演变，当今澳门老中产逐渐分化为三个主要类型。

（1）传统型老中产：主要依靠传统市场并直接从传统经营中获得其主要收入的中小型工商业者；[①]

（2）资产型老中产：澳葡时期及特区建立早期获得小规模经营性不动产（商铺或厂房），并在当今拥有较高不动产增值收益或租金收益的中小工商业者（无论他们还在从事生产或经营与否）；

（3）接入型老中产：主要指与新近兴起的博彩业或其他现代产业紧密相关的中小型高收入经营者。

因此，老中产的共同点是他们都具有中小型工商业者的背景，而其明显差异是在澳门博彩业或其他新兴产业兴起过程中的获益程度不同。更确切地讲，传统型老中产是澳葡时期主要面向本地及社区经营的中小工商业者在特区建立之后的延续，同时也包括部分新创业者。其基本特征是：其经营方式、市场面向与过去相比都没有根本变化。资产型老中产由于在澳门不动产低价时期已经获得其资产所有权，随着近年来不动产价格的大幅度走高，故当前无论其从事生产或服务性经营与否，都能拥有较高而稳定的租金或经营收入。此外，澳葡时期面向本地及社区经济的中小工商业的一部分，则在赌牌开放之后随着博彩业的蓬勃发展成为博彩业外溢效应的明显受益者，这部分中小工商业者则成为今天的接入型老中产，其主要生产、服务性经营与博彩业息息相关，并伴随着博彩业的发展而获得更多经济实惠与发展机会。需要指出的是，接入型老中产概念中包含了澳门特区建立之后以及澳门博彩业和现代产业发展带动下成长起来的新创业的中小型工商业者，因为，抛开其与博彩业的连带关系，他们在经营类型上仍然属于中小型工商业者。

由此不难看出，在当今的传统型老中产中，需要更多关注的正是所谓"问题老中产"，也就是指没有更多享受博彩业发展红利的澳门传统中小工商业者。当今澳门中产阶层中的老中产类别界定，是根据调查中的发现以及经过分析比较而做出的判别，因此，在现实中具有比较明显的经济与社会类别对应。

[①] 所谓"传统市场"及"传统经营"中的"传统"概念，是区别于与新近兴起的博彩业或其他与现代产业紧密相关的市场及经营方式。

二 有限的新中产阶层

随着澳门现代部门在特区成立之后的快速扩张，澳门新中产阶层规模有所壮大。新中产阶层以受过良好教育（即具有适应现代部门职业需要的专业知识技能）、稳定的职业、中等收入水平的脑力劳动者为其主体，但其职业范围比较广泛，如政府公务人员、学校教员与管理人员、公司专业技术与管理人员、传媒界及社会团体专业人员等。从构成来看，澳葡时期的专业人士阶层，在澳门特区成立之后，由于群体数量的增加、受教育水平的提升，以及社会作用与地位的提高，其总体成为澳门当今新中产的组成部分。原澳葡时期公务员阶层则由原来的葡裔主体变为澳门本地人主体，而且随着澳门特区政府机构与职能的扩展、经济社会作用的提升，新的公务员群体也已成为澳门新中产的重要成分。澳门特区建立之后，本地专业人员阶层与公务员阶层队伍的扩大正是澳门新中产进一步扩大的一个重要因素。

但是，新中产阶层在澳门的成长十分缓慢，这一趋势从20世纪90年代后期一直持续到现在。图2—4清楚地表明了这一状况，从图2—4中可以看到，专业人员和公务管理人员的规模都增长十分缓慢。如果进一步计算这三个职业群体在就业总人口中的结构比例，看到的结果则是意味深长的。

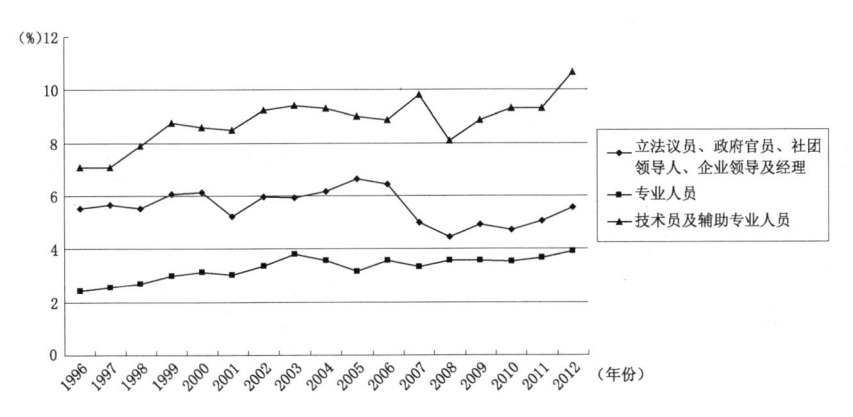

图2—4 澳门专业人员、公务管理人员、技术员及辅助专业人员占就业人口比例（1996—2012）

资料来源：根据 http：//www.dsec.gov.mo/TimeSeriesDatabase.aspx 有关数据整理。

从图 2—4 中可以看到，从 1996 年到 2012 年的 17 年间，专业人员基本上处于极其缓慢增加的态势，17 年期间，专业人员占就业总人口的比例仅上升了不到 2 个百分点，个别年份（2005 年、2007 年、2009 年）的比例甚至还较上年有所下降。技术员及辅助专业人员的比例则上升了 3 个百分点左右，其中在 2011 年有一个较大幅度攀升；而公务和管理人员在就业总人口中的比例震荡变化，在 2007 年至 2011 年期间，该类人员占就业总人口的比例竟然比 1996 年时还低！从图 2 4 中可以明显看出，该比例的大幅度下降出现在 2006 年，那么是不是由于 2006 年的总就业人口变动突然上升导致该比例下降呢？查阅数据可知，2006 年总就业人口确有大幅度攀升，但真正的原因还不在此；从前文的图 2—3 中我们可以看到，公务和管理人员的绝对数量在 2006 年也出现了下降，并且这一数量在 2007 年并未出现明显回升。

在此，笔者初步判断，这一减少主要是由于博彩业的开放所带来的影响。我们知道，随着政府职能的扩展，澳门公务员的数量基本上是处于增加状态，那么公务和管理人员的减少只能是由于各种管理人员（包括企业领导人）的减少。而管理人员和企业人员的减少和企业的数量是密切相关的。为此，笔者查阅了有关统计数据并进行了分析，结果如图 2—5 所示。

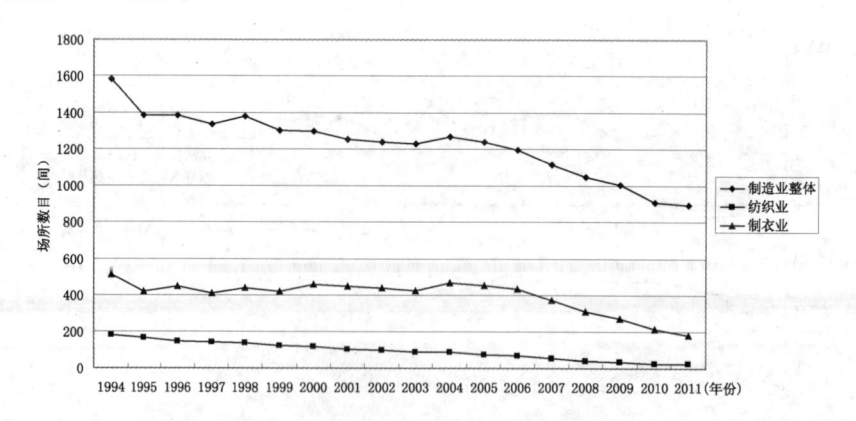

图 2—5　澳门制造业整体、纺织业以及制衣业
经营场所数量变化（1994—2011）

注：若同一企业有多于一个经营相同行业的场所，则该等场所会被组合成一个统计单位。
资料来源：根据 http：//www.dsec.gov.mo/TimeSeriesDatabase.aspx 有关数据整理。

从图2—5中可以明显看出，在1998—2011年间，制造业经营场所大幅度下降，其总数从1600间降至900间左右，纺织业和制衣业的经营场所下降明显。根据澳门统计部门提供的说明，经营场所的数量实际上在很大程度上意味着公司的数量，因此，经营场所的减少实际上意味着公司数量的减少。因此可以说，整个制造业从1994年以来是逐步衰落的。而在传统的产业中，制造业恰恰是对管理人员需求量相对较多的一个行业，其衰落势必大幅度降低对管理人员的需求，从而出现前面看到的结果，即在公务员增加的情况下，公务管理人员整体的数量反而出现了下降。

而在制造业整体、纺织业以及制衣业的就业人员更是下降明显。图2—6中的数据表明，制造业整体人数在1994年接近5万，而到了2011年，人数不足1.5万。其中，纺织业人员从超过2.5万人下降至不足5000人，制衣业从业人员从近万人降至不足千人。

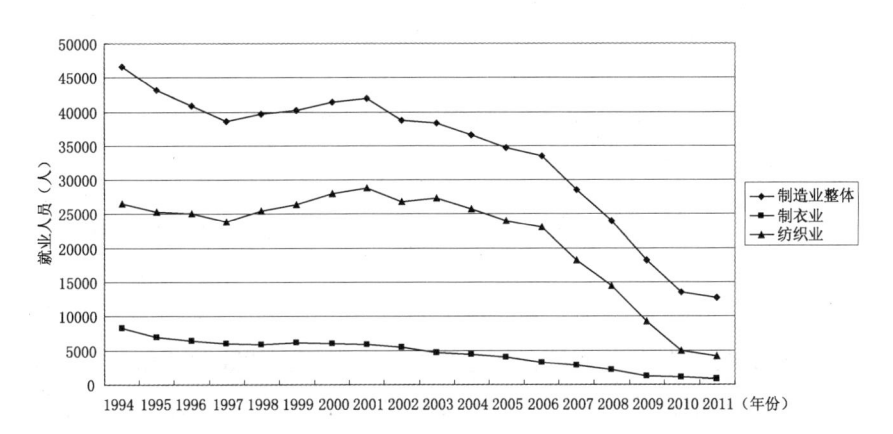

**图2—6　澳门制造业整体、纺织业以及制衣业
从业人数变化（1994—2011）**

资料来源：根据http：//www.dsec.gov.mo/TimeSeriesDatabase.aspx有关数据整理。

至于说专业人员规模扩大缓慢，则和澳门的经济发展、人口规模等因素紧密相关。澳门的专业人员主要是由教师、医生构成。图2—7列出了澳门专业人员总数、教师以及医生人数的历年变化情况。[①] 从图2—7 中可以看出，教师在澳门专业人员中占有非常大的比例，在 1996 年占专业人员总数的比例达到了 85% 左右（4026/4750）。即使在近年比例逐年有所下降，2010 年的这一比例仍然高达 63.4%（7065/11150）以上。医生在专业人员中的比例在 1996 年占到了 16.6% 左右（790/4750），到 2010 年则占 11.9%（1330/11150）。而教师和医生的规模恰恰受到人口规模的直接制约，因此，在作为专业人员主体的教师和医生增长受限的情况下，专业人员的规模难有大的扩张。

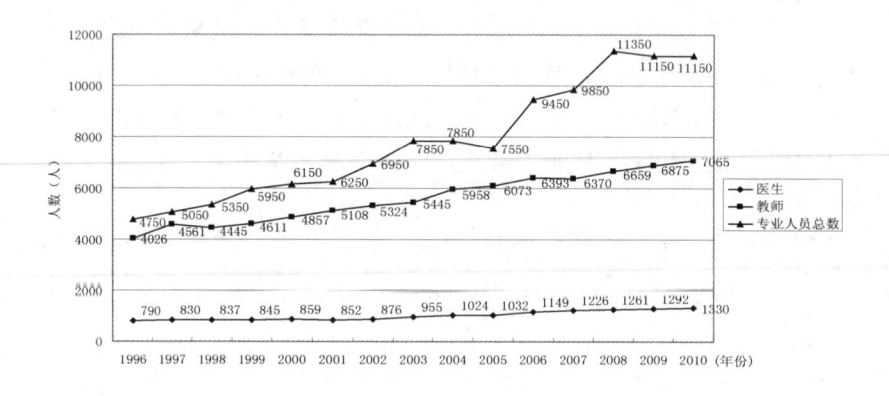

图 2—7　澳门教师、医生数量及专业人员总数变化情况（1996—2010）

资料来源：根据 http://www.dsec.gov.mo/TimeSeriesDatabase.aspx 有关数据整理。

此外，另一些专业人员，如建筑师、工程师，其数量则和产业结构密切相关。从前面关于澳门经济发展的回顾中，我们已经知道，由于博彩业一枝独秀，其他产业呈衰落之势，对专业人员的需求较弱，从而导致专业人员规模增长缓慢。在调查中，有专业人员表示，不管你学什么专业，也不管你从哪里毕业，回到澳门往往没办法从事本专业的工作，被迫改行。此外，澳门产业单一的问题，已经引起了一些专业性组织的

---

① 教师实际上包括大学教师、中小学教师、特殊教育教师、回归教育教师和成人教育教师五大类。此处采用的教师统计口径为"大学教师+初中小教师"。此外，澳门统计局给出的专业人员统计数精确到百位数，此将百位数以后的均作为 0 处理，然后加上 50。如 4.7 千人转为 4750 人。另 2009 年年初中小教师数量缺失，用 2008 年和 2010 年教师数量均值替代。

担忧。在调查中，有专业协会负责人员在谈到对未来的担忧时说道："以后社会困难，产业究竟怎么发展是需要澳门考虑的，单一发展我们怎么保障，这是对我们安全性比较重要的""最大的担心就是后继无人，'80后''90后'这些人没有毅力投身这行，有多大的抱负没人继承也是很难过的"。

三　庞大的边缘中产阶层

博彩行业人员是边缘中产的典型代表。如前面所述，博彩行业的收入较高，其月收入的中位数远超就业人员整体的中位数。但是由于博彩行业的大部分职位对从业人员的受教育程度要求不高，因此，从业人员的整体受教育水平偏低。同时，由于博彩行业的工作较为辛苦和特殊，不少底层工作人员（荷官）在工作中经常受到客人的指责甚至侮辱，导致博彩行业从业人员的职业声望较低。按西方传统的中产阶层理论，这一部分人员不应纳入中产阶层。但正如第一章所论述的那样，博彩人员占澳门就业人口的较高比例，同时，博彩人员的受教育程度将会随着劳动人口整体受教育水平的提高而提高，其职业声望不乏改变的可能。因此，笔者认为博彩从业人员也是中产阶层的重要组成部分。

图2—8描述了博彩行业从业人员数量以及占总就业人口的发展比例在2004—2010年间的变化情况；为了对比，同时列出的还有制造行业就业人口在1998—2010年的相应变化情况。

我们可以发现，博彩业就业人口数量在2004年仅为2万多一点；而到了2010年，这一就业人员规模超过了6万。从占总劳动力的比例来看，博彩从业人员的比例在2004年仅为总就业人口的10%，而2010年则攀升到20%左右，占到澳门劳动人口的1/5；如果考虑到总就业人员规模的增长情况，就更能够体会博彩从业人员规模的极大变化。与之形成鲜明对比的是制造行业的就业人口从1998年以来逐年下降，在经历了2001年的短暂回升后一路下行，其从业人口从1998年的超过4万减少至2010年的不足2万，占总就业人口的比例更是从超过20%下跌到不足5%。

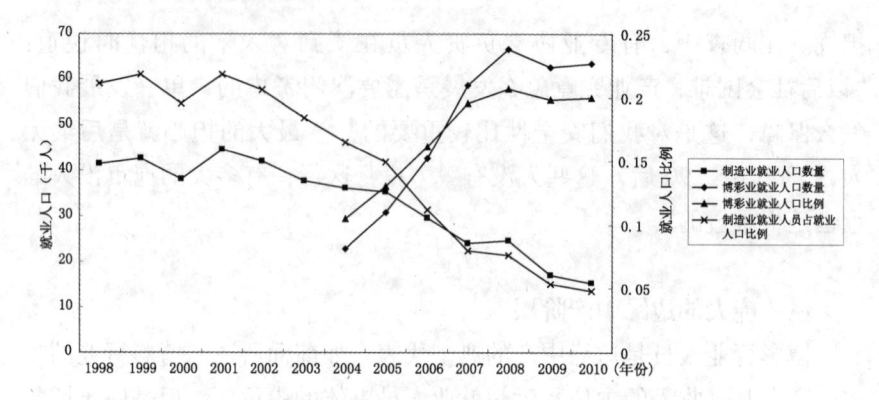

图 2—8　澳门博彩业和制造业的就业人口变化（1998—2010）

注：博彩行业仅有 2004 年之后的统计数据。

资料来源：根据 http：//www.dsec.gov.mo/TimeSeriesDatabase.aspx 有关数据整理。

第三章 澳门中产（中等收入）阶层的认知和认同

第一节 对中产阶层的认知状况

一 对中产阶层概念的知晓程度

中产阶层这一术语是典型的舶来品。在这一术语扩散、传播过程中，有一个接受、认定和再造意义的过程。前面已经提到不同社会的人们对中产阶层有差异甚大的认识，那么在澳门社会中，民众对中产阶层的认识是怎样的？量化阶段的问卷调查结果表明，澳门民众对中产阶层这一术语的了解并不十分充分（见表3—1）。

表3—1 澳门居民知晓"中产阶层"或"中产阶级"的说法情况

	频数	百分比	标准误	95%置信区间（%）
听说过	609	61.6	0.015	[58.7, 64.5]
没有听说过	379	38.4	0.015	[35.5, 41.3]
合计	988	100.0		

从表3—1中的数据可以看出，61.6%的澳门居民听说过"中产阶层"或者"中产阶级"的说法，而38.4%的人并没有听说过这两个说法。表3—1中的后两列分别给出了对估计百分比的标准误和置信度为

95%的置信区间。① 从最后一列的数据可以看出，从本次调查结果看，至多只有64.5%的人了解"中产阶层"或"中产阶级"的说法。这表明，中产的概念是在近年内才传入澳门，并非家喻户晓。

那么，这61.6%的人有什么特征？或者换句话说，听说过和没有听说过中产阶层概念的人在社会人口特征上有什么差别呢？笔者通过交互分析来探究这一问题（见表3—2）。

表3—2 不同年龄组的澳门居民知晓"中产阶层"或"中产阶级"说法的情况

			您是否听说过"中产阶层"或"中产阶级"的说法		合计
			听说过	没有听说过	
被访者年龄分组	16—19岁	频数	49	27	76
		行百分比	64.5%	35.5%	100.0%
	20—24岁	频数	65	28	93
		行百分比	69.9%	30.1%	100.0%
	25—29岁	频数	80	33	113
		行百分比	70.8%	29.2%	100.0%
	30—34岁	频数	57	29	86
		行百分比	66.3%	33.7%	100.0%
	35—39岁	频数	49	37	86
		行百分比	57.0%	43.0%	100.0%
	40—44岁	频数	98	30	128
		行百分比	76.6%	23.4%	100.0%
	45—49岁	频数	49	45	94
		行百分比	52.1%	47.9%	100.0%
	50—54岁	频数	72	52	124
		行百分比	58.1%	41.9%	100.0%
	55—59岁	频数	43	39	82
		行百分比	52.4%	47.6%	100.0%

---

① 本次调查是一个抽样调查。从统计调查理论讲，根据调查得到的指标是一个对总体真实分布的估计值，其精度受到样本规模、调查方式等的影响。置信度是在总体真实分布落入某一区间的可能性，95%的置信区间是指研究人员有95%的把握宣称总体真实分布落入这一区间。置信度越高，置信区间的范围就越窄；反之，置信度越低，置信区间就越宽。置信区间的计算公式为：估计值 ± Z_α × 标准误。以下不再重复说明。

续表

			您是否听说过"中产阶层"或"中产阶级"的说法		合计
			听说过	没有听说过	
	60—64 岁	频数	47	59	106
		行百分比	44.3%	55.7%	100.0%
合计		频数	609	379	988
		行百分比	61.6%	38.4%	100.0%

表3—2中数据表明，不同年龄组的人听说过"中产阶层"和"中产阶级"说法的情况有差异。总的来说，青壮年群体听说过中产概念的比例要高一些。其中，年龄在40—44岁区间的人群听说过中产概念的比例最高，达到了76.6%；其次是年龄在25—29岁之间的人。最低的比例出现在60—64岁组，其听说过中产概念的比例仅为44.3%，该组也是唯一过半人数不知道中产概念的组别。卡方检验表明，不同年龄段之间在是否听说过中产概念的问题上统计差异显著[①]。这一结果印证了研究者在质性阶段得到的印象，即青壮年人士更为关注中产问题，尤其是近年刚毕业进入社会的"85后"群体。

除了年龄因素，性别是否也是影响人们对中产概念认知的标准呢？换句话说，是否男性比女性更了解中产这一问题或者更不了解中产这一问题？

表3—3 不同性别的澳门居民知晓"中产阶层"或"中产阶级"说法的情况

			您是否听说过"中产阶层"或"中产阶级"的说法		合计
			听说过	没有听说过	
被访者性别	男	频数	300	172	472
		行百分比	63.6%	36.4%	100.0%
	女	频数	309	207	516
		行百分比	59.9%	40.1%	100.0%
合计		频数	609	379	988
		行百分比	61.6%	38.4%	100.0%

---

① 为了节省篇幅，本书中的绝大部分交互分析没有列出卡方检验表，有兴趣的读者可以联系笔者索取。

表3—3中的数据表明,男性知道中产概念的比例为63.6%,略高于女性知道中产概念的比例(59.9%),这一差别在统计上并不显著。因此,可以认为,男性和女性在知晓中产概念上没有差异。

文化程度是笔者认为可能影响人们对中产认知的重要维度。因为中产的话题不断见诸报刊、电视和网络,具有阅读能力的居民可能有更多的机会了解到中产阶层的讨论。从调查来看,这一影响体现在受教育程度和对中产认知情况的交互分析上(见表3—4)。

表3—4　　不同受教育程度的澳门居民知晓"中产阶层"或"中产阶级"说法的情况

			您是否听说过"中产阶层"或"中产阶级"的说法		合计
			听说过	没有听说过	
请问您的最高学历（包括在读）	小学及以下	频数	67	88	155
		行百分比	43.2%	56.8%	100.0%
	初中	频数	106	117	223
		行百分比	47.5%	52.5%	100.0%
	高中/中专/技校/职高	频数	173	112	285
		行百分比	60.7%	39.3%	100.0%
	大专	频数	80	27	107
		行百分比	74.8%	25.2%	100.0%
	本科	频数	147	27	174
		行百分比	84.5%	15.5%	100.0%
	硕士研究生及以上	频数	36	8	44
		行百分比	81.8%	18.2%	100.0%
合计		频数	609	379	988
		行百分比	61.6%	38.4%	100.0%

表3—4中的结果表明,学历越高,听说过"中产阶层"或"中产阶级"说法的比例越高。其中,具有高中/中专/技校/职高学历的人听过中产概念的比例为60.7%,基本上和整体水平(61.6%)接近;最低的是小学及以下水平的居民,仅有43.2%的人听说过中产概念;最高的则为本科生,有84.5%的人听说过这一概念。同时,卡方统计检验表明,对中产概念的认知差异在学历问题上是显著的。

除了学历，笔者猜想工作状态也可能是影响知晓中产概念的重要因素。因为一些在职工作的人有更多的机会接触中产概念，而处于失业状态的人员则接触这一概念的机会相对少。我们仍然用交互表的方式来看看这一差异，如表3—5所示。

表3—5　　　不同工作状态的澳门居民知晓"中产阶层"或"中产阶级"说法的情况

			您是否听说过"中产阶层"或"中产阶级"的说法		合计
			听说过	没有听说过	
请问您目前的工作状态是	全职雇员	频数	357	201	558
		行百分比	64.0%	36.0%	100.0%
	雇主	频数	19	7	26
		行百分比	73.1%	26.9%	100.0%
	不兼职的在校学生	频数	56	26	82
		行百分比	68.3%	31.7%	100.0%
	兼职的在校学生	频数	32	15	47
		行百分比	68.1%	31.9%	100.0%
	兼职雇员，不是学生	频数	16	15	31
		行百分比	51.6%	48.4%	100.0%
	自雇人士	频数	32	18	50
		行百分比	64.0%	36.0%	100.0%
	退休	频数	36	40	76
		行百分比	47.4%	52.6%	100.0%
	失业	频数	33	49	82
		行百分比	40.2%	59.8%	100.0%
	家庭主妇	频数	27	7	34
		行百分比	79.4%	20.6%	100.0%
	不能工作	频数	1	1	2
		行百分比	50.0%	50.0%	100.0%
合计		频数	609	379	988
		行百分比	61.6%	38.4%	100.0%

表3—5中的数据表明，不同工作状态的人对中产概念的了解程度差别甚大，并且，卡方检验表明，这一差距具有统计上的显著性。总体

来说，雇主、学生、自雇人士对这一概念的了解程度更高，其比例分别达到了 73.1%、68% 左右以及 64.0%。而非学生的兼职人员、退休人士、失业人士知晓这一概念的比例相对较低，分别仅为 51.6%、47.4% 和 40.2%。这里值得分析的是家庭主妇对中产阶层概念的知晓程度高达 79.4%，列于各类人群首位。笔者认为，能够有条件做家庭主妇的，其先生的社会地位往往较高，因而有更多的机会了解中产阶层话题。

其实不仅仅是工作状态影响人们对中产概念的知晓程度，职业的种类也对中产概念的知晓程度有较大影响。从经验上看，一些职业，比如说公务员、专业人士了解到中产概念的机会较之其他职业的人士更多（见表3—6）。

表3—6　　不同职业的澳门居民知晓"中产阶层"或"中产阶级"说法的情况

			您是否听说过"中产阶层"或"中产阶级"的说法		合计
			听说过	没有听说过	
请问您在过去一年中从事的主要（以工作时间最长者计算）职业是	立法机关成员、公共行政高级官员、社团领导人员、企业领导人员及经理	频数	27	8	35
		行百分比	77.1%	22.9%	100.0%
	专业人员	频数	55	9	64
		行百分比	85.9%	14.1%	100.0%
	技术员及辅助专业人员	频数	60	16	76
		行百分比	78.9%	21.1%	100.0%
	文员	频数	79	17	96
		行百分比	82.3%	17.7%	100.0%
	服务、销售及同类工作人员	频数	73	48	121
		行百分比	60.3%	39.7%	100.0%
	工业、工匠及手工艺工人	频数	17	37	54
		行百分比	31.5%	68.5%	100.0%
	机台、机械操作员、司机及装配员	频数	9	7	16
		行百分比	56.3%	43.8%	100.0%

续表

		您是否听说过"中产阶层"或"中产阶级"的说法		合计
		听说过	没有听说过	
非技术工人	频数	13	31	44
	行百分比	29.5%	70.5%	100.0%
庄荷	频数	23	24	47
	行百分比	48.9%	51.1%	100.0%
合计	频数	356	197	553
	行百分比	64.4%	35.6%	100.0%

表3—6中的数据证明了笔者的判断。数据显示，专业人员、从事公务和管理的人员、专业辅助人员以及文员对中产概念的了解程度远高于其他类职业人士。并且，卡方检验表明，这一差异是统计显著的。

除了上面因素外，职业层级的高低也影响人们对中产概念的了解程度。交互分析全职雇员的层级和对中产概念认知的关系发现，相对来说，层级越高，知晓中产概念的比例越高。这一差异在底层员工和中高层领导之间尤其明显。统计检验表明，这一差异在统计上也是显著的。有关数据详见表3—7。

表3—7　不同层级的全职工作人士知晓"中产阶层"或"中产阶级"说法的情况

			您是否听说过"中产阶层"或"中产阶级"的说法		合计
			听说过	没有听说过	
请问下面哪种描述更接近于您现在工作的状态	我是公司（单位）里面的最高负责人	频数	9	3	12
		行百分比	75.0%	25.0%	100.0%
	我有下属，但也有上司	频数	165	67	232
		行百分比	71.1%	28.9%	100.0%
	我没有下属，只有上司	频数	177	124	301
		行百分比	58.8%	41.2%	100.0%

续表

		您是否听说过"中产阶层"或"中产阶级"的说法		合计
		听说过	没有听说过	
很难讲	频数	6	7	13
	行百分比	46.2%	53.8%	100.0%
合计	频数	357	201	558
	行百分比	64.0%	36.0%	100.0%

此外，调查还发现，不同身份的澳门居民对中产阶层概念的知晓程度有较大差异。总体的情况是，澳门永久性居民对中产概念的知晓程度高于其他类别的人士，达到了64.6%，而持蓝卡的人士知晓中产概念的比例最低，仅为34.9%。这一差异在统计上是显著的。笔者认为，这主要是因为持蓝卡的工作人员大多数文化程度较低，并从事技能型较差的职业，从而导致他们对中产概念的知晓程度较低。有关数据详见表3—8。

表3—8　　不同身份的澳门居民知晓"中产阶层"或"中产阶级"说法的情况

			您是否听说过"中产阶层"或"中产阶级"的说法		合计
			听说过	没有听说过	
请问您目前的身份是	持澳门永久性居民身份证	频数	543	298	841
		行百分比	64.6%	35.4%	100.0%
	持澳门非永久性居民身份证	频数	45	49	94
		行百分比	47.9%	52.1%	100.0%
	非本地劳务工作卡（蓝卡）	频数	15	28	43
		行百分比	34.9%	65.1%	100.0%
	通行证	频数	4	3	7
		行百分比	57.1%	42.9%	100.0%
	护照	频数	0	1	1
		行百分比	0.0%	100.0%	100.0%

续表

<table>
<tr><th colspan="2"></th><th></th><th colspan="2">您是否听说过"中产阶层"或"中产阶级"的说法</th><th rowspan="2">合计</th></tr>
<tr><th colspan="2"></th><th></th><th>听说过</th><th>没有听说过</th></tr>
<tr><td rowspan="2">香港身份证</td><td></td><td>频数</td><td>1</td><td>0</td><td>1</td></tr>
<tr><td></td><td>行百分比</td><td>100.0%</td><td>0.0%</td><td>100.0%</td></tr>
<tr><td rowspan="2">外交人员</td><td></td><td>频数</td><td>1</td><td>0</td><td>1</td></tr>
<tr><td></td><td>行百分比</td><td>100.0%</td><td>0.0%</td><td>100.0%</td></tr>
<tr><td colspan="2" rowspan="2">合计</td><td>频数</td><td>609</td><td>379</td><td>988</td></tr>
<tr><td>行百分比</td><td>61.6%</td><td>38.4%</td><td>100.0%</td></tr>
</table>

除了上述的分析，笔者还进行了婚姻状况和知晓中产概念的交互分析。结果表明，这一关联在统计上是非显著的，也就是说，不同婚姻状况的居民对中产概念的知晓程度没有差异。

二 对中产阶层概念的认知

1. 中产阶层抑或中等收入阶层

对中产的认知是人们评价中产阶层以及是否认同自身为中产阶层的重要因素。事实上，对中产的认知在这里充当了居民判定自身是否为中产的标准。自2011年以来，有关中产的话题在澳门引发了社会热议，这其中很重要的一个原因，其实是人们对中产标准的理解不一所引起的。因此，在分析澳门中产之前，有必要探索澳门居民对中产的认知状况。

笔者对中产认知的探讨分两个阶段进行，第一个阶段是通过质性的方法，也就是深度访谈和焦点小组的方法来探究民众中存在的对中产阶层的理解；二是在质性研究的基础上，采取问卷调查的方式，针对有关中产阶层认知的关键问题展开调查，以了解澳门居民在整体层面上对有关中产问题的看法。

在进行质性阶段研究时，访谈到的多位案主谈到了他们对中产阶层的理解。

问：您以前听说过中产阶级这个概念吗？
答：有啊。像我们这种，不过我们是中下层。就是说那种，其实也是打工仔，然后就是说也是有生活压力，总之不是很富裕的，手停口停那种，就是所谓中产阶级了。就是要养老人、家庭、小孩的，每个月也是靠那份工资去供养住的、吃的和一家人的生活费，也没有多余的钱储起来，那种就是中层了。（案例6）

问：您觉得怎么样算是中产？

答：在澳门生活得比较久。生活比较好一点，有楼有车，有租子收。我发现在澳门生活得久一点的人，要求不多的，在北区的那些人，就算住的地方很拥挤，都不会有这么多的怨言。

问：很多贷款买房子的人，他们的情况怎么样？他们一个月有多少收入才算是中产？对你们这一代人来讲，大部分人来说都应该是中产了？

答：是的！

问：但是对于年青一代来言，有多少收入才算是中产呢？比如，你们的大女儿，他们算不算是中产？

答：他们是的！

问：那么，对于年青一代，多少收入才算是中产呢？

答：现在是这么样的，以前的年轻人呢，他们的收入不是花在房屋上面，现在的年轻人才是要求有一部车、有一套房子，年轻化了。以前不是，以前很多人住在一个房子。现在不是，一般都是一毕业就要求有房子。如果他们的收入和学问可以比较均衡的话，他们都可以是中产了。

问：总还是有一个收入的分界线吧？大概一个月多少钱算呢？

答：现在没法说的，很多人说我的钱还没有用完呢又发工资了，你说他们多开心啊，以前不是这样的嘛，一份工作只有很少的收入。当时的中学生只有几百元，现在是几万元。

问：他们要供房供车，而且不用父母支持的话，始终还是有一大概的收入线才可以吧？

答：应该一个月要3万元以上。（案例12）

从质性阶段的这两段访谈内容可以看出，澳门居民对中产的认知涵盖了几个基本的方面：第一，认为中产是属于"手停口停"，这说明该受访者认为中产的一个基本特征是依靠劳动获得收入。第二，是从年纪较大的人来说，他们认为中产是可以分年轻人和年纪大的人两种来进行划分（案例12）。对于年纪大的人来说，由于在澳门生活得比较久，有楼有车，就算生活在北区，也不会有什么怨言，算得上中产；而对于年轻一代来说，差不多则要月薪3万元以上。第三，在两位被访者看来，房子对于中产来说是很重要的。

上述这两位受访者实际上对中产的认知基本上是从经济角度来进行评判的，他们所谈论的中产实际上是中等收入阶层，而非西方传统意义上的中产阶层。这给我们一点重要的启示，即澳门居民对中产阶层的认同并非像典型的西方社会那样，要刻意地看重受教育程度和职业声望，而是更看重经济因素。不过，质性阶段的研究也表明，另一部分澳门居民对中产阶层的理解更为接近西方典型中产的概念，这一部分人主要是那些可以纳入典型西方中产阶层人士。比如，笔者在访谈某些社团时，他们提到了如下看法。

……我们当年成立，因为有一帮朋友。我们一直就觉得有些事情应该有人来做吧，当初我们可能就想到政治情况上面就是可能少一些中立的声音，我们觉得应该有些比较中立、理性的声音去分析问题，我们不是因为那个立场，比如说我支持政府就什么都要说好，我不喜欢政府就什么都说不好。我们希望讨论一个社会议题的时候，真的根据理智来讨论的这种声音，算是公民发声嘛，可是我们比较强调是理性讨论，然后把那个问题都拿出来，主要是希望社会上面有这么一种声音在，这个大概就是那个背景。

……

我的看法就是说澳门的中产还没有很具体地出现，可是那种模糊的轮廓已经出来了，因为如果说从20世纪90年代，从1991年，1991—2006年那个人口普查、人口数据有看到我们念完大学的人增长了一两倍，然后那个总量来说也增加了很多。所以我觉得受过高等教育的，主要以这一批人为主了。然后他们慢慢会形成，因为都是从不同的专业出来，他们看问题是有点不一样，像我们还要自己专门回去看是否符合规则，慢慢会多，已经开始出来，他们会有自己的生活方式,某某就很能代表中产是怎么样生活的,跑跑步,煮煮饭,两个月去西藏,然后去旅游,就是小资啦。

……其实我看中产跟城市化、现代化是很相关的,农村有很多地主但你不能说是中产。中产我看是永远跟城市化挂钩,无论怎么说,它肯定中产是有基础的,因为你从澳门的经济轨迹看,中产的基础比较高,真正澳门现代化还是在回归之后。(某社团访谈)

从上面这一段话可以看出,一些受过高等教育的人基本上还是认同西方经典理论关于中产阶层的阐释。这部分人自身受过高等教育,同时也认为高等教育是中产阶层的必要条件。此外,他们还认为中产阶层的一个很大特征就是自身的独立和理性的精神——"我们不是因为那个立场比如说我支持政府就什么都要说好,我不喜欢政府就什么都说不好。我们希望讨论一个社会议题的时候,真的根据理智来讨论的这种声音,算是公民发声嘛,可是我们比较强调是理性讨论"。

上述的这些说法在澳门究竟有多普遍,是需要通过量化研究来予以测定的。在第一阶段调查结束时,笔者对这一问题的答案并不肯定。通过定量阶段的研究,笔者进一步获得了澳门居民的认知。

2. 中产阶层与教育

总的来说,当前澳门居民对中产的认知尚处于分化的状态,在整个社会层面不存在统一的中产阶层印象。调查结果显示,在一部分人中间,中产阶层基本上就等同于中等收入阶层;而在另一部分人中间,中产阶层基本上仅仅是指新中产阶层,即不仅有较好的收入和经济条件,还需要有较好的职业和教育背景(见表3—9)。

表3—9　　您认为,判断一个人是不是中产阶层人士要不要看他的教育文化程度

	频数	百分比	标准误	95%置信区间(%)
要看	294	48.3	0.020	[44.3, 52.3]
不用看	284	46.6	0.020	[42.6, 50.6]
很难讲	31	5.1	0.009	[3.4, 6.8]
合计	609	100.0		

表 3—9 中的数据表明，在听说过"中产阶层"或者"中产阶级"这一概念的人群中，认为要看受教育文化程度和不用看受教育文化程度的基本上各占一半，另有 5.1% 的人认为"很难讲"。不管这部分认为"很难讲"的人的真实态度是什么，我们可以认为，在"判断一个人是不是中产阶层人士要不要看他的教育文化程度"这个问题上，澳门居民的态度是分化的。那么，在这些认为要看受教育文化程度的人中间，他们对中产阶层人士应具备的最低受教育文化水准是怎么看待的呢？（见表 3—10）

表 3—10　　　　　中产阶层人士应该具备的最低文化程度

	频数	百分比	标准误	95% 置信区间（%）
小学及以下	6	2.0	0.008	[0.4, 3.6]
初中	25	8.5	0.016	[5.3, 11.7]
高中/中专/技校/职高	124	42.3	0.029	[36.6, 48.0]
大专	41	14.0	0.020	[10.0, 18.0]
本科	91	31.1	0.027	[25.8, 36.4]
研究生及以上	6	2.0	0.008	[0.4, 3.6]
合计	293	100.0		

表 3—10 中的数据表明，对那些认为判定中产阶层一定要看受教育程度的人来说，其关于中产阶层最低文化标准主要集中在两类意见上，一类是高中就可以，另一类则一定要求本科以上。由此看来，澳门居民对这个问题的看法很不统一。这里值得指出的是，如果我们认定要看学历并且认为要受过高等教育（包括大专、本科、研究生及以上）的人是按照新中产的标准在理解中产阶层的概念，那么实际上这个比例在整个知道中产概念的人中是很低的，大概为 (41 + 91 + 6)/609，约等于 22.7%。换言之，在自认为知晓中产概念的澳门居民中，仅有不到 1/4 的人是将中产阶层理解为西方典型中产阶层，其余人的理解则更接近中等收入阶层。而如果从整个澳门居民阶层来考虑，则从西方传统中产阶层概念的角度来认知中产的比例就更低，约为 (41 + 91 + 6)/988，约等于 14.0%。而剩下的 86.0% 要么不了解中产阶层概念，要么是从中等收入阶层角度理解中产概念。

3. 中产阶层与住房

中产认定标准的另一个重要方面是住房。前面已经指出，由于近年来，澳门房价节节高升，导致许多人望而却步或者背负沉重压力，甚至产生"被中产"的说法；深度访谈中，一些人也提出，年龄较大的人因早买了房，因此尽管现在收入不高，但也可算中产。因此，房产对中产的判定具有重要的意义。为此，我们对人们在这一问题上的态度也进行了调查（见表3—11）。

表3—11　　中产阶层人士是不是一定要有自己的房子

	频数	百分比	标准误	95%置信区间（%）
一定要有	292	48.1	0.020	[44.1, 52.1]
不一定	299	49.3	0.020	[45.3, 53.3]
很难讲	16	2.6	0.022	[0.5, 3.9]
合计	607	100.0		

表3—11中的数据表明，在中产是不是一定要有自己的房子问题上，澳门居民的意见也基本上分为两派，一派认为是一定要有自己的房子，另一派则认为"不一定"，两派的比例分别为48.1%和49.3%。

为了了解清楚澳门居民对于中产和住房关系的看法，笔者进一步追问了几个问题。首先是有关房子的位置问题，见表3—12。

表3—12　　中产阶层是否一定要在澳门有房子

	频数	百分比	标准误	95%置信区间（%）
一定要	173	59.2	0.029	[53.6, 64.8]
不一定	113	38.7	0.028	[33.1, 44.2]
很难讲	6	2.1	0.008	[0.5, 3.7]
合计	292	100.0		

表3—12中的数据表明，对于那些认为中产阶层一定要有房子的人来说，接近六成的认为中产阶层一定要在澳门有房子，而接近四成的人则认为不一定要在澳门有房子，换句话说，在其他地方有房子也是一样的。如果计算这部分认为一定要在澳门有房子的人占整个知晓中产阶层

概念的人的比例,则为 173/607,约等于 28.5%。也就是将近三成的人认为中产阶层在澳门应该有房子。

是否在澳门有了房子就一定具备了成为中产阶层的条件?也不是,见表 3—13。一些澳门居民对于住房的性质也有要求。调查表明,在那些认为一定要在澳门有房子才算中产的居民里面,有 52.3% 还认为这些房子不能是经屋;同时也有 44.2% 的人认为只要在澳门有房子就可以,经屋也是可以的。但从表 3—13 的数据看,尽管认为不可以是经屋的人数占优,总的来说两种意见比例的差别尚不悬殊。

表 3—13　　　　中产阶层人士的房子是否可以是经屋

	频数	百分比	标准误	95%置信区间(%)
可以	76	44.2	0.029	[38.5, 49.9]
不可以	90	52.3	0.029	[46.6, 58.0]
很难讲	6	3.5	0.011	[1.4, 5.6]
合计	172	100.0		

不仅房子的属性备受关注,是否还完贷款也是一个问题。从调查数据看,认为中产一定要有房子的人里面,65.6% 的居民认为那些没有还完贷款的可以是中产阶层人士。只有不到三成的人坚持认为中产阶层必须还完贷款,见表 3—14。

表 3—14　　　　中产阶层人士住房是否可以没有还完贷款

	频数	百分比	标准误	95%置信区间(%)
可以	191	65.6	0.028	[60.1, 71.1]
不可以	81	27.8	0.026	[22.7, 32.9]
很难讲	19	6.5	0.014	[3.7, 9.3]
合计	291	100.0		

对于目前没有房子的人来说,如果很快可以交上首付是否也可以算是中产阶层人士呢?表 3—15 中的数据表明,47.8% 的人认为只要在近期交上首付就可以,而另有 42.6% 的人则认为中产是一定要拥有现房的,近期交首付不算。

表3—15　　　没有房但可以在近期交上首付是否可以算中产

	频数	百分比	标准误	95%置信区间（%）
可以	139	47.8	0.029	[42.1, 53.5]
不可以	124	42.6	0.029	[36.9, 48.3]
很难讲	28	9.6	0.017	[6.2, 13.0]
合计	291	100.0		

表3—16中的数据表明，对于那些认为在近期交上首付也可以成为中产的人来说，"近期"的概念也有所不同。超过半数的人认为应该在从现在起算的一年内交上首付，认为两年内交上首付也可以的占16.5%，认为三年内也可以的占9.4%，认为五年内也可以的占7.2%。

表3—16　　　　　　　交上首付的最晚期限

	频数	百分比	标准误	95%置信区间（%）
一年以内	77	55.4	0.042	[47.1, 63.7]
两年以内	23	16.5	0.031	[10.3, 22.7]
三年以内	13	9.4	0.025	[4.5, 11.3]
五年以内	10	7.2	0.022	[2.9, 11.5]
很难讲	16	11.5	0.027	[6.2, 16.8]
合计	139	100.0		

4. 澳门居民认知中的中产阶层的收入标准

如前所述，相当部分澳门居民将中产阶层理解为中等收入阶层。那么，在澳门人的心目中，应该具备多少收入才能算是中产阶层呢？见表3—17。

表3—17　　　澳门居民心目中，中产阶层人士的月收入

	频数	百分比	累计百分比
0.5万元	11	1.8	1.8
1万元	63	10.4	12.2

续表

	频数	百分比	累计百分比
1.5万元	99	16.3	28.5
2万元	116	19.1	47.6
2.5万元	68	11.2	58.8
3万元	101	16.6	75.4
3.5万元	29	4.8	80.2
4万元	43	7.1	87.3
5万元	25	4.1	91.4
6万元	14	2.3	93.7
8万元	8	1.3	95.0
10万元或者更多	9	1.5	96.5
很难讲	21	3.5	100.0
合计	607	100.0	

表3—17中的数据表明，澳门居民认为一个中产阶层人士的最低个人月收入标准集中在1万到3万元之间，这部分人的比例加起来约占到了73.6%（即75.4%－1.8%）。另外，从表3—17中还可以看出，如果将中产个人的最低月收入定为2万元，则会有47.6%的人表示赞同性的意见；而如果将中产阶层的个人月收入最低标准定为3万元，则有75.4%的澳门居民会表示赞同性的意见。[①]

在问卷调查中，我们同时询问了一个问题，即"像您这样的一户＿＿＿＿口之家来说，如果要过上中产阶层的生活，您觉得每月最低收入应该达到多少才行？"这一问题要求被访对象根据自身家庭人口的情况来进行估计，对这一回答的考察可以探索澳门居民对中等收入家庭的认知标准，见表3—18。

表3—18　　　　澳门居民心目中的中产阶层家庭月收入

	频数	百分比	累计百分比
0.5万元	1	0.2	0.2
1万元	18	3.0	3.1

---

① 这一结果对今后制定有关中产阶层人士的经济补偿计划具有参考意义。

续表

	频数	百分比	累计百分比
1.5万元	26	4.3	7.4
2万元	43	7.1	14.5
2.5万元	35	5.8	20.3
3万元	95	15.7	36.0
3.5万元	37	6.1	42.1
4万元	83	13.7	55.8
5万元	93	15.4	71.2
6万元	62	10.2	81.4
8万元	44	7.3	88.7
10万元或者更多	41	6.8	95.5
很难讲	27	4.5	100.0
合计	605	100.0	

表3—18中的数据表明，澳门居民认为一个中产阶层家庭的最低月收入集中在3万到6万元之间的比例最高，这部分人的比例加起来占到了74.0%（即81.4% - 7.4%）。另外，从表3—18中还可以看出，如果将中产家庭的最低收入定为3万元，则只会有36.0%的人表示赞同性的意见；而如果将中产阶层的家庭收入最低标准定为6万元，则有81.4%的澳门居民会表示赞同性的意见。同样地，这一结果对制定相关家庭援助政策具有一定的参考意义。

为了进一步看清楚家庭人口和中产阶层家庭收入最低标准之间的关系，笔者进行了家庭人口和中产阶层家庭最低收入标准之间的交互分析（见表3—19）。

根据表3—19中的数据，可以看出一个基本的趋势，那就是人口越多，被访者所认定的中产家庭的收入标准越高，这是符合逻辑的。具体来说，单身户对中产家庭的认定标准集中在1万至3万元，其赞同的比例为72.9%。两口之家认定的标准则集中在2万到5万元，其赞同的比例为66.5%。三口之家认定的标准则集中在3万到6万元，其赞成比例约为68.4%。四口之家认定的标准则也集中在3万到6万元，其比例为65.8%。五口之家认定的标准则集中在3万到8万元，其比例为72.3%。六口以上的家庭因比较少，这里不再一一列举计算。

表3—19　家庭人口和中产阶层家庭最低收入标准之间的交互分析

		您这一家人，一起住在这里的有几多位成员（访问员注意，家佣也算住户成员，包括被访者）									合计
		就我一个人	两位	三位	四位	五位	六位	七位	八位	九位	十位以上	
像您这样的一户一口之家来说，如果要过上中产阶层的生活，您觉得每月最低收入应该	5000元	0 0.0%	0 0.0%	0 0.0%	0 0.0%	0 0.0%	1 3.7%	0 0.0%	0 0.0%	0 0.0%	0 0.0%	1 0.2%
	1万元	4 10.8%	8 9.2%	1 0.7%	2 1.1%	2 2.1%	1 3.7%	0 0.0%	0 0.0%	0 0.0%	0 0.0%	18 3.0%
	1.5万元	5 13.5%	6 6.9%	3 2.0%	9 4.7%	2 2.1%	1 3.7%	0 0.0%	0 0.0%	0 0.0%	0 0.0%	26 4.3%
	2万元	7 18.9%	11 12.6%	12 7.9%	9 4.7%	3 3.2%	0 0.0%	1 7.7%	0 0.0%	0 0.0%	0 0.0%	43 7.1%
	2.5万元	4 10.8%	7 8.0%	8 5.3%	10 5.3%	6 6.4%	0 0.0%	0 0.0%	0 0.0%	0 0.0%	0 0.0%	35 5.8%
	3万元	7 18.9%	12 13.8%	21 13.8%	34 17.9%	16 17.0%	4 14.8%	1 7.7%	0 0.0%	0 0.0%	0 0.0%	95 15.7%
	3.5万元	1 2.7%	3 3.4%	13 8.6%	12 6.3%	7 7.4%	1 3.7%	0 0.0%	0 0.0%	0 0.0%	0 0.0%	37 6.1%
	4万元	3 8.1%	13 14.9%	19 12.5%	26 13.7%	14 14.9%	5 18.5%	3 23.1%	0 0.0%	0 0.0%	0 0.0%	83 13.7%
	5万元	2 5.4%	12 13.8%	28 18.4%	31 16.3%	14 14.9%	3 11.1%	1 7.7%	0 0.0%	1 100.0%	1 33.3%	93 15.4%
	6万元	1 2.7%	6 6.9%	23 15.1%	22 11.6%	6 6.4%	4 14.8%	0 0.0%	0 0.0%	0 0.0%	0 0.0%	62 10.2%
	8万元	1 2.7%	2 2.3%	9 5.9%	16 8.4%	11 11.7%	4 14.8%	1 7.7%	0 0.0%	0 0.0%	0 0.0%	44 7.3%
	10万元或者更多	0 0.0%	2 2.3%	9 5.9%	11 5.8%	8 8.5%	3 11.1%	6 46.2%	1 100.0%	0 0.0%	1 33.3%	41 6.8%
	很难讲	2 5.4%	5 5.7%	6 3.9%	8 4.2%	5 5.3%	0 0.0%	0 0.0%	0 0.0%	0 0.0%	1 33.3%	27 4.5%
合计		37 100.0%	87 100.0%	152 100.0%	190 100.0%	94 100.0%	27 100.0%	13 100.0%	1 100.0%	1 100.0%	3 100.0%	605 100.0%

同时，上述结果还有一个含义，那就是如果要制定有关家庭援助的

计划，那么，当根据人口数量提出符合援助的家庭收入低限时，可以参考这一结果。比如，如果为三口之家设定一个低限，那么，这个低限要得到50%以上的人赞同，这个低限大概应该不低于4万元；而为一个单身户提供援助，其设定的标准大概应该不低于2万元。①

第二节　中产阶层身份的认同状况

一　澳门居民中产阶层身份认同的基本状况

身份认同是一种社会认同。所谓社会认同是指个体对于自身所归属社会阶层的认定。如前所述，澳门居民是否认定自身为中产阶层人士要取决于他们对中产阶层这一社会群体特征的认知。在有关澳门居民中产阶层认知的基础上，下面进一步分析澳门居民中产阶层身份认同的情况（见表3—20）。

表3—20　　　　　　澳门居民对自身中产阶层身份的认同

	频数	百分比	标准误	95%置信区间（%）
算是	75	12.3	0.013	[9.7, 14.9]
基本上算是	142	23.4	0.017	[20.0, 26.8]
不算	365	60.0	0.020	[56.1, 63.9]
很难讲	26	4.3	0.008	[2.7, 6.0]
合计	608	100.0		

表3—20中的数据表明，在表示知晓中产阶层概念的澳门居民中，大约12.3%的人认同自身是中产阶层，23.4%的人认同自己基本上算是中产阶层，而有60.0%的居民认为自己不算中产阶层；由此测算认同或基本认同自身是中产的比例合计为35.7%，考虑到有4.3%的比例表示很难讲，将其比例调整为37.3%［即35.7%/（1－4.3%）］，其相应的95%置信区间在［33.4%，41.2%］。这里值得指出的是，由于本次调查的时候将所有16岁及以上人口纳入，因此在调查对象中包含了

---

① 这是通过计算那些将最低标准定得较高的人的比例，从而找出位于50%的对应收入标准。

部分学生,如果将学生剔除,然后再计算认同自身是中产阶层身份的人的比例,则相应的比例应为(75 + 142 - 19)/(608 - 88),其结果约为38.1%而不是35.7%。同时考虑到有4.3%的人表示很难讲,据此将比例调整为39.8%[即38.1%/(1-4.3%)]。其相应的置信区间大约为[35.5%,43.3%]。有关这一比例的进一步分析详情参见本书第四章。

二 中产阶层认同影响因素的分析

1. 收入与中产阶层身份认同

这里马上就会有一个问题,那就是哪些人更易于认为自己是中产,而哪些人又倾向认为自己不是中产呢?或者换句话说,认定自己是中产的人具有什么特征?而认定自己不是中产的人又有什么特征?联想到在本章第一节中谈到的大部分澳门居民对中产的认知实际上是中等收入阶层,我们首先从个人收入和家庭收入入手来分析中产阶层认同的关系,见表3—21。

表3—21　　　　　个人收入状况与中产自我认同的关系

			您认为您自己是不是中产阶层人士				合计
			算是	基本上算是	不算	很难讲	
请估计一下,您个人去年的年收入最接近如下哪个范围	3万元以下	频数	4	17	95	4	120
		行百分比	3.3%	14.2%	79.2%	3.3%	100.0%
	3万—6万元	频数	2	5	24	1	32
		行百分比	6.3%	15.6%	75.0%	3.1%	100.0%
	6万—12万元	频数	4	8	63	1	76
		行百分比	5.3%	10.5%	82.9%	1.3%	100.0%
	12万—18万元	频数	14	25	70	1	110
		行百分比	12.7%	22.7%	63.6%	0.9%	100.0%
	18万—24万元	频数	11	21	42	2	76
		行百分比	14.5%	27.6%	55.3%	2.6%	100.0%
	24万—36万元	频数	9	23	24	2	58
		行百分比	15.5%	39.7%	41.4%	3.4%	100.0%
	36万—48万元	频数	10	10	7	1	28
		行百分比	35.7%	35.7%	25.0%	3.6%	100.0%

续表

			您认为您自己是不是中产阶层人士				合计
			算是	基本上算是	不算	很难讲	
请估计一下，您个人去年的年收入最接近如下哪个范围	48万—60万元	频数	6	8	5	2	21
		行百分比	28.6%	38.1%	23.8%	9.5%	100.0%
	60万—72万元	频数	2	5	1	0	8
		行百分比	25%	62.5%	12.5%	0.0%	100.0%
	72万—96万元	频数	0	2	0	1	3
		行百分比	0.0%	66.7%	0.0%	33.3%	100.0%
	96万—120万元	频数	1	1	0	1	3
		行百分比	33.3%	33.3%	0.0%	33.3%	100.0%
	120万元以上	频数	0	1	1	1	3
		行百分比	0.0%	33.3%	33.3%	33.3%	100.0%
	很难讲	频数	12	16	33	8	69
		行百分比	17.4%	23.2%	47.8%	11.6%	100.0%
合计		频数	75	142	365	25	607
		行百分比	12.4%	23.4%	60.1%	4.1%	100.0%

从表3—21中可以看出，收入越高，认同自己是中产阶层的比例也就越高。个人在年收入在3万元以下、3万至6万元、6万至12万元的人群中，分别有79.2%、75.0%和82.9%的人明确表示自己不是中产。而年收入在24万至36万元、36万至48万元、48万至60万元的人群中，表示自己"算是"或者"基本上算是"的比例合起来分别占到了55.2%、71.4%和66.7%。其余的各收入组别也都有类似的关系。这再一次印证了，相当多澳门居民心中的中产阶层实际上指的是中等收入阶层。

2. 住房与中产阶层身份认同

前面提到，澳门居民对中产阶层是否一定要有自己的住房意见有分歧。那么，从个体对自己的中产阶层身份认同的角度来看，住房的拥有状况是否会有影响呢？笔者在问卷调查中询问了被调查者在澳门拥有住房的情况并进行了分析（见表3—22）。

表3—22　　　　　　　住房拥有情况与中产自我认同的关系

			请问您在澳门有无自置的住房？			合计
			有	没有	不方便说	
您认为您自己是不是中产阶层人士	算是	频数	58	17	0	75
		列百分比	15.3%	7.6%	0.0%	12.3%
	基本上算是	频数	97	44	1	142
		列百分比	25.5%	19.6%	33.3%	23.4%
	不算	频数	209	154	2	365
		列百分比	55%	68.4%	66.7%	60.0%
	很难讲	频数	16	10	0	26
		列百分比	4.2%	4.4%	0.0%	4.3%
合计		频数	380	225	3	608
		列百分比	100.0%	100.0%	100.0%	100.0%

表3—22中的数据表明，在澳门没有住房的人认为自己是中产或基本上算是的比例仅为27.2%，而有住房的人认定自己是或者基本上算是中产的比例达到了40.8%，这说明，有无住房对中产阶层身份认同有影响，并且卡方检验表明，这一关联统计上显著。另外，考虑到有些居民在珠海或者其他地方买房，因此，笔者在调查了在澳门有无住房的情况后，分析了在澳门之外有无住房的情况与中产阶层身份认同的关系，结果发现，对于在澳门没有住房的居民来说，在外地拥有住房的情况对中产阶层身份认同的影响同样统计显著。上述两点表明，住房对于澳门居民的身份认同有着重要的影响。

3. 教育与中产阶层身份认同

按照西方的中产阶层理论，教育是（新）中产阶层的一个重要条件和标志。从理论上说，受教育程度越高的人越容易认同自己是中产阶层。那么，在澳门居民中是否有这样的情况呢？

表 3—23　　个人受教育程度与中产自我认同的关系

			小学及以下	初中	高中/中专/技校/职高	大专	本科	硕士研究生及以上	合计
请问您的最高学历（包括在读）	算是	频数	5	13	18	15	12	12	75
		列百分比	7.5%	12.3%	10.4%	18.8%	8.2%	34.3%	12.3%
	基本上算是	频数	8	16	35	24	45	14	142
		列百分比	11.9%	15.1%	20.2%	30.0%	30.6%	40.0%	23.4%
	不算	频数	53	74	109	36	84	9	365
		列百分比	79.1%	69.8%	63.0%	45.0%	57.1%	25.7%	60.0%
	很难讲	频数	1	3	11	5	6	0	26
		列百分比	1.5%	2.8%	6.4%	6.3%	4.1%	0.0%	4.3%
合计		频数	67	106	173	80	147	35	608
		列百分比	100.0%	100.0%	100.0%	100.0%	100.0%	100.0%	100.0%

　　表 3—23 中的数据表明，澳门居民受教育程度越高，认同自己是中产阶层的比例也越高。依照学历从低到高的顺序排列，认可自己是中产或者基本上是中产的比例合计起来依次为 19.4%、27.4%、30.6%、48.8%、38.8% 和 74.3%。卡方检验的结果为统计显著，这似乎说明了受教育程度对中产阶层身份认同是有影响的。但是这里有两个问题值得注意：一是在受教育文化程度较低的人群中，也有相当的比例认定自身为中产阶层，这实际上是跟前面谈到的将中产阶层认知为中等收入阶层有关；二是在拥有本科学历的群体中，有 57.1% 的人明确认为自己不是中产，这其实折射了这部分人收入偏低、对现状不满意的现实。

　　那么，到底是收入水平和中产阶层身份有关还是受教育水平和中产阶层身份有关呢？为此，我们进一步分析。一是在控制收入后进行学历和中产阶层身份认同的交互分析，二是在控制教育水平后进行收入和中产阶层身份认同的交互分析。结果发现，控制收入后，对绝大部分收入组别，教育和中产阶层身份认同之间的相关变得不显著；而控制教育后，对绝大部分组别，收入依然和中产阶层身份认同显著相关。① 这表明，就收入和教育来说，对中产阶层身份认同真正起作用的是收入，教育并没有必然的关联。

4. 职业与中产阶层身份认同

职业是和中产阶层概念紧密相关的另一个因素。为了探究职业因素对中产阶层身份认同的影响，笔者在问卷中设立了四道题来界定被访者的职业和行业状态。第一道题询问被访者在劳动结构中的角色，即被访者目前是雇主、雇员、失业还是其他角色。在这一道题的基础上，进一步针对雇主、全职雇员、自雇人士和兼职人士来询问其具体职业，并询问其在公司管理架构中的层级；此外，笔者还询问了这部分人所在的行业，见表3—24。

表3—24　　　　　　　　工作状态与中产阶层身份认同

			您认为您自己是不是中产阶层人士				合计
			算是	基本上算是	不算	很难讲	
请问您目前的工作状态是	全职雇员	频数	54	95	195	12	356
		行百分比	15.2%	26.7%	54.8%	3.4%	100.0%
	雇主	频数	6	9	4	0	19
		行百分比	31.6%	47.4%	21.1%	0.0%	100.0%
	不兼职的在校学生	频数	2	12	36	6	56
		行百分比	3.6%	21.4%	64.3%	10.7%	100.0%
	兼职的在校学生	频数	2	5	25	0	32
		行百分比	6.3%	15.6%	78.1%	0.0%	100.0%
	兼职雇员，不是学生	频数	0	1	14	1	16
		行百分比	0.0%	6.3%	87.5%	6.3%	100.0%
	自雇人士	频数	6	8	16	2	32
		行百分比	18.8%	25%	50%	6.3%	100.0%

---

① 有关表格过大，因此没有列入正文。有兴趣的读者请参见附录C。

续表

		您认为您自己是不是中产阶层人士				合计
		算是	基本上算是	不算	很难讲	
退休	频数	2	8	24	2	36
	行百分比	5.6%	22.2%	66.7%	5.6%	100.0%
失业	频数	2	2	28	1	33
	行百分比	6.1%	6.1%	84.8%	3.0%	100.0%
家庭主妇	频数	1	2	22	2	27
	行百分比	3.7%	7.4%	81.5%	7.4%	100.0%
不能工作	频数	0	0	1	0	1
	行百分比	0.0%	0.0%	100.0%	0.0%	100.0%
合计	频数	75	142	365	26	608
	行百分比	12.3%	23.4%	60.0%	4.3%	100.0%

表3—24中的数据表明，雇主普遍认为自身是中产阶层，认为自己"算是"（31.6%）和"基本上算是"（47.4%）的比例合计达到了79%，也就是说，近八成的雇主认同自己是中产阶层。而对全职雇员来说，分别有15.2%和26.7%的人认定自身算是或者基本上算是中产阶层人士，二者合计达到41.9%。对自雇人士来说，认定自己是或者基本上算是的比例合计为43.8%。而失业人士和家庭主妇认定自是或者基本上算是的比例较低，分别仅为12.2%和11.1%。值得注意的是在退休人士中，也有27.8%的比例认定自己算是或基本上算是中产阶层，而对一些兼职工作的学生来讲，因为有收入，他们也认定自身算是或者基本上算是中产阶层人士，其比例达到了21.9%，远高于不是学生的兼职雇员认定自身算是或基本上算是中产的比例（6.3%）。卡方检验表明，不同工作状态和中产阶层身份认同之间存在着统计显著的关联。

那么，一个人的具体职业与其自身的中产阶层身份认同之间是什么样的关系呢？是不是从事某些职业的人更容易认定自身为中产阶层人士呢？

表 3—25　　　　　职业与中产阶层身份认同之间的关系

			您认为您自己是不是中产阶层人士				合计
			算是	基本上算是	不算	很难讲	
请问您在过去一年中从事的主要（以工作时间最长者计算）职业是	立法机关成员、公共行政高级官员、社团领导人员、企业领导人员及经理	频数	5	11	8	2	26
		行百分比	19.2%	42.3%	30.8%	7.7%	100.0%
	专业人员	频数	13	19	21	2	55
		行百分比	23.6%	34.5%	38.2%	3.6%	100.0%
	技术员及辅助专业人员	频数	11	19	28	2	60
		行百分比	18.3%	31.7%	46.7%	3.3%	100.0%
	文员	频数	10	18	48	3	79
		行百分比	12.7%	22.8%	60.8%	3.8%	100.0%
	服务、销售及同类工作人员	频数	8	19	46	0	73
		行百分比	11.0%	26.0%	63.0%	0.0%	100.0%
	工业、工匠及手工艺工人	频数	0	4	13	0	17
		行百分比	0.0%	23.5%	76.5%	0.0%	100.0%
	机台、机械操作员、司机及装配员	频数	0	0	9	0	9
		行百分比	0.0%	0.0%	100.0%	0.0%	100.0%
	非技术工人	频数	1	3	7	2	13
		行百分比	7.7%	23.1%	53.8%	15.4%	100.0%
	庄荷	频数	6	2	15	0	23
		行百分比	26.1%	8.7%	65.2%	0.0%	100.0%
合计		频数	54	95	195	11	355
		行百分比	15.2%	26.8%	54.9%	3.1%	100.0%

表 3—25 中的数据表明，总体来说，所有的从业人员中，认定自己是中产人士的比例为 15.2%，认定自己基本上算是中产的比例为 26.8%，二者合计为 42.0%。但从事某些职业的人士更倾向于认定自身属于中产。比如，在"立法机关成员、公共行政高级官员、社团领导人员、企业领导人员及经理"这一类别里面，认定自己"算是"或者"基本上算是"的比例合计起来高达 61.5%；在"专业人员"类别

中，二者合计高达58.1%；在"技术员及辅助专业人员"中，二者合计比例达到50.0%。上述几类人员认同自身算是或者基本上算是中产的比例高于总体水平。在"服务、销售及同类工作人员"类别里面，认定自己算是或者基本算是中产阶层的比例达到了37.0%。在文员中，这一比例达到35.5%。此处要说明的是，为了考察庄荷的情况，将庄荷单独列出，结果发现，有34.8%的庄荷认定自身算是或者基本上算是中产阶层人士。实际上，按照澳门职业分类标准，庄荷应归入文员一类，但从数据可以发现，这两个群体中，认定自身是中产阶层的比例基本接近。而在其他类别里面，如"工业、工匠及手工艺工人""机台、机械操作员、司机及装配员"中，对自身的中产阶层身份认同比例较低。统计分析表明，这一关联具有统计显著性。不过，控制收入因素后发现，职业和中产阶层认同之间的关联关系消失。同样地，如果控制职业以后来分析收入和中产阶层身份认同之间的关系，也会发现收入的影响变得不显著。这说明，在澳门，收入和职业之间高度相关，两者都对人们的中产阶层身份认同产生影响。

5. 行业与中产阶层身份认同

除了职业，笔者还分析被调查者所在行业与中产阶层身份认同之间的关系。这项分析是想弄清楚，在澳门是否存在着某些优势行业，使得工作于其中的人更容易认同自己是中产阶层人士。

表3—26　　　行业与中产阶层身份认同之间的关系

		您认为您自己是不是中产阶层人士				合计
		算是	基本上算是	不算	很难讲	
制造业	频数	0	1	6	0	7
	行百分比	0.0%	14.3%	85.7%	0.0%	100.0%
电力、气体及谁的生产和分配	频数	0	1	5	0	6
	行百分比	0.0%	16.7%	83.3%	0.0%	100.0%
建筑业	频数	0	4	14	0	18
	行百分比	0.0%	22.2%	77.8%	0.0%	100.0%
批发及零售业	频数	5	6	21	0	32
	行百分比	15.6%	18.8%	65.6%	0.0%	100.0%

续表

<table>
<tr><th colspan="3"></th><th colspan="4">您认为您自己是否是中产阶层人士</th><th rowspan="2">合计</th></tr>
<tr><th colspan="3"></th><th>算是</th><th>基本上算是</th><th>不算</th><th>很难讲</th></tr>
<tr><td rowspan="24">请问您过去一年中从事的主要工作所在行业是</td><td rowspan="2">酒店业</td><td>频数</td><td>5</td><td>22</td><td>37</td><td>2</td><td>66</td></tr>
<tr><td>行百分比</td><td>7.6%</td><td>33.3%</td><td>56.1%</td><td>3.0%</td><td>100.0%</td></tr>
<tr><td rowspan="2">运输业</td><td>频数</td><td>0</td><td>0</td><td>11</td><td>0</td><td>11</td></tr>
<tr><td>行百分比</td><td>0.0%</td><td>0.0%</td><td>100.0%</td><td>0.0%</td><td>100.0%</td></tr>
<tr><td rowspan="2">金融</td><td>频数</td><td>3</td><td>10</td><td>13</td><td>0</td><td>26</td></tr>
<tr><td>行百分比</td><td>11.5%</td><td>38.5%</td><td>50.0%</td><td>0.0%</td><td>100.0%</td></tr>
<tr><td rowspan="2">不动产业务</td><td>频数</td><td>2</td><td>2</td><td>2</td><td>0</td><td>6</td></tr>
<tr><td>行百分比</td><td>33.3%</td><td>33.3%</td><td>33.3%</td><td>0.0%</td><td>100.0%</td></tr>
<tr><td rowspan="2">公共行政</td><td>频数</td><td>13</td><td>20</td><td>25</td><td>3</td><td>61</td></tr>
<tr><td>行百分比</td><td>21.3%</td><td>32.8%</td><td>41.0%</td><td>4.9%</td><td>100.0%</td></tr>
<tr><td rowspan="2">教育</td><td>频数</td><td>9</td><td>7</td><td>10</td><td>1</td><td>27</td></tr>
<tr><td>行百分比</td><td>33.3%</td><td>25.9%</td><td>37.0%</td><td>3.7%</td><td>100.0%</td></tr>
<tr><td rowspan="2">医疗及卫生服务</td><td>频数</td><td>3</td><td>6</td><td>7</td><td>1</td><td>17</td></tr>
<tr><td>行百分比</td><td>17.6%</td><td>35.3%</td><td>41.2%</td><td>5.9%</td><td>100.0%</td></tr>
<tr><td rowspan="2">团体、社会及个人的其他服务</td><td>频数</td><td>7</td><td>13</td><td>28</td><td>3</td><td>51</td></tr>
<tr><td>行百分比</td><td>13.7%</td><td>25.5%</td><td>54.9%</td><td>5.9%</td><td>100.0%</td></tr>
<tr><td rowspan="2">家庭佣工</td><td>频数</td><td>0</td><td>0</td><td>0</td><td>2</td><td>2</td></tr>
<tr><td>行百分比</td><td>0.0%</td><td>0.0%</td><td>0.0%</td><td>100.0%</td><td>100.0%</td></tr>
<tr><td rowspan="2">国际组织及驻外机构</td><td>频数</td><td>1</td><td>1</td><td>1</td><td>0</td><td>3</td></tr>
<tr><td>行百分比</td><td>33.3%</td><td>33.3%</td><td>33.3%</td><td>0.0%</td><td>100.0%</td></tr>
<tr><td rowspan="2">博彩业</td><td>频数</td><td>6</td><td>2</td><td>15</td><td>0</td><td>23</td></tr>
<tr><td>行百分比</td><td>26.1%</td><td>8.7%</td><td>65.2%</td><td>0.0%</td><td>100.0%</td></tr>
<tr><td colspan="2">合计</td><td>频数</td><td>54</td><td>95</td><td>195</td><td>12</td><td>356</td></tr>
<tr><td colspan="2"></td><td>行百分比</td><td>15.2%</td><td>26.7%</td><td>54.8%</td><td>3.4%</td><td>100.0%</td></tr>
</table>

表3—26中的数据表明，在医疗及卫生服务、教育、不动产业务、国际组织及驻外机构、公共行政等行业从业的人士认定自身是中产阶层的比例相对较高，超过平均水平。比如，教育行业内的从业人士合计有59.2%的人认为自身是中产阶层，公共行政领域内的从业人士合计有54.1%的人认为自身是中产阶层，医疗及卫生服务行业内的从业人士合计有52.9%的人认为自身是中产阶层。值得注意的是，尽管在博彩业

工作的人士中仅有 34.8% 的人认为自身是中产阶层人士，并且这一比例低于所有从业人员的平均水准（41.9%），但这一比例表明，博彩行业的人士认定自身是中产阶层人士的比例不在少数。统计分析表明，行业和中产阶层身份认同之间也有着统计显著的关联关系。

同样地，为了检验是不是收入在其中起到了中介变量作用，笔者控制了收入变量后进一步分析行业和中产阶层身份认同之间的关系，结果发现，行业与中产阶层身份认同之间的显著关系消失。这说明，行业对中产阶层人士认同的影响作用仍然是通过不同行业之间的收入水平差距来达成的。究其根本，仍然是经济收入在影响人们的中产阶层身份认同。

三 自我认同意义上的澳门中产阶层人口特征

人口特征，包括年龄、性别、婚姻状况等，是我们直观了解澳门中产阶层特征的重要方面。但要指出的是，从理论上说，人口特征本身不会导致一个人成为中产阶层或者不成为中产阶层，也不会导致一个人认同自己是或者不是中产阶层。对中产阶层所具有的人口特征要放到澳门具体发展历史下予以解读。比如前面提到，有被访者认为，因为一些老人买房早，即使现在收入比较低，也能算得上中产；而年轻人就要收入更高一些才能算是中产。以下给出自我认同为中产的人在年龄、性别等社会人口方面的分布，主要是为了增强人们对中产的直观认识（见表3—27至表3—30）。

表3—27　　　　认同自身为中产阶层人士的年龄分布

			您认为您自己是不是中产阶层人士				合计
			算是	基本上算是	不算	很难讲	
被访者年龄分组	16—19岁	频数	2	10	32	5	49
		列百分比	2.7%	7.0%	8.8%	19.2%	8.1%
	20—24岁	频数	4	14	45	2	65
		列百分比	5.3%	9.9%	12.3%	7.7%	10.7%
	25—29岁	频数	10	29	39	2	80
		列百分比	13.3%	20.4%	10.7%	7.7%	13.2%

续表

			您认为您自己是否是中产阶层人士				合计
			算是	基本上算是	不算	很难讲	
被访者年龄分组	30—34 岁	频数	11	16	29	1	57
		列百分比	14.7%	11.3%	7.9%	3.8%	9.4%
	35—39 岁	频数	7	14	25	3	49
		列百分比	9.3%	9.9%	6.8%	11.5%	8.1%
	40—44 岁	频数	16	26	53	2	97
		列百分比	21.3%	18.3%	14.5%	7.7%	16.0%
	45—49 岁	频数	6	8	32	3	49
		列百分比	8.0%	5.6%	8.8%	11.5%	8.1%
	50—54 岁	频数	9	11	50	2	72
		列百分比	12.0%	7.7%	13.7%	7.7%	11.8%
	55—59 岁	频数	8	7	24	4	43
		列百分比	10.7%	4.9%	6.6%	15.4%	7.1%
	60—64 岁	频数	2	7	36	2	47
		列百分比	2.7%	4.9%	9.9%	7.7%	7.7%
合计		频数	75	142	365	26	608
		列百分比	100.0%	100.0%	100.0%	100.0%	100.0%

将表3—27中的数据加以必要的处理，即将认为自己"算是"和"基本上算是"这两类合为一类，然后手工计算一下认同是自己是中产阶层的人士在年龄上的分布，可以得到如下结果，这些人认定自身是中产的人士中，5.53%年龄在16—19岁之间，8.29%年龄在20—24岁之间，17.97%在25—29岁之间，12.44%在30—34岁之间，9.68%在35—39岁之间，19.35%在40—44岁之间，6.45%在45—49岁之间，9.22%在50—54岁之间，6.91%在55—59岁之间，4.15%在60—64岁之间（见图3—1）。

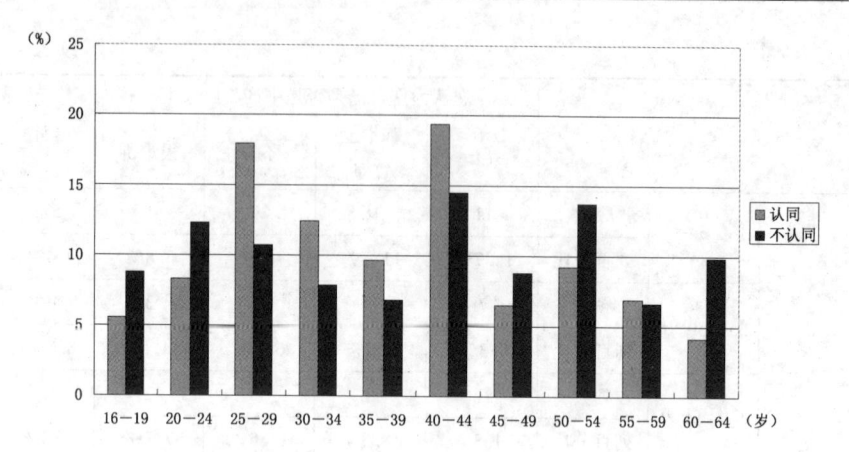

图3—1　认同和不认同自身为中产阶层人士的年龄分布

图3—1中显示出了一个"两头一致，中间不一致"的情况。就是说，年龄较低的组别（25岁以下）和年龄较高的组别（45岁以上）中，认同自己是中产的比例均低于不认同自己是中产的比例。而在中间年龄段（25—44岁），认可自己是中产的比例则高于不认同自己是中产的比例。这说明，主要还是身处壮年的人更容易倾向自己是中产，究其原因，笔者认为是因为人处壮年，事业等各方面均处于发展阶段，有较好的职位和职业，有较好的收入，因此更容易认可自己是中产。

性别是观察中产人士比例的重要指标。在一些社会中，由于女性没有工作机会或者受到歧视，从而导致其家庭地位和社会地位都很低下。那么澳门情况如何呢？（见表3—28）

表3—28　认同自身为中产阶层人士的性别分布

			您认为您自己是不是中产阶层人士				合计
			算是	基本上算是	不算	很难讲	
被访者性别	男	频数	39	77	169	14	299
		列百分比	52.0%	54.2%	46.3%	53.8%	49.2%
	女	频数	36	65	196	12	309
		列百分比	48.0%	45.8%	53.7%	46.2%	50.8%
合计		频数	75	142	365	26	608
		列百分比	100.0%	100.0%	100.0%	100.0%	100.0%

观察表3—28中的数据,并按照和上面类似的办法进行计算,可以发现,在认同自身为中产阶层人士的澳门居民中,男性约占53.5%,而女性约占46.5%。同时,如果比较认为自己不算中产阶层的人群,可以发现,认为自己不是中产阶层人士的居民中,男性的比例为46.3%,而女性的比例为53.7%。这一数据说明,在澳门,认同自己是中产人士的人中,男性比例更高。统计分析表明,性别和中产认同之间存在着显著关联。

除了性别,婚姻也是我们观察中产阶层人士认同的维度。对表3—29中的数据进行计算表明,认同自己是中产阶层的人士中,未婚的比例为29.5%,已婚的比例为66.8%,离异/分居的比例约为3.7%。而认为自己不算是中产阶层的人当中,未婚比例为32.6%,已婚比例为61.9%,离异/分居的比例约为3.8%。分析认为,认同自己是中产阶层的人士中已婚比例更高的主要原因是因为婚姻受到年龄的制约,其真正的因素是年龄而不是婚姻。

表3—29　　　　　认同自身为中产阶层人士的婚姻状况

			您认为您自己是不是中产阶层人士				合计
			算是	基本上算是	不算	很难讲	
请问您目前的婚姻状况	未婚	频数	19	45	119	9	192
		列百分比	25.3%	31.7%	32.6%	34.6%	31.6%
	已婚	频数	54	91	226	15	386
		列百分比	72.0%	64.1%	61.9%	57.7%	63.5%
	离异/分居	频数	2	6	14	2	24
		列百分比	2.7%	4.2%	3.8%	7.7%	3.9%
	鳏/寡	频数	0	0	6	0	6
		列百分比	0.0%	0.0%	1.6%	0.0%	1.0%
合计		频数	75	142	365	26	608
		列百分比	100.0%	100.0%	100.0%	100.0%	100.0%

此外,再看一下认定自身是中产人士的学历分布。根据表3—30中的数据计算,在认同自己是中产阶层人士的人群中,文化程度为"小学及以下"的占6.0%,为"初中"的占13.4%,为"高中/中专/技

校/职高"的占 24.4%,为"大专"的占 18.0%,为"本科"的占 26.3%,为"硕士研究生及以上"的占 12.0%。

表3—30　　　　认同自身为中产阶层人士的学历分布

			您认为您自己是不是中产阶层人士				合计
			算是	基本上算是	不算	很难讲	
请问您的最高学历（包括在读）	小学及以下	频数	5	8	53	1	67
		列百分比	6.7%	5.6%	14.5%	3.8%	11.0%
	初中	频数	13	16	74	3	106
		列百分比	17.3%	11.3%	20.3%	11.5%	17.4%
	高中/中专/技校/职高	频数	18	35	109	11	173
		列百分比	24%	24.6%	29.9%	42.3%	28.5%
	大专	频数	15	24	36	5	80
		列百分比	20%	16.9%	9.9%	19.2%	13.2%
	本科	频数	12	45	84	6	147
		列百分比	16%	31.7%	23.0%	23.1%	24.2%
	硕士研究生及以上	频数	12	14	9	0	35
		列百分比	16%	9.9%	2.5%	0.0%	5.8%
合计		频数	75	142	365	26	608
		列百分比	100.0%	100.0%	100.0%	100.0%	100.0%

第三节　本章小结

澳门居民对于中产阶层人士应具有何种教育程度意见分歧较大。超过 3/4 的澳门居民心目中的中产阶层实际上指的是中等收入阶层,而只有不到 1/4 的澳门居民是从西方传统意义上的中产阶层概念来理解中产阶层的。如果从当下整个澳门居民的情况来看,仅 14.0% 的居民是明确地从西方传统意义上的中产阶层概念来理解中产阶层的。

澳门居民在拥有房产和具备中产阶层人士资格的问题上分歧也很突出。基本上,一半的人认为有房子才算中产阶层,而另一半认为可以不必有房子。在认为应该有房子的人里面,将近六成的人认为房子应该在澳门,并且超过 27.8% 的人认为应该还清了贷款或者没有贷款。在于近期交上首付能否算中产的问题上，超过四成的人认为不可以，而接近五成的人则认为可以，不过就交上首付的最晚期限，多数人认为应该在一年以内。

从人口特征上观察，认定自身是中产的人士中，5.53%年龄在16—19岁之间，8.29%年龄在20—24岁之间，17.97%在25—29岁之间，12.44%在30—34岁之间，9.68%在35—39岁之间，19.35%在40—44岁之间，6.45%在45—49岁之间，9.22%在50—54岁之间，6.91%在55—59岁之间，4.15%在60—64岁之间。在认同自身为中产阶层人士的澳门居民中，男性约占53.5%，而女性约占46.5%。文化程度为"小学及以下"的占6.0%，为"初中"的占13.4%，为"高中/中专/技校/职高"的占24.4%，为"大专"的占18.0%，为"本科"的占26.3%，为"硕士研究生及以上"的占12%。未婚的比例为29.5%，已婚的比例为66.8%。

就中产阶层身份的自我认同来讲，主要是经济状况决定澳门居民的中产阶层身份认同。在控制收入水平之后，发现教育、职业等因素对澳门居民的中产阶层身份认同的影响并不显著。但是否拥有住房对澳门居民的中产阶层身份认同的影响在统计上显著。总的来说，主流意见认为，没有住房难称中产阶层。

第四章　澳门中产（中等收入）阶层规模估计

第一节　估计中产阶层（中等收入阶层）规模的几个问题

中产阶层的规模一直是讨论的热点，但对某个社会中产阶层的规模的判断却往往莫衷一是，究其原因就在于所采取的划分标准不一致。以中国内地为例，中国社会科学院荣誉学部委员陆学艺认为，目前中国的中产阶层人士比例为23%，且以每年1%的比例递增。①亚洲开发银行则在2010年发布的一份报告中将每天消费2—20美元作为中产阶层的划分标准，按照这一标准，中国将有8亿中产阶层人士；②《福布斯》杂志提出1万—6万美元是中国内地中产阶级年收入标准；③而著名咨询机构麦肯锡（McKensey）在2006年则认为家庭收入2.5万—10万人民币是中国中产阶层的划分标准，其中2.5万—4万元是下层中产阶层，而4万—10万元则是上层中产阶层；④另一咨询机构波士顿集团（BCG）对中国中产阶级的定义是，扣除税收和通货膨胀因素后，家庭年收入在6万—10万元人民币；⑤还有一家世界级的咨询机构欧睿（Euromonitor）提出，中国到2020年中产阶层人士的规模将达到7亿

---

① http：//www.chinaelections.org/NewsInfo.asp? NewsID=168318.
② http：//www.adb.org/Documents/Books/Key_Indicators/2010/pdf/Key-Indicators-2010.pdf.
③ http：//news.xinhuanet.com/fortune/2010-11/26/c_12819760.html.
④ http：//www.china.com.cn/chinese/EC-c/1226864.html.
⑤ http：//news.xinhuanet.com/fortune/2010-11/09/c_12755422.html.

人，约占届时人口的50%；而联合国人口司和美国高盛公司则联合发表报告指出，按照世界银行集团提出的标准（4000—17000美元），中国中产阶层人数到2030年将达到14亿人，近乎全民中产。①

从以上这些不同的标准中可以得到一点启示，那就是中产阶层的规模取决于研究者设定的标准。并且，从上述各个机构提出的中产阶层划分标准来看，各家机构对中产阶层的定义也并不一致。比如，麦肯锡公司、波士顿集团等机构对中产阶层的定义是以家庭为单位进行划分，这是典型且较为主流的中等收入阶层划分办法。而亚洲开发银行的报告以及联合国人口司和高盛公司的联合报告却是从人均收入角度来进行计算。这两种计算方法在形式上有所差异，但在实质上并无差异，因为家庭收入也可以均分到每个劳动力或者每个家庭成员身上；因而，这两种标准在数量上是可以比较的。② 而作为一个社会学家，陆学艺显然是从社会学意义上的中产阶层来划分中产阶层的，也就是说，他所设定的标准是既包括经济标准，也包括职业和教育等标准。

不管是从单一的收入标准来划分中产阶层，还是从收入、职业、受教育水平等多个标准来刻画中产阶层，都属于从"客观标准法"，或者称为"学理派"标准。而分析中产阶层规模还有另一个视角，那就是个体的自我认同问题，也就是有多少人认同自己是中产阶层人士，这个问题实际上和人们对中产阶层的认知问题紧密关联，也就是说，在人们心中，中产阶层的标准到底是什么。奥索基在其著名的《社会意识中的阶级结构》一书中指出：不同社会类型或不同历史时期，人们对于社会结构的感知、想象和解释是不同的。③ 当从人们的感知和认同这个角度来分析中产阶层规模时，各国的情况差异很大。比如，有报告指出，在英国和美国，除了极富和极穷的人，大家都认为自己是中产阶层；而在印度则认为会讲英文的人是中产阶层。尤其是对于一些处于快

---

① http://www.chinadaily.com.cn/micro-reading/dzh/2011-09-06/content_3705012.html.
② 对具体的个体来说，应用这两种标准进行中产阶层归属划分的时候，有可能出现不同的结果。比如说，一个较高收入者按照亚洲开发银行的划分办法无疑是中产阶层人士，但按照麦肯锡或者波士顿的划分办法，当该个体家中非劳动人口较多时，整个家庭有可能被划入非中产阶层。
③ Ossowski S., *Class Structure in the Social Consciousness*, London: Routledge, 1998, pp. 6–7.

速变迁中的社会来说，人们在外界的影响下难以形成稳定的认知，这种情况下，中产阶层自我认知情况更为复杂。

基于上述的认识，笔者在讨论澳门中产阶层规模时，有如下基本的看法：一是沿用不同的定义（中产阶层或中等收入阶层），将得到不同的结果，并且，二者背后蕴藏的意义有较大差别。就社会学意义上的中产阶层来说，它只是一个理想型概念，是一个分析社会、观察社会的概念工具，从而没有必要也没有可能计算出其百分百准确数量，至多可以进行大概的估计；但中等收入阶层作为一个政策导向的测量指标，是完全可以从经济上进行准确划分的。二是，在进行中等收入群体的界定过程中，也需要考量各种不同群体的意见，需要考虑民众自我认同和政策划定之间可能存在差距，以及如何逐步消除这种差距，这一点对于有效的政策制定尤其重要。三是应当讨论当分别从中产阶层和中等收入阶层的概念出发进行划分时，二者的重合程度如何，差异在什么地方。

根据上述的基本看法，对澳门中产阶层规模的估计可以从三个角度展开。第一个角度是学理的角度，也就是说，根据本书前面关于澳门中产阶层构成的分析，通过开展抽样调查，来考察澳门居民在收入方面的分布，从而来估计广义上的澳门中产阶层（也就是中等收入阶层）的规模；同时，可以进一步考察职业和受教育程度的分布，从而来大致推断澳门新中产阶层的规模。第二个角度也是从学理角度出发，但却不是建立在抽样调查基础上，而是利用现有的统计汇总数据进行分析推断。第三个角度建立在抽样调查基础之上，但却是从澳门居民对中产阶层身份的自我认同角度出发，来推断中产阶层的规模；同时，观察学理角度和澳门居民认同角度之间的差异。对于前两个角度来说，有一个共同点，那就是必须从学理或经验的角度设定经济收入、职业、教育等方面的标准，由此才可判断中产阶层整体及其各个构成部分的规模。而这两个角度的不同点则在于，第一个角度中还可以利用个体层面的调查数据来实证性地确定中产的各类标准；第二个角度则是在还没有开展个体层面的抽样调查之前唯一可用的办法，并且，在实施这一办法之前，有必要对家庭的收支概况进行探索，来分析将中产的标准到底置于何处较为合理。① 由于在本书第三章中已经从自我认同角度来对中产阶层规模进行了估计，以下主要从前两个角度分别探究澳门中产阶层的规模。

第二节　基于学理角度的中产阶层规模分析

一　基于家庭收支探索研究的中产标准初步推设

1. 家庭调查概述

家庭是社会的细胞。人类最初的家庭承载经济、生育、教育等多种功能。到了现代社会，随着生产的社会化和分工的发达，经济、教育功能逐步外移。现代社会的家庭主要承担的功能是生育，同时还是基本消费单元和情感满足单元。

家庭调查是社会学研究的重要传统。中国老一代社会学家如李景汉、费孝通等都十分重视对家庭的调查研究。对本项目而言，由于关注的重点是澳门中产阶层的状况，家庭调查的目的主要是了解各类家庭的经济状况、生活方式、生活感受以及对各类社会政策的满意程度，从而为准确描述中产阶层的生活状况提供帮助。其内容主要包括如下九个方面：（1）家庭人口结构及家庭迁移史；（2）家庭资产状况（住房、各类金融财产）；（3）家庭所有成员的受教育情况；（4）职业和收入状况；（5）家庭所有成员的生活习惯和消费状况；（6）家庭成员的身体健康及日常医疗情况；（7）最关心的问题；（8）对特区政治社会、经济状况的评价以及对政府工作的评价；（9）当前面临的主要问题与诉求；等等。

本次调查共选取了 12 户家庭。为了让被调查家庭具有一定的典型性，笔者根据家庭的代际结构和子女的情况分配了需要调查的各类家庭户数，同时，适当考虑了族群等因素。这样做的主要目的是为了让家庭调查能够反映处于不同生命周期的家庭所面临的问题；同时，在选择被调查家庭时也考虑了家庭主要劳动力的职业和收入状况，这主要是为了

---

① 研究者在本项研究的质性研究阶段使用了第二个角度。为了保证研究的延续性，这里将第一阶段的估计分析基本上完整地收入本报告，仅略做了行文的校正，保持了核心内容不变，所用的数据也使用了当时的最新数据，即 2010 年的有关统计数据，以供读者批评检验。

了解不同职业和收入水平的家庭所面临的问题是否有所不同以及他们对社会政策的期待有何差异。这 12 户家庭的类型如表 4—1 所示。

表 4—1　　　　　　　　　被调查家庭的基本情况

代际结构	家庭构成	夫职业	妻职业	成年子女（18 岁以上）个数	职业	未成年（孙）子女数 个数	在学子女数
一代户 (共3户)	青年夫妇，尚未有孩子（DINK）	博彩业工程师	牙医护士	0	—	0	—
	单身家庭	—	—	1	博彩业工程师	—	—
	老年夫妇（土生葡萄牙人）	退休	退休	1	职业中介	0	—
两代户 (共7户)	老年夫妇＋成年子女*	退休	退休	2	均为公司职员	0	—
	中年夫妇＋未成年子女	小饭店老板	同一小饭店老板	0	—	2	2
	中年夫妇＋未成年子女	警察	银行管理人员	0	—	2	2
	老年夫妇＋成年子女	退休	退休	2	自雇	—	—
	中年夫妇＋未成年子女	公务员	公务员	0	—	2	2
	青年夫妇＋小孩	公务员	银行职员	0	—	1	0
	单亲家庭	（亡故）	小贩	0	—	2	1
三代户 (共2户)	中年夫妇＋未成年子女＋老人	大学教师	中学教师	0	—	1	0
	老年夫妇＋成年子女＋孙子女**	退休	退休	2	均为公司职员	2	1

注：＊仅小儿子和父母居住在一起。
　　＊＊仅小女儿和父母居住在一起。

2. 家庭收入与支出分析

家庭的收入与支出反映了家庭的财务平衡状况，同时，还反映了家庭生活方式。笔者希望从家庭的收入结构和支出结构分析来展示澳门普通家庭的基本生活状况。从所选取个案的情况来看，家庭的收入、支出以及住房拥有情况大致如下（见表4—2）。

（1）收入结构。从收入结构看，所调查的12户家庭收入主要有六种来源：工资、退休金、社会保障金、子女资助、资产性收入和经营性收入。从收入结构的类型看，有6户家庭完全依赖于工资收入，有1户主要依赖于社会保障金，1户主要依赖子女资助，1户主要依赖资产收入，2户主要依赖于经营收入，还有1户家庭同时依赖于退休金和经营收入，但其退休金和经营收入均较高。

（2）收入水平。从收入水平看，所调查的12户家庭平均月收入最低为5000元左右，最高约127000元。其中，月收入在10万元以上的有1户，月收入在5万—10万元的有3户、月收入在2万—5万元的家庭有4户①，月收入在2万以下有4户。如果考虑扣除房贷后的可支配收入，则可支配收入在10万元以上的有1户，可支配收入在5万—10万元的没有，可支配收入在2万—5万元的有6户，可支配收入在1万—2万元的有3户，可支配收入在1万元以下的有2户。

（3）支出。12户家庭中，月支出最低的为5000元左右，月支出最高的约60900元。从支出结构看，所调查家庭的支出可以分为如下八个方面：还住房贷款或租房、日常开支、水电气及物业、养车、子女开销、赡养父母、休闲交往以及其他。其中，月支出在5万元以上的有2户，月支出在2万—5万元的有4户，月支出在1万—2万元的有5户，月支出在1万元以下的有1户。不过，如果扣除住房还款，则月支出水平最高的约为35500元。②

---

① 有两个受访家庭虽然没有透露收入的具体数额，但可以从侧面的信息加以估算。
② 此处未将其中两个受访家庭纳入比较。因为一个属于社会救济群体，另一个基本上和父母生活在一起。

表 4-2　12个家庭的每月收入支出明细

单位：元

家庭类型		收入						支出							平衡
		工资	退休金	社会保障	子女资助	资产收入	经营收入	小计	还房贷或租房	基本生活	车位费及油费	水电气及物业	子女开销	休闲交往	赡养父母	其他	小计	
一代户	1	30000	—	—	—	—	—	30000	8000	2000	2600	1200	—	1000	2000	—	16800	13200
	2	12000	—	—	—	—	—	12000	10000	2000	—	—	—	—	—	—	12000	0
	3	—	67000	—	—	—	60000	127000	—	6000	2000	2000	8000*	2000	—	5500**	24000	103000
	4	—	—	2800	—	—	—	不详	5000	5500	—	2000	2000	—	不详	—	15000	不详
	5	—	—	—	—	不详	—	不详	2000	不详	20000		—	—	6000	—	28000	8000***
二代户	6	50000	—	—	—	—	—	50000	20000	不详	2000	不详	9000	不详	6000	不详	50000	0
	7	—	—	—	—	—	不详****	不详	8000	不详	不详	不详	—	不详	不详	不详	20000+	30000+
	8	54000	—	—	—	—	—	54000	9000	7000	—	2000	1600	1500	1500	—	20000+	30000+
	9	24000	—	—	—	—	—	24000	6500	2500	—	1000	2000	—	0	3000*****	15000	9000
	10	—	—	—	—	—	不详	5000	1500	不详	—	800	—	—	1700	—	5000	0
三代户	11	66300	—	—	—	—	—	66300	26400	5500	10000	—	3000	6000	2500	13000******	60900	5400
	12	—	—	3400	6000	12000	—	19400	不详	5500	3000	不详	—	—	—	—	不详	9400

注：本表中，"—"表示该项不适用于被调查对象；"不详"表示虽然该项适用于被调查对象，但因为种种原因未能取得。
* 户主帮助儿子付房屋月供的一半。
** 其中买衣服平均每月 4000 元，同时给孙子买礼物平均每月 3000 元。
*** 户主没有透露股票总收入，只说即每年扣除所有支出后，每年可以净净 100000 元。
**** 该户为试调查，没有询问该对象详细收入情况。
***** 雇用保姆。
****** 妻子美容和服装平均每月去 5000 元，保险支出 8000 元。

（4）住房。在12户家庭中，有11户家庭有自己的住房，[①] 1户家庭没有自己的住房。在有住房的11户家庭中，2000年以前购房的有1户，2001—2005年期间购房的有3户，2006年以后购房的有6户。从月供金额看，月供在1万元以上的有3户，月供在5000—10000元有5户，月供在5000元以下的有2户，[②] 无月供的有1户。从月供金额占收入的比重看，月供比例最高的约占家庭收入的40%，[③] 月供比例最低的约占家庭收入的5.6%。[④]

根据家庭收入和支出的情况，可以将被调查的12个家庭分为如表4—3所示的七种类型。

表4—3　　　　　　　根据收入和支出情况对家庭的分类

		收入水平			
		高 （10万元以上）	较高 （5万—10万元）	中 （2万—5万元）	低 （2万元以下）
支出水平	高（5万元以上）	—	序号11、序号6	—	—
	中（2万—5万元）	序号3	序号8	序号7、序号5	—
	较低（1万—2万元）	—	—	序号1、序号9	序号12、序号4
	低（1万元以下）	—	—	—	序号10、序号2

第一种类型：高收入—中等支出。其中一个受访家庭（序号3）夫妇退休前均为公务员，两人退休收入已经高达6.7万元，同时二人还经营一家规模不小的餐厅，因此家庭收入高达10万元以上；而与此同时，由于孩子已经成年，房供已经还完，两人支出项目大为减少，每月可得的净收入超过10万元。可以看出，即使不经营餐厅，两人退休后的生活也会非常舒适。此种情况可称为"上层无忧型"。

第二种类型：较高收入—高支出。接受访问的其中一个住户（序

[①] 其中一个受访家庭的情况特殊，户主将自己新买的房子出租，自己则住在出租房中。
[②] 其中一个受访家庭的房供额是根据收支的其他方面推测的。
[③] 其中一个受访家庭的供款比例较为特殊，因为是单身，因此将大部分收入交给父母还房贷，此处未纳入比较。
[④] 其中一个受访家庭的收入是根据每月开支情况和全年纯收入推算的。

号11）夫妇分别为大学教师和中学教师，同时两人还有两套住房（其中一套在珠海），均刚买不久，导致住房方面的开支在他们的支出中占据较大份额（约40%）。而正值青壮年的他们在休闲、交往方面的开支也较高，因而每月所剩无几。另一受访户（序号6）夫妇则分别为公务员和管理人员，收入较高，但也要负担高房贷、子女教育和老人赡养义务。因此，每月收支基本刚好平衡。此种情况可以称为"中上层压力型"。

第三种类型：较高收入—中等支出。其中一个受访户（序号8）夫妇均为公务员，有较高且稳定的收入。由于两夫妇的父母均不依赖于他们供养，因此没有赡养父母的压力；居住地点十分优越，小孩上学方便；而同时两夫妇有广泛的人脉，小孩课外辅导也不用花太多金钱，因此，目前主要的负担仅来自房贷，故每月盈余较多。其主要的压力在于远期将要支付的孩子留学费用。此种情况可称为"中上层安逸型"。

第四种类型：中等收入—中等支出。其中一个受访户（序号5）夫妇共同经营两家餐厅，另一受访户（序号7）则和父母共同经营一家当铺，唯一不同的是前者的两个女儿尚未成年。这种类型家庭的主要劳动力往往没有很好的教育背景，难以获得公务员或各类专业职位，但这一批人进入社会较早，通常较早购买了住房，当前的高房价对他们的家庭生活基本上没有大的影响。作为小企业主或自雇人员，他们面临的压力更多地来自经营层面。此种情况可称为"中层压力型"。

第五种类型：中等收入—较低支出。其中两个受访家庭（序号1、序号9）均为年轻夫妇，不同的是其中一个家庭有一个刚出生的婴儿。这种类型家庭的共同特点是家庭核心劳动力往往为年轻人，其职业通常为低端的公务员、较低等级的专业人士或者企业中的非管理岗位人员。他们通常要负担较长年限的房贷，但房贷的水平相对较低，其整体消费水平也较低。此种情况可称为"中低层压力型"。

第六种类型：低收入—较低支出。其中两个受访家庭（序号12、序号4）为退休老年夫妇，其主要的收入来源在退休金和子女赡养费，唯一不同的是其中一户还有一笔资产性收入。这种类型的家庭的共同特点是家庭的主要人口为老龄退休人员，他们的子女一般都已成年工作，老人和子女生活在一起，但财务相对独立，老人接受子女提供的赡养费。此种情况可称为"中低层养老型"。

第七种类型：低收入—低支出。其中一个受访家庭（序号2）较为特殊，因为是大学刚毕业参加工作，单身未婚，收入较低，同时又因为和父母在一起吃饭，因此收入和支出都较低。如果考虑到户主的职业发展因素，户主工作几年后将较为容易进入第五种类型（即收入2万元以上，支出1万—2万元）。为了类型划分形式上的一致，可以称此个案为"中低层起步型"。而受访家庭亦有一户为单亲家庭（序号10），户主本人从事小贩工作，收入较低，其主要生活依赖于各类社会救济。严格地讲，这已经不属于中产阶层研究讨论的范围。①

3. 家庭支出的财务模型

从上面的调查我们已经看到了家庭和收入支出的大概状况。本部分则主要是对家庭支出的财务模型进行进一步的估算，从而对中产阶层划分的经济标准提供线索。②

从调查的案例看，各家庭的收入结构是相对清晰的。主要是由工资、社会保障金、资产性收入、儿女赡养等方面构成，③ 但各个家庭收入差别较大。各家庭的支出结构在大的方面的是一致的，所不同的主要是因为家庭结构方面的原因。比如，有的家庭有未成年小孩，有的家庭的小孩在学校读书，有的家庭还没有小孩，从而带来了在小孩方面支出的不同；有的家庭需要赡养父母，有的家庭则不需要这笔支出。从支出金额高低看，尽管各个家庭贫富水平不一，但在基本生活水准方面差别不大，基本上人均在1500元左右；而给父母的赡养费标准差别也不大，基本上在每人3000元左右，差别较大的是还房贷的多少。

---

① 该家庭实际上已经属于社会救济家庭范围。

② 关于中产阶层的划分标准目前存在着很多说法。世界银行集团（World Bank Group, WBG）2006年12月13日发布的《全球经济展望（2006）》中曾经将全球中产阶层的标准确定为年收入7000美元至17000美元之间，并指出这一标准大致相当于巴西人均年收入和意大利人均年收入之间的水平。而到了2011年，该集团在《全球经济展望（2011）》中则明确提出，中产阶层的划分"没有一致的标准""整个世界的中产阶层标准和每个国家的中产阶层标准是有区别的"。鉴于这种情况，本研究采取了根据家庭实际支出情况来判断的做法。

③ 此处需要说明一点，由于收入固有的隐秘性，对部分家庭的资产性收入（比如物业租金、金融产品收益）等方面不一定完全掌握清楚。

根据上述情况，笔者尝试提出家庭财务模型来估算不同类型家庭的支出情况，从而来观察某个家庭要保持中等生活水平所需要的收入，这个收入基本上也就是划分中产标准的下限。当然，不同类型家庭的财务模型并不一致，但笔者会权衡情况，从中选取一个对多数家庭来说合理的下限。

为了简化分析，设定三种理想型的家庭：一是老年夫妇，孩子已经成年；二是中年夫妇，孩子尚未成年；三是青年夫妇，尚未有孩子。对于有孩子的家庭，假定需要抚养的未成年孩子数都为 2 个；对于老年夫妇，假定他们也有成年子女，但成年子女中仅有 1 名给他们提供赡养费，[①] 这也意味着对于所有老年夫妇，每人可以得到 1 份赡养金。对于青年夫妇，由于他们较为年轻，其父母往往还在工作状态，有工资收入，因此假定他们无须为父母支付赡养费。

此外，根据调查的情况，将赡养老人的标准设定为每月 3000 元，对于抚养孩子的标准，每月设定标准为 3000 元。对于房贷，老年夫妇由于当初购房总价低，房贷压力较小，将其设定为 5000 元；而中年夫妇多购三居，其面积往往在 130 平方米左右，按照目前澳门房价，中档住房价格一般在 3 万—4 万元/平方米，取其中值 3.5 万元/平方米；并假定他们申请贷款为总房款的 80%，20 年付清，利率按 2.7% 计算，则月供在 2 万元左右。对于青年夫妇，家庭其居住面积为两居室，面积 90 平方米，同样申请贷款为总房款的 80%，但假定 25 年付清，则月供约在 1 万元左右。对于家庭日常支出，仅考虑饮食开支、养车、物业水电气、休闲这几类。其中，饮食按照人均 1500 元/月计算（孩子也计为 1 人），养车按每月 2000 元计，水电气物业按每月 2000 元计，休闲（含购物）按每月 2000 元计。这样可以得到三种类型家庭的基本支出估计，如表 4—4 所示。

[①] 做出这样的假定主要是因为在家庭调查中，笔者发现，通常来说儿子给赡养费的较多，如果子女性别平衡，那么 2 个子女中应该有且只有一个是儿子；另外的情况是，老年夫妇往往和其中一个孩子住在一起（一般是小儿子或小女儿），这种情况下，固定给赡养费的往往只有一个，并且这一个就是和他们住在一起的小儿子或者小女儿。

表4—4　　　　　　　　　　家庭财务模型分析

	家庭人口（个）	未成年子女数（个）	需要赡养的老人数（个）	养车、水电气及物业（元）	房贷（元）	支出总额（元）
老年夫妇	2	0	0	6000	5000	2×1500+6000+5000=14000
中年夫妇+孩子	4	2	2	6000	20000	4×1500+3000×2+3000×2+6000+20000=44000
青年夫妇	2	0	0	6000	10000	2×1500+6000+10000=19000

从表4—4中可以看出，老年夫妇需要的家庭支出最低，约为1.4万元[①]，青年夫妇其次，约为1.9万元；中年夫妇最高，约为4.4万元。当然，各个具体家庭情况有别，其真实支出肯定不是表4—4中的确切数；同时一些家庭可能处于上述三种类型之间，比如，有的青年夫妇有1个孩子，这样其支出肯定高于2万元；而如果中年夫妇只有1个孩子，则支出会低一些；此外，买房时间早晚、首付高低都会有一些影响。但是不能忘记，这里讲的是一个支出的一般情况。

根据上述情况，我们可以看出，对于一个主要依靠劳动力工作来获得经济来源的家庭来说，月入2万元几乎是一个最低标准。也许有人提出，青年人可以租房居住，这样就不用付那么多房贷。但是，青年人购房的首付款恰恰是从房贷和租金的差价中省出来的。简单来算，如果租房，每月租金支出将在5000元左右，和房贷相比，每月省下了5000元，每年省下6万元，三年才能积蓄18万元，这个数字离首付20%的房款还有很大的差距，多半还需要亲友支持才能交得起首付。因此，对于青年夫妇来讲，2万元的月均家庭收入是一个不能再少的数目，否则他们很可能一辈子无法拥有自己的住房。

对于中产阶层划分最高标准，则主要按照澳门地区较高职业收入情况来进行界定。假定夫妇两人均为较高收入的从业人员，比如均为

[①] 这里还没有考虑老年人的医疗问题，因为该项数据无法从本次调查得到的信息进行估计。

公务员、教师、医生等职业人士，那么其最高收入将会达到月入10万元左右。① 因此，笔者认为将家庭月入10万元作为辨识中产阶层的上限是合宜的。

此外，资产问题也是划分中产阶层不得不考虑的一个问题。对这个问题的考虑主要是因为，依赖资产生活的人和依赖劳动生活的人在关注的社会问题和社会政策上有很大的差别，而当代中产阶层的一个核心特征恰恰是基本不占有生产资料而主要依靠技能来获得收入。但是，这里有两点需要考虑：一是部分中小企业主仍然有自己的资产，而他们无疑还是中产阶层，那么中小企业主的资产上限定到多少为宜？二是随着金融的发展，家庭投资在近年来已经成为一个十分普通的现象。因此，是否有投资性收入不是问题的关键，关键的是对于中产阶层家庭来说，其收入中投资性收入的比例不超过多少才不改变其中产阶层的属性。对于这个问题，笔者尝试采用如下方法加以粗略的确定：假定一个处于中产阶层收入上限（10万元/月）的家庭，其家庭收入的50%来自资产性收入，也就是说，资产性收入为5万元。进一步，为了方便考量，假定这5万元均来自房产租赁，则大约相当于拥有500平方米的住宅。按照澳门目前的房价，其资产价值在1500万元到2000万元之间。反过来，可以推论，对于可以辨识为中产阶层的家庭，当其资产超过2000万元，其资产性收入肯定将超过家庭收入的50%。因此，笔者建议，将资产2000万元以下作为辨识中产阶层的另一个标准。② 对于中小企业主，笔者认为也可以参照2000万元这一标准来进行判定。③

4. 家庭调查的主要结论

从家庭调查的情况看，可以初步得出如下结论。

---

① 澳门地区教授的月最高收入为1035点，按每点62元计算，两人的月工资可达128340元。但通常来说，在这个级别的从业人员已经是社会上层人士。笔者谨慎地使用这一收入的80%作为切分中产阶级的上限，折算下来大约为10万元。这个收入也差不多是两个中层经理的月收入之和，也高于两个中级公务员月收入的总和。对于月入10万元以上的家庭，由于生活成本相对固定，他们将有更多的积蓄，并且有机会利用这一积蓄从事投资等领域来使自身的生活得到提升，其收入中来自投资的成分通常也会逐步增加。因此，此处认为不将他们计入中产阶层为宜。

② 对于月收入在10万元以下的家庭，如果资产性收入也在50%，其资产总额将显然低于2000万元。

③ 如果按照5%的资产盈利率来计算，2000万元每年获利100万元，约相当于月入8万元。

结论1：澳门家庭之间的收入水平悬殊较大，分层明显。总的来说，家庭主要劳动力为公务员、大学教师、专业人士以及管理人员的家庭处于整个中产阶层的中上部分；其中下部分的家庭的劳动力主要是小企业主、低端公务员、低级别职业人士；其末端是则刚进入职场的单身人士。如果从收入来考虑中产阶层的划分，那么前文提到的第二种类型至第六种类型家庭是典型的中产阶层。

结论2：关于"中产阶层基本上不占据生产资料、主要依赖于自身的劳动技能获得收入"这样一种对第二次世界大战后新中产阶层特征的描述适用于澳门的中产阶层。从第二种类型到第五种类型，所有的家庭都是处于"手停口停"的状况。而其中一个受访户的话也印证了中产阶层的状况："我的家庭最担心的是健康问题，健康会影响职业生涯，不能上班就无工资，就要领失业救济，每日70元，一次领3个月。"此外，中小企业主仍然是澳门中产阶层的重要组成部分。其中两个受访户均属于典型的传统中产阶层，从他们的收入和生活状况看，他们的家庭仍然位于澳门社会结构的中部。

结论3：大部分中产阶层家庭面临巨大的生活压力。澳门生活成本较高，日常生活（以典型的四口之家计算）的月均各种开销基本上在2万元左右，人均达到5000元/月。而随着近年房地产价格高涨，新购住房的家庭还要承担沉重的房贷。被调查的家庭中，除一户外，其余家庭的经济状况均不容乐观。尤其是对于非老年夫妇的两代家庭，这些家庭都是两个人甚至更多人上班来应付房贷和各种日常生活开支，单凭一人之力均无法负担整个家庭的生活。对老年夫妇家庭来说，子女的供养则显得十分重要，仅凭退休后的社会保障金无法负担。

结论4：中产阶层内部除了在家庭收入支出结构方面较为趋同外，在态度理念以及社会关注等方面具有高度的异质性。有受访户主明确表示："博彩业从业者收入高，但价值观和政治诉求与我完全不一样。"就所关心的社会问题而言，作为中小企业主的家庭所关心的多是CPI涨幅、澳门市场发展空间等；而家庭成员为公务员、专业人员或受教育程度较高的，则更加关注社会公平、政府效率、行政透明度、民主化等问题。①

二 基于统计暨普查局汇总资料的中产阶层规模估计

笔者曾经指出,对中产阶层准确规模的估计需要建立在严格的收入和资产调查基础之上。但局限于所掌握的资料,笔者在质性研究阶段只能利用统计暨普查局公开的有关职业分布数据进行估计。由此会产生两个问题:一是这样得出来的只是一个粗略的估计,并且这里对中产阶层进行估计的口径和笔者所提出的标准并不完全一致;二是这样得出的估计值只是对就业人口中的中产阶层规模或比例,并且是仅考虑个体的情况下对中产阶层进行划分。

澳门统计部门公布的资料中总共将澳门的就业人群分为九个大类。② 从历年的统计数据看,在这九个大类里面,"立法机关成员、公共行政高级官员、社团领导人员、企业领导人员及经理""专业人员""技术员及辅助专业人员""文员"在2001—2010年期间的收入中位数均高于就业人员的总体中位数,"工业、工匠及手工艺工人"的收入中位数在2001—2004年期间低于总体中位数,在2005—2010期间则是高于总体中位数;对于缺乏总体收入中位数的年份来说,这几类人员的收入中位数也处于相对较高的水平(见表4—5)。

表4—5　澳门不同职业人员的月均收入中位数(1996—2010)

单位:元

年份	总体	立法机关成员、公共行政高级官员、社团领导人员、企业领导人员及经理	专业人员	技术员及辅助专业人员	文员	渔业熟练工作者	服务、销售及同类工作人员	工业、工匠及手工艺工人	机台、机械操作员、司机及装配员	非技术工人
1996	—	12640	15875	9352	5951	4955	4841	5195	3171	3411

---

① 关于此部分的讨论详见第六章。
② 九个大类的具体分类详见前文。

续表

年份	总体	立法机关成员、公共行政高级官员、社团领导人员、企业领导人员及经理	专业人员	技术员及辅助专业人员	文员	渔业熟练工作者	服务、销售及同类工作人员	工业、工匠及手工艺工人	机台、机械操作员、司机及装配员	非技术工人
1997	—	13322	15752	9932	6375	5102	5582	5228	3361	3549
1998	—	12948	18251	9823	6495	4896	5738	4865	3180	3304
1999	—	12512	18741	9797	6247	4862	6458	4574	2933	3367
2000	—	11529	16682	9818	6101	4590	5659	4369	3028	3229
2001	—	11715	18158	9607	6092	4682	5584	4176	2762	3175
2002	4672	12502	15855	9504	6226	4620	4704	4051	2757	3093
2003	4801	12504	14889	9698	6189	4531	4530	4577	2869	3093
2004	5167	12828	14959	9722	6896	4730	4642	4965	3066	3236
2005	5773	14695	14994	9868	7867	4939	5488	5908	3268	3484
2006	6701	14982	17802	11024	9516	5576	4991	7197	4045	3813
2007	7800	19300	19300	11900	11500	6000	5700	8500	5700	4100
2008	8000	20000	22000	15000	13000	6900	5500	10000	5800	4500
2009	8500	20000	23000	15000	12000	7000	7000	9100	6400	4500
2010	9000	22500	22000	15000	12000	7000	7000	9500	8000	4500

资料来源：http://www.dsec.gov.mo/TimeSeriesDatabase.aspx。

通过家庭财务分析，将中产阶层家庭的收入的低限初步定为2万元/月。[1] 并且，从调查情况来看，最典型的家庭为两代户，即"夫妇+未成年"子女，家庭中的劳动力大多数为2个。[2] 考虑到中国婚姻匹配中的"门当户对"传统，笔者认为大多数家庭中，夫妇的收入差距不大，这样，就将月收入1万元作为划分中产阶层的个人收入标准。

由于从统计部门笔者仅能获得不同职业的就业人数和职业收入中位数，这样就面临一个如何估计月收入在1万元以上的群体人数或其比例

---

[1] 此处没有考虑家庭人口的多寡。
[2] 关于家庭收支质性分析的部分详见本章之前论述，为了保持研究的原貌，基本上也没有加以实质性改动。

的问题。这里，首先假定，每一个类别的人员，其收入的范围位于收入中位数的50%至200%之间。比如，专业人员的月收入中位数为2.2万元，其收入范围就在11000—44000元之间，非技术工人的收入则在2250—9000元之间。其次，假定每一类职业人员的收入在区间［0.5倍收入中位数，收入中位数］、［收入中位数，2倍中位数］这两个区间上的分布都是均匀的。这样，就可以对各个职业类别中月收入在10000元以上的群体数量进行估计，进而可以估计整个就业人口中月收入在10000元以上的人数和比例。下面以专业人员、文员、渔农业熟练工作者，以及非技术劳动者这四个类别为例，来说明估算的办法。

对于专业人员来说，其收入区间在11000—44000元，且其中位数为22000元。因此，即使位于最低收入11000元，也超过了月收入10000元。因此，100%的专业人员收入会超过10000元/月的水平。因此笔者认为，家庭中有专业人员的家庭一般来说会超过20000元收入这一标准。公务管理人员的情况与此类似。

对于文员来说，其收入区间在6000—24000元，且其中位数为12000元。因此，首先可以得知，至少有50%的文员收入会在月收入10000元的标准之上。对于月收入在10000—12000元这一部分人员的估计，由于假定收入在区间［收入中位数，2倍中位数］上是均匀分布的，那么其比例应该为：50%×（12000-10000）/（12000-6000）=16.7%，因此，对于文员来说，估计收入在10000元以上的比例为50%+16.7%=66.7%。

对于渔农业熟练工作者来说，其月收入在3500—14000元之间，且其月收入中位数为7000元，低于10000元。因此，首先判断，至少50%的该类人员低于10000元这一水平。对于月收入在10000—14000元这部分人员数量的估计，由于假定收入在区间［0.5倍收入中位数，收入中位数］上是均匀分布的，那么其比例应该为：50%×（14000-10000）/（14000-7000）=28.6%，因此，对于渔农业熟练工作者来说，估计收入在10000元以上的比例为28.6%。"服务、销售及同类工作人员""机台、机器操作员、司机及装配员""工业、工匠及手工艺人"的估计方法与此类似。

对于非技术工人来说，其月收入区间在2250—9000元，且其中位数为 4500 元。可以很清楚地看到，即使收入最高的非技术工人也达不到月收入 1 万元的标准。

笔者根据上述办法计算每一类职业群体人员月收入在 1 万元以上的比例，然后用这一个比例对各职业群体的人数进行加权，最后除以总就业人数就得到了月收入在 1 万元以上群体在就业人口中的比例，这一比例约为 136.3/318.5 = 42.80%。[1] 有关计算情况详见表 4—6。

表 4—6　2010 年澳门各职业群体月入 1 万元以上的群体数量估计

	立法机关成员、公共行政高级官员、社团领导人员、企业领导人员及经理	专业人员	技术员及辅助专业人员	文员	渔业熟练工作者	服务、销售及同类工作人员	工业、工匠及手工艺工人	机台、机械操作员、司机及装配员	非技术工人	合计
收入中位数（元）	22500	22000	15000	12000	7000	7000	9500	8000	4500	
收入下限（元）	11250	11000	7500	6000	3500	3500	4750	4000	2250	
收入上限（元）	45000	44000	30000	24000	14000	14000	19000	16000	9000	
中位数以上且超过 10000 元的比例（%）	50.0%	50.0%	50.0%	50.0%	28.6%	28.6%	47.4%	37.5%	0.0%	
中位数以下但超过 10000 元的比例（%）	50.0%	50.0%	33.3%	16.7%	0.0%	0.0%	0.0%	0.0%	0.0%	

---

[1]　在本报告初稿完成以后，我们进一步获得了《澳门 2010 年就业调查》的有关数据。根据这一数据，2010 年，澳门家庭月收入在 2 万—10 万元的户数约为 7.5 万户，占家庭总户数 17.9 万的比例约为 41.90%。

续表

	立法机关成员、公共行政高级官员、社团领导人员、企业领导人员及经理	专业人员	技术员及辅助专业人员	文员	渔业熟练工作者	服务、销售及同类工作人员	工业、工匠及手工艺工人	机台、机械操作员、司机及装配员	非技术工人	合计
超过10000元的合计比例（%）	100%	100%	83.3%	66.7%	28.6%	28.6%	47.4%	37.5%	0.0%	
本职业就业人数（千人）	15.2	11.4	29.2	84.7	70.2	1.1	2.6	19.5	61.2	318.5
与本职业就业人数的加权结果（千人）	15.2	11.4	24.3	56.5	20.1	0.3	1.2	7.3	0.0	136.3

实际上，如果严格按照中等收入阶层的概念来理解中产阶层，那么应该是从家庭收入的角度来计算中等收入阶层的比例。也就是说，要看家庭收入位于某一区间的比例是多少。澳门统计暨普查局每五年进行一次的家庭收支调查汇总数据刚好可以用于进行这样的估计，尽管因为是汇总数据，会丧失一些精确性。不过，这里同样有一个问题，那就是必须考虑到家庭人口的变化情况，并要为不同规模的家庭设定中等收入的标准。笔者初步将一人户的中产收入标准设定为月收入 0.9 万—6 万元，两人户设定为 2 万—10 万元，三人户和四人户设定为 3 万—10 万元，四人户和五人户设定为 4 万—10 万元，而八人户设定为 6 万—10 万元。① 这里有三点要说明：一是设定这样的标准是基于此前的质性研究。二是设定这样的标准是根据澳门统计暨普查局所公布的汇总数据口径，从而利用这样的数据进行估计，同时，避免因为插值法又要去做出新的收入分布假定。三是澳门统计暨普查局公布的数据中，将 6 万元以

---

① 这是对 2008 年前后的澳门中产家庭收入标准，因为澳门统计暨普查局的资料公布于 2008 年。

上归为了一类，从而无法将 10 万元以上的家庭排除，但考虑这部分家庭数量相对较少，且这里总的来说是一个概况，因此予以忽略。

表 4—7 给出了澳门家庭收入的分布情况。根据这一表格，可以估计出满足笔者提出的中等收入家庭占整个家庭的比例。直观地说，这一比例等于灰色方框中的家庭户数与总家庭户数的比例。这一比例具体值为 35%。但如果考虑到月收入在 20000—29999 元之间的部分三口之家也应该属于中产阶层，那么，这一比例应该更高一些。比如，如果假定月收入在 20000—29999 元之间的三口之家有一半属于中产，那么，中等收入家庭的比例将会升至 38.5%。此外，由于是统计汇总数据，因此，无法将月收入 10 万元以上的家庭从月收入 6 万元以上的家庭中分离出来，从逻辑上讲，真实的比例应该比 38.5% 低，但具体的幅度难以估计。如果假定有一半 6 万元以上的家庭收入在 10 万元以上，则相应的估计值为 36.1%。

表 4—7　　　　澳门统计暨普查局公布的澳门居民收入分布

单位：户

	所有收入范围	少于4000元	4000—8999元	9000—13999元	14000—19999元	20000—29999元	30000—39999元	40000—59999元	60000元以上
一名成员	23872	4752	7425	4032	3026	2358	993	948	338
两名成员	35796	1943	6802	8257	5490	4990	3732	2865	1717
三名成员	39488	216	2563	6239	8389	11627	5664	3578	1212
四名成员	41312	56	586	3863	8858	12218	7552	5736	2443
五名成员	18544	90	397	1304	2959	5844	3229	3289	1432
六名成员	8175		35	262	1292	1640	2299	1811	836
合计	7057	17808	23957	30014	38677	23469	18227	7978	167187

资料来源：澳门统计暨普查局，2007—2008 年住户收支调查。

从上面的分析可以看到，不管是用个体的收入来估计中等收入人士的比例，还是用家庭收入的分布来估计中等收入家庭的比例，都涉及要对收入的分布做出假定。同时，我们还无法了解我们所设定的标准在澳门居民心目中的认可程度如何。要解决这一问题，只有使用在个体层面的调查数据来予以计算和分析。这也是本书将质性研究和量化研究结合

三 基于问卷收支调查资料的中产阶层规模估计

定量研究阶段的问卷调查为我们提供了开展中产阶层规模分析的另一个途径。相对于本章前面部分所使用的汇总数据分析方法,基于问卷调查资料的中产阶层规模分析有几个方面的优势:一是可以了解更为细致的个人收入以及家庭的收支状况。二是可以了解个体对中产标准的认定问题,从而可以基于个体期望来对中产阶层规模进行多种方案的估计。

1. 澳门居民家庭收支基本情况

在调查中,笔者询问了被调查者个人在 2012 年的收入情况、被调查者家庭在 2012 年的收支情况、被调查者家庭 2012 年的饮食开支情况以及被调查者的个人储蓄情况,并进一步通过有关数据计算了被调查者家庭的恩格尔系数。

表 4—8　　　　　　　　澳门居民 2012 年年收入

	频数	百分比	累计百分比
3 万元以下*	214	21.7	21.7
3 万—6 万元	68	6.9	28.6
6 万—12 万元	158	16.0	44.6
12 万—18 万元	165	16.7	61.3
18 万—24 万元	107	10.9	72.2
24 万—36 万元	77	7.8	80.0
36 万—48 万元	34	3.4	83.5
48 万—60 万元	25	2.5	86.0
60 万—72 万元	8	0.8	86.8
72 万—96 万元	5	0.5	87.3
96 万—120 万元	4	0.4	87.7
120 万元以上	4	0.4	88.1
很难讲	117	11.9	100.0
合计	986	100.0	

注:*这部分人群比例较高主要是因为调查包含了在校学生。

表 4—8 中的数据表明,澳门居民的个人年收入集中分布在 6 万元

到 24 万元之间,这部分人群的比例占到 16 岁至 64 岁居民的 43.6%(也就是 16.0% + 16.7% + 10.9%)。而年收入在 6 万元至 60 万元之间的个体占调查总体的 57.4%。

表 4—9 中的数据表明,澳门家庭年收入的主流位于 6 万元至 60 万元之间,其比例占到了整个家庭规模的 62.4(即 9.9% + 11.5% + 9.7% + 13.9% + 9.2% + 8.2%),而年收入在 24 万元至 120 万元之间的家庭比例占到 39.2%(即 13.9% + 9.2% + 8.2% + 4.2% + 2.7% + 1.0%)。这一比例的 95% 置信区间为 [36.2%,42.2%]。

表 4—9　　　　　　　　澳门居民家庭 2012 年收入情况

	频数	百分比	累计百分比
3 万元以下	48	4.9	4.9
3 万—6 万元	44	4.5	9.3
6 万—12 万元	98	9.9	19.3
12 万—18 万元	113	11.5	30.7
18 万—24 万元	96	9.7	40.5
24 万—36 万元	137	13.9	54.4
36 万—48 万元	91	9.2	63.6
48 万—60 万元	81	8.2	71.8
60 万—72 万元	41	4.2	76.0
72 万—96 万元	27	2.7	78.7
96 万—120 万元	10	1.0	79.7
120 万元以上	12	1.2	80.9
很难讲	188	19.1	100.0
合计	986	100.0	

2. 从中等收入家庭角度进行估计

根据调查的数据,可以采用多种方法来对澳门中等收入阶层规模进行估计并对得到的结果进行比较分析。各估计方法的基本思路如下。

方法一:联合分析"您认为您这样一户人家要过上中产阶层生活,最低月收入要达到多少"和家庭实际收入,找出家庭收入在期望水平以上的部分,看占总体的百分比。

表4—10是被调查者认为的中产家庭收入标准与家庭实际收入的交互分析，表4—10中的格值为各类家庭占被调查家庭总数的百分比。灰底所包围的格值为家庭实际收入超过被调查自设标准的部分，粗实线框内部分是因为部分家庭实际收入超过了被调查者自设标准，这部分将其格值除以2作为超过的比例。这些比例之和等于26.5%。进一步，考虑到有19.4%（即17.5% + 4.5% - 2.6%）的人表示很难讲，据此将比例调整为32.9%（26.5%/ [1 - 19.4%]），这一估计的标准误为0.021，其95%置信区间为 [28.7%, 37.1%]。

表4—10　中产阶层家庭最低收入标准与家庭实际收入的交互分析（N = 604）

		3万元以下	3万—6万元	6万—12万元	12万—18万元	18万—24万元	24万—36万元	36万—48万元	48万—60万元	60万—72万元	72万—96万元	96万—120万元	120万元以上	很难讲	合计
对于像您这样的一户___口之家来说，如果要过上中产阶层的生活，您觉得每月最低收入应该	0.5万元										0.2				0.2
	1万元	1.0	0.2	0.2	0.3	0.3	0.2	0.5		0.2				0.2	3.0
	1.5万元	0.2		1.0	1.0	0.2		0.3	0.3				0.2	1.0	4.1
	2万元	0.5	0.7	0.8	1.3	0.7	1.3	0.2	0.2	0.2	0.2			1.2	7.1
	2.5万元	0.2	0.3	0.5	0.5	1.7	1.3	0.3	0.2	0.3	0.2			0.3	5.8
	3万元	0.5	0.5	2.0	2.5	1.3	2.6	2.0	1.0	0.8	0.3		0.2	2.0	15.7
	3.5万元	0.3	0.3	0.2	0.7	0.3	1.0	0.5	1.0	0.3	0.5	0.2		0.8	6.1
	4万元			0.7	1.0	2.8	2.6	2.0	1.0	0.7	0.2	0.2	0.3	2.0	13.7
	5万元			0.5	1.0	1.0	0.7	3.0	2.5	3.3	1.7	0.3		0.3	1.5	15.4
	6万元	0.2	0.3	0.8	0.8	0.7	2.2	1.0	0.7	0.3	0.5	0.3		2.5	10.3
	8万元			0.3		0.3	1.0	0.2	0.3	1.8	0.5	0.3	0.2	1.7	7.3
	10万元或者更多	0.2	0.2		0.3	0.5	0.5	0.2	0.7	0.3	0.5			1.8	6.8
	很难讲	0.3		0.3		0.2		0.2	0.5		0.2		0.2	2.6	4.5
合计		3.5	3.0	7.6	9.9	9.9	15.6	11.6	9.9	5.6	3.5	1.0	1.3	17.5	100.0

方法二：基于前期质性研究，由研究者提出各类型家庭达到中产的支出标准，并按照方法一计算有多少家庭达到了各自的标准并形成最后的比例。

根据质性研究的结果，笔者将2万元作为中产家庭的最低收入标准，而将中产阶层家庭的最高收入标准设定为10万元。这里指的家庭是核心家庭、主干家庭和联合家庭，单身户并未纳入考虑。并且，当时提出的标准是一个粗略的标准，没有根据家庭人口规模细化。在此，和利用统计部门数据分析时一样，笔者将一人户的中产收入标准设定为月收入1.1万—10万元[①]，两人户设定为2万—10万元，三人户和四人户设定为3万—10万元，五人户设定为4万—10万元，而六人户设定为6万—10万元。这部分人也就是表4—11中灰底方框中所表示的人群。

表4—11　　　　　　不同家庭户规模的收入分布（N=986）

		就我一个人	两位	三位	四位	五位	六位	七位	八位	九位	十位以上	合计
请估计一下，您这样一户口之家去年的年收入最接近如下哪个范围	3万元以下	0.9%	1.5%	0.9%	0.8%	0.5%	0.2%					4.9%
	3万—6万元	0.6%	1.1%	1.2%	1.2%	0.1%	0.1%	0.1%				4.5%
	6万—12万元	1.4%	2.2%	2.3%	2.8%	0.7%	0.2%			0.1%	0.1%	9.9%
	12万—18万元	0.7%	1.8%	3.0%	3.3%	2.0%	0.3%	0.2%				11.5%
	18万—24万元	0.7%	1.0%	3.2%	2.9%	1.3%	0.4%	0.1%				9.7%
	24万—36万元	0.4%	2.0%	3.5%	4.8%	2.3%	0.6%	0.2%				13.9%
	36万—48万元		0.6%	2.6%	4.0%	1.3%	0.4%	0.2%		0.1%		9.2%
	48万—60万元	0.2%	1.0%	2.1%	2.7%	1.4%	0.5%	0.2%				8.2%
	60万—72万元	0.3%	0.4%	0.9%	1.1%	0.8%	0.5%		1%			4.2%

[①] 此处将下限设为11000万元是因为澳门劳动力收入中位数由2009年的9000元提升至2012年的11000元。

续表

	您这一家人，一起住在这里的有几位成员（访问员注意，家佣也算住户成员，包括被访者）									合计
	就我一个人	两位	三位	四位	五位	六位	七位	八位	九位	十位以上	
72万—96万元	0.2%		0.3%	1.1%	0.7%	0.2%	0.2%				2.7%
96万—120万元	0.1%		0.3%	0.4%		0.2%					1.0%
120万元以上	0.1%	0.2%	0.3%	0.3%	0.1%	0.1%	0.1%				1.2%
很难讲	1.0%	2.3%	4.4%	5.7%	3.3%	1.0%	0.9%	0.1%	0.1%	0.2%	19.1%
合计	6.7%	14.3%	25.3%	31.2%	14.7%	4.8%	2.2%	0.2%	0.2%	0.4%	100.0%

计算灰框中的百分比，由此得出的中产阶层比例为25.5%；同时，和前面的分析一样，考虑到部分月收入在2万—3万元的三人户也应该属于中产家庭，同时考虑到此处的单身户下限为1.2万元/月，为了统一比较口径，设定年收入在12万—18万元的人群均匀分布，从而计算得到中产家庭收入比例为25.8%（即等于25.5% + 0.7% × 0.4）。[①] 因为表中仅有19.1%的人表示很难讲，将这部分人剔除后，该比例将调整为31.9% [即等于25.8/ (1 - 19.1%)]，这一估计的标准误为0.016，其95%的置信区间为 [27.9%，35.8%]。

方法三：基于支出法，将恩格尔系数低于某一水准的家庭计入达到中等收入。恩格尔系数（Engel's Coefficient）是德国统计学家恩格尔根据经验统计资料对消费结构的变动提出的一项指标，这一系数的基本意涵是一个家庭收入越少，家庭收入中或者家庭总支出中用来购买食物的支出所占的比例就越大，随着家庭收入的增加，家庭收入中或者家庭支出中用来购买食物的支出将会下降。恩格尔系数是用来衡量家庭富足程度的重要指标。联合国粮农组织（FAO）制定的恩格尔系数标准为：恩格尔系数大于60%属于贫穷，在50%—60%之间属于温饱，在40%—50%之间属于小康，在30%—40%之间属于相对富裕，在20%—30%之

---

① 此处按照插值法计算年收入在12万元到14.4万元这一群体占年收入在12万元到18万元群体的比例。

间属于富足，小于20%属于极其富裕。就中国内地来说，2011年城市恩格尔系数为36.3%，农村为40.4%。

表4—12　　　　　　　　澳门居民家庭的恩格尔系数

	频数	百分比	累计百分比
10%以下	24	4.0	4.0
11%—20%	75	12.5	16.5
21%—30%	141	23.5	40.0
31%—40%	118	19.6	59.6
41%—50%	88	14.6	74.2
51%—60%	55	9.2	83.4
61%—70%	38	6.3	89.7
71%以上	40	6.7	96.3
不方便说	22	3.7	100.0
合计	601	100.0	

表4—12中的数据表明，澳门居民家庭的恩格尔系数众数最低的达到了10%以下，众数在21%—30%之间，其次是31%—40%。恩格尔系数在30%以下的家庭占家庭总数的40.0%，考虑到有3.7%的人表示不方便说，因此将这一比例调整为41.4%［即39.9%/（1-3.7%）］，这说明澳门社会整体上已经步入富裕社会阶层。而恩格尔系数在21%—40%之间的占43.1%。同样考虑到有3.7%的人表示不方便说，因此，将这一比例调整为44.8%［即43.1%/（1-3.7%）］。如果仅从恩格尔系数来看，这部分人群正好是属于富足和相对富裕层次。不过，笔者所界定的中产阶层（中等收入阶层）具有明确的收入上下限。因此，以下进一步进行家庭收入和恩格尔系数的交互分析，从而计算那些既符合收入标准，又符合恩格尔系数的家庭比例。

表4—13　　家庭收入和恩格尔系数的交互分析（N=600）

		这些开支占你们所有开支的百分比大约为								合计
		10%以下	11%—20%	21%—30%	31%—40%	41%—50%	51%—60%	61%—70%	71%以上	不方便说	
请估计一下，您这样一户一口之家去年的年收入最接近如下哪个范围	3万元以下	0.2%	0.8%	0.8%	0.3%	0.2%	0.5%	0.2%	1.0%	0.2%	4.2%
	3万—6万元		0.2%	0.8%	0.5%	1.2%	0.5%	0.5%	0.2%		3.8%
	6万—12万元	0.2%	1.0%	2.3%	2.0%	1.7%	0.8%	0.8%	0.8%	0.7%	10.3%
	12万—18万元	0.2%	0.8%	3.5%	3.0%	1.5%	2.2%	0.7%	2.2%		14.0%
	18万—24万元	0.2%	0.8%	2.0%	3.0%	2.7%	0.7%	1.2%	0.3%		10.8%
	24万—36万元	0.3%	1.7%	4.0%	4.3%	2.5%	1.7%	0.8%	1.2%	0.2%	16.7%
	36万—48万元	0.3%		2.8%	3.3%	1.7%	1.2%	0.2%			10.3%
	48万—60万元	0.7%	2.0%	2.2%	1.8%	0.7%		0.7%	0.3%	0.2%	8.5%
	60万—72万元	0.3%	1.3%	1.7%	0.2%		0.3%			0.2%	4.3%
	72万—96万元	0.7%	1.3%	0.5%	0.3%	0.2%	0.3%				3.3%
	96万—120万元	0.2%	0.5%	0.3%	0.2%				0.2%		1.3%
	120万元以上	0.2%	0.3%	0.2%		0.2%					0.8%
	很难讲	0.7%	0.2%	2.2%	1.3%	2.0%	1.0%	1.3%	0.5%	2.3%	11.5%
	合计	4.0%	12.5%	23.3%	19.7%	14.7%	9.2%	6.3%	6.7%	3.7%	100.0%

表4—13中，灰底方框部分表示年收入在18万元至120万元之间、同时恩格尔系数在21%至70%之间的家庭，这部分家庭占整个家庭的比例为32.5%。同样地，将年收入18万元至24万元的60%计入中产家庭，调整得到年收入在13.2万元至120万元之间的比例为30.1%。然后，同样根据很难讲的比例进行调整，得到的调整比例为34.6%［即30.1%/（1−11.5%−3.7%+2.3%）］，其95%的置信区间为［30.5%，38.8%］。

3. 从中等收入人士角度进行对比

中等收入人士和中等收入家庭是两个不同的概念，二者不能互换，中等收入人士在人口中的比例不一定等于中产家庭在家庭总数中的比例。举例来说，假定有5个家庭，为了简单，设定这些家庭都没有小孩，只有夫妇两个人，并且都是男性工作，女性为家庭妇女，这样就总共是10个人。同时，男性里面有三位是中等收入人士，并且这三名男性的家庭都是中等收入家庭。这样来看，在这10个人中，中等收入人士的比例是30%，但中等收入家庭的比例却是60%。另一个极端的例子是，如果10个人里面有7个人是中等收入人士，其中6个组成了3个家庭，显然他们也算是中等收入家庭，另一个人和剩下的3个人一起分别组成了两个家庭，但却都不是中等收入家庭。那么此种情况下，中等收入人士的比例显然是70%，而中产家庭的比例却只有60%（5个家庭中只有3个是中等收入家庭）。

因此，除了上面从家庭角度讨论中产规模，下面还要从个体角度讨论中产规模，并且，这一讨论是进一步讨论新中产、老中产和边缘中产的基础。笔者按照两种思路进行。第一种思路是居民潜在设定的标准，在问卷中询问了被调查者两个问题，第一个是被调查者心目中的中产阶层人士个人收入标准，第二个问题是被调查者在2012年的年收入。通过这两个标准的交互，可以发现那些实际收入标准高于心中标准的人群，并将他们作为达到中产阶层收入的部分。第二种思路则是依据研究者在质性研究阶段得到的判断来进行分析。

从表4—14中可以看出，灰底部分正是自身收入高于心目中的中产标准的部分。粗线框中，由于在设定的最低标准中有2.5万元和3.5万元两个选项，因此，将粗线格中的值除以2并计入灰底中，由此计算得到比例之和为17.8%。考虑到有部分人选择了很难讲，因此将比例调整为20.6%，其标准误为0.0345，95%置信区间为[17.1%，24.0%]。

第二种方法是利用研究者设定的中产阶层个人收入标准，同时根据调查者报告的收入数据来估计中产阶层人士比例。这里有必要首先讨论一下中产阶层人士的收入标准。从两个角度来进行分析。

第一个是经验的角度。前面已经提到，澳门教授的月最高工资为1035点，按照每点62元计算，其工资为64170元。这里按照其80%计算作为一个中产阶层收入的高限，计算的结果为51336元，取整为5万元。

表4-14 个人实际年收入与中产阶层个人最低收入标准的交互分析（N=606）

个人实际年收入	\	对中产阶层人士个人来说，每个月的平均收入最低不应该少于												
		0.5万元	1万元	1.5万元	2万元	2.5万元	3万元	3.5万元	4万元	5万元	6万元	8万元	10万元或者更多	很难讲	合计
请估计一下，您个人去年的年收入最接近如下哪个范围	3万元以下	0.2%	3.1%	4.1%	3.5%	2.0%	2.6%	0.3%	1.5%	0.5%	0.7%	0.3%	0.2%	0.8%	19.8%
	3万-6万元		0.8%	0.7%	1.2%	0.8%	1.3%	0.2%	0.2%					0.2%	5.3%
	6万-12万元	0.5%	1.8%	2.5%	2.6%	1.2%	1.5%	0.5%	0.8%	0.5%	0.5%			0.2%	12.5%
	12万-18万元	0.3%	2.0%	3.3%	4.6%	2.3%	2.5%	0.3%	1.2%	0.5%		0.3%		0.7%	18.0%
	18万-24万元	0.2%	0.8%	2.5%	2.5%	2.0%	1.2%	0.5%	1.3%	0.7%	0.3%		0.7%		12.5%
	24万-36万元		0.3%	0.8%	2.3%	0.8%	2.8%	0.8%	0.5%	0.8%		0.2%	0.2%	0.2%	9.6%
	36万-48万元		0.2%	0.3%	0.8%	1.2%	1.0%	0.5%	0.2%	0.3%	0.2%	0.2%		0.3%	4.6%
	48万-60万元			0.2%	0.3%	0.3%	0.8%	0.5%	0.5%	0.2%	0.2%	0.2%	0.2%		3.5%
	60万-72万元					0.3%	0.5%	0.3%			0.2%				1.3%
	72万-96万元						0.2%		0.2%					0.2%	0.5%
	96万-120万元						0.3%	0.2%		0.2%		0.2%			0.5%
	120万元以上			0.2%									0.3%		0.5%
	很难讲	0.7%	1.3%	1.7%	1.3%	0.7%	2.3%	1.0%	0.5%	0.5%	0.3%			1.2%	11.4%
合计		1.8%	10.4%	16.2%	19.1%	11.2%	15.7%	4.8%	7.1%	4.1%	2.3%	1.3%	1.5%	3.5%	100.0%

第二个角度是从中等收入家庭收入的高限以及每个家庭的平均就业人口来算。根据澳门2011年人口普查，2011年8月12日澳门共有家庭户170769户，同时，根据澳门统计暨普查局2011年8—10月的就业调查显示，澳门当时共有劳动力34.66万，由此可以知道澳门家庭户中平均就业人数为2.03人（即34.66/170769×10000）。据此，我们可以知道在一个位于高限的中等收入家庭中，其劳动力的月平均收入在5万左右（即100000/2.03）。

因此，在这里，笔者分析中产阶层人士规模时，将其2012年的经济月收入设定在12000—50000元。① 而中产阶层人士的比例也就是收入在这一区间在总体中的比例。

根据表4—15中的数据计算，符合月收入在12000—50000元之间的居民比例为39.2%，这里是将收入在10000—15000元这部分群体的60%计入中等收入范围。而如果考虑到剔除在校的不兼职学生和不能工作这部分人群，则该比例为42.4%［即等于（39.2% - 0.2% - 0.1% - 0.1%］/［1 - 8.3% - 0.2%）］，其标准误为0.016，95%置信区间为［39.3%，45.5%］。

第三节 对中产阶层（中等收入阶层）规模多种估计的讨论

一 多种估计结果的比较和分析

上一节用多种方法计算了澳门中产阶层（中等收入阶层）的比例。可以看出，各个比例之间尽管有所差别，大部分估计较为接近，但也有个别估计明显要低一些。为了看得更清楚，这里将本书中列出的多种中产阶层（实际上是中等收入阶层）估计值列表如4—16所示。

---

① 澳门劳动力在2012年第三季度的收入中位数为11700元，第四季度为12000元。此处按照12000元计算。

表 4-15 工作状态和个人收入情况的交互分析（N=986）

请估计一下，您个人去年的年收入最接近如下哪个范围

	3万元以下	3万—6万元	6万—12万元	12万—18万元	18万—24万元	24万—36万元	36万—48万元	48万—60万元	60万—72万元	72万—96万元	96万—120万元	120万元以上	很难讲	合计
全职雇员	2.9%	2.7%	11.4%	13.6%	9.5%	6.0%	2.8%	2.1%	0.5%	0.3%	0.3%	0.2%	4.0%	56.4%
雇主	0.1%	0.2%		0.4%	0.3%	0.4%	0.2%	0.1%	0.2%				0.7%	2.6%
不兼职的在校学生	5.7%	0.2%	0.1%	0.4%	0.1%	0.1%							1.7%	8.3%
兼职的在校学生	2.9%	1.0%		0.1%	0.2%	0.1%		0.1%					0.3%	4.8%
兼职雇员，不是学生	0.5%	0.7%	0.9%	0.4%	0.3%	0.1%	0.1%				0.1%		0.4%	3.1%
自雇人士	0.4%	0.4%	0.9%	0.9%	0.3%	0.5%	0.1%	0.2%	0.1%	0.2%		0.2%	0.8%	5.1%
退休	3.2%	0.7%	0.7%	0.3%	0.3%	0.2%	1.3%						1.9%	7.7%
失业	4.2%	0.7%	1.4%	0.5%	0.1%	0.3%							1.1%	8.3%
家庭主妇	1.5%	0.2%	0.6%	0.1%		0.1%							0.9%	3.4%
不能工作	0.2%													0.2%
合计	21.7%	6.9%	16.0%	16.7%	10.9%	7.8%	3.4%	2.5%	0.8%	0.5%	0.4%	0.4%	11.9%	100.0%

请问您目前的工作状态是

表4—16 多种中产阶层（中等收入阶层）规模估计的结果

序号	估计方法	使用数据	估计依据	是否区分户型	估计值	95%置信区间	备注
1	个体层面	澳门统计暨普查局收支调查2007/2008年汇总数据	学理分析	否	42.8%*	—	低限设定为1万元，高限设定为各职业中最高中位数的两倍
2	个体层面	本次调查数据	学理分析	—	39.2%** 42.4%***	[36.2%, 42.2%] [39.3%, 45.5%]	低限设定为1.5万元，高限设为5万元
3	个体层面	本次调查数据	主观认同	—	35.7%**** 39.4%	[33.4%, 41.2%] [35.9%, 43.7%]	
4	个体层面	本次调查数据	主观标准	—	20.6%	[17.1%, 24.0%]	按照被调查者设定的主观标准
5	家庭层面	澳门统计暨普查局收支调查2007/2008年汇总数据	学理分析	是	36.1%	—	研究者设定标准
6	家庭层面	本次调查数据	主观认同	—	32.9%	[28.7%, 37.1%]	按照被调查者设定的主观标准
7	家庭层面	本次调查数据	学理分析	是	32.0%	[27.9%, 35.8%]	研究者设定收入标准
8	家庭层面	本次调查数据	学理分析	—	34.6%	[30.5%, 38.8%]	恩格尔系数

注：*不包含学生在内，仅含16—64岁劳动人口。

**包含学生在内。

***不包含学生和无工作能力者。

****包含学生在内。

*****不包含学生的16—64岁人口。

表4—16中列出了8个中产阶层（中等收入阶层）的估计值。这8个估计值有的是根据澳门统计暨普查局的汇总数据进行估计的，有的是根据本次调查数据估计的；同时有的是基于澳门居民的主观认同估计的，有的则是根据学理上的分析进行估计的。在进行学理分析的估计中，有的是根据研究者提出的标准，有的则是根据澳门居民提出的标准。对这8个标准，这里有如下几点分析意见。

第一，上述数据表明，尽管估计值有差别，从调查数据得出的家庭层面的澳门中等收入阶层的估计值基本上在32%左右。① 而从个体层面出发进行得到的估计值要高得多，不剔除学生的情况下，这一比例基本上在36%左右，剔除学生后，这一比例在40%左右。这一差异再次表明，中等收入家庭比例不等于中等收入个人比例。

第二，从数据中还可以看出，不管是从中等收入家庭层面看，还是从中等收入人士个人层面看，被调查者的主观感受和根据学理进行的判断是基本上一致的。比如，从个体层面估计，根据本次调查数据得出的中产规模估计值为39.4%，其置信区间涵盖了根据澳门统计暨普查局汇总数据得出的比例（42.8%）。

第三，值得注意的是第四项估计值。根据澳门居民自己提出来的中产阶层收入标准来进行的中产阶层规模估计值要比其他估计值低很多，仅为20.6%，但同时澳门居民自认为是中产阶层的比例却达到了35.7%，从逻辑上分析，本次调查的被调查者要么是低报了收入，要么是在回答中产阶层人士收入标准的时候有意无意地提高了标准。而从个人收入的分布看，个人的收入中位数和澳门统计暨普查局所公布的收入中位数几乎一模一样，这说明偏低的原因只能是被调查者提高了中产阶层（中等收入阶层）人士的标准。

综上所述，笔者认为，从中产阶层（中等收入阶层）人士的角度看，澳门的中产比例在40%左右。而从中等收入家庭的比例看，澳门的中产比例在32%—36%之间。

---

① 这里必须指出的是，根据澳门统计暨普查局公布的数据高于调查数据的主要原因在于本调查由民间研究团体进行，在高档小区的进入方面存在困难，得出的比例偏低是较为正常的。同时，根据澳门统计暨普查局汇总得出的数据也基本上落在了本次调查得出的置信区间内。

二 再论中产阶层和中等收入阶层

1. 一个建构的示例

在本书的前言和前几章中一直在强调中等收入阶层和中产阶层二者的差异问题，并且在本章中也提到了从个体角度和家庭角度分别考察中等收入阶层的异同。这里用一个示意图来更加清晰地展现这三个概念之间的差异（见图4—1）。

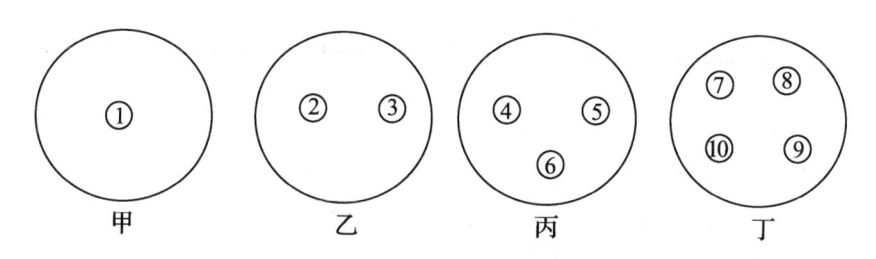

图4—1 中等收入阶层暨中产阶层示意图

图4—1中的四个大圆圈表示四个家庭，从左至右四个家庭分别代号为甲、乙、丙、丁，其家庭月收入分别为1万元、4万元、8万元和15万元。四个大圆圈中的小圆圈则表示家庭中的个体，为了简化分析，此处假定所有家庭个体年龄都在16—64岁之间，并且均不是学生。图4—1中的个体4表示收入满足中等收入个体标准（比如本书中的月入1.2万元至5万元）的家庭成员，但并非中产阶层人士（此处的中产指的是新中产），而个体5表示既满足中等收入人士的标准，也满足新中产在教育和职业方面的标准，个体2表示既满足中等收入的条件，同时还是主要依靠生意的老中产，而个体8代表新中产人士，但其收入超过了中等收入人士的最高限（比如本书中设低的5万元/月），而个体6表示满足中等收入的条件，但属于博彩行业。下面，分别来计算各类人群的比例。

第一是中等收入个体比例。共有六位人士符合中等收入个体的标准，很容易计算出中等收入个体的比例为6/10，即60%。（注意：个体8没有进入计算）

第二是中等收入家庭比例。家庭甲收入低于中等收入家庭最低标准，家庭丁收入高于中等收入家庭最高标准，只有家庭乙和家庭丙属于中等收入家庭。由此可以计算，中等收入家庭的比例为2/4，即50%。

第三是新中产的规模。有3个个体属于新中产，位于家庭丙和家庭丁中，因此，新中产的比例为3/10，即30%。

第四是老中产的规模。家庭乙中有一个老中产，比例为1/10，即10%。

第五是边缘中产。本例中，家庭丙和家庭丁中各有一个博彩业从业人士，他们满足中等收入的条件，因此，边缘中产的比例为2/10，等于20%。

从上面这个构建的例子中可以看出，根据中等收入个体计算的中等收入阶层（60%）比例不等于根据家庭计算的中等收入阶层比例（50%）。同时，中产阶层的比例（30%）也不等于从收入角度划分的中等收入阶层比例（50%或60%）。笔者曾经提到，新中产通常是在个体层面上划分出来的中等收入阶层（中产阶层）的一部分，但从图4—1中不难发现，个别的新中产人士收入会超过中等收入人士的标准。当然，可以把中等收入阶层的收入上限调到很高，比如8万元、10万元甚至更高，将新中产全部纳入中等收入个体的范围，但这样做的结果却会使得中等收入阶层的收入上限变得不合理。

总结起来说，规范意义上中产阶层和中等收入阶层是完全不同的概念，尽管具体到个体的时候，一个个体可能既是中等收入人士，也刚好是中产阶层，但二者是从不同的角度来划分的。一般来说，区分中等收入阶层是和各种社会援助政策紧密关联的，而当从中产阶层的角度分析问题时，则是从社会的长期发展来入手。正因为如此，在讨论中等收入阶层时，往往是要设定一个明确的收入界限来明确具体的帮扶对象，并且这一收入界限往往是以家庭为单位来设定的，而在讨论中产阶层时却一般很少有人去指出一个明确的收入标准，尽管大部分中产阶层的收入也位于中等收入范围。

2. 中产阶层与中等收入阶层的差别分析实例[①]

按照上面的讨论，测算一下澳门新中产阶层规模。此处采取的具体

[①] 要说明的是，此处将个人收入回答为"很难讲"的计入了缺失，因此和前面的比例有所差异。

方法是：将年收入 12 万元以上（或 18 万元以上）[①]、受教育程度在大专以上并且不是雇主的人纳入计算，同时对其中的全职雇员部分仅保留那些职业为公务和管理人员、专业人员和专业辅助人员的部分，由此计算出来的新中产规模分别为 12.9% 和 10.3%，如果按照月入 12000 元为标准，则得出的结果应在这二者之间。此外，如果从中将学生剔除，则按照上述方法计算出来的比例分别为 13.5% 和 11.2%。此处选择包含学生的统计口径，并取年收入 12 万为标准，以方便后面的分析。

同理，将年收入 12 万元以上、身份为雇主的人计为老中产。对老中产的分析表明，这一比例约为澳门人口（包含学生在内）比例的 1.8%；如果不计入学生，则该比例为 2.1%。

同理，可以计算边缘中产的比例。将年收入 12 万元以上、受教育程度低于大专并且职业状态不是雇主纳入计算，同时对其中的全职雇员部分剔除那些职业为公务和管理人员、专业人员和专业辅助人员的部分，计算这部分人的比例，得到的结果为 34.6%（包含学生在内），如果不计入学生，则该比例为 39.2%，见表 4—17。

这样，我们可以从中产（注意：不是中等收入）的角度来分析一下澳门中产阶层的构成情况。

表 4—17　　　　　　澳门中产阶层的分布（包含学生）

	频数	百分比（含学生）
非中产人士	442	50.7
新中产	112	12.9
老中产	16	1.8
边缘中产	301	34.6
合计	871	100.0

为了验证在前一节所说的"新中产人士的收入可能会超过中等收

[①] 这里要说明的是，由于在调查收入时采取的分类变量，其中 10000—15000 元算成一类，因此，在这里无法判断选择此项的每一个人员的实际月收入在 12000 元以上还是 12000 元以下，但在进行中产阶层划分的时候又必须对每个人的收入进行下限的限定，因此，分别按照 10000 元和 15000 元两种标准进行了匡算。

入阶层的上限"这一说法，进行中等收入人士和中产阶层人士的交互分析，可以得到如下结果，见表4—18。

表4—18 澳门中等收入人士和中产阶层人士的交互分析（含学生）

单位：人

		中产阶层人士隶属状况				合计
		非中产人士	新中产	老中产	边缘中产	
中等收入阶层判定变量	其他	2	0	0	0	2
	低收入群体	440	0	0	0	440
	中等收入阶层	0	98	14	296	408
	高收入群体	0	14	2	5	21
合计		442	112	16	301	871

表4—18中的数据表明，在112名符合新中产的居民中，有14名新中产的收入标准明显超过了中等收入阶层的标准（月入5万元或者年入60万元），这从事实上证明了新中产的收入可能高过中等收入阶层。同样地，对与老中产和边缘中产来说，也有2名老中产的收入标准超过了中等收入阶层的标准（月入5万元或者年入60万元），甚至有5名边缘中产人士的比例也达到了高收入群体的标准。

在新中产比例和中等人士收入比例之间存在的不小差异在很多国家和地区都是存在的。拿美国来说，一些研究者认为中产阶层是那些家庭收入在家庭收入中位数80%—120%之间的家庭，按照美国2010年家庭收入调查的结果，家庭收入中位数为49445美元，也就是说收入在38756—58134美元之间的家庭[1]；有的则认为中产阶层是那些年收入在25000—100000美元之间的家庭，还有的人则认为是年收入在40000—95000美元之间的家庭[2]。但不管采取的具体收入范围是多少，这样所划分出来的中产阶层实际上都会包括几个部分：一是所谓的上中产阶层（upper middle class），也就是通常所说的管理者（manager）和专业人

---

[1] Income, Poverty, and Health Insurance Coverage in the United States (2010), US Census Bureau.

[2] Thompson, William, Joseph Hickey, *Society in Focus*, Boston, MA: Pearson, 2005, 转引自http://en.wikipedia.org/wiki/American_middle_class。

士（professional），这大概类似于澳门统计部门数据中的"立法会机关成员、公共行政高级官员、社团领导、高级官员、企业领导人员及经理"和"专业人员"类别；二是下中产阶层（lower middle class），也就是指那些受过一定教育（比如说大专）、有一定的技能、收入水平高于收入中位数且从事的工作有一定的自主性的人群，这部分在澳门统计部门的分类中大约是大部分"技术员及辅助专业人员"以及其他类别中的高端人员；三是所谓的工人阶层（working class），这部分人主要指的是从事技能性较弱且具有较少自主性的工作人员，这部分在澳门所对应的群体主要是"文员"。

如果按照社会学意义上中产阶层划分标准（也就是有较高的收入、良好的教育背景以及较高的职业声望）进行中产阶层的划分，那么中产阶层应该讨论的就是本书中所说的新中产阶层，也就是上面列举的三类人群中的第一类和第二类。可以很容易地发现，在这两个不同划分标准下，对于表4—19中列举的国家和地区，中产阶层的规模差别都很大。

表4—19 中国澳门、中国香港以及美国的中产阶层和中等收入阶层比例

国家/地区	中产阶层（中等收入阶层）家庭月收入标准	中产阶层（中等收入阶层）比例	中产阶层（新中产阶层）比例
美国	2500—16667 美元[①]	70.4%[②]	47%[③]
中国香港	15137—100000 港元[④]	48.5%[⑤]	20%—25%[⑥]

[①] 根据 Income, Poverty, and Health Insurance Coverage in the United States, US Census Bureau 有关数据推算。

[②] 同上。

[③] Thompson, William, Joseph Hickey, *Society in Focus*, Boston, MA: Pearson, 2005, 转引自 http://en.wikipedia.org/wiki/American_middle_class。

[④] 根据 http://www.statistics.gov.hk/publication/stat_report/labour/B10500012009QQ01B0100.pdf 有关数据计算，家庭月收入中位数根据插值法计算出，并据此计算收入在中位数到100000港币之间的家庭比例。

[⑤] 同上。

[⑥] 吕大乐：《香港中产阶级》，《开放时代》2004年第2期。

续表

国家/地区	中产阶层（中等收入阶层）家庭月收入标准	中产阶层（中等收入阶层）比例	中产阶层（新中产阶层）比例
中国澳门	12000—100000 元① 12000—50000 元②	32.0%③ 39.4%	13.0%—15.2%④

从表4—19中可以看出，不管是从收入统计的角度来说，还是从严格意义上的中产阶层概念出发，澳门社会中的中产比例均低于美国和中国香港。虽然在划分中等收入阶层时已经将范围设定得很宽泛，但纳入其中的人群仍然有限。对于月收入12000—100000元这一范围来讲，其下限很难再下调，因为从前面的分析可以看到，月入12000元是一个中产阶层家庭户（一人户）维持正常开销的低限；而上限如果下降，则纳入中产的比例将会更低。这就意味着，按照目前的标准，如果澳门的中产阶层规模要想进一步扩大，唯一的路径是更多的低收入人群收入需要进入家庭月收入12000元以上的行列。而从前面的分析已经看到，家庭收入和职业关系十分密切，而就业人口整体职业结构的改变又和经济的发展和产业结构息息相关，这实际上暗示了一个问题：澳门新中产阶层要发展将在很大程度上将取决于未来澳门经济多元化的进程。关于此点，将在后文进一步展开。

第四节　本章小结

这一章主要讨论澳门中产阶层和中等收入阶层的规模。笔者采取质性研究的方法分析了澳门家庭的支出和收入情况，并利用统计部门公布的汇总数据预估了澳门中产阶层和中等收入阶层的规模。利用定量调查的数据，进一步从居民认同、收入、恩格尔系数等多个角度对澳门中等

---

① 根据家庭人数的不同，这一范围的下限不同。
② 个体层面的标准，后列对应的个体层面的比例。
③ 基于本次调查的数据，有关标准根据前期研究者质性阶段的研究结果。
④ 包含学生且考虑了收入回答为"很难讲"的部分。

收入阶层和中产阶层的规模分别进行了分析和讨论。按照本书提出的划分标准，澳门的中等收入阶层（以家庭收入为基础）约占 16—64 岁人口的 32.0%；若以个人收入为基础进行估计，这一比例约为 42.4%；若以居民的自我认同为标准，则该比例约为 39.4%。而（新）中产阶层的规模只有 10%—15%。

到目前为止的本书内容专注于对中等收入阶层和中产阶层概念的厘清，并用有关统计数据显示了二者之间的区别。从下一章开始，本书将严格区分中等收入阶层和中产阶层的概念。笔者认为，有关民生政策的问题主要是一个经济问题，宜从中等收入角度进行分析。有关社会发展的问题涉及居民的政治态度、社会发展理念，它不仅仅和收入有关，因此应该从中产阶层的角度进行分析。

第五章 澳门中等收入阶层的民生状况

民生是社会发展的基本出发点和最终落脚点，同时民生也是民众最为关注的焦点。民生兴，民心宁。民生良好是社会稳定和健康发展的基本指标和保障。作为位于纺锤形社会结构中部并占社会人口大多数的中等收入阶层，对民生有着最敏锐的感知。衣食住行、生老病死是人们生活的基本内容，而与这些基本内容紧密相关的社会政策则直接影响社会各阶层的生活状况。本章将致力于勾勒澳门地区的主要民生政策以及中等收入阶层对这些政策认知和满意度，以便了解澳门中等收入阶层的民生，同时也进行中产阶层和其他社会阶层的对比分析。

第一节 总的社会评价

一 幸福感

幸福感，又称主观幸福感（Subjective Well-Being，SWB），它指的是人们对其生活质量所做的情感性和认知性的整体评价。近年来，以居民幸福感作为评测一个地区或城市居民生活质量的倾向越来越突出。比如，广东省就在2011年正式提出了建设"幸福广东"的目标。从本次调查的情况来看，澳门居民整体上的幸福感较强，见表5—1。

表5—1　　　　　　　澳门居民的幸福观

	频数	百分比	累计百分比
非常幸福	80	8.1	8.1
比较幸福	365	36.9	45.0

续表

	频数	百分比	累计百分比
一般	488	49.4	94.4
不大幸福	40	4.0	98.5
很不幸福	10	1.0	99.5
很难讲	5	0.5	100.0
合计	988	100.0	

从表5—1中的数据可以看出，表示"非常幸福"和"比较幸福"的居民占到了被调查者总数的45.0%，而表示"不大幸福"占4.0%，表示"很不幸福"的仅占1.0%。尽管表示"一般"的占到了一半的比例，但明确表示感到幸福的和表示不幸福的相比，占了明显的优势。因此，可以认为澳门居民的总体幸福感比较强。

表5—2中的交互分析结果表明，总的来说，中等收入阶层的幸福感较强，表示"非常幸福"和"比较幸福"的比例合计占到了50.5%（即8.8% +41.7%），而低收入阶层的同一比例仅为40.7%（即8.4% +32.3%），明显低于中等收入阶层。不过，统计检验表明，不同收入阶层之间的幸福感差异并不显著（α = 0.05）。

表5—2　　　　　不同收入层次居民的幸福感

			收入阶层状态			合计
			低收入阶层	中等收入阶层	高收入阶层	
在过去一年中，您认为自己的生活	非常幸福	频数	37	36	2	75
		列百分比	8.4%	8.8%	9.5%	8.6%
	比较幸福	频数	142	170	8	320
		列百分比	32.3%	41.7%	38.1%	36.8%
	一般	频数	232	187	10	429
		列百分比	52.7%	45.8%	47.6%	49.4%
	不大幸福	频数	24	9	1	34
		列百分比	5.5%	2.2%	4.8%	3.9%
	很不幸福	频数	3	5	0	8
		列百分比	0.7%	1.2%	0.0%	0.9%

续表

		收入阶层状态			合计
		低收入阶层	中等收入阶层	高收入阶层	
很难讲	频数	2	1	0	3
	列百分比	0.5%	0.2%	0.0%	0.3%
合计	频数	440	408	21	869
	列百分比	100.0%	100.0%	100.0%	100.0%

二 物价管理

物价是涉及千家万户日常生活的重要因素。因此，每一个国家和地区的政府通常都把稳定物价作为政府民生工作的重要内容。澳门居民对政府在稳定物价方面的表现评价见表5—3。

表5—3　澳门居民对政府在稳定物价方面的表现评价

	频数	百分比	累计百分比
很好	11	1.1	1.1
较好	85	8.6	9.7
一般	464	47.0	56.7
不大好	314	31.8	88.5
很不好	101	10.2	98.7
很难讲	13	1.3	100.0
合计	988	100.0	

表5—3中的数据表明，澳门居民对政府在管控物价方面的评价较低。认为政府在稳定物价方面做得"很好"的比例仅为1.1%，认为做得"较好"的比例为8.6%，二者合计仅为9.7%，也就是说，仅有一成左右的澳门居民认为澳门政府在稳定物价方面做得不错。而高达31.8%的人认定澳门特区政府在稳定物价方面做得"不大好"，更有10.2%的居民认为"很不好"。总体来看，可以认为澳门居民对政府稳定物价的工作不满意。

那么，不同收入阶层的居民对政府稳定物价工作满意程度又如何呢？见表5—4。

表 5—4　　　　不同收入阶层对政府稳定物价方面的满意程度

			收入阶层状态			合计
			低收入阶层	中等收入阶层	高收入阶层	
您认为澳门特区政府在稳定物价方面的表现如何	很好	频数	5	6	0	11
		列百分比	1.1%	1.5%	0.0%	1.3%
	较好	频数	39	27	2	68
		列百分比	8.9%	6.6%	9.5%	7.8%
	一般	频数	200	192	10	402
		列百分比	45.5%	47.1%	47.6%	46.3%
	不大好	频数	147	131	7	285
		列百分比	33.4%	32.1%	33.3%	32.8%
	很不好	频数	42	48	2	92
		列百分比	9.5%	11.8%	9.5%	10.6%
	很难讲	频数	7	4	0	11
		列百分比	1.6%	1.0%	0.0%	1.3%
合计		频数	440	408	21	869
		列百分比	100.0%	100.0%	100.0%	100.0%

表 5—4 中的数据表明，不论是低收入阶层，还是中高收入阶层，对澳门政府物价稳定工作的评价都基本上没有差异，统计分析也表明，各阶层对政府稳定物价表现的评价没有差异（$\alpha = 0.05$）。这种情况的出现实际上是澳门 2009 年以来物价持续走高的后果。澳门统计暨普查局在 2009 年根据 2007/2008 年住户收支调查结果，更新了住户一般购买的消费商品及服务种类及权数、商户类型，以及优化价格收集的方法。以 2008 年 4 月至 2009 年 3 月为新基期的消费物价指数于 2009 年 10 月开始公布。综合消费物价指数是反映物价变化对本澳整体人口影响，而甲类和乙类消费物价指数是用作反映价格变动对不同消费阶层住户的影响。甲类消费物价指数代表约 50% 住户，每月平均开支在 6000 元至 18999 元之间；乙类消费物价指数代表约 30% 住户，每月平均开支在 19000 元至 34999 元之间。[1] 见图 5—1。

---

[1] http://www.dsec.gov.mo/getAttachment/e6f56a27-231a-419f-a766-c4c6f9e63d14/C_IPC_ANNEX_2009_Y.pdf.

从图 5—1 中可以清楚看到，不论是综合消费物价指数、甲类物价消费指数还是乙类物价消费指数，自 2009 年以来都在持续攀升。实际上，甲类和乙类消费指数分别代表了针对低收入和中等收入阶层的消费指数，二者基本以同样的趋势上升，这就是为什么低收入阶层和中等收入阶层都感到物价上涨压力的重要原因。

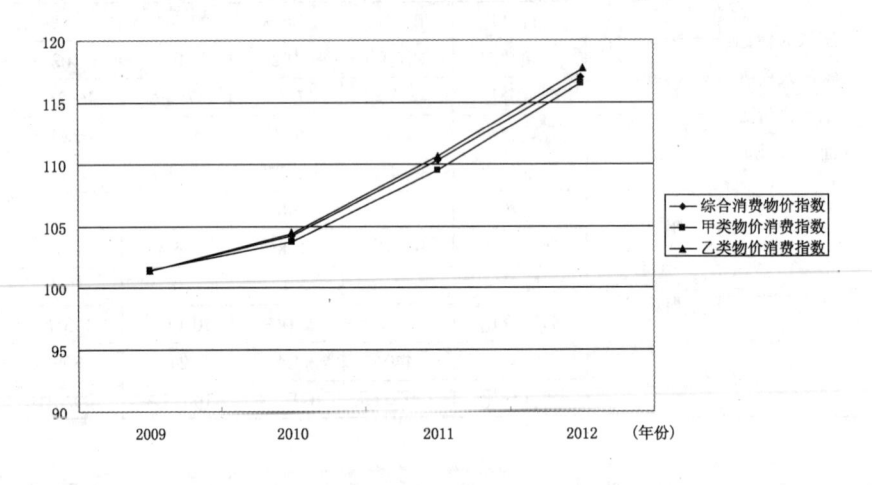

图 5—1　澳门物价指数变动情况（2009—2012）

资料来源：根据澳门统计暨普查局网站公布的有关数据计算。

那么，从居民的角度来说，哪些方面物价上涨带来的压力最大呢？见表 5—5。

表 5—5　　　　物价上涨对澳门居民压力最大的三个方面

		应答情况		基于案例数的百分比
		频次	百分比	
物价上涨的压力	食品及非酒精饮品	638	22.9	65.0
	烟酒	65	2.3	6.6
	服装	101	3.6	10.3
	住屋及燃料	646	23.2	65.8
	家居设备及日用品	454	16.3	46.2

续表

		应答情况		基于案例数的百分比
		频次	百分比	
物价上涨的压力	医疗	288	10.3	29.3
	交通、运输	170	6.1	17.3
	通信	74	2.7	7.5
	康乐及文化	41	1.5	4.2
	教育	117	4.2	11.9
	杂项商品及服务	192	6.9	19.6
合计		2786	100.0	283.7

表5—5中的数据表明，物价上涨对澳门居民带来压力的前三位是"住屋及燃料""食品及非酒精饮品""家居设备及日用品"。仔细分析不难发现，无论住房、食品还是日用品，都是居民必不可少的用品。这些生活基本用品价格的上升必然加大了居民的生活压力。那么，不同阶层对物价上升的压力是否相同呢？

表5—6　　　　物价上涨对不同阶层影响最大的三个方面

			收入阶层状态			合计
			低收入阶层	中等收入阶层	高收入阶层	
物价上涨的压力	食品及非酒精饮品	频数	290	258	17	565
		案例列百分比	66.2%	63.2%	81.0%	
	烟酒	频数	26	27	4	57
		案例列百分比	5.9%	6.6%	19.0%	
	服装	频数	50	34	3	87
		案例列百分比	11.4%	8.3%	14.3%	
	住屋及燃料	频数	260	294	16	570
		案例列百分比	59.4%	72.1%	76.2%	
	家居设备及日用品	频数	227	165	8	400
		案例列百分比	51.8%	40.4%	38.1%	
	医疗	频数	136	122	7	265
		案例列百分比	31.1%	29.9%	33.3%	

续表

<table>
<tr><th colspan="3"></th><th colspan="3">收入阶层状态</th><th rowspan="2">合计</th></tr>
<tr><th colspan="3"></th><th>低收入阶层</th><th>中等收入阶层</th><th>高收入阶层</th></tr>
<tr><td rowspan="10">物价上涨的压力</td><td rowspan="2">交通、运输</td><td>频数</td><td>61</td><td>88</td><td>1</td><td>150</td></tr>
<tr><td>案例列百分比</td><td>13.9%</td><td>21.6%</td><td>4.8%</td><td></td></tr>
<tr><td rowspan="2">通信</td><td>频数</td><td>31</td><td>33</td><td>1</td><td>65</td></tr>
<tr><td>案例列百分比</td><td>7.1%</td><td>8.1%</td><td>4.8%</td><td></td></tr>
<tr><td rowspan="2">康乐及文化</td><td>频数</td><td>23</td><td>10</td><td>1</td><td>34</td></tr>
<tr><td>案例列百分比</td><td>5.3%</td><td>2.5%</td><td>4.8%</td><td></td></tr>
<tr><td rowspan="2">教育</td><td>频数</td><td>51</td><td>48</td><td>1</td><td>100</td></tr>
<tr><td>案例列百分比</td><td>11.6%</td><td>11.8%</td><td>4.8%</td><td></td></tr>
<tr><td rowspan="2">杂项商品及服务</td><td>频数</td><td>87</td><td>80</td><td>1</td><td>168</td></tr>
<tr><td>案例列百分比</td><td>19.9%</td><td>19.6%</td><td>4.8%</td><td></td></tr>
<tr><td colspan="2">合计</td><td>频数</td><td>438</td><td>408</td><td>21</td><td>867</td></tr>
</table>

表5—6中的数据表明，对不同收入阶层来说，物价上涨影响最大的三个方面是一样的，但排序略有不同。对低收入阶层来说，物价上涨影响最大的是"食品及非酒精饮品"（66.2%）、"住屋及燃料"（59.4%）以及"家居设备及日用品"（51.8%）；而对中等收入阶层来说，物价上升影响最大的三个方面依次是"住屋及燃料"（72.1%）、"食品及非酒精饮品"（63.2%）和"家居设备及日用品"（40.4%）；高收入阶层提及的压力方面主要在于"住屋及燃料"（76.2%）和"食品及非酒精饮品"（81.0%）。出现这一结果的原因主要在于，不少低收入阶层主要是年纪较大人士，其住房问题在历史上已经解决，因此相对来说，住房价格上涨带来的压力不算最突出。而对中等收入阶层来说，不少是年轻人，正面临购房或供房问题，因而住房问题高居首位。高收入阶层的压力形成机制和低收入阶层类似。这一信息也为政府制定相应的帮扶措施提供了基本的线索。

第二节 就业

一 就业问题概况

就业问题乃民生之本。充分有效的就业是保证居民生活顺利进行的基本条件。在中国政府制定的"十二五"规划中即明确提出"实施就业优先战略",强调"坚持把促进就业放在经济社会发展的优先位置,健全劳动者自主择业、市场调节就业、政府促进就业相结合的机制,创造平等就业机会,提高就业质量,努力实现充分就业"。

统计数据表明,澳门地区2010年失业率为2.8%,本地人失业率为3.5%,分别比上一年降低了0.8个和0.9个百分点。[1] 这一数据低于香港同期指标(4.4%),[2] 也低于内地的登记失业率(4.3%),[3] 更低于台湾同期的失业率(5.21%)。[4] 最新数据:澳门地区2012年失业率为2.0%,本地人失业率为2.6%,分别均比上一年降低了0.6个百分点。[5] 这一数据低于香港同期指标(3.3%),[6] 也低于内地的登记失业率(4.1%),[7] 更低于台湾同期的失业率(4.24%)。[8] 这表明,目前澳门地区的就业情况总体良好。从历史上看,澳门失业率从20世纪90年代初期以来基本上呈倒U形。在90年代初期,失业率较低;从1992年开始,失业率逐年上升,至2000年达到最高,为6.8%;2000年之后开始持续下降。从就业者收入来看,澳门就业人员收入的中位数已经从1996年的不到4914元上升至2012年11300元 。毋庸多言,这

---

[1] http://www.dsec.gov.mo/TimeSeriesDatabase.aspx.

[2] http://www.censtatd.gov.hk/gb/?param=b5uniS&url=http://www.censtatd.gov.hk/hong_kong_statistics/statistical_tables/index_tc.jsp?tableID=006.

[3] http://www.stats.gov.cn/tjsj/ndsj/2010/indexch.htm,2009年数据。

[4] http://www.chinataiwan.org/xwzx/bwkx/201101/t20110124_1728150.html.

[5] http://www.dsec.gov.mo/TimeSeriesDatabase.aspx.

[6] http://www.censtatd.gov.hk/gb/?param=b5uniS&url=http://www.censtatd.gov.hk/hong_kong_statistics/.
statistical_tables/index_tc.jsp?tableID=006.

[7] http://www.stats.gov.cn/tjsj/ndsj/2012/indexch.htm,2011年数据。

[8] http://www.stat.gov.tw/ct.asp?xItem=17144&ctNode=517&mp=4.

一变化过程显然和澳门回归这一事件以及之后博彩业开放带动经济发展紧密相关。

澳门在保护、促进就业方面有较为完善的法规政策。负责就业问题的劳工事务局成立于1984年,一般性的法规法律则包括1998年通过并于2009年修订的《就业政策和劳工权力纲要法》(4/98/M号法律)、1995年通过并于2008年修订的《保障男女劳工在就业上获平等之机会及待遇》(52/95/M号法令);而在劳动工作条件、外劳输入、职业培训等方面也制定了多部法律加以规范。①

二 就业安全

就业安全指的是劳动者能否持续稳定地实现就业。在调查中,笔者询问了被调查者是否会担心自己在未来一年失业。结果表明,大部分澳门居民并不担心自己在未来一年会失业,见表5—7。

表5—7　　澳门居民是否担心未来一年自己会失业

	频数	百分比	累计百分比
非常担心	21	3.8	3.8
比较担心	38	6.8	10.6
有点担心	79	14.2	24.8
不太担心	238	42.7	67.5
完全不担心	165	29.6	97.1
没考虑过	16	2.9	100.0
合计	557	100.0	

表5—7中的数据表明,仅有3.8%的澳门全职雇员"非常担心"自己会在未来一年失业,另有6.8%表示"比较担心",二者合计仅占一成左右的比例。而表示"不太担心"和"完全不担心"的合计占到了72.3%的比例。如果将"没考虑过"失业问题的人也认定为不担心失业问题的群体,则合计有75.2%的全职雇员不担心未来一年的持续就业问题。这一结果表明,澳门居民的就业安全状况良好,或者从就业

---

① http://www.dsal.gov.mo/dsallaw/dsallawc.pdf.

者的角度来说,是就业信心较为充足。

表5—8中的数据表明,收入水平越高,就业安全预期也越高,这一关系具有统计上的显著性($\alpha = 0.05$)。对低收入阶层来说,表示"非常担心""比较担心""有点担心"的比例合计占到了37%(即6.0% + 14.9% + 16.1%);对于中等收入阶层来说,这一比例仅为18.5%(即2.7% + 3.3% + 12.5%)。对高收入阶层的全职雇员来说,则是7.7%担心失业问题。这一结果表明,在目前的澳门,中高收入阶层的就业安全预期高于低收入阶层。

表5—8　　　　不同收入阶层的全职雇员对就业安全的感受

			收入阶层状态			合计
			低收入阶层	中等收入阶层	高收入阶层	
是否担心未来一年自己会面临失业？	非常担心	频数	10	9	0	19
		列百分比	6.0%	2.7%	0.0%	3.7%
	比较担心	频数	25	11	0	36
		列百分比	14.9%	3.3%	0.0%	7.0%
	有点担心	频数	27	42	1	70
		列百分比	16.1%	12.5%	7.7%	13.5%
	不太担心	频数	64	153	6	223
		列百分比	38.1%	45.5%	46.2%	43.1%
	完全不担心	频数	39	114	4	157
		列百分比	23.2%	33.9%	30.8%	30.4%
	没考虑过	频数	3	7	2	12
		列百分比	1.8%	2.1%	15.4%	2.3%
合计		频数	168	336	13	517
		列百分比	100.0%	100.0%	100.0%	100.0%

根据就业市场理论,对个体而言,有两个重要的因素影响就业安全:一个因素是资源稀缺性,即具有某种技能的劳动力是不是稀缺的,稀缺程度越高,就业越安全。第二个要素则是可替代性,一个劳动力的不可替代性越高,则其工作也就越安全;反之,安全性则降低。对于现代社会来说,稀缺性高、不可替代性强的那些职位往往对劳动者在受教

育、技能和经验方面的要求较高，从而使得具有高学历、高技能和丰富经验的劳动者的就业安全性更高。那么，在澳门社会中是不是这种情况呢？见表5—9。

表5—9　　不同职业的全职雇员担心未来一年面临失业的状况

			是否担心未来一年自己会面临失业						合计
			非常担心	比较担心	有点担心	不太担心	完全不担心	没考虑过	
请问您在过去一年中从事的主要（以工作时间最长者计算）职业是	立法机关成员、公共行政高级官员、社团领导人员、企业领导人员及经理	频数	1	0	5	16	11	1	34
		行百分比	2.9%	0.0%	14.7%	47.1%	32.4%	2.9%	100.0%
	专业人员	频数	0	2	4	27	28	3	64
		行百分比	0.0%	3.1%	6.2%	42.2%	43.8%	4.7%	100.0%
	技术员及辅助专业人员	频数	0	4	10	38	23	1	76
		行百分比	0.0%	5.3%	13.2%	50.0%	30.3%	1.3%	100.0%
	文员	频数	0	4	13	49	27	3	96
		行百分比	0.0%	4.2%	13.5%	51.0%	28.1%	3.1%	100.0%
	服务、销售及同类工作人员	频数	4	9	17	52	35	4	121
		行百分比	3.3%	7.4%	14.0%	43.0%	28.9%	3.3%	100.0%
	工业、工匠及手工艺工人	频数	7	1	9	18	18	1	54
		行百分比	13.0%	1.9%	16.7%	33.3%	33.3%	1.9%	100.0%
	机台、机械操作员、司机及装配员	频数	1	2	3	6	4	0	16
		行百分比	6.2%	12.5%	18.8%	37.5%	25.0%	0.0%	100.0%
	非技术工人	频数	3	6	10	15	8	2	44
		行百分比	6.0%	13.6%	22.7%	34.1%	18.2%	4.5%	100.0%
	庄荷	频数	4	10	7	16	10	0	47
		行百分比	8.5%	21.3%	14.9%	34.0%	21.3%	0.0%	100.0%
合计		频数	20	38	78	237	164	15	552
		行百分比	3.6%	6.9%	14.1%	42.9%	29.7%	2.7%	100.0%

表5—9中的数据表明，澳门劳动力市场的状况符合一般劳动力市场的规律。"专业人员""立法机关成员、公共行政高级官员、社团领

导人员、企业领导人员及经理""技术员及辅助专业人员"的就业安全预期明显高于其他职业。其中，专业人员中，仅有9.3%（即3.1%+6.2%）的人担心未来一年有失业问题。而劳动技能复杂性较低的职业人士则比较担心未来一年的就业问题。比如，非技术工人有43.1%（即6.8%+13.6%+22.7%）担心未来一年的就业问题，对于庄荷来说，这一比例更是高达44.7%（即8.5%+21.3%+14.9%）。

三 找好工作的难度

能够顺利找到一份自己满意的工作是居民对就业环境满意的重要动因。表5—10中的数据表明，在澳门找到一份满意工作的可能性基本上是"三三四"，即三成左右的人能够较容易或者很容易找到一份满意的工作；三成左右的人表示找到满意工作的难度是"一般"，而有将近40%的人表示找到一份满意工作是比较难或者很难。

表5—10　　　　　　　在澳门找到一份满意工作的难度

	频数	百分比	累计百分比
很容易	29	5.2	5.2
比较容易	128	23.0	28.2
一般	168	30.2	58.3
比较难	166	29.8	88.2
非常难	53	9.5	97.7
很难讲	13	2.3	100.0
合计	557	100.0	

当进一步追问那些认为找到满意工作比较难的人认为困难的原因时，则发现主要的原因在于三个方面，排第一位的是"自身缺乏相应的能力"，有45.1%的人选择了该项原因；列第二位的原因是"相关产业或者部门不发达，职位较少"，选择该项的人占到了总数的39.5%；列第三位的原因在于"家里没有社会关系，没有机会"，选择比例为34.4%。见表5—11。

表 5—11　　　　　　　　找到一份满意工作较难的原因

		回应情况		基于案例的百分比
		频数	百分比	
找好工作困难的原因	相关产业或者部门不发达，职位较少	77	32.9	39.5
	家里没有社会关系，没有机会	67	28.6	34.4
	自身缺乏相应的能力	88	37.6	45.1
	其他	2	0.9	1.0
合计		234	100.0	120.0

那么，是否这三个原因对于所有感觉找工作困难的人士来说是同样困难呢？通过表 5—12 中的交互分析可以发现，对于低收入阶层的人士来说，对找到好工作构成最大障碍的是"自身缺乏相应的能力"（61.8%）；而对于中等收入阶层来说，最大的困难则在于"相关产业或者部门不发达，职位较少"（49.1%）；对于高收入人群来说，同样是因为相关产业或部门不发达（100%）。

表 5—12　　　　不同收入阶层人士认为找好工作困难的原因

			不同收入阶层人士			合计
			低收入阶层	中等收入阶层	高收入阶层	
找好工作困难的原因	相关产业或者部门不发达，职位较少	频数	19	53	1	73
		列案例百分比	25.0%	49.1%	100%	
	家里没有社会关系，没有机会	频数	28	37	0	65
		列案例百分比	36.8%	34.3%	0.0%	
	自身缺乏相应的能力	频数	47	37	0	84
		列案例百分比	61.8%	34.3%	0.0%	
	其他	频数	0	2	0	2
		列案例百分比	0.0%	1.9%	0.0%	
合计		频数	76	108	1	185

进一步地，笔者分析了不同社会身份的劳动者找工作困难的原因。从表5—13中的结果可以发现，对于持澳门永久性居民身份证的人来说，找到好工作困难的原因主要在于"自身缺乏相应的能力"，其次在于"相关产业或者部门不发达，职位较少"；而对于持澳门非永久性居民身份证的人来说，主要的原因在于"相关产业或者部门不发达，职位较少"，其次是"自身缺乏相应的能力"；对于蓝卡人士来讲，最主要的障碍则在于"家里没有社会关系，没有机会"，其次在于"相关产业或者部门不发达，职位较少"。不管怎么说，对三类人士共同的一个重要原因是"相关产业或者部门不发达，职位较少"。

表5—13　　　　　　　不同身份的人士认为找好工作困难的原因

			请问您目前的身份是			合计
			持澳门永久性居民身份证	持澳门非永久性居民身份证	非本地劳务工作卡（蓝卡）	
找好工作困难的原因	相关产业或者部门不发达，职位较少	频数	60	11	5	76
		列案例百分比	37.5%	52.4%	38.5%	
	家里没有社会关系，没有机会	频数	55	6	6	67
		列案例百分比	34.4%	28.6%	46.2%	
	自身缺乏相应的能力	频数	75	10	3	88
		列案例百分比	46.9%	47.6%	23.1%	
	其他	频数	2	0	0	2
		列案例百分比	1.2%	0.0%	0.0%	
合计		频数	160	21	13	194

四　职业资格认证问题

职业资格认证问题是现代社会劳动就业制度的一项重要内容。职业资格证书是表明劳动者具有从事某一职业所必备的学识和技能的证明，它是劳动者求职、任职、职业资格证明，也是用人机构招聘录用劳动者的重要依据，同时还是境外就业以及对外劳务合作人员办理技能水平公证的有效证件。近年来，随着澳门地区经济的快速发展，对劳动者职业资格认证的问题开始凸显。而就澳门地区来说,在 2010 年以前,只有为数不多的几个领域,如建筑、医师等领域有行业协会进行的职业资格认证,对大多数行业来说,职业资格认证制度缺位。从本次调查获得的数据来看,澳门全职雇员获得专业认证资格的比例仍然维持在较低水平。见表 5—14。

表 5—14　　　　澳门全职雇员获得专业职业资格认证的情况

	频数	百分比	累计百分比
有	92	16.5	16.5
没有	450	80.8	97.3
不记得/不清楚	15	2.7	100.0
合计	557	100.0	

表 5—14 中的数据表明,在被调查的 557 名全职雇员中,仅有 92 名人士获得过专业资格认证,占全体全职雇员的 16.5%。而从获得的专业职称认证来看,教育、电脑/网络、会计这三类证书是最为普遍的,共有 31 名人员,合计起来占到了整个获得职业证书群体的 1/3 强(即 31/92),见表 5—15。①

表 5—15　　　　　　全职雇员获得证书的种类

	频数	百分比	累计百分比
教育(包括高等教育、小学教育等)	15	18.5	18.5
会计	7	8.6	27.2
医生	4	4.9	32.1
电脑/网络	9	11.1	43.2
保险	2	2.5	45.7
工程师	5	6.2	51.9

---

① 有 11 名被访者没有回答具体的证书种类。

续表

	频数	百分比	累计百分比
法律	3	3.7	55.6
工业操作	4	4.9	60.5
烹调	4	4.9	65.4
船长牌	1	1.2	66.6
导游	2	2.5	69.1
地面物业	1	1.2	70.3
护理/急救	4	4.9	75.2
会展	2	2.5	77.7
绘画	1	1.2	79.9
建筑师	2	2.5	81.4
美容	2	2.5	84.9
社工	2	2.5	86.4
水电工照牌	2	2.5	88.9
艺术	1	1.2	90.1
营养师	1	1.2	91.4
语言	1	1.2	92.6
品质检查	1	1.2	93.8
注册药剂师	3	3.7	97.5
HATER	1	1.2	98.8
商业文书	1	1.2	100.0
合计	81	100.0	

进一步的数据分析表明，不同收入层次的雇员在获得专业资格认证方面差异具有统计上的显著性（α = 0.05）。表5—16中的数据表明，高、中、低收入阶层的全职雇员获得专业认证资格的比例分别为38.5%、18.5%和11.9%。这说明，对所有雇员来说，尽管当前获得职业资格证书的比例都不高，不过总的说来，高收入阶层获得专业资格证书的比例明显要高一些。

表 5—16　不同收入层次的雇员获得专业资格证书的情况

			收入阶层状态			合计
			低收入阶层	中等收入阶层	高收入阶层	
请问您有没有获得任何专业认证资格（例如注册会计师/注册律师/注册药剂师等）	有	频数	20	62	5	87
		列百分比	11.9%	18.5%	38.5%	16.8%
	没有	频数	143	268	7	418
		列百分比	85.1%	79.8%	53.8%	80.9%
	不记得/不清楚	频数	5	6	1	12
		列百分比	3.0%	1.8%	7.7%	2.3%
合计		频数	168	336	13	517
		列百分比	100.0%	100.0%	100.0%	100.0%

那么，澳门全职雇员本身对专业资格认证的低水平是什么态度呢？笔者在问卷中询问了被调查者对专业资格认证的看法。表 5—17 中的结果表明，23.3% 的雇员认为专业资格认证制度"非常重要"，认为"比较重要"的占 43.8%，二者合计占到了将近七成的比例。而认为"不太重要"（6.6%）和"不重要"（2.3%）的比例合计不到一成。这说明，在当前的澳门雇员中，对专业资质认证的重要性的认识具有高度一致性。

表 5—17　全职雇员对专业资格认证制度重要性高低的看法

	频数	百分比	累计百分比
非常重要	130	23.3	23.3
比较重要	244	43.8	67.1
一般	123	22.1	89.2
不太重要	37	6.6	95.9
不重要	13	2.3	98.2
很难讲	10	1.8	100.0
合计	557	100.0	

表 5—18 中的交互分析进一步表明，尽管不同收入阶层对实行专业资格认证制度的重要性的判断有一定差异，但这一差异没有统计上的显

著差异（α = 0.05）。大致的趋势是，收入越高的阶层越认为专业资格认证制度很重要。

表5—18　不同收入阶层的雇员对专业资格认证制度重要性的看法

			收入阶层状态			合计
			低收入阶层	中等收入阶层	高收入阶层	
对澳门社会发展而言，您认为专业资格认证制度的重要性有多高	非常重要	频数	37	83	5	125
		列百分比	22.0%	24.7%	38.5%	24.2%
	比较重要	频数	72	152	6	230
		列百分比	42.9%	45.2%	46.2%	44.5%
	一般	频数	37	74	2	113
		列百分比	22.0%	22.0%	15.4%	21.9%
	不太重要	频数	12	20	0	32
		列百分比	7.1%	6.0%	0.0%	6.2%
	不重要	频数	4	7	0	11
		列百分比	2.4%	2.1%	0.0%	2.1%
	很难讲	频数	6	0	0	6
		列百分比	3.6%	0.0%	0.0%	1.2%
合计		频数	168	336	13	517
		列百分比	100.0%	100.0%	100.0%	100.0%

不过，不同职业的雇员对专业资格认证制度重要性的看法有差异。从表5—19中的数据可以看出，"立法机关成员、公共行政高级官员、社团领导人员、企业领导人员及经理""专业人员""技术员及辅助专业人员"中认为职业资格认证"非常重要"或"比较重要"的比例较高，分别达到了79.4%、70.3%和69.7%。对专业资格认证制度重要性最不看重的为庄荷类人员，其认为"非常重要"或"比较重要"的比例合计仅为51.1%（即14.9% +36.2%）。

表 5—19　不同职业的雇员对专业资格认证制度重要性的看法

			对澳门社会发展而言，您认为专业资格认证制度的重要性有多高						合计
			非常重要	比较重要	一般	不太重要	不重要	很难讲	
请问您在过去一年中从事的主要（以工作时间最长者计算）职业是	立法机关成员、公共行政高级官员、社团领导人员、企业领导人员及经理	频数	7	20	5	2	0	0	34
		行百分比	20.6%	58.8%	14.7%	5.9%	0.0%	0.0%	100.0%
	专业人员	频数	26	19	14	2	1	2	64
		行百分比	40.6%	29.7%	21.9%	3.1%	1.6%	3.1%	100.0%
	技术员及辅助专业人员	频数	19	34	17	4	2	0	76
		行百分比	25.0%	44.7%	22.4%	5.3%	2.6%	0.0%	100.0%
	文员	频数	16	52	18	5	3	2	96
		行百分比	16.7%	54.2%	18.8%	5.2%	3.1%	2.1%	100.0%
	服务、销售及同类工作人员	频数	27	52	30	9	1	2	121
		行百分比	22.3%	43.0%	24.8%	7.4%	0.8%	1.7%	100.0%
	工业、工匠及手工艺工人	频数	14	24	10	5	1	0	54
		行百分比	25.9%	44.4%	18.5%	9.3%	1.9%	0.0%	100.0%
	机台、机械操作员、司机及装配员	频数	6	3	3	2	2	0	16
		行百分比	37.5%	18.8%	18.8%	12.5%	12.5%	0.0%	100.0%
	非技术工人	频数	7	21	8	4	1	3	44
		行百分比	15.9%	47.7%	18.2%	9.1%	2.3%	6.8%	100.0%
	庄荷	频数	7	17	17	4	2	0	47
		行百分比	14.9%	36.2%	36.2%	8.5%	4.3%	0.0%	100.0%
合计		频数	129	242	122	37	13	9	552
		行百分比	23.4%	43.8%	22.1%	6.7%	2.4%	1.6%	100.0%

五　工作满意度

劳动过程是社会生活的重要方面，因此，对工作满意度的测量能够折射出人们的基本社会心态。表5—20中的数据表明，澳门的全职雇员总的来说对收入较为满意，表示"非常满意"和"比较满意"的合计占到了35.3%；而表示不满意的比例合计仅为15.2%；另外，约有

48.6%的雇员表示满意程度一般。表5—21中的交互分析则进一步表明，低收入阶层对收入水平的满意度明显低于中高收入群体，其基本的态势是收入越高，对收入水平的满意度越高。统计分析表明，这一差异具有统计显著性（α = 0.001）。

表5—20　　　　　　　　　对收入水平的满意度

	频数	百分比	累计百分比
非常满意	26	4.7	4.7
比较满意	171	30.6	35.3
一般	271	48.6	83.9
比较不满意	56	10.0	93.9
非常不满意	29	5.2	99.1
很难讲	5	0.9	100.0
合计	558	100.0	

表5—21　　　　　不同收入阶层对工作收入水平的满意度

			低收入群体	中等收入群体	高收入群体	合计
您对现时的工作在如下方面作何评价？收入水平	非常满意	频数	4	17	2	23
		列百分比	2.4%	5.1%	15.4%	4.4%
	比较满意	频数	29	123	5	157
		列百分比	17.3%	36.6%	38.5%	30.4%
	一般	频数	81	168	5	254
		列百分比	48.2%	50.0%	38.5%	49.1%
	比较不满意	频数	32	21	0	53
		列百分比	19.0%	6.2%	0.0%	10.3%
	非常不满意	频数	20	5	1	26
		列百分比	11.9%	1.5%	7.7%	5.0%
	很难讲	频数	2	2	0	4
		列百分比	1.2%	0.6%	0.0%	0.8%
合计		频数	168	336	13	517
		列百分比	100.0%	100.0%	100.0%	100.0%

表 5—22 中的数据表明,澳门全职雇员中,对职业发展前景的满意程度一般,表示"非常满意"和"比较满意"的合计仅占 24.2%,而表示"比较不满意"和"非常不满意"的合计起来占到了 17.9%,超过一半(54.8%)的人表示"一般"。表 5—23 中的交互分析则进一步表明,低收入阶层对职业前景的满意度明显低于中高收入群体,其基本的态势是收入越高,对职业前景的满意度越高。统计分析表明,这一差异具有统计显著性($\alpha = 0.01$)。[①]

表 5—22　　　　　　　　　对职业发展前景的满意度

	频数	百分比	累计百分比
非常满意	13	2.3	2.3
比较满意	122	21.9	24.2
一般	306	54.8	79.0
比较不满意	72	12.9	91.9
非常不满意	28	5.0	97.0
很难讲	17	3.0	100.0
合计	558	100.0	

表 5—23　　　　　　　不同收入阶层对职业发展前景的满意度

			收入阶层状态			合计
			低收入群体	中等收入群体	高收入群体	
您对现时的工作在如下方面作何评价？职业发展前景	非常满意	频数	2	10	0	12
		列百分比	1.2%	3.0%	0.0%	2.3%
	比较满意	频数	28	76	5	109
		列百分比	16.7%	22.6%	38.5%	21.1%
	一般	频数	85	198	7	290
		列百分比	50.6%	58.9%	53.8%	56.1%
	比较不满意	频数	27	37	1	65
		列百分比	16.1%	11.0%	7.7%	12.6%

---

① 从中产阶层的角度来对这一问题进行探究更有意义,因为职业前景不仅仅和收入阶层的高低有关。在本书的第六章将再次涉及这个问题。

续表

			收入阶层状态			合计
			低收入群体	中等收入群体	高收入群体	
您对现时的工作在如下方面作何评价？职业发展前景	非常不满意	频数	17	9	0	26
		列百分比	10.1%	2.7%	0.0%	5.0%
	很难讲	频数	9	6	0	15
		列百分比	5.4%	1.8%	0.0%	2.9%
合计		频数	168	336	13	517
		列百分比	100.0%	100.0%	100.0%	100.0%

表5—24中的数据表明，澳门全职雇员对工作受人尊重程度的满意度较高。5.4%和35.5%的被访者分别表示了"非常满意"和"比较满意"，而表示"比较不满意"和"非常不满意"的合计仅占11.5%。表5—25中的交互分析则进一步表明，各收入阶层对工作受人尊重程度的满意度基本接近，中等收入阶层对受人尊重程度的满意度最高。不过，统计分析表明，这一差异不具有统计显著性（$\alpha = 0.05$）。

表5—24　　　　　　　　　　对受人尊重程度的满意度

	频数	百分比	累计百分比
非常满意	30	5.4	5.4
比较满意	198	35.5	40.9
一般	258	46.2	87.1
比较不满意	39	7.0	94.1
非常不满意	25	4.5	98.6
很难讲	8	1.4	100.0
合计	558	100.0	

表5—25　　　　不同收入阶层对工作受人尊重程度的满意度

			收入阶层状态			合计
			低收入群体	中等收入群体	高收入群体	
您对现时的工作在如下方面作何评价？受人尊重程度	非常满意	频数	9	20	1	30
		列百分比	5.4%	6.0%	7.7%	5.8%
	比较满意	频数	48	130	4	182
		列百分比	28.6%	38.7%	30.8%	35.2%
	一般	频数	82	148	6	236
		列百分比	48.8%	44.0%	46.2%	45.6%
	比较不满意	频数	16	19	1	36
		列百分比	9.5%	5.7%	7.7%	7.0%
	非常不满意	频数	10	14	1	25
		列百分比	6.0%	4.2%	7.7%	4.8%
	很难讲	频数	3	5	0	8
		列百分比	1.8%	1.5%	0.0%	1.5%
合计		频数	168	336	13	517
		列百分比	100.0%	100.0%	100.0%	100.0%

表5—26 中的数据说明，澳门全职雇员对工作辛苦程度满意度一般。表示"非常满意"和"比较满意"合计仅占24.9%，而表示"比较不满意"和"非常不满意"的合计起来也占到了23.0%，超过一半（51.3%）的人表示一般。表5—27 中的交互分析则进一步表明，收入越高，对工作辛苦程度的满意程度越低，反而是低收入阶层对工作的辛苦程度满意度较高。统计分析表明，这一差异具有显著性（$\alpha = 0.05$）。

表5—26　　　　对工作辛苦程度的满意程度

	频数	百分比	累计百分比
非常满意	35	6.3	6.3
比较满意	104	18.6	24.9
一般	286	51.3	76.2
比较不满意	88	15.8	91.9
非常不满意	40	7.2	99.1
很难讲	5	0.9	100.0
合计	558	100.0	

表 5—27　　　　　　　不同收入阶层对工作辛苦程度的满意度

			收入阶层状态			合计
			低收入群体	中等收入群体	高收入群体	
您对现时的工作在如下方面作何评价？辛苦程度	非常满意	频数	18	13	1	32
		列百分比	10.7%	3.9%	7.7%	6.2%
	比较满意	频数	20	74	3	97
		列百分比	11.9%	22.0%	23.1%	18.8%
	一般	频数	84	176	7	267
		列百分比	50.0%	52.4%	53.8%	51.6%
	比较不满意	频数	31	49	0	80
		列百分比	18.5%	14.6%	0.0%	15.5%
	非常不满意	频数	13	21	2	36
		列百分比	7.7%	6.2%	15.4%	7.0%
	很难讲	频数	2	3	0	5
		列百分比	1.2%	0.9%	0.0%	1.0%
合计		频数	168	336	13	517
		列百分比	100.0%	100.0%	100.0%	100.0%

表 5—28 中的数据表明，澳门全职雇员对工作趣味性的满意程度尚可。2.5% 和 25.8% 的人分别表示"非常满意"和"比较满意"，合计起来占到 28.3%。而表示"比较不满意"和"非常不满意"的比例分别为 13.8% 和 8.6%，表示"一般"的比例接近 50%。表 5—29 中的交互分析则进一步表明，相对于高收入阶层来说，低收入阶层和中等收入阶层对工作趣味性的评价出现"两头高"的特征，即对工作趣味性满意的和不满意的均高于高收入群体。统计分析表明，这一差异具有统计显著性（$\alpha = 0.05$）。

表 5—28　　　　　　　　对工作趣味性的满意程度

	频数	百分比	累计百分比
非常满意	14	2.5	2.5
比较满意	144	25.8	28.3
一般	265	47.5	75.8

续表

	频数	百分比	累计百分比
比较不满意	77	13.8	89.6
非常不满意	48	8.6	98.2
很难讲	10	1.8	100.0
合计	558	100.0	

表5—29　　不同收入群体对工作趣味性的满意程度

			收入阶层状态			合计
			低收入群体	中等收入群体	高收入群体	
您对现时的工作在如下方面作何评价？工作趣味性	非常满意	频数	6	7	1	14
		列百分比	3.6%	2.1%	7.7%	2.7%
	比较满意	频数	54	78	1	133
		列百分比	32.1%	23.2%	7.7%	25.7%
	一般	频数	71	167	9	247
		列百分比	42.3%	49.7%	69.2%	47.8%
	比较不满意	频数	15	51	2	68
		列百分比	8.9%	15.2%	15.4%	13.2%
	非常不满意	频数	16	30	0	46
		列百分比	9.5%	8.9%	0.0%	8.9%
	很难讲	频数	6	3	0	9
		列百分比	3.6%	0.9%	0.0%	1.7%
合计		频数	168	336	13	517
		列百分比	100.0%	100.0%	100.0%	100.0%

图5—2更为清晰地展现了澳门全职雇员对工作满意度的评价情况。从图5—2中可以看出，满意度最高的是职业受人尊重程度，其次是收入水平。而不满意程度较高的是辛苦程度和职业发展前景。尤其值得注意的是，对职业发展前景表示一般的占了较高的比例。这一点和后面将要讲到的澳门产业结构有密切的联系。

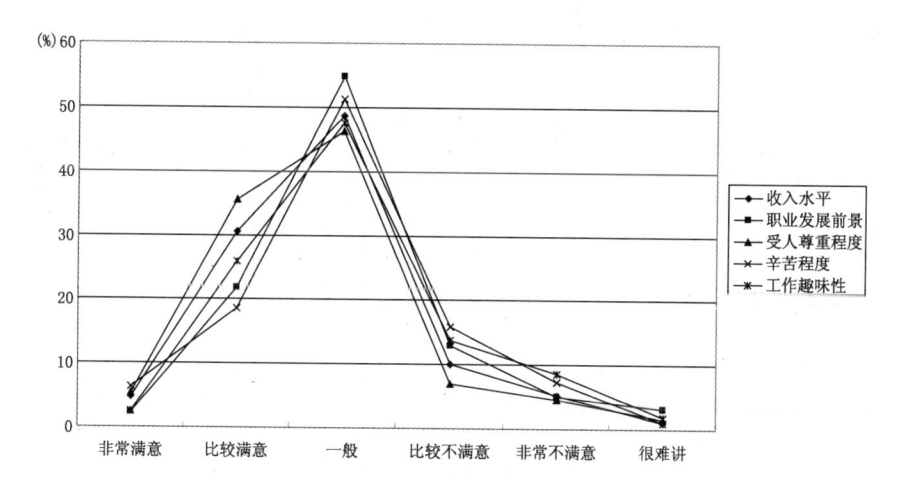

图5—2 澳门全职雇员对工作满意度的评价总体情况

六 在职培训问题

培训是现代企业人力资源管理的另一项重要制度。由于业态变化迅速，知识更新加快，因此，大多数企业都把培训员工作为提升企业效率和竞争力、建设学习型组织的重要途径，并逐渐将其作为企业的一项日常化制度。而对个体来说，主动参加培训和学习已经成为提高业务能力、保持自身就业竞争力的重要途径。可以说，终身学习已经成为现代社会的基本理念。

澳门负责培训指导事务的政府部门是劳工事务局。自2005年以来，澳门劳工事务局一直在组织各类培训工作，典型的如"学徒培训"系列课程、"进修培训"系列课程、"第二技能培训计划"系列课程以及"中壮年人士就业辅助培训计划"系列课程；此外，还开设了"职业技能测试试前研习班"等培训课程。据劳工事务局统计数据，在2012年和2013年，澳门劳工事务局分别培训了12139人次和11487人次。粗略地算，分别占当年劳动力总人数的3%左右。① 不过，从本地调查的情况来看，澳门的全职雇员中，参加培训的占比还是不太高。表5—30

---

① 根据澳门劳工事务局网站（http://www.dsal.gov.mo/chinese/statistic.htm）公布的数据统计。

中的数据表明，仅有 26.9% 的全职雇员目前在参加培训。

表 5—30　　　　　　　　全职雇员目前参加培训的情况

	频数	百分比	累计百分比
参加了	150	26.9	26.9
没有参加	407	73.1	100.0
合计	557	100.0	

为了进一步了解全职雇员参加培训的发展趋势，笔者分别询问了被调查者在过去两年参加培训的情况以及在未来两年内参加培训工作的计划。结果表明，在过去两年内参加过培训的雇员比例为 39.0%（见表 5—31），而在未来两年内有计划参加培训的比例为 47.4%（见表 5—32）。

表 5—31　　　　　　　　过去两年参加培训的情况

	频数	百分比	累计百分比
参加了	217	39.0	39.0
没有参加	332	59.6	98.6
不记得/不清楚	8	1.4	100.0
合计	557	100.0	

表 5—32　　　　　　　未来两年内有无参加培训工作的计划

	频数	百分比	累计百分比
有	264	47.4	47.4
没有	249	44.7	92.1
不清楚/还没有考虑	44	7.9	100.0
合计	557	100.0	

这里询问过去两年参加培训的情况和未来两年参加培训课程的意愿的目的是想进一步分析澳门劳动力参加培训的情况。笔者希望知道，每次参加培训的是不是同一批人？是否有人长期不参加培训？

表5—33 过去两年参加培训情况和未来两年参加培训计划的交互分析

			请问您过去两年参加过各种职业培训或者在职进修学习吗			合计
			参加了	没有参加	不记得/不清楚	
请问您未来两年内有参加各种职业培训或者在职进修学习的计划吗	有	频数	167	95	2	264
		列百分比	77.0%	28.6%	25.0%	47.4%
	没有	频数	32	215	2	249
		列百分比	14.7%	64.8%	25.0%	44.7%
	不清楚/还没有考虑	频数	18	22	4	44
		列百分比	8.3%	6.6%	50.0%	7.9%
合计		频数	217	332	8	557
		列百分比	100.0%	100.0%	100.0%	100.0%

表5—33中的数据传达出来的信息十分重要。从表5—33中看，可以将所有的雇员分为四类人。

第一类可以称为"自觉人士"，这批人不仅在过去两年内参加了培训，并且在未来两年也有参加培训的计划。其比例大约为雇员的30%（即167/557）。

第二类人可以称为"醒悟人士"，这批人在过去两年没有参加培训，但在未来两年内有参加培训的计划，其比例大约为雇员的17%（即95/557）。

第三类人可以称为"中断人士"，这批人在过去两年内参加过培训，但在未来两年内没有参加培训的计划，其比例大约为雇员的6%（即32/557）。

第四类人士为"惰性人士"，这批人在过去两年内没有参加过培训，并且在未来两年内也没有任何培训的计划，这批人约占雇员的39%（即215/557）。

上述结果表明，长期不参加培训的雇员比例仍然高达39%。而同时，数据表明，参加培训具有一贯性，在过去参加过培训的人继续参加新的培训的意愿更强。并且，统计分析表明，先前培训经历和后续的培训参与之间的关联显著。

那么，中等收入阶层参加培训的情况如何呢？通过对表5—34分析，可以发现，在澳门收入水平越高，参加培训的比例越高，这一关联关系具有统计上的显著性（α = 0.05）。具体来说，属于中等收入阶层中的雇员目前参加培训的比例为31.0%，这一比例差不多是低收入阶层雇员同一比例的2倍。

表5—34　　　　　　　　不同收入阶层参加培训的情况

			收入阶层状态			合计
			低收入阶层	中等收入阶层	高收入阶层	
请问您现在是否在参加各种在职培训或进修学习呢	参加了	频数	28	104	6	138
		列百分比	16.7%	31.0%	46.2%	26.7%
	没有参加	频数	140	232	7	379
		列百分比	83.3%	69.0%	53.8%	73.3%
合计		频数	168	336	13	517
		列百分比	100.0%	100.0%	100.0%	100.0%

七　外劳问题

1. 外劳问题概况

外劳问题是澳门回归之后出现的一个较为突出的社会问题。这个问题不仅全职雇员关心，雇主、自雇人士等其他的社会群体也较为关心。调查结果显示，剔除"不兼职的在校学生"后，剩下的859名被调查者中，96.6%的人表示知道外劳问题。有关数据见表5—35。

表5—35　　　　　　　　是否知道澳门存在外劳的情况

	频数	百分比	累计百分比
知道	830	96.6	96.6
不知道	29	3.4	100.0
合计	859	100.0	

对于知道澳门存在外劳的被调查者，笔者进一步询问了对有关外劳事务的看法。结果表明，澳门居民对外劳的态度既有理性的一面，也有

相对狭隘的一面。

首先，非常同意或比较同意"外劳给澳门带来了人力资源支持，促进了澳门经济的发展"这一说法的比例达到了44.4%，也就是说，接近半数的被调查者认可外劳的到来对澳门经济发展有促进作用。表示比较不同意或者非常不同意这一说法的比例合计约为21.7%，这说明，澳门居民中对外劳的作用认识尚有不统一的地方。有关数据见表5—36。

表5—36 对"外劳给澳门带来了人力资源支持，促进了澳门经济的发展"说法的同意程度

	频数	百分比	累计百分比
非常同意	101	12.2	12.2
比较同意	267	32.2	44.3
一般	263	31.7	76.0
比较不同意	116	14.0	90.0
非常不同意	64	7.7	97.7
很难讲	19	2.3	100.0
合计	830	100.0	

其次，表5—37中的数据表明，超过一半的人认为外来劳动力压低了本地劳动力的工资。这说明，被调查者认为外劳的进入实际上给本地居民的就业带来了负面影响，最突出的就是使得劳动力市场从卖方市场转为了买方市场，导致劳动力的价格下降。不过，也有将近1/4的人表示"比较不同意"或者"非常不同意"这一说法（即17.1% + 6.4%）。这说明，被调查者之间对外劳进入澳门带来的负面影响有不同看法。

表5—37 对"外来劳动力压低了本地劳动力的工资"说法的同意程度

	频数	百分比	累计百分比
非常同意	176	21.2	21.2
比较同意	293	35.3	56.5
一般	147	17.7	74.2

续表

	频数	百分比	累计百分比
比较不同意	142	17.1	91.3
非常不同意	53	6.4	97.7
很难讲	19	2.3	100.0
合计	830	100.0	

那么到底本地人就业的问题是否受到了外劳的影响呢？从表5—38中的数据看，主流的意见认同澳门本地人就业的好坏关键是取决于自身的竞争力，"非常同意"和"比较同意"这一说法的比例合计占到了52.5%，但被调查者在整体上对这一看法的意见仍然是矛盾的，因为有超过1/4的人对这一看法表示不同程度的不同意。

表5—38 对"本地人就业好坏和外劳关系不大，关键取决于自身的竞争力"说法的同意程度

	频数	百分比	累计百分比
非常同意	139	16.7	16.7
比较同意	297	35.8	52.5
一般	158	19.0	71.6
比较不同意	158	19.0	90.6
非常不同意	60	7.2	97.8
很难讲	18	2.2	100.0
合计	830	100.0	

在前期的质性调查中，笔者了解到，有说法认为外劳占据了大多数高级职业，从而导致本地人得不到发展。调查数据表明，这一说法在被调查者中颇有支持者，大约有43.5%的人对这一说法表示了不同程度的同意，不过，同时也有超过三成的人反对这一说法。有关数据见表5—39。

第五章 澳门中等收入阶层的民生状况

表5—39　对"外劳占据了大多数高级职位，导致本地人得不到发展"说法的同意程度

	频数	百分比	累计百分比
非常同意	135	16.3	16.3
比较同意	226	27.2	43.5
一般	170	20.5	64.0
比较不同意	187	22.5	86.5
非常不同意	76	9.2	95.7
很难讲	36	4.3	100.0
合计	830	100.0	

图5—3列出了澳门居民对外劳看法的总体情况。从图5—3中可以较为直观地看出，澳门居民对外劳的看法总的来说比较理性，但对外劳是毁誉参半。首先来说，澳门居民对外劳带来人力资源、促进澳门经济发展的认可程度较高，但同时也认为外来劳动力压低了本地劳动力工资；在认为本地人的就业主要依靠提升自身竞争力的同时，也认为外劳占据了大多数高等职位，导致本地人得不到发展。

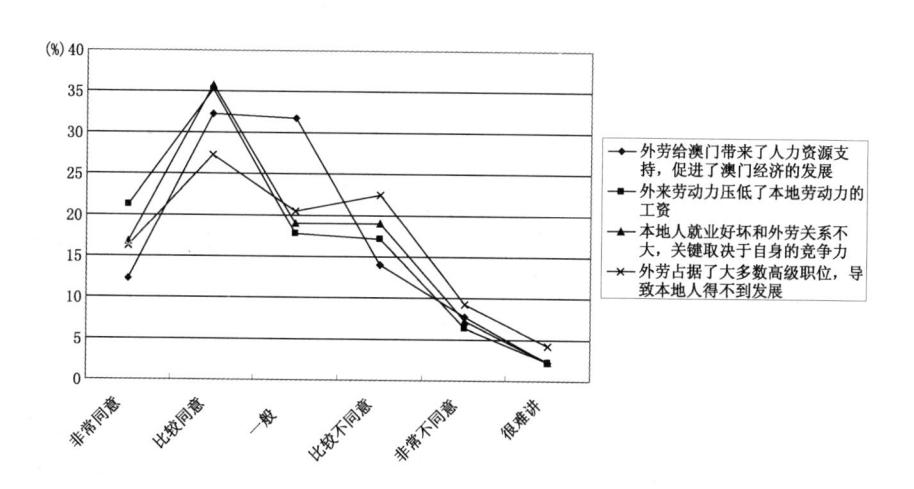

图5—3　澳门居民对有关外劳问题的看法汇总情况

2. 中等收入阶层对外劳的态度

以上列举出来有关被调查者关于外劳的态度在总体上呈现出一种"总体上有主流意见，但反对声音也不弱"的态势。这使得我们考虑可能在不同群体之间因为涉及切身利益的情况不同，从而对这些问题有不同的意见。

表 5—40 中的数据表明，对"外劳给澳门带来了人力资源支持，促进了澳门经济的发展"这一说法，收入较高的阶层认可程度更高，其中，高收入阶层的人对这一说法表示"非常同意"或"比较同意"的比例达到了 57.1%，中等收入阶层对这一说法表示"非常同意"或"比较同意"的比例合计占到了 49.6%，相比之下，低收入阶层对这一说法表示"非常同意"或"比较同意"的比例仅为 36.8%。统计分析表明，这一差异具有显著性（$\alpha = 0.05$）。

表 5—40　不同收入阶层"外劳给澳门带来了人力资源支持，促进了澳门经济的发展"说法的同意程度

			低收入阶层	中等收入阶层	高收入阶层	合计
对"外劳给澳门带来了人力资源支持，促进了澳门经济的发展"这一说法的同意程度	非常同意	频数	24	56	7	87
		列百分比	7.4%	14.3%	33.3%	11.8%
	比较同意	频数	95	138	5	238
		列百分比	29.4%	35.3%	23.8%	32.4%
	一般	频数	93	133	6	232
		列百分比	28.8%	34.0%	28.6%	31.6%
	比较不同意	频数	57	42	3	102
		列百分比	17.6%	10.7%	14.3%	13.9%
	非常不同意	频数	42	17	0	59
		列百分比	13.0%	4.3%	0.0%	8.0%
	很难讲	频数	12	5	0	17
		列百分比	3.7%	1.3%	0.0%	2.3%
合计		频数	323	391	21	735
		列百分比	100.0%	100.0%	100.0%	100.0%

表5—41中的数据表明，不同收入阶层对"外来劳动力压低了本地劳动力的工资"这一说法的同意程度有一定差异。其中，低收入群体阶层对这一看法表示"非常同意"或者"比较同意"的比例合计占到了62.0%。而中等收入阶层对这一看法却略有不同，表示"非常同意"和"比较同意"的合计仅占54.5%。高收入阶层对这一看法的同意程度更低，表示"非常同意"和"比较同意"的合计仅占52.4%。统计分析表明，这一差异不具有显著性（$\alpha = 0.05$）。

表5—41　　不同收入阶层对"外来劳动力压低了本地劳动力的工资"说法的同意程度

			收入阶层状态			合计
			低收入阶层	中等收入阶层	高收入阶层	
对"外来劳动力压低了本地劳动力的工资"这一说法的同意程度	非常同意	频数	89	71	6	166
		列百分比	27.6%	18.2%	28.6%	22.6%
	比较同意	频数	111	142	5	258
		列百分比	34.4%	36.3%	23.8%	35.1%
	一般	频数	51	69	4	124
		列百分比	15.8%	17.6%	19.0%	16.9%
	比较不同意	频数	45	76	4	125
		列百分比	13.9%	19.4%	19.0%	17.0%
	非常不同意	频数	21	25	1	47
		列百分比	6.5%	6.4%	4.8%	6.4%
	很难讲	频数	6	8	1	15
		列百分比	1.9%	2.0%	4.8%	2.0%
合计		频数	323	391	21	735
		列百分比	100.0%	100.0%	100.0%	100.0%

从表5—42中可以看出，总的来说，中等收入阶层比起低收入阶层对"本地人就业好坏和外劳关系不大，关键取决于自身的竞争力"说法同意程度更高一些，表示"非常同意"和"比较同意"的比例合计占到58.0%，而高收入和低收入阶层对这一说法的同意程度都相对低一些，这两个阶层对这一说法表示不同意的比例合计起来分别达到了

28.5%和30.7%。不过,统计分析表明,这一差异不具备显著性(α = 0.05)。

表5—42 不同阶层对"本地人就业好坏和外劳关系不大,关键取决于自身的竞争力"说法的同意程度

			收入阶层状态			合计
			低收入阶层	中等收入阶层	高收入阶层	
对"本地人就业好坏和外劳关系不大,关键取决于自身的竞争力"一说法的同意程度	非常同意	频数	47	74	5	126
		列百分比	14.6%	18.9%	23.8%	17.1%
	比较同意	频数	106	153	5	264
		列百分比	32.8%	39.1%	23.8%	35.9%
	一般	频数	64	71	4	139
		列百分比	19.8%	18.2%	19.0%	18.9%
	比较不同意	频数	70	67	4	141
		列百分比	21.7%	17.1%	19.0%	19.2%
	非常不同意	频数	29	22	2	53
		列百分比	9.0%	5.6%	9.5%	7.2%
	很难讲	频数	7	4	1	12
		列百分比	2.2%	1.0%	4.8%	1.6%
合计		频数	323	391	21	735
		列百分比	100.0%	100.0%	100.0%	100.0%

表5—43中的数据表明,不同收入阶层对"外劳占领了大多数高级职位,导致本地人得不到发展"这一说法的看法不尽一致。总的说来,低收入阶层对这一说法的认可度更高一些,表示"非常同意"和"比较同意"的比例合计占到53.9%,而中等收入阶层对这一说法的认可度合计约为39.1%,高收入阶层对这一说法的认可度最低,仅为33.4%。统计分析表明,这一差异具备显著性(α = 0.05)。

表5—43 不同阶层对"外劳占领了大多数高级职位,导致本地人得不到发展"说法的同意程度

			收入阶层状态			合计
			低收入阶层	中等收入阶层	高收入阶层	
对"外劳占领了大多数高级职位,导致本地人得不到发展"这一说法的同意程度	非常同意	频数	73	52	1	126
		列百分比	22.6%	13.3%	4.8%	17.1%
	比较同意	频数	101	101	6	208
		列百分比	31.3%	25.8%	28.6%	28.3%
	一般	频数	48	90	3	141
		列百分比	14.9%	23.0%	14.3%	19.2%
	比较不同意	频数	59	102	7	168
		列百分比	18.3%	26.1%	33.3%	22.9%
	非常不同意	频数	27	33	4	64
		列百分比	8.4%	8.4%	19.0%	8.7%
	很难讲	频数	15	13	0	28
		列百分比	4.6%	3.3%	0.0%	3.8%
合计		频数	323	391	21	735
		列百分比	100.0%	100.0%	100.0%	100.0%

3. 本地人和外地人对外劳问题的不同看法

实际上,对外劳问题看法的最大差异并非存在不同收入阶层之间,而是在本地人和外劳之间。持澳门永久性居民身份证和非永久性居民身份证的居民与持蓝卡的居民之间在外劳问题上意见分歧十分明显。[①]

从表5—44中的数据看,对于"外劳给澳门带来了人力资源支持,促进了澳门经济的发展"这一说法,本地人基本上是同意的,但表示"非常同意"的比例很低,持永久性居民身份证和非永久性身份证的居民表示"非常同意"的只占10.4%和10.5%。而外劳自身对这一说法

---

① 此处要说明的是,有6名被调查对象是持护照、通行证和香港身份证,将其纳入分析将扭曲分析结果,因此在分析时予以剔除。

高度认可，51.4%的人表示"非常同意"，24.3%的人表示"比较同意"，二者合计占到了75.7%的比例。统计分析表明，这一差异具备显著性（α = 0.001）。

表5—44 不同身份居民对"外劳给澳门带来了人力资源支持，促进了澳门经济的发展"说法的同意程度

			请问您目前的身份是			合计
			持澳门永久性居民身份证	持澳门非永久性居民身份证	非本地劳务工作卡（蓝卡）	
对"外劳给澳门带来了人力资源支持，促进了澳门经济的发展"这一说法的同意程度	非常同意	频数	74	8	19	101
		列百分比	10.4%	10.5%	51.4%	12.3%
	比较同意	频数	232	24	9	265
		列百分比	32.6%	31.6%	24.3%	32.2%
	一般	频数	225	29	6	260
		列百分比	31.6%	38.2%	16.2%	31.6%
	比较不同意	频数	104	9	2	115
		列百分比	14.6%	11.8%	5.4%	14.0%
	非常不同意	频数	61	3	0	64
		列百分比	8.6%	3.9%	0.0%	7.8%
	很难讲	频数	15	3	1	19
		列百分比	2.1%	3.9%	2.7%	2.3%
合计		频数	711	76	37	824
		列百分比	100.0%	100.0%	100.0%	100.0%

表5—45中的数据表明，本地居民和外劳在"外来劳动力压低了本地劳动力的工资"这一说法的看法上差异也比较突出。58.4%的持永久性居民身份证的居民和56.6%的持非永久性居民身份证的居民都不同程度地表示同意这一说法。但外劳则刚好相反，只有21.6%的蓝卡人员表示认可这一说法，并且，表示不认可的比例合计起来高达37.8%。统计分析表明，这一差异显著（α = 0.01）。

表5—45 不同身份居民对"外来劳动力压低了本地劳动力的工资"说法的同意程度

<table>
<tr><th colspan="3" rowspan="2"></th><th colspan="3">请问您目前的身份是</th><th rowspan="2">合计</th></tr>
<tr><th>持澳门永久性居民身份证</th><th>持澳门非永久性居民身份证</th><th>非本地劳务工作卡（蓝卡）</th></tr>
<tr><td rowspan="12">对"外来劳动力压低了本地劳动力的工资"这一说法的同意程度</td><td rowspan="2">非常同意</td><td>频数</td><td>157</td><td>16</td><td>2</td><td>175</td></tr>
<tr><td>列百分比</td><td>22.1%</td><td>21.1%</td><td>5.4%</td><td>21.2%</td></tr>
<tr><td rowspan="2">比较同意</td><td>频数</td><td>258</td><td>27</td><td>6</td><td>291</td></tr>
<tr><td>列百分比</td><td>36.3%</td><td>35.5%</td><td>16.2%</td><td>35.3%</td></tr>
<tr><td rowspan="2">一般</td><td>频数</td><td>116</td><td>17</td><td>13</td><td>146</td></tr>
<tr><td>列百分比</td><td>16.3%</td><td>22.4%</td><td>35.1%</td><td>17.7%</td></tr>
<tr><td rowspan="2">比较不同意</td><td>频数</td><td>118</td><td>11</td><td>11</td><td>140</td></tr>
<tr><td>列百分比</td><td>16.6%</td><td>14.5%</td><td>29.7%</td><td>17.0%</td></tr>
<tr><td rowspan="2">非常不同意</td><td>频数</td><td>48</td><td>2</td><td>3</td><td>53</td></tr>
<tr><td>列百分比</td><td>6.8%</td><td>2.6%</td><td>8.1%</td><td>6.4%</td></tr>
<tr><td rowspan="2">很难讲</td><td>频数</td><td>14</td><td>3</td><td>2</td><td>19</td></tr>
<tr><td>列百分比</td><td>2.0%</td><td>3.9%</td><td>5.4%</td><td>2.3%</td></tr>
<tr><td colspan="2">合计</td><td>频数</td><td>711</td><td>76</td><td>37</td><td>824</td></tr>
<tr><td colspan="2"></td><td>列百分比</td><td>100.0%</td><td>100.0%</td><td>100.0%</td><td>100.0%</td></tr>
</table>

从表5—46中数据看，外劳显然更为接受"本地人就业好坏和外劳关系不大，关键取决于自身的竞争力"这一说法。虽然三类人群"非常同意"或"比较同意"这一说法的比例合计起来分别为52.1%、56.5%和54.0%，十分接近，但在不同意这一说法的比例上差异甚大。外劳不同意这一说法的比例合计起来仅为10.8%，而持永久性居民身份证的居民表示不同意的比例合计起来高达27.6%，持非永久性居民身份证的居民表示不同意的比例合计起来也达到了21.1%。统计分析表明，不同身份的居民对这一说法的态度差异具有显著性（α = 0.01）。

表 5—46 不同身份居民对"本地人就业好坏和外劳关系不大，关键取决于自身的竞争力"说法的同意程度

			请问您目前的身份是			合计
			持澳门永久性居民身份证	持澳门非永久性居民身份证	非本地劳务工作卡（蓝卡）	
对"本地人就业好坏和外劳关系不大，关键取决于自身的竞争力"这一说法的同意程度	非常同意	频数	119	9	10	138
		列百分比	16.7%	11.8%	27.0%	16.7%
	比较同意	频数	252	34	10	296
		列百分比	35.4%	44.7%	27.0%	35.9%
	一般	频数	132	12	12	156
		列百分比	18.6%	15.8%	32.4%	18.9%
	比较不同意	频数	145	10	2	157
		列百分比	20.4%	13.2%	5.4%	19.1%
	非常不同意	频数	51	6	2	59
		列百分比	7.2%	7.9%	5.4%	7.2%
	很难讲	频数	12	5	1	18
		列百分比	1.7%	6.6%	2.7%	2.2%
合计		频数	711	76	37	824
		列百分比	100.0%	100.0%	100.0%	100.0%

表5—47中的数据表明，不同身份的居民对"外劳占据了大多数高级职位，导致本地人得不到发展"的看法差异甚大。这一差异同样出现在持蓝卡人员和持澳门居民身份证（包括永久性和非永久性）的居民之间。持永久性和非永久性居民身份证的被调查者对这一说法的同意程度合计分别达到了45.6%和39.5%，但同意的比例在蓝卡人员中仅为13.5%，而蓝卡人员对这一说法表示不同意的比例更是高达54.0%。统计分析表明，不同身份的居民对这一说法的态度差异具有显著性（α = 0.05）。

表5—47　　　不同身份居民对"外劳占据了大多数高级职位，导致本地人得不到发展"说法的同意程度

<table>
<tr><th colspan="3"></th><th colspan="3">请问您目前的身份是</th><th rowspan="2">合计</th></tr>
<tr><th colspan="3"></th><th>持澳门永久性居民身份证</th><th>持澳门非永久性居民身份证</th><th>非本地劳务工作卡（蓝卡）</th></tr>
<tr><td rowspan="12">对"外劳占据了大多数高级职位，导致本地人得不到发展"这一说法的同意程度</td><td rowspan="2">非常同意</td><td>频数</td><td>120</td><td>13</td><td>2</td><td>135</td></tr>
<tr><td>列百分比</td><td>16.9%</td><td>17.1%</td><td>5.4%</td><td>16.4%</td></tr>
<tr><td rowspan="2">比较同意</td><td>频数</td><td>204</td><td>17</td><td>3</td><td>224</td></tr>
<tr><td>列百分比</td><td>28.7%</td><td>22.4%</td><td>8.1%</td><td>27.2%</td></tr>
<tr><td rowspan="2">一般</td><td>频数</td><td>138</td><td>19</td><td>11</td><td>168</td></tr>
<tr><td>列百分比</td><td>19.4%</td><td>25.0%</td><td>29.7%</td><td>20.4%</td></tr>
<tr><td rowspan="2">比较不同意</td><td>频数</td><td>153</td><td>17</td><td>16</td><td>186</td></tr>
<tr><td>列百分比</td><td>21.5%</td><td>22.4%</td><td>43.2%</td><td>22.6%</td></tr>
<tr><td rowspan="2">非常不同意</td><td>频数</td><td>67</td><td>4</td><td>4</td><td>75</td></tr>
<tr><td>列百分比</td><td>9.4%</td><td>5.3%</td><td>10.8%</td><td>9.1%</td></tr>
<tr><td rowspan="2">很难讲</td><td>频数</td><td>29</td><td>6</td><td>1</td><td>36</td></tr>
<tr><td>列百分比</td><td>4.1%</td><td>7.9%</td><td>2.7%</td><td>4.4%</td></tr>
<tr><td rowspan="2" colspan="2">合计</td><td>频数</td><td>711</td><td>76</td><td>37</td><td>824</td></tr>
<tr><td>列百分比</td><td>100.0%</td><td>100.0%</td><td>100.0%</td><td>100.0%</td></tr>
</table>

4. 外劳的实际情况

那么外劳的状况到底是怎么样的呢？是否真的如部分澳门居民所说的那样，外劳"占据了大部分高级职位呢"？表5—48中的数据表明，10.3%的蓝卡人士担任公司或单位的最高负责人，这一比例显著高于持澳门永久性居民身份证的居民。或者换一个角度看，在被访问到的12名高管里面，蓝卡人士占到了1/3。统计分析表明，这一差距是显著的（$\alpha=0.001$）。这说明，澳门居民形成的关于外劳占据大部分高管的判断有一定的依据，但同时也有一些言过其实。

表 5—48　　　　　　　　　　外劳的职级分布

			请问您目前的身份是			合计
			持澳门永久性居民身份证	持澳门非永久性居民身份证	非本地劳务工作卡（蓝卡）	
请问下面哪种描述更接近于您现在工作的状态	我是公司（单位）里面的最高负责人	频数	8	0	4	12
		列百分比	1.7%	0.0%	10.3%	2.2%
	我有下属，但也有上司	频数	199	18	14	231
		列百分比	42.7%	34.6%	35.9%	41.5%
	我没有下属，只有上司	频数	250	34	17	301
		列百分比	53.6%	65.4%	43.6%	54.0%
	很难讲	频数	9	0	4	13
		列百分比	1.9%	0.0%	10.3%	2.3%
合计		频数	466	52	39	557
		列百分比	100.0%	100.0%	100.0%	100.0%

八　就业问题小结

澳门的失业率自 2011 年以来一直在 3% 之下，在 2013 年更创下了 1.8% 的低失业率。尽管如此，从本次调查的情况看，澳门劳动就业人口对政府就业工作的满意度并不是很高，超过一半（51.5%）的人对政府就业工作的评价仅是"一般"，表示"非常满意"和"比较满意"的比例仅有 17.8%，还不到两成；而接近三成（即 20.3% +7.1%）的人对政府的就业管理工作表示"比较不满意"或者"非常不满意"，见表 5—49。

表 5—49　　　　　澳门居民对政府就业工作的满意度
（不含不兼职的学生和雇主）

	频数	百分比	累计百分比
非常满意	16	1.9	1.9
比较满意	137	15.9	17.8
一般	442	51.5	69.3
比较不满意	174	20.3	89.5
非常不满意	61	7.1	96.6
很难讲	29	3.4	100.0
合计	859	100.0	

从表 5—50 看，不同收入阶层对澳门政府就业工作的满意度情况比较相似，低收入阶层、中等收入阶层以及高收入阶层对澳门政府就业工作表示"非常满意"或"比较满意"的比例合计分别为 18.2%、17.9% 和 19.0%。其中，低收入阶层表示不满意的比例更高一点。统计分析表明，各阶层人士对政府就业工作的满意度差异不显著（α = 0.05）。

表 5—50　　　　　　不同收入阶层对政府就业工作的满意度

			收入阶层状态			合计
			低收入阶层	中等收入阶层	高收入阶层	
对特区政府在劳动就业方面的管理工作的总体满意程度	非常满意	频数	6	8	0	14
		列百分比	1.8%	2.0%	0.0%	1.8%
	比较满意	频数	56	63	4	123
		列百分比	16.4%	15.9%	19.0%	16.2%
	一般	频数	161	216	11	388
		列百分比	47.1%	54.4%	52.4%	51.1%
	比较不满意	频数	73	78	5	156
		列百分比	21.3%	19.6%	23.8%	20.5%
	非常不满意	频数	32	23	1	56
		列百分比	9.4%	5.8%	4.8%	7.4%
	很难讲	频数	14	9	0	23
		列百分比	4.1%	2.3%	0.0%	3.0%
合计		频数	342	397	21	760
		列百分比	100.0%	100.0%	100.0%	100.0%

从表 5—51 中可以看出，不同身份的人对澳门政府就业工作的满意度差别甚大。其中，持蓝卡的居民对澳门政府就业工作的满意度最高，表示"非常满意"和"比较满意"的比例合计占到了 34.9%；其次是持澳门非永久性居民身份证的居民，有 25.9% 的人表示"非常满意"或者"比较满意"。最低的是持澳门永久性居民身份证的居民，仅有 15.5% 的人表示"非常满意"或"比较满意"。统计分析表明，这一差异具有显著性（α = 0.001）。

表 5—51　　　　　　不同身份居民对政府就业工作的满意度

			请问您目前的身份是			合计
			持澳门永久性居民身份证	持澳门非永久性居民身份证	非本地劳务工作卡（蓝卡）	
对特区政府在劳动就业方面的管理工作的总体满意程度	非常满意	频数	11	0	4	15
		列百分比	1.5%	0.0%	9.3%	1.8%
	比较满意	频数	102	21	11	134
		列百分比	14.0%	25.9%	25.6%	15.7%
	一般	频数	375	42	23	440
		列百分比	51.5%	51.9%	53.5%	51.6%
	比较不满意	频数	158	13	3	174
		列百分比	21.7%	16.0%	7.0%	20.4%
	非常不满意	频数	58	3	0	61
		列百分比	8.0%	3.7%	0.0%	7.2%
	很难讲	频数	24	2	2	28
		列百分比	3.3%	2.5%	4.7%	3.3%
合计		频数	728	81	43	852
		列百分比	100.0%	100.0%	100.0%	100.0%

　　为什么会出现上述情况？从深度访谈和焦点座谈会的情况来看，当前，对就业满意度影响较大的问题主要是三个。

　　一是澳门当前的产业结构是博彩业一枝独秀，其他现代产业并不发达，从而导致一部分人难以找到称心的工作。

　　二是外劳问题。从 2000 年开始，澳门地区先后出现四次"五一大游行"，其中以 2007 年的游行规模最大，影响最深，四次大游行的共同主要诉求是遏制外劳，保障本地员工就业，这是导致澳门本地人对政府就业工作不满意的重要原因。

　　三是博彩行业从业人员收入超过其他行业比例过大，并带来了教育水平和收入倒挂的问题。博彩行业从业人员，尤其是中低层岗位的人员，从整体上受教育年限低，但一般其工资目前都在每月 15000 元左右，这一收入水准比起劳动者整体中位数收入高出不少。这就引出了两个问题：其一是和博彩从业人员受教育水平相仿的其他行业的人员觉得自己的收入偏低，甚至不少人员不愿从事其他行业，希望进入博彩业；

其二是部分受过良好教育（大学以上）的人员则认为自身的收入和没有受过良好教育的博彩从业人员相差无几，教育投资没有相应的回报。由此也带来两个后果：第一是非博彩行业从业人员心存不满，第二是曾经有一段时间部分青年人放弃继续接受高等教育，直接进入博彩行业。[1] 从长远看，教育和收入倒挂不利于中产阶层的发育，更不利于人才的培养。关于这一点，将在本书的第八章加以更系统的阐述。

第三节 社会保障

一 社会保障概况

如果说就业是民生的发动机，那么社会保障就是社会的安全网。社会保障指的是国家和社会通过立法对国民收入进行分配和再分配，对社会成员特别是生活有特殊困难的人们的基本生活权利给予保障的社会安全制度。对于现代社会来说，社会保障是一项基本的社会制度，其起源则可以追溯到1601年英国在"圈地运动"结束后颁布的《伊丽莎白济贫法》，这是世界上第一个以法律形式出现的社会保障制度。而随着现代社会的发展，社会保障的内容已经远远超过17世纪时的内容，并且社会保障在政府事务中所占比例和财政支出中的比例都日趋加大。

在澳门地区，负责社会保障事务的是隶属社会文化司的社会保障基金（FSS）。[2] 该基金实际上是在澳门地区84/89/M法令通过以后在1990年3月成立的。1993年，澳门通过了第一部社会保障法规（59/93/M），1998年对该法律进行了一次修订。2009年9月，澳门特区政府颁布了第31/2009号行政法规（《开立及管理中央储蓄制度个人账户的一般规则》）；2010年8月，澳门立法会通过了第4/2010号法律（《社会保障制度》），并于2011年1月1日正式实施。

澳门地区目前所执行的"双层式"社会保障制度正是立足在上述法律基础之上。所谓"双层式"社会保障制度，指的是社会保障由雇主雇

---

[1] 这一问题有望在后几年得到部分缓解。2011年6月，澳门立法会初步通过法令，规定进入博彩行业工作的年龄从18岁提高到21岁，这实际上限制了高中毕业生毕业后直接进入赌场工作。

[2] 在2011年以前，社会保障基金隶属于经济财政司。

员供款形成的第一层社会保障制度和中央储蓄金构成的第二层社会保障制度。其中,第一层社会保障制度又可分为三个部分:强制性制度、任意性制度和补扣供款。强制性制度主要针对就业人员,要求雇主每月供款 30 元,雇员供款 15 元,到 65 岁后开始领取最高不超过 2000 元的养老金,但满 60 岁之后也可以开始领取,领取的比例从 75%—99.4%不等。任意性制度则主要针对和雇主有特殊关系的雇员(包括配偶关系、实施婚姻关系以及同"膳宿且属第二等亲属内雇员")、根据学徒培训合同或者融入就业市场的雇员、已在退休及抚恤制度登记的在职公共行政工作人员以及其他年满 18 岁以上的澳门居民等,这些居民可以自愿选择是否供款,如供款,其标准同强制性供款。而补扣供款则主要是针对年过 35 岁尚未开始供款以及年过 60 岁已经供款但到 65 岁也无法达到供款要求的人群,其供款标准也同强制性供款。从 2011 年第一季度新政施行情况看,参与社会保障的人当中,强制性的占 77.3%,任意性的占 22.7%。而中央储蓄金则是中央公积金制度的雏形,目前是由澳门政府给每位年满 22 岁的澳门居民一份拨款,而今后政府也可以根据财政收入情况,再次向符合条件的澳门居民拨款。通过这一双层式的社会保障制度,澳门绝大部分居民能够享受到政府提供的基本保障。而对部分贫困的家庭,还可以向社会工作局申请社会救助。

除了政府推出的双层式社会保障制度,对于一些机构的工作人员还有强制基金的机制。强制基金由雇员和雇主共同缴纳,对于一些博彩公司来讲,强制基金最高可达月薪的 10%,公司和个人各负担 5%,个人部分可以随时领取,而公司部分则需要缴纳三年以上后且离职时才可以领取,并且领取的比例从 30%起步,每多工作一年,领取的比例增长 10%,工作 7 年以上才能拿到 100%。而公务员的强制基金就更高,个人可以交到 10%;不过,即使是个人所交纳的部分,通常也要 15 年后才能领取。

通常来说,社会保障制度针对的是社会中的弱势群体。从这个意义上说,中等收入阶层并不是社会保障的重点。但社会保障中的某些方面,如结婚补助、生育补助、疾病补助等仍然和中等收入阶层有关,而关系最紧密的还有失业补助和失业培训津贴等;此外,在一些特殊的时期,也不排除政府对中等收入阶层进行补助的可能。但由社会保障基金所负责社会保障制度目前主要还是集中在养老保障方面,其他一些职能都已经移交其他部门了。①

二 个人参加社会保障情况

表5—52中的数据表明,约有73.8%的居民参加了澳门社会保障,23.6%的人未参加社会保障,另有2.6%表示说不清。表5—53进一步的分析表明,不同收入阶层的居民参加社会保障的情况存在差异,总的来说,中等收入阶层参加社会保障的比例最高,达到了90.4%;其次是高收入阶层,达到了85.7%;而低收入阶层参加社会保障的比例最低,仅为60.9%。分析表明,这一差异是统计显著的($\alpha = 0.001$)。

表5—52　　澳门居民参加社会保障的情况

	频数	百分比	累计百分比
是	729	73.8	73.8
否	233	23.6	97.4
不清楚	26	2.6	100.0
合计	988	100.0	

表5—53　　不同收入阶层参加社会保障的情况

			收入阶层状态			合计
			低收入阶层	中等收入阶层	高收入阶层	
您现在是否在供社保	是	频数	268	369	18	655
		列百分比	60.9%	90.4%	85.7%	75.4%
	否	频数	158	34	3	195
		列百分比	35.9%	8.3%	14.3%	22.4%
	不清楚	频数	14	5	0	19
		列百分比	3.2%	1.2%	0.0%	2.2%
合计		频数	440	408	21	869
		列百分比	100.0%	100.0%	100.0%	100.0%

---

① http://www.fss.gov.mo/framesetc.html.

对于不同身份的居民来说,其参加社会保障的情况也有较大差别。表5—54中的数据表明,持澳门永久性居民身份证的居民参加社会保障的比例最高,达到了77.9%的水平。其次是持澳门非永久性居民身份证的居民,达到了66.0%的水平。水平最低的是蓝卡人员,仅有27.9%的比例。同时,就不清楚自己是否在供社保的比例来说,蓝卡人员也显著高于其他两类人员。分析表明,三类人员在参加社保方面上差异统计显著($\alpha = 0.001$)。

表5—54　　　　　不同身份的居民参加社会保障的情况

			请问您目前的身份是			合计
			持澳门永久性居民身份证	持澳门非永久性居民身份证	非本地劳务工作卡(蓝卡)	
您现在是否在供社保	是	频数	655	62	12	729
		列百分比	77.9%	66.0%	27.9%	74.5%
	否	频数	170	31	23	224
		列百分比	20.2%	33.0%	53.5%	22.9%
	不清楚	频数	16	1	8	25
		列百分比	1.9%	1.1%	18.6%	2.6%
合计		频数	841	94	43	978
		列百分比	100.0%	100.0%	100.0%	100.0%

三　目前主要的社会保障手段

对于澳门居民来讲,政府提供的社会保障只是保障自身最低养老水平的来源。而真正做到较为衣食无忧地养老,还需要自身进行相应的补充社会保障准备。在调查中,笔者询问了被调查者为了保证自己的生活而采取的措施。表5—55列出了有关多重应答分析内容,结果发现,列第一位的是"到银行储蓄",78.3%的被访者采取到银行储蓄的办法来实现对自身生活的保障;列第二位的是"购买商业保险",占到了35.4%的比例;列第三位的是"购置不动产",占到了27.1%的比例;其他的保障手段还包括"投资股票、证券"(26.9%)、"投资做生意"(10.4%)以及"购买黄金等贵重物品"(4.9%)等。

进一步的分析发现,不同收入阶层的人士为了保障自己的生活所采取的措施有所不同。表5—56中的数据表明,对于低收入阶层来讲,列前三位的是"到银行储蓄""购买商业保险""购置不动产";对于中等收入阶层来说,列前三位的是"到银行储蓄""购买商业保险""投资股票、证券";而对于高收入阶层来说,列前三位的则是"到银行储蓄""投资股票、证券""购置不动产"。

表5—55　　　　　澳门居民为了社会保障采取的措施

		回应情况		案例的百分比
		频数	百分比	
为了社会保障采取的措施	到银行储蓄	684	42.8	78.3
	购买商业保险	309	19.3	35.4
	购置不动产	237	14.8	27.1
	投资股票、证券	235	14.7	26.9
	投资做生意	91	5.7	10.4
	购买黄金等贵重物品	43	2.7	4.9
	其他	1	0.1	0.1
	合计	1600	100.0	183.1

表5—56　　　不同收入阶层的人士为了社会保障采取的措施

			收入阶层状态			合计
			低收入阶层	中等收入阶层	高收入阶层	
为了社会保障采取的措施	到银行储蓄	频数	309	290	15	614
		列案例百分比	84.2%	74.7%	75.0%	
	购买商业保险	频数	105	175	7	287
		列案例百分比	28.6%	45.1%	35.0%	
	投资股票、证券	频数	45	153	14	212
		列案例百分比	12.3%	39.4%	70.0%	
	购置不动产	频数	65	129	13	207
		列案例百分比	17.7%	33.2%	65.0%	
	投资做生意	频数	20	48	7	75
		列案例百分比	5.4%	12.4%	35.0%	
	购买黄金等贵重物品	频数	12	23	2	37
		列案例百分比	3.3%	5.9%	10.0%	
合计		频数	367	388	20	775

四 双层式社会保障制度认知

双层式社会保障自 2009 年,至本项调查实施时,已经将近三年。那么,澳门居民对双层式社会保障的知晓程度如何呢?表 5—57 中的数据表明,仅有 20.6% 的人听说过双层式社会保障,而近八成的被访者表示并不知晓双层式社会保障。这说明,有关双层式社会保障的宣传工作尚需深入。

表 5—57　　澳门居民知晓双层式社会保障的情况

	频数	百分比	累计百分比
听说过	204	20.6	20.6
没听过	784	79.4	100.0
合计	988	100.0	

进一步的分析表明(见表 5—58),尽管不同身份的澳门居民听说过双层式社会保障的比例均较低,但在不同身份阶层之间仍然有差别。听说过"双层式社会保障"比例最高的是持澳门永久性居民身份证的阶层(22.2%),其次是持非永久性居民身份证的居民(12.8%),最低的是蓝卡人士(11.6%)。分析表明,这一差异具有统计显著性($\alpha = 0.05$)。

表 5—58　　不同身份的居民对双层式社会保障的认知

			请问您目前的身份是			合计
			持澳门永久性居民身份证	持澳门非永久性居民身份证	非本地劳务工作卡(蓝卡)	
您是否听说过"双层式社会保障"	听说过	频数	187	12	5	204
		列百分比	22.2%	12.8%	11.6%	20.9%
	没听过	频数	654	82	38	774
		列百分比	77.8%	87.2%	88.4%	79.1%
合计		频数	841	94	43	978
		列百分比	100.0%	100.0%	100.0%	100.0%

表5—59中的数据表明，不同收入阶层的居民知晓"双层式社会保障"的情况也有差异。其基本的态势是，收入越高，知晓这一术语的比例越高。高收入阶层知晓的比例为33.3%，中等收入阶层知晓的比例为25%，低收入阶层知晓的比例仅为15.9%。分析表明，这一差异具有统计显著性（$\alpha = 0.01$）。

表5—59　　　　　不同收入阶层对双层式社会保障的认知

			收入阶层状态			合计
			低收入阶层	中等收入阶层	高收入阶层	
您是否听说过"双层式社会保障"	听说过	频数	70	102	7	179
		列百分比	15.9%	25.0%	33.3%	20.6%
	没听过	频数	370	306	14	690
		列百分比	84.1%	75.0%	66.7%	79.4%
合计		频数	440	408	21	869
		列百分比	100.0%	100.0%	100.0%	100.0%

五 社会保障小结

表5—60中的数据表明，总的来说，澳门居民当前对社会保障制度比较满意。其中，表示"非常满意"和"比较满意"的比例合计占到了33.6%，而表示"比较不满意"或者"非常不满意"的合计起来占不到两成的比例。而表5—61中的交互分析进一步表明，不同身份的居民对当前社会保障制度的满意度并不一样。大体来说，持澳门非永久性居民身份证的居民满意度最高，其中表示"非常满意"和"比较满意"的比例合计达到了39.4%；其次是持澳门永久性居民身份证的居民，其满意度的比例合计达到了33.2%，而蓝卡人士的总体满意度为32.6%。分析表明，这一差异具有统计显著性（$\alpha = 0.05$）。

表5—60　　　　　澳门居民对当前社会保障制度的总体满意度

	频数	百分比	累计百分比
非常满意	36	3.6	3.6
比较满意	296	30.0	33.6

续表

	频数	百分比	累计百分比
一般	440	44.5	78.1
比较不满意	151	15.3	93.4
非常不满意	38	3.8	97.3
很难讲	27	2.7	100.0
合计	988	100.0	

表 5—61　不同身份的居民对当前社会保障制度的总体满意度

<table>
<tr><th colspan="3"></th><th colspan="3">请问您目前的身份是</th><th rowspan="2">合计</th></tr>
<tr><th colspan="3"></th><th>持澳门永久性居民身份证</th><th>持澳门非永久性居民身份证</th><th>非本地劳务工作卡（蓝卡）</th></tr>
<tr><td rowspan="12">总的来说，您对澳门政府提供给您的社会保障</td><td rowspan="2">非常满意</td><td>频数</td><td>31</td><td>3</td><td>2</td><td>36</td></tr>
<tr><td>列百分比</td><td>3.7%</td><td>3.2%</td><td>4.7%</td><td>3.7%</td></tr>
<tr><td rowspan="2">比较满意</td><td>频数</td><td>248</td><td>34</td><td>12</td><td>294</td></tr>
<tr><td>列百分比</td><td>29.5%</td><td>36.2%</td><td>27.9%</td><td>30.1%</td></tr>
<tr><td rowspan="2">一般</td><td>频数</td><td>386</td><td>36</td><td>16</td><td>438</td></tr>
<tr><td>列百分比</td><td>45.9%</td><td>38.3%</td><td>37.2%</td><td>44.8%</td></tr>
<tr><td rowspan="2">比较不满意</td><td>频数</td><td>133</td><td>12</td><td>2</td><td>147</td></tr>
<tr><td>列百分比</td><td>15.8%</td><td>12.8%</td><td>4.7%</td><td>15.0%</td></tr>
<tr><td rowspan="2">非常不满意</td><td>频数</td><td>34</td><td>3</td><td>1</td><td>38</td></tr>
<tr><td>列百分比</td><td>4.0%</td><td>3.2%</td><td>2.3%</td><td>3.9%</td></tr>
<tr><td rowspan="2">很难讲</td><td>频数</td><td>9</td><td>6</td><td>10</td><td>25</td></tr>
<tr><td>列百分比</td><td>1.1%</td><td>6.4%</td><td>23.3%</td><td>2.6%</td></tr>
<tr><td colspan="2" rowspan="2">合计</td><td>频数</td><td>841</td><td>94</td><td>43</td><td>978</td></tr>
<tr><td>列百分比</td><td>100.0%</td><td>100.0%</td><td>100.0%</td><td>100.0%</td></tr>
</table>

此外，不同收入阶层的人士对澳门社会保障的总体满意度也有差别。表5—62中的交互分析表明，中等收入阶层对社会保障制度的满意度最高，其表示"非常满意"和"比较满意"的比例合计达到了37.5%；其次是低收入阶层，其满意程度合计达到了33.9%；高收入阶层则是最低，其满意程度合计仅为14.3%。分析表明，这一差异具有统计显著性（$\alpha = 0.05$）。

表 5—62　　　　不同收入阶层对当前社会保障制度的总体满意度

			收入阶层状态			合计
			低收入群体	中等收入群体	高收入群体	
总的来说，您对澳门政府提供给您的社会保障	非常满意	频数	21	13	1	35
		列百分比	4.8%	3.2%	4.8%	4.0%
	比较满意	频数	128	140	2	270
		列百分比	29.1%	34.3%	9.5%	31.1%
	一般	频数	200	173	9	382
		列百分比	45.5%	42.4%	42.9%	44.0%
	比较不满意	频数	61	67	6	134
		列百分比	13.9%	16.4%	28.6%	15.4%
	非常不满意	频数	18	11	3	32
		列百分比	4.1%	2.7%	14.3%	3.7%
	很难讲	频数	12	4	0	16
		列百分比	2.7%	1.0%	0.0%	1.8%
合计		频数	440	408	21	869
		列百分比	100.0%	100.0%	100.0%	100.0%

总的来说，中等收入阶层对澳门社会保障制度的满意程度尚可。由于澳门实行的是社会保障制度而不是社会保险制度，因此，大部分社会保障还要靠居民个人和家庭来承担，这也是澳门居民中普遍存在的储蓄、投资、购置不动产等行为的重要原因。不过，从调查数据看，有两个问题值得注意：一是居民整体上对双层式社会保障制度的知晓程度还不够，二是对蓝卡人士的社会保障程度低于本澳人士，这是在未来值得注意的问题。

第四节　住房

一　住房问题概况

住房制度则是澳门当前民生政策的重中之重，也是当前澳门民众普遍关注的焦点。据资料统计，2010 年澳门自有物业拥有率为 72.9%。近年随着澳门经济的迅速发展，加之澳门自身土地面积有限，房屋价格快速上升。按目前澳门市场房屋价格计算，如果没有政府政策的支持，中下层收入的家庭拥有自己的住房基本上是天方夜谭。

当前，澳门的房屋供给体系基本上是由市场供给和政府保障住房两部分构成。其中，市场供给部分主要是针对较高收入人群，而政府保障住房则是针对低收入群体。政府保障用房主要包括两部分：经屋和社屋。① 实际上，关于澳门住房保障问题，早在澳葡时期已经开始兴建经屋和社屋。最早的社屋出现于1928年；20世纪60年代到回归之前，澳葡政府曾经兴建过大约3500套社屋。从1999年到目前，澳门特区政府总共修建了约3000套社屋。② 而经屋的建设则远远没有满足居民的需要。据有关资料，1999—2004年期间首届特区政府没有任何经屋建设计划，结果民众十分不满，认为特区这方面的表现反不及澳葡政府；而2006年施政报告所提出的"三年四千、五年六千"计划中的望厦第一期经屋又因"欧文龙案"而未能顺利进行，二期也就相应后延。③

由于房价飞速上涨，加之经屋供应滞后，当前澳门中低层收入家庭的房屋问题较为突出。尽管澳门政府也推出了"自置居所信用担保计划"，并且曾经在1996年至2002年推出多期四厘利息补贴计划，④ 但从前面家庭财务模型测算以及家庭收支分析部分，可以看出，即便是家庭月收入在5万元以上的群体，房供也会占到收入30%—40%的比重。而对中低层中产家庭来说，购买商品住房压力非常大，其房供往往占到家庭收入的50%左右，而即使在银行提供90%贷款的情况下，中下层中产家庭也需要至少积累2—3年才能付得起首付。因此，房产问题成了澳门社会当前普遍关心的问题。

---

① 经屋指经济型商品房屋，其价格低于市场价格，仅经过澳门政府认定具有资格的较低收入家庭和个人才有资格购买；社屋指社会房屋，由澳门政府提供给贫困家庭的租赁房屋。除经屋和社屋外，还有一部分临时房屋中心，多建立于1968—1992年期间，用于政府拆迁木屋中给那些还不符合经屋和社屋申请条件的家庭。

② 根据 http://www.ihm.gov.mo/cn/page/index.php?id=102 有关数据汇总。

③ 《华侨报》2006年4月20日、7月3日；《澳门日报》2006年7月25日。转引自娄胜华《澳门公共行政案例研究》，中山大学出版社2010年版，第94—95页。

④ 四厘利息补贴计划是当时澳葡政府为了刺激楼市、促进居民购房而实施的一项贷款补贴计划。

二 经屋和社屋资格情况

表5—63中的数据表明，14.8%的被访者符合社会房屋的申请条件，另有16.0%的人表示不知道自己是否符合社会房屋申请条件。表5—64中的数据则表明，在符合经济房屋申请条件的居民中，有6.2%符合经屋的申请条件，另有19.6%的人不知道自己是否符合经屋的申请条件。由于社会房屋的申请条件比经济房屋更加严格，因此可以推论出，符合社会房屋申请条件的一定符合经济房屋的申请条件。据此，可以计算，在全体被调查者中，符合经济房屋申请条件的比例约为20.1%，而不知道自身是否符合经济房屋的约占了32.7%。

表5—63　　　　　符合社会房屋申请的情况

	频数	百分比	累计百分比
符合	146	14.8	14.8
不符合	683	69.2	84.0
不知道	158	16.0	100.0
合计	987	100.0	

表5—64　　　　　符合经济房屋申请的情况

	频数	百分比	累计百分比
符合	52	6.2	6.2
不符合	624	74.2	80.4
不知道	165	19.6	100.0
合计	841	100.0	

为了考察中产阶层中符合经济屋和社会屋申请情况，笔者进一步进行交互分析。由于经屋和社屋都是以家庭为单位来申请，因此，此处选择中产家庭为口径来进行有关分析。表5—65中的数据表明，中等收入

家庭符合社屋申请条件的比例最高,达到了 19.8%,而低收入家庭符合社屋申请条件的比例反而较低,仅为 7.3%。这实际上说明了一个问题,即高收入家庭有较好的经济条件,因此不符合社屋申请条件,而低收入家庭中不少是老年人家庭,他们在房价上涨之前解决了房屋问题,从而也不符合条件。恰恰是中等收入家庭,由于其大部分是年轻人,从而有较高比例符合社会房屋的申请条件。统计分析表明,不同阶层在这一问题上的差异具有显著性($\alpha = 0.000$)。

表 5—66 中有关经济房屋的问题同样说明了这个问题。在不符合社会房屋申请条件的家庭中,中等收入家庭符合经济房屋申请条件的比例也是在最高水平,达到了 7.8%,而低收入家庭的这一比例仅为 3.7%。统计分析表明,这一差异具有显著性($\alpha = 0.01$)。如果将这一人群和符合社会房屋申请条件的比例合计起来,则大约为所有中等收入家庭户的 25% 左右[即等于 (104+33) / (524+33)]。这 25% 的家庭户按照现行的政策,是可以从澳门政府那里获得经屋或者社屋的。但对于剩下的 75% 中的人来说,其中一部分收入偏低的人群并不符合政府经屋或社屋的申请条件,同时也难以承受市场化的住房价格,这就成为人们通常所说的"夹心层",这个"夹心层"规模的大小将取决于政府有关经屋的标准。

表 5—65　　不同收入阶层符合社会房屋申请条件的情况

			收入层次状态			合计
			低收入家庭	中等收入家庭	高收入家庭	
您是否符合社会房屋的申请条件?	符合	频数	19	104	0	123
		列百分比	7.3%	19.8%	0.0%	15.4%
	不符合	频数	214	339	11	564
		列百分比	82.0%	64.4%	91.7%	70.6%
	不知道	频数	28	83	1	112
		列百分比	10.7%	15.8%	8.3%	14.0%
合计		频数	261	526	12	799
		列百分比	100.0%	100.0%	100.0%	100.0%

表 5—66　　　　不同收入阶层符合经济房屋申请条件的情况

			收入层次状态			合计
			低收入家庭	中等收入家庭	高收入家庭	
您是否符合经济房屋申请条件？	符合	频数	9	33	0	42
		列百分比	3.7%	7.8%	0.0%	6.2%
	不符合	频数	203	303	11	517
		列百分比	83.9%	71.8%	91.7%	76.5%
	不知道	频数	30	86	1	117
		列百分比	12.4%	20.4%	8.3%	17.3%
合计		频数	242	422	12	676
		列百分比	100.0%	100.0%	100.0%	100.0%

三　澳门居民的住房居住情况

1. 住房获得方式

表 5—67 中的数据表明，58.3% 的个体居住在自置的房屋，而 20.3% 的个体所住房屋由父母或亲戚免费提供。而租房居住的比例为 19.8%，这一比例和澳门统计暨普查局 2007—2008 年度收支调查所得数据接近。换句话说，在澳门的居民中，有近 20% 的人是处于租房居住的状况。

表 5—67　　　　　　　　居住房子的来源

	频数	百分比	累计百分比
自置物业	575	58.3	58.3
父母或亲戚免费提供	200	20.3	78.5
雇主（公司或老板）提供	13	1.3	79.8
租来的	195	19.8	99.6
不清楚	4	0.4	100.0
合计	987	100.0	

表 5—68 中的数据表明，低收入阶层住在自置物业中的比例较低，其居住在自置物业中的比例仅为 51.3%，而中等收入阶层和高收入阶层居住在自置物业的比例分别达到了 65.0% 和 66.7%。分析表明，这

一差异具有统计显著性（α=0.01）。

表5—68　　　　　　　　不同收入阶层居住房子的来源

			收入层次状态			合计
			低收入阶层	中等收入阶层	高收入阶层	
请问您在澳门居住的房子的来源	自置物业	频数	225	265	14	504
		列百分比	51.3%	65.0%	66.7%	58.1%
	父母或亲戚免费提供	频数	107	73	1	181
		列百分比	24.4%	17.9%	4.8%	20.9%
	雇主（公司或老板）提供	频数	7	1	1	9
		列百分比	1.6%	0.2%	4.8%	1.0%
	租来的	频数	98	69	5	172
		列百分比	22.3%	16.9%	23.8%	19.8%
	不清楚	频数	2	0	0	2
		列百分比	0.5%	0.0%	0.0%	0.2%
合计		频数	439	408	21	868
		列百分比	100.0%	100.0%	100.0%	100.0%

2. 租金

表5—69中的数据显示，租房家庭的租金最高达到了5万元，平均租金为5274.02元，但标准差较大，这意味着不同家庭租房居住的租金差别较大。

表5—69　　　　　　　　租房居住的租金　　　　　　　　单位：澳门元

	频数	最小值	最大值	均值	标准差
请问您以及和您是一家人的住户成员每月为住在这里所付租金共为	169	0	50000	5274.02	5793.589

进一步对租金的范围进行分类后发现，租金在4001—5000元之间的情况最为常见，其次是3001—4000元之间；同时发现，接近一半（49.7%）的家庭的租金在4000元以下，约有九成的家庭（91.1%）

租金在 10000 元以下。见表 5—70。

表 5—70　　　　　　　　　租金的分布情况

	频数	百分比	累计百分比
1000 元以下	26	15.4	15.4
1001—2000 元	12	7.1	22.5
2001—3000 元	20	11.8	34.3
3001—4000 元	26	15.4	49.7
4001—5000 元	35	20.7	70.4
5001—6000 元	11	6.5	76.9
6001—8000 元	14	8.3	85.2
8001—10000 元	10	5.9	91.1
10001—15000 元	10	5.9	97.0
15000 元以上	5	3.0	100.0
合计	169	100.0	

那么，不同收入阶层的住房租金支出情况是否有所差异？表 5—71 中的交叉分析表明，对于低收入阶层，其家庭租金密集分布在 1000 元以下和 3001—4000 元之间，基本上分别对应了合租和独立居住的情况。而对中等收入阶层来说，其租金主要集中在 4001—5000 元之间，则租金在 5001—15000 元之间的比例合计起来也有 41.2%，高收入阶层的租金大部分在 8000 元以上。统计分析表明，收入阶层和租金之间的这种相关关系在统计上显著（α=0.001）。

表 5—71　　　　　　　　不同收入阶层的住房租金情况

			收入阶层状态			合计
			低收入阶层	中等收入阶层	高收入阶层	
租金分组	1000 元以下	频数	22	3	0	25
		列百分比	25.6%	4.8%	0.0%	16.3%
	1001—2000 元	频数	8	3	0	11
		列百分比	9.3%	4.8%	0.0%	7.2%

续表

			收入阶层状态			合计
			低收入阶层	中等收入阶层	高收入阶层	
租金分组	2001—3000元	频数	11	8	0	19
		列百分比	12.8%	12.7%	0.0%	12.4%
	3001—4000元	频数	20	5	0	25
		列百分比	23.3%	7.9%	0.0%	16.3%
	4001—5000元	频数	15	16	1	32
		列百分比	17.4%	25.4%	25.0%	20.9%
	5001—6000元	频数	3	6	0	9
		列百分比	3.5%	9.5%	0.0%	5.9%
	6001—8000元	频数	3	8	0	11
		列百分比	3.5%	12.7%	0.0%	7.2%
	8001—10000元	频数	1	6	1	8
		列百分比	1.2%	9.5%	25.0%	5.2%
	10001—15000元	频数	2	6	1	9
		列百分比	2.3%	9.5%	25.0%	5.9%
	15000元以上	频数	1	2	1	4
		列百分比	1.2%	3.2%	25.0%	2.6%
合计		频数	86	63	4	153
		列百分比	100.0%	100.0%	100.0%	100.0%

3. 租金占收入比

表5—72中的数据表明，租金占家庭收入比例最常见的在11%—20%之间和21%—30%之间，其比例均为21.5%。另外，有17.4%的家庭，其租金支出占到了家庭收入的31%—50%，对这部分家庭来说，租金压力很大。从国际通行的标准来说，一般认为租金在20%左右是一个相对合理的标准。

表 5—72　　　　　　　　租金占家庭收入的情况

	频数	百分比	累计百分比
10% 以下	31	15.9	15.9
11%—20%	42	21.5	37.4
21%—30%	42	21.5	59.0
31%—40%	24	12.3	71.3
41%—50%	10	5.1	76.4
51%—60%	4	2.1	78.5
61%—70%	2	1.0	79.5
不方便说	40	20.5	100.0
合计	195	100.0	

而进一步的交叉分析数据表明（见表 5—73），总的来说，收入越低，租金占家庭月总收入的比例越高。对低收入家庭来说，租金超过家庭月收入 30% 的比例约为 20.0%。对中等收入阶层来说，这一比例为 18.8%。对高收入阶层来说，其租金占比最高也仅到 30%，大部分的高收入阶层所在家庭的租金占比在 11%—20% 之间。此外，数据还表明，中等收入阶层的租金占比通常在 21%—30% 之间，这一比例超过了低收入阶层和高收入阶层，说明中产阶层的租房压力较大。分析表明，这一差异具有统计显著性（$\alpha = 0.01$）。

表 5—73　　　　　　不同收入阶层租金占比分组情况

			收入阶层状态			合计
			低收入阶层	中等收入阶层	高收入阶层	
这些租金占你们（指被调查者以及和被调查者是一家人的住户成员）每月总收入的百分比大约	10% 以下	频数	23	6	1	30
		列百分比	23.5%	8.7%	20.0%	17.4%
	11%—20%	频数	15	20	3	38
		列百分比	15.3%	29.0%	60.0%	22.1%
	21%—30%	频数	15	24	1	40
		列百分比	15.3%	34.8%	20.0%	23.3%
	31%—40%	频数	13	6	0	19
		列百分比	13.3%	8.7%	0.0%	11.0%

续表

			收入阶层状态			合计
			低收入阶层	中等收入阶层	高收入阶层	
这些租金占你们（指被调查者以及和被调查者是一家人的住户成员）每月总收入的百分比大约	41%—50%	频数	5	3	0	8
		列百分比	5.1%	4.3%	0.0%	4.7%
	51%—60%	频数	2	2	0	4
		列百分比	2.0%	2.9%	0.0%	2.3%
	61%—70%	频数	0	2	0	2
		列百分比	0.0%	2.9%	0.0%	1.2%
	不方便说	频数	25	6	0	31
		列百分比	25.5%	8.7%	0.0%	18.0%
合计		频数	98	69	5	172
		列百分比	100.0%	100.0%	100.0%	100.0%

四 澳门居民的住房拥有情况

1. 在澳门有无住房

如前所述，拥有自置的住房在澳门居民心目中是判定是否中产的重要标准。表5—74中的数据表明，61.5%的被调查者拥有自置的住房。这里要指出的是，这一比例中包含了在校学生，如果将学生剔除，可以计算出这一比例为65.8%。

表5—74　　　　　　　拥有自置住房的情况

	频数	百分比	累计百分比
有	608	61.5	61.5
没有	377	38.2	99.7
不方便说	3	0.3	100.0
合计	988	100.0	

表5—75中的交互分析数据进一步表明，不同收入阶层的居民拥有自置住房的比例有较大差异。中等收入阶层人士和高收入阶层人士拥有自置住房的比例分别为70.8%和71.4%，显著高于低收入阶层人士的同一比例（51.8%）。分析表明，这一差异具有统计显著性（$\alpha = 0.001$）。

表5—75　　　不同收入阶层在澳门拥有自置住房的情况

			收入阶层状态			合计
			低收入阶层	中等收入阶层	高收入阶层	
请问您在澳门有无自置的住房?	有	频数	228	289	15	532
		列百分比	51.8%	70.8%	71.4%	61.2%
	没有	频数	212	118	6	336
		列百分比	48.2%	28.9%	28.6%	38.7%
	不方便说	频数	0	1	0	1
		列百分比	0.0%	0.2%	0.0%	0.1%
合计		频数	440	408	21	869
		列百分比	100.0%	100.0%	100.0%	100.0%

实际上，在澳门拥有住房的情况和被调查者的身份有密切关系。表5—76中的数据表明，持澳门永久性居民身份证的人士中，拥有自置住房的比例高达72.4%，远高于持非永久性居民身份证的居民（43.2%）。而蓝卡人士在澳门拥有住房的比例则最低，仅有4.7%。统计分析表明，这一差异具有显著性（$\alpha = 0.001$）。

2．在澳门住房数量

表5—77中的数据表明，在拥有住房的人群中，八成以上的人在澳门仅有一套住房，而有两套住房的占到12.7%，超过三套住房的比例较低，仅有2.1%。

表5—76　　　不同身份群体在澳门拥有自置住房的情况

			请问您目前的身份是			合计
			持澳门永久性居民身份证	持澳门非永久性居民身份证	非本地劳务工作卡（蓝卡）	
请问您在澳门有无自置的住房?	有	频数	527	35	2	564
		列百分比	72.4%	43.2%	4.7%	66.2%
	没有	频数	201	45	41	287
		列百分比	27.6%	55.6%	95.3%	33.7%
	不方便说	频数	0	1	0	1
		列百分比	0.0%	1.2%	0.0%	0.1%
合计		频数	728	81	43	852
		列百分比	100.0%	100.0%	100.0%	100.0%

表 5—77　　　　　　　　拥有自置住房的套数

	频数	百分比	累计百分比
一套住房	507	83.4	83.4
两套住房	77	12.7	96.1
三套及以上	13	2.1	98.2
不方便说	11	1.8	100.0
合计	608	100.0	

进一步的分析表明，拥有住房的数量多少与阶层密切相关。表5—78中的数据表明，收入层次越高，拥有多套自置住房的比例越高。其中，中等收入人士拥有两套住房的比例为15.6%，而高收入阶层的这一比例达到了20.0%，但低收入阶层的这一比例仅为10.1%。更有2.4%的中产阶层人士和13.3%的高收入阶层拥有三套及以上的住房。统计分析表明，这一差异具有统计上的显著性（$\alpha=0.05$）。

3. 住房性质

鉴于在此前的分析中提到，部分澳门居民认为只有拥有私人住宅才能算是中产阶层。这里对居民所拥有的住房性质进行简略分析。表5—79中的数据表明，就澳门居民拥有的住房来说，九成的人住房是私人住宅，5.4%的居民拥有的住房是经济房屋。另有4.2%的人既拥有私人住宅，也拥有经济房屋。

表 5—78　　　　　　不同收入阶层拥有住房的数量

			收入阶层状态			合计
			低收入阶层	中等收入阶层	高收入阶层	
请问您在澳门有几套住房？	一套住房	频数	199	234	10	443
		列百分比	87.3%	81.0%	66.7%	83.3%
	两套住房	频数	23	45	3	71
		列百分比	10.1%	15.6%	20.0%	13.3%
	三套及以上	频数	3	7	2	12
		列百分比	1.3%	2.4%	13.3%	2.3%
	不方便说	频数	3	3	0	6
		列百分比	1.3%	1.0%	0.0%	1.1%
合计		频数	228	289	15	532
		列百分比	100.0%	100.0%	100.0%	100.0%

第五章 澳门中等收入阶层的民生状况

表5—79 居民拥有住房的性质

	频数	百分比	累计百分比
都是私人住宅	537	90.1	90.1
有私人住宅，也有经济房屋	25	4.2	94.3
经济房屋	32	5.4	99.7
其他情况	2	0.3	100.0
合计	596	100.0	

表5—80中的数据表明，不同收入阶层拥有住房的性质差别不大，对三个不同收入阶层来说，拥有住房为私人住房的比例分别为89.3%、90.2%和100%。统计分析表明，这一差异不具有显著性（α=0.05）。

表5—80 不同收入阶层拥有的住房性质

			收入阶层状态			合计
			低收入阶层	中等收入阶层	高收入阶层	
请问这些住房的情况是	都是私人住宅	频数	201	257	15	473
		列百分比	89.3%	90.2%	100.0%	90.1%
	有私人住宅，也有经济房屋	频数	8	15	0	23
		列百分比	3.6%	5.3%	0.0%	4.4%
	经济房屋	频数	16	12	0	28
		列百分比	7.1%	4.2%	0.0%	5.3%
	其他情况	频数	0	1	0	1
		列百分比	0.0%	0.4%	0.0%	0.2%
合计		频数	225	285	15	525
		列百分比	100.0%	100.0%	100.0%	100.0%

4. 有无商铺

澳门有高度发达的零售业。因此，各式各样的商铺在澳门十分普遍。从调查来看，2.6%的人表示在澳门拥有商铺（见表5—81）。而进一步的交互分析显示（见表5—82），不同收入阶层在澳门拥有商铺的情况有一定差别，其中，中等收入阶层在澳门拥有商铺的比例最高，为3.2%；而高收入阶层在澳门拥有商铺的比例为零。不过，统计分析表明,这一差异不具有显著性($\alpha = 0.05$)。

表5—81　　　　　　　　　是否拥有商铺

	频数	百分比	累计百分比
有	26	2.6	2.6
没有	957	96.9	99.5
不方便说	5	0.5	100.0
合计	988	100.0	

表5—82　　　　　　　不同收入阶层拥有商铺的情况

			收入阶层状态			合计
			低收入阶层	中等收入阶层	高收入阶层	
您在澳门是否有商铺?	有	频数	6	13	0	19
		列百分比	1.4%	3.2%	0.0%	2.2%
	没有	频数	434	394	21	849
		列百分比	98.6%	96.6%	100.0%	97.7%
	不方便说	频数	0	1	0	1
		列百分比	0.0%	0.2%	0.0%	0.1%
合计		频数	440	408	21	869
		列百分比	100.0%	100.0%	100.0%	100.0%

5. 在外地拥有房子的情况

近年来,随着澳门房价逐步攀升,部分居民选择到邻近的珠海等地区购房。那么这种情况在澳门居民中的普遍程度如何呢?表5—83中的数据表明,将近两成(19.4%)的澳门居民在外地拥有住房。而表5—84中的交互分析数据则进一步表明,不同收入阶层在澳门之外拥有住房的情况差异较大,大致的趋势是收入越高,在外地拥有住房的比例越高。对于低收入群体来说,在澳门之外拥有住房的比例仅为12.3%,而中等收入阶层和高收入阶层在澳门之外拥有住房的比例分别为22.8%和71.4%。统计分析表明,这一差异具有显著性($\alpha = 0.001$)。

表 5—83　　　　　　　　在澳门之外拥有住房的情况

	频数	百分比	累计百分比
有	192	19.4	19.4
没有	782	79.1	98.6
不方便说	14	1.4	100.0
合计	988	100.0	

表 5—84　　　　　不同收入阶层在澳门之外拥有住房的情况

			收入阶层状态			合计
			低收入阶层	中等收入阶层	高收入阶层	
请问您在澳门之外的其他地方拥有住房吗？	有	频数	54	93	15	162
		列百分比	12.3%	22.8%	71.4%	18.6%
	没有	频数	383	311	6	700
		列百分比	87.0%	76.2%	28.6%	80.6%
	不方便说	频数	3	4	0	7
		列百分比	0.7%	1.0%	0.0%	0.8%
合计		频数	440	408	21	869
		列百分比	100.0%	100.0%	100.0%	100.0%

上述结果似乎在告诉人们，经济收入是决定到澳门之外购房的重要因素。为了进一步验证这一判断，笔者控制了居民的身份后继续分析，结果发现，收入水平与在澳门之外购房的关系在具有永久性居民身份证和非永久性居民身份证的群体中继续均保持显著（α 分别为 0.001 和 0.01），但在蓝卡人士中则变得不显著（$\alpha=0.05$）。这说明，对于持有澳门身份证的人士来说（包括永久性和非永久性），的确是收入水平高低决定了他们是否到外地购房。但对于蓝卡人士来说，收入高低不影响他们是否在澳门之外购房，见表 5—85。

表 5—85　　控制居民身份后的收入水平与在外地有无住房的关系

请问您目前的身份是				收入群体状态			合计
				低收入群体	中等收入群体	高收入群体	
持澳门永久性居民身份证	请问您在澳门之外的其他地方拥有住房吗？	有	频数	41	75	8	124
			列百分比	10.9%	20.8%	66.7%	16.6%
		没有	频数	334	282	4	620
			列百分比	88.8%	78.1%	33.3%	82.8%
		不方便说	频数	1	4	0	5
			列百分比	0.3%	1.1%	0.0%	0.7%
	合计		频数	376	361	12	749
			列百分比	100.0%	100.0%	100.0%	100.0%
持澳门非永久性居民身份证	请问您在澳门之外的其他地方拥有住房吗？	有	频数	6	12	6	24
			列百分比	15.4%	31.6%	85.7%	28.6%
		没有	频数	33	26	1	60
			列百分比	84.6%	68.4%	14.3%	71.4%
	合计		频数	39	38	7	84
			列百分比	100.0%	100.0%	100.0%	100.0%
非本地劳务工作卡（蓝卡）	请问您在澳门之外的其他地方拥有住房吗？	有	频数	6	6	1	13
			列百分比	30.0%	66.7%	50.0%	41.9%
		没有	频数	14	3	1	18
			列百分比	70.0%	33.3%	50.0%	58.1%
	合计		频数	20	9	2	31
			列百分比	100.0%	100.0%	100.0%	100.0%

6. 住房资产总量

由于住房价格在近年节节攀升，从而导致家庭资产对于澳门居民来说具有重要意义。表 5—86 中的数据表明，被调查者所拥有的住房和商铺的市场价值最常见在 101 万—200 万元之间（20.9%）；而价值在 101 万—600 万元之间的比例合计占到了 61.2%。从回答的情况看，超过 2001 万元的比例较少，仅为 0.6%。不过，有 20.1% 的人表示这一财产数目不方便说，这给人们留下了很大的想象空间。

表 5—86　　　　　　　　　住房和商铺的资产总值

	频数	百分比	累计百分比
100 万元以下	52	7.7	7.7
101 万—200 万元	141	20.9	28.6
201 万—300 万元	113	16.7	45.3
301 万—400 万元	87	12.9	58.2
401 万—600 万元	72	10.7	68.9
601 万—800 万元	45	6.7	75.6
801 万—1000 万元	16	2.4	78.0
1001 万—1500 万元	8	1.2	79.2
1501 万—2000 万元	1	0.1	79.3
2001 万元以上	4	0.6	79.9
不方便说	136	20.1	100.0
合计	675	100.0	

不同收入阶层拥有住房和商铺的总价值有着明显的差异。收入越高，所拥有的住房和商铺价值也就越高。低收入阶层拥有的住房和商铺总价值在 401 万元以上的比例合计仅为 12.9%，中等收入阶层这一比例为 27.5%，而高收入阶层的这一比例达到了 55%。分析表明，这一差异具有统计显著性（α=0.001）。见表 5—87。

表 5—87　　　　不同收入阶层拥有的住房和商铺的资产总值

			收入阶层状态			合计
			低收入阶层	中等收入阶层	高收入阶层	
请问这些房子（包括澳门和外地的住房，也包括商铺）目前大概值多少（澳门元）呢	100 万元以下	频数	29	20	1	50
		列百分比	11.3%	6.4%	5.0%	8.5%
	101 万—200 万元	频数	73	56	0	129
		列百分比	28.5%	17.9%	0.0%	21.9%
	201 万—300 万元	频数	46	54	2	102
		列百分比	18.0%	17.3%	10.0%	17.3%
	301 万—400 万元	频数	26	53	3	82
		列百分比	10.2%	17.0%	15.0%	13.9%

续表

			收入阶层状态			合计
			低收入阶层	中等收入阶层	高收入阶层	
请问这些房子（包括澳门和外地的住房，也包括商铺）目前大概值多少（澳门元）呢	401万—600万元	频数	17	45	2	64
		列百分比	6.6%	14.4%	10.0%	10.9%
	601万—800万元	频数	11	26	4	41
		列百分比	4.3%	8.3%	20.0%	7.0%
	801万—1000万元	频数	4	9	0	13
		列百分比	1.6%	2.9%	0.0%	2.2%
	1001万—1500万元	频数	1	4	3	8
		列百分比	0.4%	1.3%	15.0%	1.4%
	1501万—2000万元	频数	0	1	0	1
		列百分比	0.0%	0.3%	0.0%	0.2%
	2001万元以上	频数	0	1	2	3
		列百分比	0.0%	0.3%	10.0%	0.5%
	不方便说	频数	49	43	3	95
		列百分比	19.1%	13.8%	15.0%	16.2%
合计		频数	256	312	20	588
		列百分比	100.0%	100.0%	100.0%	100.0%

五 按揭情况和还贷情况

1. 供按揭情况

按揭买房是现代社会中人们购买住房的常见方式。对于按揭买房的人来说，不用每月交租金，但却要按月到银行还贷款，从而月供成了影响家庭支出的重要内容。表5—88中的数据表明，在本次调查的群体中，那些自有住房的人士中有三成（29.9%）左右需要供房贷，这部分居民占整个澳门居民的比例为20.4%（即202/988）。

表5—88　　　　　　　　是否为住房或商铺供按揭

	频数	百分比	累计百分比
供	202	29.9	29.9
不供	454	67.3	97.2
不清楚	19	2.8	100.0
合计	675	100.0	

通过对表5—89中的数据分析，可以发现，在供贷款的人士中，高收入阶层的比例最高，达到了45%；而低收入群体和中等收入阶层人士需要供贷款的比例分别仅为21.5%和38.8%。统计分析表明，这一差距具有显著性（$\alpha=0.001$）。换句话说，就是收入越高的人供按揭的比例越高。不过，这一趋势在控制了居民身份后发生了改变。表5—90中的数据表明，不同收入阶层是否供贷款的差异主要来自具有永久性身份的澳门居民之中，在这部分居民里面，收入越高，供房贷的比例就越高。而在持澳门非永久性身份证的居民和蓝卡人士中，不论收入高低，供按揭的人士占同类人士的比例基本上差不多，并且，收入越高的人供按揭的比例显得还要略微低一点。

表5—89　　　　　　　　不同收入阶层供贷款的情况

			收入阶层状态			合计
			低收入阶层	中等收入阶层	高收入阶层	
请问您目前是否为住房或商铺供按揭	供	频数	55	121	9	185
		列百分比	21.5%	38.8%	45.0%	31.5%
	不供	频数	192	189	11	392
		列百分比	75.0%	60.6%	55.0%	66.7%
	不清楚	频数	9	2	0	11
		列百分比	3.5%	0.6%	0.0%	1.9%
合计		频数	256	312	20	588
		列百分比	100.0%	100.0%	100.0%	100.0%

表 5—90　　　控制居民身份后不同收入阶层供贷款的情况

<table>
<tr><th rowspan="2">　</th><th rowspan="2">请问您目前的身份是</th><th colspan="2">　</th><th colspan="3">收入阶层状态</th><th rowspan="2">合计</th></tr>
<tr><th colspan="2">　</th><th>低收入群体</th><th>中等收入群体</th><th>高收入群体</th></tr>
<tr><td rowspan="8">持澳门永久性居民身份证</td><td rowspan="6">请问您目前是否为住房或商铺供按揭？</td><td rowspan="2">供</td><td>频数</td><td>46</td><td>111</td><td>7</td><td>164</td></tr>
<tr><td>列百分比</td><td>20.0%</td><td>39.5%</td><td>58.3%</td><td>31.4%</td></tr>
<tr><td rowspan="2">不供</td><td>频数</td><td>177</td><td>169</td><td>5</td><td>351</td></tr>
<tr><td>列百分比</td><td>77.0%</td><td>60.1%</td><td>41.7%</td><td>67.1%</td></tr>
<tr><td rowspan="2">不清楚</td><td>频数</td><td>7</td><td>1</td><td>0</td><td>8</td></tr>
<tr><td>列百分比</td><td>3.0%</td><td>0.4%</td><td>0.0%</td><td>1.5%</td></tr>
<tr><td rowspan="2">合计</td><td>频数</td><td>230</td><td>281</td><td>12</td><td>523</td></tr>
<tr><td>列百分比</td><td>100.0%</td><td>100.0%</td><td>100.0%</td><td>100.0%</td></tr>
<tr><td rowspan="8">持澳门非永久性居民身份证</td><td rowspan="6">请问您目前是否为住房或商铺供按揭？</td><td rowspan="2">供</td><td>频数</td><td>7</td><td>10</td><td>2</td><td>19</td></tr>
<tr><td>列百分比</td><td>41.2%</td><td>40.0%</td><td>28.6%</td><td>38.8%</td></tr>
<tr><td rowspan="2">不供</td><td>频数</td><td>8</td><td>14</td><td>5</td><td>27</td></tr>
<tr><td>列百分比</td><td>47.1%</td><td>56.0%</td><td>71.4%</td><td>55.1%</td></tr>
<tr><td rowspan="2">不清楚</td><td>频数</td><td>2</td><td>1</td><td>0</td><td>3</td></tr>
<tr><td>列百分比</td><td>11.8%</td><td>4.0%</td><td>0.0%</td><td>6.1%</td></tr>
<tr><td rowspan="2">合计</td><td>频数</td><td>17</td><td>25</td><td>7</td><td>49</td></tr>
<tr><td>列百分比</td><td>100.0%</td><td>100.0%</td><td>100.0%</td><td>100.0%</td></tr>
<tr><td rowspan="6">非本地劳务工作卡（蓝卡）</td><td rowspan="4">请问您目前是否为住房或商铺供按揭？</td><td rowspan="2">供</td><td>频数</td><td>2</td><td>0</td><td>0</td><td>2</td></tr>
<tr><td>列百分比</td><td>28.6%</td><td>0.0%</td><td>0.0%</td><td>14.3%</td></tr>
<tr><td rowspan="2">不供</td><td>频数</td><td>5</td><td>6</td><td>1</td><td>12</td></tr>
<tr><td>列百分比</td><td>71.4%</td><td>100.0%</td><td>100.0%</td><td>85.7%</td></tr>
<tr><td rowspan="2">合计</td><td>频数</td><td>7</td><td>6</td><td>1</td><td>14</td></tr>
<tr><td>列百分比</td><td>100.0%</td><td>100.0%</td><td>100.0%</td><td>100.0%</td></tr>
</table>

2. 按揭数量

表5—91中的数据表明，就按揭的数量来说，接近三成（28.7%）的人士月供的比例在5000元以下，另有三成半的人月供在6001—10000元之间（即64.9%－36.1%），而月供在10001—20000元的购房者也占到了22.8%（即11.4%＋5.0%＋6.4%）。同时，进一步的交互分析表明，收入越高，月供的水平也就越高，并且，分析表明，这一差距具有统计显著性（α＝0.001）。见表5—92。

表5—91　　　　　　　　　每月按揭的多少　　　　　　　　单位：元

	频数	百分比	累计百分比
5000元以下	58	28.7	28.7
5001—6000元	15	7.4	36.1
6001—7000元	17	8.4	44.5
7001—8000元	20	9.9	54.4
8001—9000元	6	3.0	57.4
9001—10000元	15	7.4	64.8
10001—12000元	23	11.4	76.2
12001—15000元	10	5.0	81.2
15001—20000元	13	6.4	87.6
20001—30000元	9	4.5	92.1
30001—50000元	4	2.0	94.1
50001元以上	2	1.0	95.0
不方便说	10	5.0	100.0
合计	202	100.0	

表5—92　　　　　　　　不同收入阶层供按揭的情况

			收入阶层状态			合计
			低收入阶层	中等收入阶层	高收入阶层	
每月按揭供款总共大约为	5000元以下	频数	22	35	0	57
		列百分比	40.0%	28.9%	0.0%	30.8%
	5001—6000元	频数	5	10	0	15
		列百分比	9.1%	8.3%	0.0%	8.1%
	6001—7000元	频数	2	14	0	16
		列百分比	3.6%	11.6%	0.0%	8.6%
	7001—8000元	频数	5	12	2	19
		列百分比	9.1%	9.9%	22.2%	10.3%
	8001—9000元	频数	1	3	1	5
		列百分比	1.8%	2.5%	11.1%	2.7%
	9001—10000元	频数	5	8	0	13
		列百分比	9.1%	6.6%	0.0%	7.0%
	10001—12000元	频数	1	20	1	22
		列百分比	1.8%	16.5%	11.1%	11.9%

续表

<table>
<tr><th colspan="3" rowspan="2"></th><th colspan="3">收入阶层状态</th><th rowspan="2">合计</th></tr>
<tr><th>低收入阶层</th><th>中等收入阶层</th><th>高收入阶层</th></tr>
<tr><td rowspan="12">每月按揭供款总共大约为</td><td rowspan="2">12001—15000 元</td><td>频数</td><td>2</td><td>8</td><td>0</td><td>10</td></tr>
<tr><td>列百分比</td><td>3.6%</td><td>6.6%</td><td>0.0%</td><td>5.4%</td></tr>
<tr><td rowspan="2">15001—20000 元</td><td>频数</td><td>3</td><td>6</td><td>1</td><td>10</td></tr>
<tr><td>列百分比</td><td>5.5%</td><td>5.0%</td><td>11.1%</td><td>5.4%</td></tr>
<tr><td rowspan="2">20001—30000 元</td><td>频数</td><td>2</td><td>2</td><td>3</td><td>7</td></tr>
<tr><td>列百分比</td><td>3.6%</td><td>1.7%</td><td>33.3%</td><td>3.8%</td></tr>
<tr><td rowspan="2">30001—50000 元</td><td>频数</td><td>2</td><td>1</td><td>0</td><td>3</td></tr>
<tr><td>列百分比</td><td>3.6%</td><td>0.8%</td><td>0.0%</td><td>1.6%</td></tr>
<tr><td rowspan="2">50001 元以上</td><td>频数</td><td>1</td><td>0</td><td>1</td><td>2</td></tr>
<tr><td>列百分比</td><td>1.8%</td><td>0.0%</td><td>11.1%</td><td>1.1%</td></tr>
<tr><td rowspan="2">不方便说</td><td>频数</td><td>4</td><td>2</td><td>0</td><td>6</td></tr>
<tr><td>列百分比</td><td>7.3%</td><td>1.7%</td><td>0.0%</td><td>3.2%</td></tr>
<tr><td colspan="2">合计</td><td>频数</td><td>55</td><td>121</td><td>9</td><td>185</td></tr>
<tr><td>列百分比</td><td>100.0%</td><td>100.0%</td><td>100.0%</td><td>100.0%</td></tr>
</table>

3. 按揭占比

那么，如此高额的按揭是否对澳门的购房人带来过高的生活压力？表5—93中的数据显示，购房者按揭占家庭月收入的比例和租房人租金占家庭收入比例的情况相似。对于将近60%的人（69.8%—10.9%）来说，按揭占家庭总收入的比例在11%—40%之间；同时也有13.9%的人，其按揭占到了家庭收入的41%—60%，相对来说，这部分人的供款压力要大一些。此外，统计分析显示，不同收入阶层的按揭占比之间有一定差异，但在统计上并不显著（$\alpha = 0.05$），见表5—94。

表5—93 按揭的占比

	频数	百分比	累计百分比
10% 以下	22	10.9	10.9
11%—20%	47	23.3	34.2
21%—30%	40	19.8	54.0

续表

	频数	百分比	累计百分比
31%—40%	32	15.8	69.8
41%—50%	19	9.4	79.2
51%—60%	9	4.5	83.7
61%—70%	4	2.0	85.6
71%以上	2	1.0	86.6
不方便说	27	13.4	100.0
合计	202	100.0	

表 5—94　　　　　　　　　不同收入阶层按揭的占比

				收入阶层状态			合计
				低收入阶层	中等收入阶层	高收入阶层	
这些按揭占你们（指被调查者以及和被调查者是一家人的住户成员）每月总收入的百分比	10%以下	频数		6	13	2	21
		列百分比		10.9%	10.7%	22.2%	11.4%
	11%—20%	频数		13	31	1	45
		列百分比		23.6%	25.6%	11.1%	24.3%
	21%—30%	频数		8	28	3	39
		列百分比		14.5%	23.1%	33.3%	21.1%
	31%—40%	频数		6	24	0	30
		列百分比		10.9%	19.8%	0.0%	16.2%
	41%—50%	频数		7	11	0	18
		列百分比		12.7%	9.1%	0.0%	9.7%
	51%—60%	频数		7	1	1	9
		列百分比		12.7%	0.8%	11.1%	4.9%
	61%—70%	频数		1	2	1	4
		列百分比		1.8%	1.7%	11.1%	2.2%
	71%以上	频数		1	1	0	2
		列百分比		1.8%	0.8%	0.0%	1.1%
	不方便说	频数		6	10	1	17
		列百分比		10.9%	8.3%	11.1%	9.2%
合计		频数		55	121	9	185
		列百分比		100.0%	100.0%	100.0%	100.0%

4. 预计按揭年数

表5—95中的数据表明,从现在起算,澳门的购房人供完按揭的最短时间为半年,最高的长达50年,而平均数约为16年。这一数量的标准差在7.5年左右,说明这是一个欠离散的分布,也就是说,供款的年数相对比较集中。而表5—96中的方差分析则进一步表明,在不同收入阶层之间,供款的年限差异并不显著（Sig=0.154）。

表5—95　　　　　　　　　供按揭年数

	频次	最小值	最大值	均值	标准差
您预计供完这些住房按揭总共需要多少年	193	0.50	50.00	15.8912	7.53368

表5—96　　　　　　不同收入阶层按揭年数的比较

	平方和	自由度	均方	F检验值	显著度
组间方差	214.334	2	107.167	1.892	0.154
组内方差	9970.144	176	56.649		
合计	10184.478	178			

为了进一步获得直观感受,笔者对供款年数进行分组后分析,结果可以从表5—97中看到。供款在11—15年和16—20年之间是最为常见的。另外,供款6—10年的也占到了两成的比例。相对来说,5年以下,20年以上的比例均不是很高。

表5—97　　　　　　　　供款年数的分组情况

	频数	百分比	累计百分比
5年以下	21	10.9	10.9
6—10年	38	19.7	30.6
11—15年	50	25.9	56.5
16—20年	55	28.5	85.0
21—25年	16	8.3	93.3
26—30年	11	5.7	99.0
30年以上	2	1.0	100.0
合计	193	100.0	

第五节 医疗

一 澳门医疗发展概况[①]

澳门目前的医疗系统主要是由两部分构成：一是公立系统，包括1家公立医院（山顶医院或称仁伯爵医院）提供专科医疗服务以及分布于各个社区的卫生中心和卫生站，提供初级卫生护理医疗服务。二是私立系统，包括2家私立医院（镜湖医院、科大医院）以及各类诊所。统计数据表明，截至2010年年底，澳门地区共有医生1330名，护士1536名，病床1172张。每千人拥有的医生、护士、病床数目分别约为2.5人、2.8人和2.2张，这一数目略低于香港的对应指标3.1人、5.6人和5.0张，但每千人拥有的医生、护士数目高于内地的对应指标1.75人、1.39人，每千人拥有病床数目则低于内地的3.05张。[②]

从医疗保障的体制来看，澳门目前对所有持澳门身份证的居民提供全面的初级卫生护理保健服务，初级卫生保健网络（卫生中心和卫生站）为全体居民提供免费的保健、预防、诊断、治疗服务和基本药物，换一种说法就是全科医疗护理的服务内容包括妇幼保健、成人保健、口腔保健、学校保健、防疫接种、家庭计划、常见病预防诊疗、基本药物、健康教育，甚至家庭访视服务等。

对12岁以下儿童和65岁以上的老人、孕妇、传染病、恶性肿瘤、吸毒者、学生、老师、律师、囚犯、贫民等实行免费医疗，同时对于工资扣除医疗费0.05%的公务员，其子女和无业的家属还实行免费医疗制度；而在一些大的组织中往往会购买团体商业医疗保险，这样一些医疗支出可以得到报销。此外，不少个人还单独购买一份医疗保险。但由于公立医疗对很多人群免费，结果很多较低收入人群首选公立医院就诊，从而导致公立医疗资源相对紧张，公立医院排队现象十分突出，有受访医务界人士指出，"经常约个超声波（平诊不是急诊）都要8—9个月"；而私立医院又较贵，这给中低收入群体就医带来一定就医困

[①] 本部分的数据统计截至2010年年底。
[②] http://www.stats.gov.cn/tjsj/ndsj/2010/indexch.htm，2009年数据。

难。中产阶层的中下层人士也受到这一因素的影响。对于收入较高的中上层人士来说，往往选择去香港或者内地就医。此外，虽然澳门每千人拥有的医生数目较高，但大部分的病人都集中在公立医院，导致公立医院人满为患，医生超负荷工作。同时，由于澳门实行的医生执业资格是根据医学教育文凭颁发，没有相应的执业考试制度，结果部分私立诊所医生的医疗水平在一定程度上也成了问题。

除了公费医疗，澳门政府还从2009年开始推行医疗补助计划。从2009年开始，每年向全体澳门永久居民每人一次性发放500元医疗券，该券只能用于未经澳门政府补贴的私立医疗机构。这一计划到目前为止已经实施了三年，截至2011年，参加这一计划的私人医疗机构则超过600家。[1]

根据澳门特区政府的规划，目前已经制定了医疗系统10年规划方案。根据这一方案，山顶医院的急诊大楼于2012年落成，并筹建具有100张病床的专科大楼；离岛医院综合主体工程争取于2020年全部落成，并不迟于2015年率先开设急症医院服务；设于科大医院的急救站及住院康复服务则有望于半年内投入运作。中期规划要增建5间卫生中心，分别设于青洲坊、氹仔TN27地段、路环石排湾等地；而长期计划则会于新填海区及北区兴建新卫生中心，现有的5间卫生中心也将会重建。与此同时，澳门的医生和护士人数亦将增加，预计至2015年澳门会增加180名全科医生和150名专科医生。[2] 根据澳门特区行政长官的批示，将设立医疗系统建设委员会，全面协调、跟进和评估医疗系统的公共投资。委员会由行政长官亲自担任委员会主席，成员包括社会文化司司长和运输工务司司长，以及卫生局及工务部门代表等，并设立秘书处，负责日常事务。[3]

从澳门医疗制度的整体框架来看，目前存在的主要问题是公立医疗资源相对紧张，公费医疗需要排队的时间太长，不少家庭因此会选择到私立医院就诊，由此给中低层收入的家庭带来经济上的压力。而

---

[1] http://www.vs.gov.mo/vs2011/main.aspx?lang=ch&vmidx=0&pgtype=citizen_menu.
[2] http://www.gcs.gov.mo/showCNNews.php?DataUcn=51435&PageLang=C.
[3] http://bo.io.gov.mo/bo/i/2011/09/despce_cn.asp#35.

实行的医疗券制度则被认为作用不大，有受访家庭认为："这一两年都有医疗券，好像是补贴500元。真的有病，那个医疗券起不到什么作用，以前没有的时候反而便宜，现在有这个后，医疗费反而翻倍。"虽然这可能是被访者的偏激之词，但由此也说明对医疗券制度的成效评估不能完全乐观。此外，澳门目前的医疗制度对身处其中的医疗人员产生了较大的影响，这部分的内容将在第六章有关中产阶层的诉求中加以阐述。

二 澳门居民的医疗状况

1. 就医地点

医疗是一项基本而重要的民生服务。由于澳门前往内地和香港均比较方便，因此，有不少澳门居民选择到内地或者香港就医。表5—98中的数据表明，澳门居民最经常的看病地方仍然是澳门，有87.9%的人一般是在澳门看病。但也有一成的人到澳门之外就医。而表5—99中进一步的交互分析则表明，中等收入阶层在本澳看病的比例最高，高收入阶层去香港看病的比例超过其他两类收入的人群，而低收入人群去内地看病的比例要略高于其他两类人群（见表5—99）。不过，统计分析表明，三类人群在选择看病地点上的差异不显著（$\alpha = 0.05$）。

表5—98　　　　　　　　　最经常的看病地点

	频数	百分比	累计百分比
澳门	868	87.9	87.9
香港	34	3.4	91.3
内地	57	5.8	97.1
台湾	8	0.8	97.9
其他地方	7	0.7	98.6
很难讲	14	1.4	100.0
合计	988	100.0	

表5—99　　　　　　　　　不同收入阶层看病地点的选择

<table>
<tr><th colspan="3"></th><th colspan="3">收入阶层状态</th><th rowspan="2">合计</th></tr>
<tr><th colspan="3"></th><th>低收入阶层</th><th>中等收入阶层</th><th>高收入阶层</th></tr>
<tr><td rowspan="12">当您需要看病时，您最经常去哪里</td><td rowspan="2">澳门</td><td>频数</td><td>386</td><td>370</td><td>17</td><td>773</td></tr>
<tr><td>列百分比</td><td>87.7%</td><td>90.7%</td><td>81.0%</td><td>89.0%</td></tr>
<tr><td rowspan="2">香港</td><td>频数</td><td>13</td><td>12</td><td>2</td><td>27</td></tr>
<tr><td>列百分比</td><td>3.0%</td><td>2.9%</td><td>9.5%</td><td>3.1%</td></tr>
<tr><td rowspan="2">内地</td><td>频数</td><td>30</td><td>18</td><td>1</td><td>49</td></tr>
<tr><td>列百分比</td><td>6.8%</td><td>4.4%</td><td>4.8%</td><td>5.6%</td></tr>
<tr><td rowspan="2">台湾</td><td>频数</td><td>2</td><td>4</td><td>0</td><td>6</td></tr>
<tr><td>列百分比</td><td>0.5%</td><td>1.0%</td><td>0.0%</td><td>0.7%</td></tr>
<tr><td rowspan="2">其他地方</td><td>频数</td><td>3</td><td>1</td><td>0</td><td>4</td></tr>
<tr><td>列百分比</td><td>0.7%</td><td>0.2%</td><td>0.0%</td><td>0.5%</td></tr>
<tr><td rowspan="2">很难讲</td><td>频数</td><td>6</td><td>3</td><td>1</td><td>10</td></tr>
<tr><td>列百分比</td><td>1.4%</td><td>0.7%</td><td>4.8%</td><td>1.2%</td></tr>
<tr><td colspan="2">合计</td><td>频数</td><td>440</td><td>408</td><td>21</td><td>869</td></tr>
<tr><td colspan="2"></td><td>列百分比</td><td>100.0%</td><td>100.0%</td><td>100.0%</td><td>100.0%</td></tr>
</table>

2. 公立或私立

澳门居民可以在公立医疗机构和私立医疗机构之间选择。从表5—100中的调查结果看，33.7%的居民选择到公立医疗机构看病，而56.9%的人则表示选择私立机构，另有9.3%的人表示很难讲。而表5—101中进一步的交互分析则发现，相对低收入阶层来说，中高收入阶层更倾向于去私立医疗机构（见表5—101）。不过这一差异在统计上是不显著的（$\alpha = 0.05$）。

表5—100　　　　　　公立医疗机构和私立医疗机构的选择

	频数	百分比	累计百分比
公立医疗机构	332	33.7	33.7
私立医疗机构	560	56.9	90.7
很难讲	92	9.3	100.0
合计	984	100.0	

表 5—101　　　　不同收入阶层对公立和私立医疗机构的选择

			收入阶层状态			合计
			低收入阶层	中等收入阶层	高收入阶层	
在澳门就医时，您大多数情况是选择公立医疗机构（包括社区卫生站和公立医院）还是私立医疗机构	公立医疗机构	频数	167	120	6	293
		列百分比	38.1%	29.5%	28.6%	33.8%
	私立医疗机构	频数	236	249	13	498
		列百分比	53.9%	61.2%	61.9%	57.5%
	很难讲	频数	35	38	2	75
		列百分比	8.0%	9.3%	9.5%	8.7%
合计		频数	438	407	21	866
		列百分比	100.0%	100.0%	100.0%	100.0%

3. 对公立和私立医院的对比

为了了解澳门居民对公立医院和私立医院的评价，邀请居民从五个方面对公立医院和私立医院进行对比，并分析不同收入阶层的人士在这五个方面的差异。结果如下所示。

业务水平方面。表5—102中的数据显示，26.7%的人认为公立医院好于私立医院，49.9%的人认为私立医院好于公立医院。另有23.4%的人表示很难讲。这说明，总的来说，认为私立医院业务水平更好的人要多。而表5—103中的交互分析结果则表明，不同收入阶层对两类医院的业务水平好坏的评判意见没有显著差异（$\alpha = 0.05$）。

表 5—102　　　　公立医院和私立医院在业务水平方面的比较

	频数	百分比	累计百分比
公立医院好于私立医院	262	26.7	26.7
私立医院好于公立医院	491	49.9	76.6
很难讲	230	23.4	100.0
合计	983	100.0	

表 5—103　　　　不同收入阶层对公立医院和私立医院在业务水平方面的比较

			收入阶层状态			合计
			低收入阶层	中等收入阶层	高收入阶层	
根据您本人的经验，请比较公立医院和私立医院在"医疗人员业务水平"方面的优劣	公立医院好于私立医院	频数	120	110	6	236
		列百分比	27.4%	27.0%	28.6%	27.3%
	私立医院好于公立医院	频数	220	212	8	440
		列百分比	50.2%	52.1%	38.1%	50.8%
	很难讲	频数	98	85	7	190
		列百分比	22.4%	20.9%	33.3%	21.9%
合计		频数	438	407	21	866
		列百分比	100.0%	100.0%	100.0%	100.0%

服务态度方面。表 5—104 中的数据显示，24.3% 的人认为公立医院好于私立医院，54.4% 的人认为私立医院好于公立医院，另有 21.3% 的人表示很难讲。这说明，总的来说，认为私立医院服务态度更好的人要多。而表 5—105 中的交互分析结果则表明，不同收入阶层对两类医院的服务态度好坏的评判意见有一定差别，大致来说，低收入人群认为公立医院好于私立医院的比例更高一些，不过，统计分析表明，不同收入阶层的人在比较公立医院和私立医院服务态度好坏方面差异不显著（$\alpha = 0.05$）。

表 5—104　　　　公立医院和私立医院在服务态度方面的比较

	频数	百分比	累计百分比
公立医院好于私立医院	239	24.3	24.3
私立医院好于公立医院	535	54.4	78.7
很难讲	209	21.3	100.0
合计	983	100.0	

表 5—105　　　　不同收入阶层对公立医院和私立医院在
　　　　　　　　　　　　服务态度方面的比较

<table>
<tr><th colspan="2"></th><th></th><th colspan="3">收入阶层状态</th><th rowspan="2">合计</th></tr>
<tr><th colspan="2"></th><th></th><th>低收入阶层</th><th>中等收入阶层</th><th>高收入阶层</th></tr>
<tr><td rowspan="6">根据您本人的经验，请比较公立医院和私立医院在"医疗人员服务态度"方面的优劣</td><td rowspan="2">公立医院好于私立医院</td><td>频数</td><td>116</td><td>88</td><td>4</td><td>208</td></tr>
<tr><td>列百分比</td><td>26.5%</td><td>21.6%</td><td>19.0%</td><td>24.0%</td></tr>
<tr><td rowspan="2">私立医院好于公立医院</td><td>频数</td><td>221</td><td>247</td><td>13</td><td>481</td></tr>
<tr><td>列百分比</td><td>50.5%</td><td>60.7%</td><td>61.9%</td><td>55.5%</td></tr>
<tr><td rowspan="2">很难讲</td><td>频数</td><td>101</td><td>72</td><td>4</td><td>177</td></tr>
<tr><td>列百分比</td><td>23.1%</td><td>17.7%</td><td>19.0%</td><td>20.4%</td></tr>
<tr><td colspan="2" rowspan="2">合计</td><td>频数</td><td>438</td><td>407</td><td>21</td><td>866</td></tr>
<tr><td>列百分比</td><td>100.0%</td><td>100.0%</td><td>100.0%</td><td>100.0%</td></tr>
</table>

设施先进程度方面。表 5—106 中的数据显示，36.7% 的人认为公立医院好于私立医院，38.7% 的人认为私立医院好于公立医院。另有 24.6% 的人表示很难讲。这说明，人们对公立医院和私立医院的设备先进程度是各有看法，没有主流性的意见。而表 5—107 中的交互分析结果则表明，不同收入阶层对两类医院的设施先进程度的评判意见没有显著差异（$\alpha = 0.05$）。

表 5—106　　　　公立医院和私立医院在设施方面的比较

	频数	百分比	累计百分比
公立医院好于私立医院	361	36.7	36.7
私立医院好于公立医院	380	38.7	75.4
很难讲	242	24.6	100.0
合计	983	100.0	

表 5—107　　　　不同收入阶层对公立医院和私立医院
　　　　　　　　　　在设施方面的比较

			收入阶层状态			合计
			低收入阶层	中等收入阶层	高收入阶层	
根据您本人的经验，请比较公立医院和私立医院在"医疗设施先进程度"方面的优劣	公立医院好于私立医院	频数	167	149	9	325
		列百分比	38.1%	36.6%	42.9%	37.5%
	私立医院好于公立医院	频数	162	173	7	342
		列百分比	37.0%	42.5%	33.3%	39.5%
	很难讲	频数	109	85	5	199
		列百分比	24.9%	20.9%	23.8%	23.0%
合计		频数	438	407	21	866
		列百分比	100.0%	100.0%	100.0%	100.0%

办事效率方面。表 5—108 中的数据显示，12.7% 的人认为公立医院好于私立医院，70.6% 的人认为私立医院好于公立医院。另有 16.7% 的人表示很难讲。这说明，大多数人认为私立医院在办事效率方面要好于公立医院。而表 5—109 中的交互分析结果则表明，不同收入阶层对两类医院的办事效率的评判意见没有显著差异（$\alpha = 0.05$）。

表 5—108　　　公立医院和私立医院在办事效率方面的比较

	频数	百分比	累计百分比
公立医院好于私立医院	125	12.7	12.7
私立医院好于公立医院	694	70.6	83.3
很难讲	164	16.7	100.0
合计	983	100.0	

表5—109　　　　不同收入阶层对公立医院和私立医院
在办事效率方面的比较

			收入阶层状态			合计
			低收入阶层	中等收入阶层	高收入阶层	
根据您本人的经验，请比较公立医院和私立医院在"办事效率"方面的优劣	公立医院好于私立医院	频数	57	49	2	108
		列百分比	13.0%	12.0%	9.5%	12.5%
	私立医院好于公立医院	频数	315	295	16	626
		列百分比	71.9%	72.5%	76.2%	72.3%
	很难讲	频数	66	63	3	132
		列百分比	15.1%	15.5%	14.3%	15.2%
合计		频数	438	407	21	866
		列百分比	100.0%	100.0%	100.0%	100.0%

等待就诊时间方面。表5—110中的数据显示，7.6%的人认为公立医院好于私立医院，76.3%的人认为私立医院好于公立医院。另有16.1%的人表示很难讲。这说明，大多数人认为私立医院在等待就诊时间方面要好于公立医院。而表5—111中的交互分析结果则表明，不同收入阶层对两类医院的等待就诊时间的评判意见没有显著差异（$\alpha = 0.05$）。

表5—110　　　公立医院和私立医院在等待就诊时间方面的比较

	频数	百分比	累计百分比
公立医院好于私立医院	75	7.6	7.6
私立医院好于公立医院	750	76.3	83.9
很难讲	158	16.1	100.0
合计	983	100.0	

表 5—111　　　　不同收入阶层对公立医院和私立医院
在等待就诊时间方面的比较

			收入阶层状态			合计
			低收入群体	中等收入群体	高收入群体	
根据您本人的经验，请比较公立医院和私立医院在"等待就诊的时间"方面的优劣	公立医院好于私立医院	频数	31	31	1	63
		列百分比	7.1%	7.6%	4.8%	7.3%
	私立医院好于公立医院	频数	345	307	18	670
		列百分比	78.8%	75.4%	85.7%	77.4%
	很难讲	频数	62	69	2	133
		列百分比	14.2%	17.0%	9.5%	15.4%
合计		频数	438	407	21	866
		列百分比	100.0%	100.0%	100.0%	100.0%

从上述分析可以看出，总的来说，澳门居民对私立医院的评价更好。并且，不同阶层之间在各项评价上都比较一致。

4. 对医疗补贴券的态度

医疗补贴券自 2009 年开始实施，到 2012 年已经过去了三年，那么这一制度的效果怎么样呢？表 5—112 中的数据表明，约有 12.0% 的人认为这一制度"很有用"，而 30.6% 的人认为"比较有用"，二者合计占到 42.6% 的比例。认为该制度"一般"的占 22.5%，而认为该制度"不大管用"或者"没有什么用处"的人合计占到 31.5% 的比例。归纳起来说，可以认为对这一制度的评价基本是"四二二"，即认为好、一般和不好的分别占四成、两成和三成。那么，到底是哪些人认为这一制度好呢？表 5—113 中的交互分析数据表明，低收入阶层认为这一制度"很有用"或"比较有用"的比例合计起来占到了 47.5%，而中等收入和高收入阶层认为其"很有用"或"比较有用"的比例合计起来分别仅为 39.5% 和 14.3%。这说明，主要是低收入阶层从医疗补贴券中获得了益处。统计分析表明，这一差异在统计上有显著差异（$\alpha = 0.01$）。

表5—112　　　　　　　对医疗补贴券的态度

	频数	百分比	累计百分比
很有用	118	12.0	12.0
比较有用	302	30.6	42.6
一般	222	22.5	65.1
不大管用	188	19.0	84.1
没有什么用处	123	12.5	96.6
很难讲	34	3.4	100.0
合计	987	100.0	

表5—113　　　　　不同收入阶层对医疗补贴券的态度

			收入阶层状态			合计
			低收入阶层	中等收入阶层	高收入阶层	
近两年实行了医疗券补贴制度。您认为这一制度对您来说	很有用	频数	69	36	1	106
		列百分比	15.7%	8.8%	4.8%	12.2%
	比较有用	频数	140	125	2	267
		列百分比	31.8%	30.7%	9.5%	30.8%
	一般	频数	84	104	8	196
		列百分比	19.1%	25.6%	38.1%	22.6%
	不大管用	频数	89	77	4	170
		列百分比	20.2%	18.9%	19.0%	19.6%
	没有什么用处	频数	45	59	4	108
		列百分比	10.2%	14.5%	19.0%	12.4%
	很难讲	频数	13	6	2	21
		列百分比	3.0%	1.5%	9.5%	2.4%
合计		频数	440	407	21	868
		列百分比	100.0%	100.0%	100.0%	100.0%

三　总体评价

总的来说，澳门居民对澳门医疗体系的工作表示比较满意。表5—114中的数据表明，34.6%的居民对医疗服务表示满意，44.0%的评价是"一般"，而表示不满意的合计起来仅占19.2%。表5—115中的交互分析数据则进一步表明,相比之下,低收入阶层对澳门医疗服务的满意度更高,表示"非常满意"和"比较满意"的比例合计起来占到了38.5%;中等收入阶层的这一比例为31.3%,略低于平均水平;而高收入阶层的这一比例更低,仅为28.6%。统计分析表明,这一差异在统计上呈显著（α=0.01）。

表 5—114　　　　　澳门居民对医疗服务的总体满意度

	频数	百分比	累计百分比
非常满意	33	3.4	3.4
比较满意	307	31.2	34.5
一般	433	44.0	78.5
比较不满意	152	15.4	93.9
非常不满意	37	3.8	97.7
很难讲	23	2.3	100.0
合计	985	100.0	

表 5—115　　　　　不同收入阶层对医疗服务的总体满意度

			收入阶层状态			合计
			低收入群体	中等收入群体	高收入群体	
总的来说,您对澳门地区医疗服务的满意程度	非常满意	频数	21	9	0	30
		列百分比	4.8%	2.2%	0.0%	3.5%
	比较满意	频数	148	118	6	272
		列百分比	33.7%	29.1%	28.6%	31.4%
	一般	频数	198	179	6	383
		列百分比	45.1%	44.1%	28.6%	44.2%
	比较不满意	频数	52	76	7	135
		列百分比	11.8%	18.7%	33.3%	15.6%
	非常不满意	频数	9	20	2	31
		列百分比	2.1%	4.9%	9.5%	3.6%
	很难讲	频数	11	4	0	15
		列百分比	2.5%	1.0%	0.0%	1.7%

第六节 教育

一 澳门教育发展的概况

诚如古语所言，十年树木，百年树人；教育是涉及社会文化传承发扬的大问题。同时，教育还是涉及千家万户的一项民生政策。由于家家户户的孩子都需要上学，因此，社会民众普遍关心教育问题。

澳门地区的教育体系较为完备，包括了幼儿园、小学、中学（含职高）、大学以及成人教育等。图5—4给出了澳门地区各类教育机构在过去20年间变动的情况。

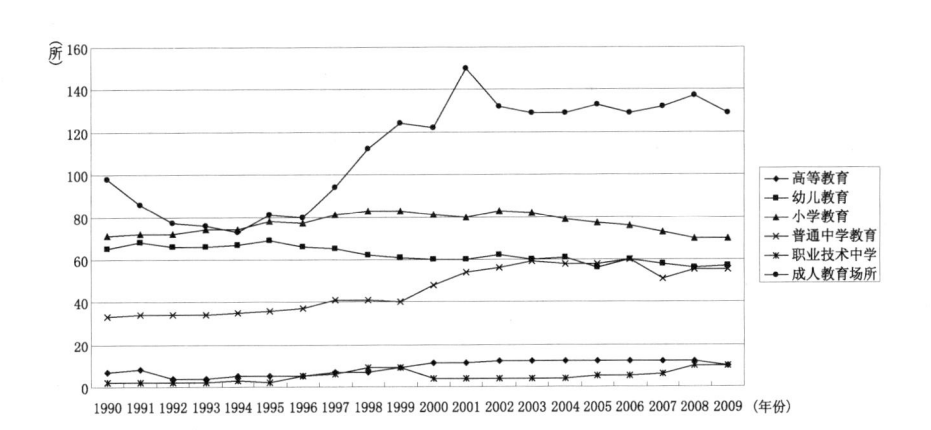

图5—4 澳门各类教育机构数量变动情况（1990—2009）
资料来源：http://www.dsec.gov.mo/TimeSeriesDatabase.aspx。

从图5—4中可以看出，1990年以来，高等教育机构的数量略有上升；小学教育的校部数量则经历了一个先升后降的过程，到2009年基本上和1990年持平；普通中学教育校部数量则有较大幅度提高，从不到40所提升到将近60所；职业技术中学则有小幅度上升；成人教育校部的数量在经历小幅度下降后，呈反弹上升趋势，从1990年的100所左右增加到2009年的近130所。但值得注意的是幼儿教育场所的数量呈现微幅下降趋势，在1990年，幼儿教育场所超过60所，而2009年的这一数量则不到 60 所。

二 各阶层对各级教育的满意程度

在本节中，首先来分析澳门居民对各级教育的满意程度。具体的思路是，选择那些有子女或本人处于适龄教育阶段的家庭，请他们来对各级教育进行总体满意度评分，然后再分别考察各个阶层对各级教育的评价是否有差异。[①]

1. 托儿所

本次调查中，共 75 户家庭中有小孩入托，占调查家庭的 7.6%。见表 5—116。从满意度上来说，表 5—117 中的数据表明，8.0% 和 53.3% 的被访者分别表示"非常满意"或"比较满意"，二者合计占到 61.3%，认为"一般"的约占 25.3%，而表示"比较不满意"和"非常不满意"的合计仅占 10.7%。这一结果说明，家长对托儿所的总体满意度较高。表 5—118 中的交互分析数据则进一步表明，中等收入阶层的家长对托儿所服务的总体满意更高，但统计分析表明，这一差距不具有显著性（$\alpha = 0.05$）。

表 5—116　　　　　　　　有儿童入托的家庭比例

	频数	百分比	累计百分比
有	75	7.6	7.6
没有	913	92.4	100.0
合计	988	100.0	

表 5—117　　　　　　　　对托儿所的总体满意度

	频数	百分比	累计百分比
非常满意	6	8.0	8.0
比较满意	40	53.3	61.3
一般	19	25.3	86.6
比较不满意	6	8.0	94.6

[①] 作为一项综合性的调查，本研究受时间和问卷长度的限制，无法对居民开展涉及教育发展细节的研究，这是本研究的一个遗憾。

续表

	频数	百分比	累计百分比
非常不满意	2	2.7	97.3
很难讲	2	2.7	100.0
合计	75	100.0	

表5—118　不同收入阶层对托儿所服务的总体满意度

			收入阶层状态			合计
			低收入阶层	中等收入阶层	高收入阶层	
被访者对托儿所服务的满意程度	非常满意	频数	0	5	5	10
		列百分比	0.0%	12.5%	7.7%	7.7%
	比较满意	频数	13	23	36	72
		列百分比	52.0%	57.5%	55.4%	55.4%
	一般	频数	8	7	15	30
		列百分比	32.0%	17.5%	23.1%	23.1%
	比较不满意	频数	3	3	6	12
		列百分比	12.0%	7.5%	9.2%	9.2%
	非常不满意	频数	0	1	1	2
		列百分比	0.0%	2.5%	1.5%	1.5%
	很难讲	频数	1	1	2	4
		列百分比	4.0%	2.5%	3.1%	3.1%
合计		频数	25	40	65	130
		列百分比	100.0%	100.0%	100.0%	100%

2. 幼儿园

本次调查中，共106户家庭中有小孩入园，占调查家庭的10.7%（见表5—119）。就满意度来说，表5—120中的数据表明，7.5%和53.8%的被访者分别表示"非常满意"或"比较满意"，二者合计占到61.3%，认为"一般"的约占33.0%，而表示"比较不满意"和"非常不满意"的合计仅占2.8%。这一结果说明，家长对幼儿园的总体满意度非常高。表5—121中的交互分析数据则进一步表明，中低收入阶层的家长对幼儿园服务的总体满意更高。不过，统计分析表明，这一差距不具有显著性（$\alpha = 0.05$）。

表 5—119　　　　　　　有儿童在幼儿园的家庭比例

	频数	百分比	累计百分比
有	106	10.7	10.7
没有	882	89.3	100.0
合计	988	100.0	

表 5—120　　　　　　　对幼儿园的总体满意度

	频数	百分比	累计百分比
非常满意	8	7.5	7.5
比较满意	57	53.8	61.3
一般	35	33.0	94.3
比较不满意	2	1.9	96.2
非常不满意	1	0.9	97.2
很难讲	3	2.8	100.0
合计	106	100.0	

表 5—121　　　不同收入阶层对幼儿园服务的总体满意度

| | | | 阶层收入状态 ||| 合计 |
			低收入阶层	中等收入阶层	高收入阶层	
被访者对幼儿园的服务的满意程度	非常满意	频数	4	4	0	8
		列百分比	11.1%	7.0%	0.0%	8.5%
	比较满意	频数	18	34	0	52
		列百分比	50.0%	59.6%	0.0%	55.3%
	一般	频数	10	19	1	30
		列百分比	27.8%	33.3%	100.0%	31.9%
	比较不满意	频数	2	0	0	2
		列百分比	5.6%	0.0%	0.0%	2.1%
	非常不满意	频数	1	0	0	1
		列百分比	2.8%	0.0%	0.0%	1.1%
	很难讲	频数	1	0	0	1
		列百分比	2.8%	0.0%	0.0%	1.1%
合计		频数	36	57	1	94
		列百分比	100.0%	100.0%	100.0%	100.0%

3. 小学

本次调查中，共169户家庭中有小孩就读小学，占调查家庭的17.1%（见表5—122）。就满意度来说，表5—123中的数据表明，4.7%和49.1%的被访者分别表示"非常满意"或"比较满意"，二者合计占到53.8%，认为"一般"的约占32.0%，而表示"比较不满意"和"非常不满意"的合计仅占11.3%。这一结果说明，家长对小学教育的总体满意度比较高。表5—124中的交互分析数据则进一步表明，低收入阶层和中等收入阶层的家长对小学教育的总体满意度更高，而高收入阶层对小学教育的满意度相对要低一些，仅为40%。不过，统计分析表明，这一差距不具有显著性（$\alpha = 0.05$）。

表5—122　　有孩子在小学的家庭比例

	频数	百分比	累计百分比
有	169	17.1	17.1
没有	819	82.9	100.0
合计	988	100.0	

表5—123　　对小学的总体满意度

	频数	百分比	累计百分比
非常满意	8	4.7	4.7
比较满意	83	49.1	53.8
一般	54	32.0	85.8
比较不满意	15	8.9	94.7
非常不满意	4	2.4	97.0
很难讲	5	3.0	100.0
合计	169	100.0	

表 5—124　　　　不同收入阶层对小学教育的总体满意度

<table>
<tr><th colspan="3"></th><th colspan="3">收入阶层状态</th><th rowspan="2">合计</th></tr>
<tr><th colspan="3"></th><th>低收入阶层</th><th>中等收入阶层</th><th>高收入阶层</th></tr>
<tr><td rowspan="12">您对小学教育的满意程度</td><td rowspan="2">非常满意</td><td>频数</td><td>3</td><td>4</td><td>0</td><td>7</td></tr>
<tr><td>列百分比</td><td>5.3%</td><td>4.7%</td><td>0.0%</td><td>4.7%</td></tr>
<tr><td rowspan="2">比较满意</td><td>频数</td><td>27</td><td>45</td><td>2</td><td>74</td></tr>
<tr><td>列百分比</td><td>47.4%</td><td>52.3%</td><td>40.0%</td><td>50.0%</td></tr>
<tr><td rowspan="2">一般</td><td>频数</td><td>18</td><td>26</td><td>2</td><td>46</td></tr>
<tr><td>列百分比</td><td>31.6%</td><td>30.2%</td><td>40.0%</td><td>31.1%</td></tr>
<tr><td rowspan="2">比较不满意</td><td>频数</td><td>6</td><td>6</td><td>1</td><td>13</td></tr>
<tr><td>列百分比</td><td>10.5%</td><td>7.0%</td><td>20.0%</td><td>8.8%</td></tr>
<tr><td rowspan="2">非常不满意</td><td>频数</td><td>1</td><td>2</td><td>0</td><td>3</td></tr>
<tr><td>列百分比</td><td>1.8%</td><td>2.3%</td><td>0.0%</td><td>2.0%</td></tr>
<tr><td rowspan="2">很难讲</td><td>频数</td><td>2</td><td>3</td><td>0</td><td>5</td></tr>
<tr><td>列百分比</td><td>3.5%</td><td>3.5%</td><td>0.0%</td><td>3.4%</td></tr>
<tr><td colspan="2">合计</td><td>频数</td><td>57</td><td>86</td><td>5</td><td>148</td></tr>
<tr><td colspan="2"></td><td>列百分比</td><td>100.0%</td><td>100.0%</td><td>100.0%</td><td>100.0%</td></tr>
</table>

4. 中学

本次调查中，共 254 户家庭中有孩子就读中学，占调查家庭的 25.7%（见表 5—125）。就满意度来说，表 5—126 中的数据表明，5.5% 和 41.7% 的被访者分别表示"非常满意"或"比较满意"，二者合计占到 47.2%，认为"一般"的约占 41.3%，而表示"比较不满意"和"非常不满意"的合计仅占 7.5%。这一结果说明，家长对中学教育的总体满意度比较高。表 5—127 中的交互分析数据则进一步表明，低收入阶层和中等收入阶层的家长对中学教育的总体满意更高，而高收入阶层对中学教育的满意度相对较低，没有家长表示满意或者比较满意。不过，统计分析表明，这一差距不具有显著性（$\alpha = 0.05$）。

表 5—125　　　　有孩子（包括本人）在中学的比例

	频数	百分比	累计百分比
有	254	25.7	25.7

续表

	频数	百分比	累计百分比
没有	734	74.3	100.0
合计	988	100.0	

表5—126　　　　　　　　对中学的总体满意度

	频数	百分比	累计百分比
非常满意	14	5.5	5.5
比较满意	106	41.7	47.2
一般	105	41.3	88.6
比较不满意	16	6.3	94.9
非常不满意	3	1.2	96.1
很难讲	10	3.9	100.0
合计	254	100.0	

表5—127　　　　不同收入阶层对中学教育的总体满意度

			收入阶层状态			合计
			低收入阶层	中等收入阶层	高收入阶层	
您对中学教育的满意程度	非常满意	频数	8	3	0	11
		列百分比	6.1%	3.4%	0.0%	5.0%
	比较满意	频数	62	32	0	94
		列百分比	47.3%	36.8%	0.0%	42.3%
	一般	频数	50	39	2	91
		列百分比	38.2%	44.8%	50.0%	41.0%
	比较不满意	频数	7	7	1	15
		列百分比	5.3%	8.0%	25.0%	6.8%
	非常不满意	频数	1	2	0	3
		列百分比	0.8%	2.3%	0.0%	1.4%
	很难讲	频数	3	4	1	8
		列百分比	2.3%	4.6%	25.0%	3.6%
合计		频数	131	87	4	222
		列百分比	100.0%	100.0%	100.0%	100.0%

5. 大学

大学作为现代教育制度的重要组成部分，对一个地区乃至国家的教育发展和文化发展具有重要的意义。在本次调查中，笔者询问了澳门居民希望子女或本人读大学的地方。表5—128中的数据表明，近四成（39.4%）的居民首选让子女或本人在澳门读大学，其次是去欧美或澳洲（24.4%），再次则是去中国台湾（10.2%）。选择去中国香港和去内地的比例分别占5.5%和5.9%。

表5—128　　　　　希望子女或本人读大学的地方

	频数	百分比	累计百分比
中国澳门	100	39.4	39.4
中国香港	14	5.5	44.9
内地	15	5.9	50.8
中国台湾	26	10.2	61.0
欧美/澳洲	62	24.4	85.4
没有考虑过	37	14.6	100.0
合计	254	100.0	

那么，是否不同收入阶层的个体对子女或自身就读大学地点的倾向是一样的呢？表5—129中交互分析结果表明，低收入阶层首选让子女在澳门读大学（46.6%），其次是到欧美/澳洲（16.0%），再次是去中国台湾（13.0%）；对于中等收入阶层来说，中等收入阶层的选择顺序和低收入阶层完全一样，不过各自选择的比例分别为35.6%、32.2%和9.2%；比较起来，中等收入阶层选择去欧美/澳洲的比例更高。至于高收入阶层，则选择欧美/澳洲占到了压倒性的优势（75%）。从这一交互的结果不难看出，在经济条件允许的情况下，澳门的家长更愿意将子女送到欧美或澳洲就读。统计分析表明，不同收入阶层的个体对于子女或自身就读大学的选择差异具有显著性（$\alpha=0.05$）。

表 5—129　　　　不同收入阶层希望子女或本人读大学的地方

			收入阶层状态			合计
			低收入阶层	中等收入阶层	高收入阶层	
如果您本人或者您子女面临升入大学，您希望到哪里的大学深造？	中国澳门	频数	61	31	0	92
		列百分比	46.6%	35.6%	0.0%	41.4%
	中国香港	频数	6	5	0	11
		列百分比	4.6%	5.7%	0.0%	5.0%
	内地	频数	8	2	1	11
		列百分比	6.1%	2.3%	25.0%	5.0%
	中国台湾	频数	17	8	0	25
		列百分比	13.0%	9.2%	0.0%	11.3%
	欧美/澳洲	频数	21	28	3	52
		列百分比	16.0%	32.2%	75.0%	23.4%
	没有考虑过	频数	18	13	0	31
		列百分比	13.7%	14.9%	0.0%	14.0%
合计		频数	131	87	4	222
		列百分比	100.0%	100.0%	100.0%	100.0%

6. 总体满意度

总的来说，澳门居民对澳门的教育体系满意度很高。表 5—130 中的数据表明，36.1% 的居民对澳门教育体系整体上"非常满意"和"比较满意"，45.8% 的人表示"一般"，表示"非常不满意"和"比较不满意"的合计起来仅有 11.0%。不过，表 5—131 中的交互分析表明，尽管三个阶层对澳门教育的总体满意度评价都不错，但低收入阶层的评价要更高一些，中等收入阶层次之，最低的是高收入阶层。统计分析表明，这一差异具有显著性（$\alpha = 0.05$）。

表 5—130　　　　对澳门地区教育的总体满意度

	频数	百分比	累计百分比
非常满意	32	3.2	3.2
比较满意	325	32.9	36.1
一般	452	45.8	82.0

续表

	频数	百分比	累计百分比
比较不满意	92	9.3	91.3
非常不满意	17	1.7	93.0
很难讲	69	7.0	100.0
合计	987	100.0	

表5—131　　不同收入阶层对澳门地区教育的总体满意度

<table>
<tr><th rowspan="2" colspan="2"></th><th colspan="3">收入阶层状态</th><th rowspan="2">合计</th></tr>
<tr><th>低收入阶层</th><th>中等收入阶层</th><th>高收入阶层</th></tr>
<tr><td rowspan="12">对澳门地区教育的总体满意程度</td><td rowspan="2">非常满意</td><td>频数：19</td><td>9</td><td>1</td><td>29</td></tr>
<tr><td>列百分比：4.3%</td><td>2.2%</td><td>4.8%</td><td>3.3%</td></tr>
<tr><td rowspan="2">比较满意</td><td>频数：150</td><td>134</td><td>6</td><td>290</td></tr>
<tr><td>列百分比：34.1%</td><td>32.9%</td><td>28.6%</td><td>33.4%</td></tr>
<tr><td rowspan="2">一般</td><td>频数：189</td><td>203</td><td>6</td><td>398</td></tr>
<tr><td>列百分比：43.0%</td><td>49.9%</td><td>28.6%</td><td>45.9%</td></tr>
<tr><td rowspan="2">比较不满意</td><td>频数：41</td><td>37</td><td>4</td><td>82</td></tr>
<tr><td>列百分比：9.3%</td><td>9.1%</td><td>19.0%</td><td>9.4%</td></tr>
<tr><td rowspan="2">非常不满意</td><td>频数：3</td><td>9</td><td>2</td><td>14</td></tr>
<tr><td>列百分比：0.7%</td><td>2.2%</td><td>9.5%</td><td>1.6%</td></tr>
<tr><td rowspan="2">很难讲</td><td>频数：38</td><td>15</td><td>2</td><td>55</td></tr>
<tr><td>列百分比：8.6%</td><td>3.7%</td><td>9.5%</td><td>6.3%</td></tr>
<tr><td colspan="2">合计</td><td>频数：440</td><td>407</td><td>21</td><td>868</td></tr>
<tr><td colspan="2"></td><td>列百分比：100.0%</td><td>100.0%</td><td>100.0%</td><td>100.0%</td></tr>
</table>

三　澳门教育制度与中等收入阶层

对大部分居民来说，教育制度的影响体现在两个方面，一个是子女的教育，一个则是自身的教育。[①] 前者涉及从幼儿园到大学的教育，而后者则主要体现在成人教育方面。从制度的角度考虑，如果说对中等收入阶层的特定影响，可能主要包括以下几个方面。

一是对潜在中产阶层的造就问题。高等教育是人们跻身中等收入群

---

① 其实，教育制度的影响不仅仅限于中产阶层家庭。

体的重要通道，资助年轻人接受高等教育则有助于造就未来的中等收入群体。在这方面，澳门教育部门已经制定了大专奖助学金制度，[①] 不少人已经从中受惠。比如，其中一个受访户主的弟弟就是在这一制度的支持下得以到中国台湾接受高等教育。

二是中等收入阶层自身的素质提高问题。在社会快速发展时期，不少已经跻身中产的人群时刻面临竞争压力，补充知识、提升水平是他们业余时间的重要内容。因此，各种在职的培训十分重要。上面提到的澳门近年来成人培训机构数量增加就是这一趋势的重要反映。在这方面，澳门政府日前也制定了相应政策，即"持续进修发展计划"。[②]

三是对中等收入阶层子女的教育问题。包括提供足够的学位，减轻中等收入阶层特别是其中下层的家庭经济负担问题。在调查中，一些家庭提出，目前优质幼儿教育的学位紧张。而在资费方面，由于澳门政府从2007年开始全面推行了15年义务教育，被调查的家庭普遍对这一制度满意。

四是教育系统内部的问题。这一问题主要体现在教师的收入、职业发展等问题上。目前，澳门地区的教育体系基本上沿袭了澳葡时期的体制，公立、私立以及教会学校均保持一定比例，在《非高等教育私立学校教学人员管理制度框架》（简称《私框》）通过以前，不同类型学校间待遇以及职业成长有不小的差异。同时，作为典型的新中产阶层群体，教师群体将自己的收入和博彩从业人员对比，产生较为严重的"相对剥夺感"。关于这一问题，将在本书第六章加以讨论。

[①] http：//www.dsej.gov.mo/~webdsej/www/inter_dsej_page.php?con=grp_sch/scholarship-c.html.

[②] http：//www.dsej.gov.mo/pdac/?sid=&pt=http：//&ip=&searchstyle=&clearorder=&time=1314973563&.

第六章　澳门中产阶层的社会政策关注

第一节　澳门中产阶层概况

第二章从理论上认为澳门的中产阶层由三部分构成：老中产、新中产和边缘中产。并且，笔者强调，中产阶层是一个理想型概念，没有必要也不大可能来准确估计其规模。不过，为了量化地分析不同中产类型的满意度和需求情况，笔者仍然粗略地对中产阶层规模进行估计。这里同样需要一个标准。

老中产在这里指的是这样一群人，他们的身份是雇主，同时月收入达到了设定的个体中等收入的下限，但没有上限限制。

新中产在这里指的是这样一群人，他们的身份不是雇主，月收入达到了设定的中等收入个体的低限，但是没有上限限制；同时文化程度在大专及以上，从事的职业类别为"立法机关成员、公共行政高级官员、社团领导人员、企业领导人员及经理""专业人员""技术员及辅助专业人员"的群体。

边缘中产在这里指的是这样一群人，他们不是雇主，月收入达到了设定的个体中等收入的低限，但是没有上限限制；同时，文化程度在大专以下；或者文化程度在大专以上但从事的职业是除了"立法机关成员、公共行政高级官员、社团领导人员、企业领导人员及经理""专业人员""技术员及辅助专业人员"这三类以外的群体。在一个高度发达的现代社会中，具有这样特征的群体通常是高级的蓝领工人。不过，由于澳门近年来博彩业一枝独大，因其博彩产业的特殊性，从而导致在澳门出现了大量的边缘中产。

非中产阶层人士在这里由这样几类人员构成：①不是雇主，月收入在设定的中等收入水平以下；②不是雇主，月收入在设定的中等收入水平以上，学历可能是大专以上但职业不是"立法机关成员、公共行政高级官员、社团领导人员、企业领导人员及经理""专业人员""技术员及辅助专业人员"这三类；③不是雇主，月收入在设定的中等收入水平以上，学历在大专以下的人群。

在第三章中，笔者曾经描述了自我认同意义上的中产阶层的人口特征；这里笔者将描述从学理和澳门实际出发划分中产阶层人口特征，并和其他阶层的人群进行比较。由于此处的中产阶层是从收入、学历和职业来联合划分的，因此对这三个方面不再描述。

一 社会人口特征

表6—1中的数据表明，三类中产阶层的年龄分布各有特点。其中，老中产基本上集中在35岁以上，其比例占到95.7%；新中产集中在20—44岁之间，其比例占到了79.3%，但以25—29岁（19.3%）和40—44岁（24%）最为集中；而边缘中产的分布则较为均匀，其比例最高的年龄组（40—44岁）的比例也仅为13.9%；非中产阶层人士的年龄则呈现出两头高、中间低的态势，即30岁以下和50岁以上的比例显著较高。统计分析表明，不同类型人群的年龄分布差异具有显著性（$\alpha = 0.001$）。

表6—1　　　　不同类型中产阶层的年龄分布比较

			中产类型				合计
			非中产人士	新中产	老中产	边缘中产	
被访者年龄分组	16—19岁	频数	56	6	0	14	76
		列百分比	10.7%	4.0%	0.0%	4.8%	7.7%
	20—24岁	频数	69	18	0	6	93
		列百分比	13.2%	12.0%	0.0%	2.0%	9.4%
	25—29岁	频数	57	29	0	27	113
		列百分比	10.9%	19.3%	0.0%	9.2%	11.4%
	30—34岁	频数	31	20	1	34	86
		列百分比	6.0%	13.3%	4.3%	11.6%	8.7%

续表

			中产类型				合计
			非中产人士	新中产	老中产	边缘中产	
被访者年龄分组	35—39 岁	频数	31	16	4	35	86
		列百分比	6.0%	10.7%	17.4%	11.9%	8.7%
	40—44 岁	频数	48	36	3	41	128
		列百分比	9.2%	24%	13.0%	13.9%	13.0%
	45—49 岁	频数	50	8	3	33	94
		列百分比	9.6%	5.3%	13.0%	11.2%	9.5%
	50—54 岁	频数	62	10	4	48	124
		列百分比	11.9%	6.7%	17.4%	16.3%	12.6%
	55—59 岁	频数	41	3	6	32	82
		列百分比	7.9%	2.0%	26.1%	10.9%	8.3%
	60—64 岁	频数	76	4	2	24	106
		列百分比	14.6%	2.7%	8.7%	8.2%	10.7%
合计		频数	521	150	23	294	988
		列百分比	100.0%	100.0%	100.0%	100.0%	100.0%

表 6—2 中的数据表明，不同类型中产阶层在性别分布上也有差异。老中产中的男性比例最高，占到了 65.2%；其次是新中产，男性比例也占到了 59.3% 的比例；而边缘中产中，男性比例为 49.3%，基本上和女性是一半对一半。但在非中产阶层人士中，女性的比例要远高于男性，占到了 57.2%。分析表明，不同阶层人群的性别分布差异具有统计显著性（$\alpha = 0.01$）。

表 6—2　　　　不同类型中产阶层的性别分布比较

			中产类型				合计
			非中产人士	新中产	老中产	边缘中产	
被访者性别	男	频数	223	89	15	145	472
		列百分比	42.8%	59.3%	65.2%	49.3%	47.8%
	女	频数	298	61	8	149	516
		列百分比	57.2%	40.7%	34.8%	50.7%	52.2%
合计		频数	521	150	23	294	988
		列百分比	100.0%	100.0%	100.0%	100.0%	100.0%

表 6—3 中的数据表明，不同类型中产阶层的婚姻状况差异甚大。三类中产中，新中产的未婚比例最高，占到了 37.3%；[①] 其次是边缘中产，其比例为 17.0%，而未婚比例最低的则为老中产，其未婚比例仅为 4.3%。统计检验表明，这一婚姻状况分布上的差异具有显著性（α = 0.001）。不过，由于婚姻和年龄高度相关，笔者进一步控制了年龄后发现，各阶层的婚姻状况实际上是相似的，没有显著的差异。

表 6—3　　　　　　不同类型中产阶层的婚姻状况分布

<table>
<tr><th colspan="3"></th><th colspan="4">中产类型</th><th rowspan="2">合计</th></tr>
<tr><th colspan="3"></th><th>非中产人士</th><th>新中产</th><th>老中产</th><th>边缘中产</th></tr>
<tr><td rowspan="8">请问您目前的婚姻状况</td><td rowspan="2">未婚</td><td>频数</td><td>183</td><td>56</td><td>1</td><td>50</td><td>290</td></tr>
<tr><td>列百分比</td><td>35.1%</td><td>37.3%</td><td>4.3%</td><td>17.0%</td><td>29.4%</td></tr>
<tr><td rowspan="2">已婚</td><td>频数</td><td>310</td><td>86</td><td>22</td><td>227</td><td>645</td></tr>
<tr><td>列百分比</td><td>59.5%</td><td>57.3%</td><td>95.7%</td><td>77.2%</td><td>65.3%</td></tr>
<tr><td rowspan="2">离异/分居</td><td>频数</td><td>17</td><td>8</td><td>0</td><td>13</td><td>38</td></tr>
<tr><td>列百分比</td><td>3.3%</td><td>5.3%</td><td>0.0%</td><td>4.4%</td><td>3.8%</td></tr>
<tr><td rowspan="2">鳏/寡</td><td>频数</td><td>11</td><td>0</td><td>0</td><td>4</td><td>15</td></tr>
<tr><td>列百分比</td><td>2.1%</td><td>0.0%</td><td>0.0%</td><td>1.4%</td><td>1.5%</td></tr>
<tr><td colspan="2" rowspan="2">合计</td><td>频数</td><td>521</td><td>150</td><td>23</td><td>294</td><td>988</td></tr>
<tr><td>列百分比</td><td>100.0%</td><td>100.0%</td><td>100.0%</td><td>100.0%</td><td>100.0%</td></tr>
</table>

表 6—4 中的数据表明，在三类中产中，老中产全部持有澳门永久性居民身份证；而新中产中则只有 82.4% 持有永久性居民身份证；边缘中产有 88.0% 的持有澳门永久性居民身份证。在非中产人士中，这一比例为 85.3%。统计分析表明，不同阶层在居住身份上的差别并不显著（α = 0.05）。

[①] 这是因为这里的中产人士中包括部分学生。如果剔除学生，则该比例为 28%。

表 6—4　　　　　　不同类型中产阶层的居住身份对比

			中产类型				合计
			非中产人士	新中产	老中产	边缘中产	
请问您目前的身份是	持澳门永久性居民身份证	频数	440	122	23	256	841
		列百分比	85.3%	82.4%	100.0%	88.0%	86.0%
	持澳门非永久性居民身份证	频数	51	18	0	25	94
		列百分比	9.9%	12.2%	0.0%	8.6%	9.6%
	非本地劳务工作卡（蓝卡）	频数	25	8	0	10	43
		列百分比	4.8%	5.4%	0.0%	3.4%	4.4%
合计		频数	516	148	23	291	978
		列百分比	100.0%	100.0%	100.0%	100.0%	100.0%

二　社会关注

民众的社会关注问题是政府制定工作计划的重要依据和参考。这里有必要说明，笔者认为民众的社会关注在很多时候不仅仅是一个民生的问题，有时候也跟价值选择甚至意识形态有关。因此，笔者并没有将这一个问题纳入第五章的中等收入分析框架，而是将其纳入中产阶层这一部分进行分析。

如前所述，澳门中产阶层构成的差异性，使得不同类型的中产阶层具有相对不同的经济—社会关注侧重。调查显示，中产阶层中不同类型的群体的主要社会关注侧重，反映了他们不同的生活经历、现状，以及对未来经济—社会发展的期望。其中，以老中产、新中产以及边缘中产阶层作为三个主要类型划分为基础，了解他们的生存状态、利益诉求以及对未来的期望，可以相对完整地表达当今澳门中产阶层整体的经济—社会政策关注。

表6—5中的多重应答分析结果表明，物价问题和楼价问题是澳门居民最为关心的问题，分别有69.0%和58.9%的居民表示关注。而位于第二阵营的问题则是子女教育、社保/养老、医疗卫生和就业/外劳，其关注比例分别为25.1%、18.9%、18.9%和17.0%。其余方面虽有一定的关注度，但基本上最高关注比例的才11.4%。

表6—5　　　　　　　　　　澳门居民的社会关注

		应答		基于案例数的百分比
		频次	百分比	
社会关注	物价/通货膨胀	589	26.3	69.0
	楼价/住房/公共房屋政策	503	22.5	58.9
	就业/外劳	145	6.5	17.0
	社保/养老	161	7.2	18.9
	子女教育	214	9.6	25.1
	环保	47	2.1	5.5
	交通/轻轨/港珠澳大桥等	84	3.8	9.8
	反腐倡廉	74	3.3	8.7
	社会治安	97	4.3	11.4
	收入分配/贫富差距	86	3.8	10.1
	职业发展	76	3.4	8.9
	医疗卫生	161	7.2	18.9
	超龄女子	1	0.0	0.1
	钓鱼台	1	0.0	0.1
	现金分享	1	0.0	0.1
	合计	2240	100.0	262.3

那么，不同阶层的人士所关注的问题是否一样呢？表6—6中的数据表明，对于全社会各阶层来说，物价/通货膨胀问题都是摆在首位的问题，而住房问题则被老中产之外的所有其他群体排在了第二位，笔者认为，这应该是因为老中产都是定居澳门已久的居民，他们多数已经解决了住房问题；相比之下，老中产更关心医疗卫生问题。而在除了物价和房价之外的问题中，子女教育问题是三类中产和非中产人士均关心的问题。相比之下，老中产更关心腐败问题，新中产关心社会治安问题，而边缘中产则关心医疗卫生问题。

表6—6　　　　　　　　不同阶层的澳门居民的社会关注

			中产类型				合计
			非中产人士	新中产	老中产	边缘中产	
社会关注	物价/通货膨胀	频数	295	88	12	194	589
		列百分比	70.2%	66.7%	52.2%	69.5%	26.3%
	楼价/住房/公共房屋政策	频数	249	83	8	163	503
		列百分比	59.3%	62.9%	34.8%	58.4%	22.5%
	就业/外劳	频数	87	13	1	44	145
		列百分比	20.7%	9.8%	4.3%	15.8%	6.5%
	社保/养老	频数	101	11	4	45	161
		列百分比	24.0%	8.3%	17.4%	16.1%	7.2%
	子女教育	频数	93	37	6	78	214
		列百分比	22.1%	28.0%	26.1%	28.0%	9.6%
	环保	频数	15	9	2	21	47
		列百分比	3.6%	6.8%	8.7%	7.5%	2.1%
	交通/轻轨/港珠澳大桥等	频数	40	14	2	28	84
		列百分比	9.5%	10.6%	8.7%	10.0%	3.8%
	反腐倡廉	频数	27	11	8	28	74
		列百分比	6.4%	8.3%	34.8%	10.0%	3.3%
	社会治安	频数	39	23	1	34	97
		列百分比	9.3%	17.4%	4.3%	12.2%	4.3%
	收入分配/贫富差距	频数	43	14	1	28	86
		列百分比	10.2%	10.6%	4.3%	10.0%	3.8%
	职业发展	频数	40	15	3	18	76
		列百分比	9.5%	11.4%	13.0%	6.5%	3.4%
	医疗卫生	频数	72	30	10	49	161
		列百分比	17.1%	22.7%	43.5%	17.6%	7.2%
	超龄女子	频数	1	0	0	0	1
		列百分比	0.2%	0.0%	0.0%	0.0%	0.0%
	钓鱼台	频数	0	1	0	0	1
		列百分比	0.0%	0.8%	0.0%	0.0%	0.0%
	现金分享	频数	0	1	0	0	1
		列百分比	0.0%	0.8%	0.0%	0.0%	0.0%
合计		频数	420	132	23	279	854

第二节 老中产阶层

一 传统型老中产阶层

正如第二章中界定的那样，由于传统型老中产或"问题老中产"是在赌牌开放之后没有与澳门博彩业发展紧密结合的澳门传统型中小工商业者，尽管这个群体总体上仍然是近10年澳门经济—社会发展的受益者，但其中部分成员却更多强调了其"相对剥夺"的经历与感受。调查发现这部分群体在澳门特区建立之后，尤其是博彩业大发展以来，其"相对剥夺感"主要源于其经营问题与其他老中产类型相比具有的相对特殊性，这些问题包括：

（1）由于其生计与博彩业发展联系不甚紧密，相对较少分享博彩业发展带来的边缘效益及溢出效益；

（2）博彩业的发展在一定程度上相对压缩了他们的市场空间，博彩业的系统性一条龙服务模式带走了很大一部分潜在或现实的消费者；

（3）博彩业的高收入推高了本地劳动力价格，吸引走相当数量的本地高素质劳动力；

（4）对本地就业的保护政策使中小企业难以雇用外来低工资、高质量劳动力；

（5）物价上涨，尤其是房地产价格上涨，增加了中小企业经营成本，也失去了一部分本地消费者，减少了经营利润。

调查还发现，被访问的所有中小工商业者都特别谈及政府对本地居民就业保护政策使他们在使用外来低工资劳动力方面受到限制，有受访者表示："一些辛苦的工作本地人不愿干，要干就得高工资，但本地人的工作质量差、工资高且工作不稳定；而工作不稳定就又增加了培训和招工费用。"还有一些中小工商业者则抱怨高房价急剧增加了经营场所的租金，使他们不得不提高产品或服务的价格，价格的提高又减少了消费者，因此经营举步维艰。

从上述传统型老中产阶层所反映的问题来看，他们的主要经济—社会关注集中于经济层面：（1）经营环境变差；（2）政府对外来劳工的限制政策；（3）物价上涨，尤其是房地产价格过快上涨。

在社会与政治层面，虽有很多抱怨，但目前无过激情绪或没明确政治诉求，只是希望政府和社会关注他们的具体经营上的困难，照顾他们的利益，但在这方面，他们自己也提不出什么具体建议。但是，调查中也了解到，他们所面临的问题正在积蓄中，如果长期难以改善或继续恶化，经济问题可能转化为政治不满。以中小工商业者为主体的老中产阶层对于过去7—8年来澳门产业的"单一"发展有很多不满，因为他们认为博彩业的发展给他们的产业受益不多，但冲击不小。其次是收入水平和物价攀升之间的矛盾。

有受访者指出："基本上现在的税款不多，但是根本生存不到的话，税再少也不管用。好像我们做餐饮业的一样，主要看游客嘛。他们游客在赌场里面全部包吃、包穿、包住，我们享受不到。你每年说游客增长多少多少，但和我们没有什么关系。贫富差距太大，所以怨恨就大。"

"（政府）透明度真的要大一点。因为澳门人他们没有很激进地去发表，但是他们内心真的很清醒的，不代表他们没有愤怒。怨言、苦水蛮多的，可能是在酝酿吧，等有一天压力太大的话，可能会把所有一切连在一起，等到物价和工资不平衡的时候，他们可能会出来不理智地发表他们的言论。现在大部分在打工，还能应付他们的生活。如果觉得物价和生活不平衡的时候，他们就会出来。"

由此看来，作为传统型老中产阶层主体成分的中小工商业者，其面临的主要问题是经营方面的"今不如昔"的困境，其政治与社会方面的关注与诉求也主要集中在对经营环境的不满以及对经营前景的担忧上。应当指出，传统型老中产的失落感是与先前的经济地位与社会地位相比较而言的，亦即传统型老中产的失落是与其他类型老中产、新中产，甚至是博彩业的边缘中产相比之下的经济与社会地位下降而形成的。然而，这种经济—社会层面的不满，在被认为没有得到政府和社会重视的情势下，可能表现为对街头政治的同情甚至不同程度的参与。其深层矛盾来自于他们对经济—社会差距扩大的困顿。

二 资产型老中产阶层

资产型老中产阶层由于有不动产的稳定收入，因此无论是否仍在从事生产或服务性经营，通常经济收入都比较可观。其中一个家庭的受访信息在一定程度上反映了这类家庭的经济状况。

对于比较典型的资产型老中产，由于其不动产价格或租金的上涨与博彩业发展、澳门特区基础设施建设成就有关，还由于澳门社会政策的改善在很大程度上提升了老中产的福利待遇水平，从而对澳门政府政策及经济—社会评价一般也比较正面。其中一对受访夫妇的评述认为：

> 以我们的眼光来看，回归之后的话，特区政府应该说做得很好了。当时可能是过渡期，民主的过渡期，有一些是乱来的，废话很多，所以特区政府比较中性一点，很多人的意见就会比较多，我觉得（是这样）。
>
> 我觉得特区政府真的做得好。因为开放赌业之后，当然了很多事情是出了问题，都是想不到的事情出现，但是整体来讲他们控制得很不错。好像现在，曾特首和崔特首都是一样啦，政策都是他们那帮人制定出来的嘛，他们政府里头的改变都不会有什么，但是他们现在对居民来讲都是挺好的，我觉得挺好，对于一般人而言。比如说，小孩子读书，有15年的免费教育，是很多国家政府都做不到的，包括温总理都表扬过的。除了教育外，医疗也是免费的。

除了经济发展以及社会政策之外，上述受访者对于澳门当今的政治环境也表达出相当正面的看法。

在调查中了解到，资产型老中产对澳门经济—社会现状相对满意、对未来较有希望的、较为乐观的观点与情绪在澳门社会中也有一定的代表性。

三 接入型老中产阶层

由于经营理念、经营区位，以及过去的经营经验不同，一部分过去从事传统经营的中小经营者较好地利用了2004年之后的澳门产业发展和经济高增长的机会，比较顺利地实现了与新兴产业尤其是博彩业和旅游业的接入，成为博彩业和旅游业服务产业的重要组成部分。他们主要从事与博彩业和旅游业紧密相关的各种服务业，如餐饮、零售、典当、兑换等配套服务业务，因此，这类经营者经营状况总体较好，是澳门近年来经济增长的受益者。

　　接受访问的其中一个家庭从事零售、典当以及货币兑换的业务，经营地点位于博彩业和旅游业集中的地段。户主是家庭的主要经营者，她是旅游专业毕业生，毕业后短暂做过文员和酒店管理人员，后来开当铺自行经营。被访者与父母同住一套购于1990年的公寓，面积200多平方米，是当时全区房价最贵公寓。其父母享有政府老年津贴及退休金，平时帮助女儿料理商铺。被访者在大学毕业后先后辞去文员职务和酒店中层管理者的职务的原因，据她个人讲是因为自己当前经营的商铺收入更高，她并不羡慕赌场中层月收入4万—5万元，"我的同龄女生高收入的可以是赌场经理，月收入有4万多元……我的店子生意（收入）好过做赌场（工作）的人，我一个人可以维持一家人的生活……而且赌场职员高收入的代价是尊严"。

　　在谈及政府经济—社会政策时，她比较集中地表达了她个人以及与她类似的同龄者的普遍看法。

> 政府的房屋政策对我这样的人不利，因为与父母同住，房子面积超过政府照顾对象的标准，所以政府不给我们这类人提供买房优惠政策，但房子毕竟是父母的，我也要有家庭也想有自己的房子，但按现在的房屋市场价格我们是买不起的……现在年轻人与父母同住的多些，希望政府多建经济房和社会房。
>
> 我没有社会保障，对我这样的中等收入没有什么社会保障福利……我们担心老年后没有保障。
>
> 免费医疗有提供，私人医院治疗一个感冒要300元左右，公立医院只需要药费，但是等待就医时间是私人医院的5—6倍，有时要等上几个月甚至一年多。
>
> 刚毕业的学生不是赌场（职员）就是文员，赌场（职员）至少15000多元，文员工资比较低，酒店做到中层也就15000多元，大学生毕业不做赌场就只有8000—10000元；当老师的待遇很不好，当助教、助理的一个月20000多元，工作很辛苦。澳门对专业人才的需求不大，文员类比较多，工业制造类基本没有了。所以能自己做生意的就自己做。

从以上关注中我们可以看到，接入型老中产对于自己目前的经营状况表现得比较满意。在采访中笔者注意到，被访者对于 2004 年后博彩业的大发展以对旅游业的带动持比较肯定的评价，并承认自己的生意得益于赌牌开放政策。但是受访者对于房屋价格过高以及政府房屋政策则颇有疑虑，主要是这种状况对年轻一代期望实现独立门户的住房需求不利，但是也有受访家庭对这种反应并不激烈，因为他们目前还有相对较好的住房条件和不错的经营收入。此外，也有受访家庭提及社会保障对他们的覆盖不足以及担忧老年之后的保障问题，这是此类家庭的普遍问题。这类家庭对房屋政策以及社会保障政策的基本诉求，是要政府考虑到他们发展需求的具体问题与特殊性，即所谓"比上不足，比下有余"的"夹心层"问题。

四 小结

在经历了特区建立以后 10 多年的重大经济与社会变迁之后，澳葡时期的中小型经营者阶层在今日的澳门中产阶层中以所谓老中产阶层类别为其延续和承继，但是这个中产阶层类别由于在特区建立之后的社会变迁过程中所处经济地位的差异、经营区域差异、经营理念差异、文化教育背景差异，以及经历与经验差异，又逐步分化为三个主要类型，即所谓传统型老中产阶层、资产型老中产阶层以及接入型老中产阶层。除了他们之间的经济与社会状态的种种差异，他们之间的一个共同点，即其主体仍然属于今日澳门经济与社会结构中的中小型工商业者阶层。

资产型老中产和接入型老中产由于在澳门 10 多年的经济—社会变迁过程中尤其是在赌牌开放以来的经济增长中受益较多，因而属于主要的既得利益群体，故其总体上对澳门当今的经济—社会评价属于肯定和比较肯定层面。其中，受访的资产型老中产对于政府的社会保障政策满意程度相对较高，因为政府的社会保障政策尽管对于他们并不算多，但却是"锦上添花"。而受访的接入型老中产阶层，其特点是利用赌牌开放以及旅游业大发展的局面，并通过自己辛勤劳动使自己的生意成功接入到高增长和高收入领域，但由于既有不动资产较少或无，因此，对于房价高涨以及较少享受政府保障与"优惠"政策的状况则存有一些不满和忧虑。

传统型老中产阶层,由于感觉受到博彩业冲击较多,处于市场相对萎缩、成本上升等困境之中,再加上房价、物价上涨的影响,其经营相对艰难,甚至担心可能不得不关门或倒闭,因此"相对剥夺感"比较强烈,其对经济—社会状况评价比较负面,对政府也有诸多抱怨和意见;他们正处在对政府政策的更多期盼状态之中。

第三节　新中产阶层

新中产阶层主要包括政府公务人员、学校教员与管理人员、公司专业技术与管理人员、传媒界及社会团体专业人员等。本次调查资料显示,澳门新中产的经济—社会关注可以分为以下三个面向。

(1) 家庭生计与个人发展面向;

(2) 群体利益与行业发展面向;

(3) 公共利益与社会整体面向。

从效果上看,上述三个层面的面向通常难以截然分割,但一般而言,若从当事人的经济—社会关注动机及需求目标角度进行分析,其相对划分仍然是有意义的,尤其从经济—社会发展政策制定层面出发,对不同类型的新中产的不同经济—社会关注面向的分析与探讨,应该作为未来政策发展的一个重要基础。

一　家庭生计与个人发展面向

调查中发现,新中产的下层,如私立教育部门从业人员、低职位公务员、低层专业技术人员,其中私立学校青年教师的情况比较具有代表性,如果这部分人群没有较好的家庭经济或社会背景,其经济—社会关注通常更多倾向于个人生存与发展利益面向,亦即其关注点往往更集中于个人具体的生计问题,例如,几乎接受访问的所有青年新中产阶层都集中关注房屋价格上涨、政府住房政策、当下收入与未来发展前景,以及能否得到更多政府社会保障政策等问题,反映比较突出的是对房屋价格飙升与低工资状况的不满,其中尤以私立教育部门的青年教师之反映最甚。

他们会关心很多东西，主要是有些事没有触及他们的需求，澳门很自然地会有很和平的文化，再过一两年就可能变化……今年五一的老师游行，他们是希望政府更多重视私立学校的老师，他们要拉近公校和私校的距离。今年公校加薪，私校只加津贴300元/月，这是导火线。老师当时500人参加，大多数是年轻人，不像老年人或以前那样要保住饭碗，年轻人要出去讲。否则没有糖吃，但（他们）会理性……很明显，就有用，前后很多的文章推出，很多官员来咨询，澳门（给人）很特别的感觉，不浮上来没有人知道。

从这段谈话内容可以看出，青年新中产出于对自身待遇的不满，往往对相关政策比较敏感，比如私立学校的青年教师，如果青年新中产与政府沟通不畅或问题长期不能有效解决，个人层面关注可以形成群体层面的问题也可以转化为街头政治的形式，以表达他们的切身利益并以期引起政府和社会的重视。虽然2011年"五一大游行"的背景比较复杂，但对于某些参与其中的青年新中产来说，其目的还是相对比较单纯的，他们采取街头政治的方式，因为他们认为这样做会更加有效。

此外，值得注意的是，在新中产阶层中，如果具体的生计问题被认定为具有更深层的社会公正问题，那么原本为单一或具体指向的利益诉求和关注，则会转变为对政策与制度的合法性或道义性的不满与批判，换句话说，众多新中产的单纯经济与发展诉求将会上升为政治层面的议题，即生计问题的政治化倾向。如调查中接触的新中产，常常有"利益集团""权力资本""社会不公""不够民主"等诸如此类政治化表述。

另有受访者指出："讲起房子，我对未来非常担忧，我们年轻人不是要政府送给我们房子，但我们现在看到的是楼价越来越高，资源分配不公平，现在的楼价已经完全脱离了我们的购买能力。我们看不到我们自己的未来，无论多努力都不可能，市民怎么可能买得起？另外对前途也很担心，我读社工，但我对未来一片模糊。像教师行业也是吧，很多朋友同我讲他是很有心想做老师，但因为公私校不公平现状，薪酬、未来发展，他放弃了。很多非常有理想、热心的同学，想当社工，但看不到前途。其他行业也有不公平，整个社会我们最担心的是公平问题。"

生计问题的政治化表现有形式上的和观念上的两种形态，具体到澳门的情况，街头政治是其表现形式，可能仅仅是手段选择；而关于社会公平与否的认定则是观念性的。而观念性的政治化倾向更容易成为各种势力与派别进行政治动员的社会基础，这是澳门未来发展应该注意的问题。

二 群体利益与行业发展面向

群体利益与行业发展面向的经济—社会关注，多见之于新中产建立、领导或参与的各类群体性社团或职业行业协会的诉求与目标追求之中。如公共行政管理学会，街坊总会，民众建澳联盟、公民力量，青年联合会，医师协会，中华教育会，妇女联合会等，其主要关注多为群体成员实际生计问题、权益保障以及未来发展等议题。但为了解决其群体或行业成员所面临的具体生计与发展问题、提高自身影响力、争取更多政府与社会资源以及寻求未来更广阔的发展空间，这类地域性的、群体性的和行业性的组织与社团，通常都不会回避澳门更广泛的经济、社会，甚或是政治关注。或者说，一种以群体利益为基础但又超越单纯为社团成员争取利益的、局部性的以及技术性的利益诉求，进而具有澳门整体经济、社会以及政治性的宏观视角的关注已经初步形成，并且正在成为新中产社团继续生存与发展的一种方式。造成这种态势的因素是多方面的，但主要原因有以下几点。

（1）特区建立以来，澳门社会整合程度增强，经济、社会、政治之间的系统性联系更为紧密。

（2）近10年来澳门发生的快速、意义深远的社会变迁，不仅仅使绝大多数人从中受益，而且显著地改变了澳门利益分配格局，积累了若干问题与矛盾。

（3）澳门中产阶层的崛起，政治关注及其参与愿望方兴未艾。

（4）民间网联系的发展，改变了澳门的政治舆论生态。

（5）作为政治因素的澳门公共知识分子正在形成，澳门公共意识开始萌发，知识分子话语权及影响力正在上升。

（6）澳门经济、社会、文化、政治的开放性增加，能够使群体与社团通过关注与参与的方式影响澳门经济与社会政策的基本条件已经形成。

（7）全球化、区域化所导致更多的外部联系与外界影响。

在上述因素的作用下，澳门新中产的经济—社会关注与诉求，正越来越集中地通过代表各类新中产的澳门社团之间的话语竞争与联合进行表达。此外，相反的因素也促使澳门社团趋于活跃并较之澳葡时期具有更大抱负。总之，随着中产阶层尤其是新中产的壮大，中产阶层所主导的各类社团期望在澳门事务中提升自身作用、分享更多权益。[①]

澳门新中产阶层关注以下几个层面。

(1) 社会政策：社会保障与社会福利对中产阶层尤其是对中产阶层中下层的政策覆盖不够；同时，保障所对应的相关"弱势群体"的概念不够清晰和准确。

(2) 医疗：公立医疗看病难，私立医疗看病贵。[②]

(3) 经济：产业发展不均衡，博彩业独大，产业基础脆弱，经济—社会发展可持续性不强。

(4) 社会流动：一些行业外来人占据中上层管理职位比例高，收入高；就就业状况而言，"80后"职业向上流动机会出现"断裂"。

三 公共利益与社会整体面向

在澳门中产阶层当中正在兴起一个独特群体，他们一般来自知识界精英、社团领导精英、工商界精英和社会活动精英，其人数虽然不多并主要来自新中产阶层。这部分人具有良好的专业知识、较强的社会活动能力、较高的社会地位和广泛的社会关系，因而具有较大的社会影响力，因此，也可视为一个正在成长之中的澳门精英中产。

虽然澳门精英中产阶层所处的经济、社会、政治背景不同，并且其思想、观点也不尽相同，但他们的一个共同特点就是具有社会整体视角的社会发展关注。其主要关注点是：

(1) 房地产规划与政策；

(2) 教育立法、教育改革以及人力资源战略；

---

① 根据本次调查，被访居民对政府的教育保障和福利制度普遍表示满意，而一些被访教育业内人士对教育制度、教师待遇、教育竞争力等问题感到忧虑。但本次调查同时了解到，针对有关问题教育立法已经基本完成，教育改革正在推进之中。

② 据本次调查了解，"看病难"是指公立医院"看病难"，造成"看病难"的原因之一是政府医疗保障与福利政策推动了医疗需求，致使能够享受政府医疗保障和福利政策的现有医疗机构难以满足过快增长的就医需求。而若到私立医院就医就会产生医疗质量参差不齐以及"看病贵"的问题。

(3) 医疗制度改革；
(4) 社会保障体系建设；
(5) 澳门治理：立法工作滞后，政府行政效率低；
(6) 博彩业外资进入的利弊得失；
(7) 产业均衡与可持续发展；
(8) 社团作用及政府职能定位；
(9) 公众监督、民众与政府的沟通机制建设。

由于以精英中产阶层所代表的新中产经济—社会关注的宏观视角，精英中产一般不对澳门问题简单地就事论事或从狭隘的利益集团立场出发，而是往往试图站在全社会的利益上看待澳门的历史、现状与未来。因此，较强的批判性视角也是精英中产的一个突出特征，然而这种批判性视角目前所表现更多的是对澳门现实与未来的忧患意识和建设性思考。

精英中产阶层更多采取社会整体宏观视角分析、解释和处理社会问题，因而就必然诉诸更多政治参与，知识精英则通过自己的知识资源影响政府和公众，当他们逐渐成为社会力量的同时也就自然成为一种政治参与力量。

调查发现，在上述总体趋势中，一些知识精英的政治参与正在倡导一种"中立"的社会评价与监督氛围，而部分知识精英认为这正是知识分子和专业人士应该发挥的功能，即一部分知识精英正在努力扮演公共知识分子或独立知识分子的社会角色。公共知识分子的独立社团现象，是作为澳门有组织的一个新生政治参与力量而出现的，它的发展预期会改变澳门的政治生态。

四 小结

澳门新中产的经济—社会关注几乎涉及澳门各个领域和重点问题，而且由于新中产阶层所代表的具体民生关注到宏观政策与制度关注具有广泛性和深入性，因此，澳门新中产业已成为澳门主流民意与澳门公众经济与社会关注的代表。

澳门社团在新中产的表达与诉求中正在越来越多地承担着组织与桥梁作用，同时，澳门社团的社会基础也发生相应变化，即逐步适应并依托新中产兴起。

在澳门新中产中正在萌生一种新的政治参与力量，其主体是独立知识分子及其团体，由于其特殊的知识资源背景、社会地位背景、社会关系背景以及其社会影响力，其未来的发展将会对澳门治理产生重要影响。

第四节 边缘中产阶层

一 职业发展和培训情况

边缘中产有着典型的特征。由于边缘中产普遍学历较低，仅能从事技术复杂性相对较弱的职业，从而限制了他们职业的进一步发展。而同时，由于边缘中产处于劳动力密集和资本密集的产业，这使得他们自身的可替代性被强化，面临着更多的就业竞争，因而他们对外劳的输入十分敏感。最后，边缘中产因其教育程度较低，更是得不到新中产的认可，从而在社会地位认同上处于劣势地位。所有这一切都给当下澳门边缘中产的发展带来了障碍。

表6—7中数据表明，边缘中产对自身的职业发展前景满意度较低，认为"非常满意"的占3.5%，"比较满意"的占19.3%，二者合计仅为22.8%；这一比例和非中产阶层人士甚至相差无几，非中产阶层人士的这一比例为22.1%。对比新中产，则可以发现这一比例为31.8%。统计分析表明，这一差异十分显著（$\alpha = 0.05$）。

表6—7　　不同阶层人士对自身职业发展前景的满意度

			中产类型			合计
			非中产人士	新中产	边缘中产	
职业发展前景	非常满意	频数	4	2	7	13
		列百分比	1.6%	1.9%	3.5%	2.3%
	比较满意	频数	51	32	39	122
		列百分比	20.5%	29.9%	19.3%	21.9%
	一般	频数	129	63	114	306
		列百分比	51.8%	58.9%	56.4%	54.8%
	比较不满意	频数	36	8	28	72
		列百分比	14.5%	7.5%	13.9%	12.9%

续表

			中产类型			合计
			非中产人士	新中产	边缘中产	
职业发展前景	非常不满意	频数	19	2	7	28
		列百分比	7.6%	1.9%	3.5%	5.0%
	很难讲	频数	10	0	7	17
		列百分比	4.0%	0.0%	3.5%	3.0%
合计		频数	249	107	202	558
		列百分比	100.0%	100.0%	100.0%	100.0%

与此同时，边缘中产的职业安全性也远低于新中产人士。表6—8中的数据表明，边缘中产"非常担心"和"比较担心"在未来一年中失业的比例合计达到了10.0%，这一比例尽管比非中产人士（15.7%）低，但远远高于新中产的比例，新中产的这一比例为零。分析表明，这一差异是统计显著的（$\alpha = 0.01$）。

表6—8　　　不同阶层人士担心自己未来一年失业的比例

			中产类型			合计
			非中产人士	新中产	边缘中产	
是否担心未来一年自己会面临失业？	非常担心	频数	11	0	10	21
		列百分比	4.4%	0.0%	5.0%	3.8%
	比较担心	频数	28	0	10	38
		列百分比	11.3%	0.0%	5.0%	6.8%
	有点担心	频数	37	12	30	79
		列百分比	14.9%	11.2%	14.9%	14.2%
	不太担心	频数	105	53	80	238
		列百分比	42.3%	49.5%	39.6%	42.7%
	完全不担心	频数	61	38	66	165
		列百分比	24.6%	35.5%	32.7%	29.6%
	没考虑过	频数	6	4	6	16
		列百分比	2.4%	3.7%	3.0%	2.9%
合计		频数	248	107	202	557
		列百分比	100.0%	100.0%	100.0%	100.0%

表6—9中的数据表明,边缘中产参加培训和进修学习的情况不容乐观。仅有16.3%的边缘中产人士目前在参加进修学习,这一比例远低于新中产,新中产有58.9%的比例正在参加学习;这一比例甚至还低于非中产人士的21.8%。统计分析表明,这一差异十分显著($\alpha = 0.001$)。表6—10的数据则表明,在未来两年内,边缘中产有培训和学习计划的人也远低于新中产和非中产人士,并且统计分析表明,这一差异也是十分显著的($\alpha = 0.001$)。表6—11中的数据表明,目前边缘中产人士中,拥有专业认证资格的比例仅为8.9%,远低于新中产的35.5%,同时也低于非中产人士的14.5%。统计分析表明,这一差异是十分显著的($\alpha = 0.01$)。

表6—9 不同阶层参加培训和进修学习的情况

			非中产人士	新中产	边缘中产	合计
请问您现在是否在参加各种在职培训或进修学习呢?	参加了	频数	54	63	33	150
		列百分比	21.8%	58.9%	16.3%	26.9%
	没有参加	频数	194	44	169	407
		列百分比	78.2%	41.1%	83.7%	73.1%
合计		频数	248	107	202	557
		列百分比	100.0%	100.0%	100.0%	100.0%

表6—10 不同阶层未来两年内参加学习的计划

			非中产人士	新中产	边缘中产	合计
请问您未来两年内有参加各种职业培训或者在职进修学习的计划吗?	有	频数	114	78	72	264
		列百分比	46.0%	72.9%	35.6%	47.4%
	没有	频数	115	19	115	249
		列百分比	46.4%	17.8%	56.9%	44.7%
	不清楚/还没有考虑	频数	19	10	15	44
		列百分比	7.7%	9.3%	7.4%	7.9%
合计		频数	248	107	202	557
		列百分比	100.0%	100.0%	100.0%	100.0%

表6—11　　　　　　　　不同阶层获得专业认证资格的情况

			中产类型			合计
			非中产人士	新中产	边缘中产	
请问您有没有获得任何专业认证资格（例如注册会计师/注册律师/注册药剂师等）？	有	频数	36	38	18	92
		列百分比	14.5%	35.5%	8.9%	16.5%
	没有	频数	203	65	182	450
		列百分比	81.9%	60.7%	90.1%	80.8%
	不记得/不清楚	频数	9	4	2	15
		列百分比	3.6%	3.7%	1.0%	2.7%
合计		频数	248	107	202	557
		列百分比	100.0%	100.0%	100.0%	100.0%

　　从上面的分析可以看出，一方面，边缘中产对自身的就业安全感到担心，同时也对职业发展前景表示悲观；另一方面，边缘中产自身学习的动力显得不足，积极提升自身素质、促进职业发展的努力显得不够。就现代社会来讲，学习型社会已经成为一项重要的理念；因为学习和培训是提升职业素质和综合素质、赢得职业发展的重要途径。但澳门的边缘中产似乎没有意识到这一点。反而，他们对于劳动力的自由流动抱有较大的怨言。表6—12表明，澳门边缘中产中，非常同意和比较同意"外劳占据了大多数高级职位，导致本地人得不到发展"这一说法的高达44.7%，和非中产人士的比例较为接近（49.0%），但这一比例在新中产阶层中仅为26.1%。同样的，统计分析表明，这一差异是十分显著的（$\alpha=0.01$）。

表 6—12　对"外劳占据了大多数高级职位，导致本地人得不到发展"说法的同意程度

			中产类型				合计
			非中产人士	新中产	老中产	边缘中产	
对"外劳占据了大多数高级职位，导致本地人得不到发展"这一说法同意程度	非常同意	频数	85	9	3	38	135
		列百分比	21.1%	6.9%	13.0%	13.8%	16.3%
	比较同意	频数	112	25	4	85	226
		列百分比	27.9%	19.2%	17.4%	30.9%	27.2%
	一般	频数	73	36	4	57	170
		列百分比	18.2%	27.7%	17.4%	20.7%	20.5%
	比较不同意	频数	82	33	6	66	187
		列百分比	20.4%	25.4%	26.1%	24.0%	22.5%
	非常不同意	频数	33	18	4	21	76
		列百分比	8.2%	13.8%	17.4%	7.6%	9.2%
	很难讲	频数	17	9	2	8	36
		列百分比	4.2%	6.9%	8.7%	2.9%	4.3%
合计		频数	402	130	23	275	830
		列百分比	100.0%	100.0%	100.0%	100.0%	100.0%

二　博彩从业人员：边缘中产的典型代表

由于澳门边缘中产阶层主要产生于澳门经济—社会发展的特殊性，即赌博开放后博彩业的大发展，因此，作为主要来自博彩业从业人员的边缘中产的经济—社会关注也必然具有相对特殊性。具体来讲，博彩业从业人员经济收入较高，而教育水平偏低；从业人数很多，而社会评价相对不高，因此，澳门社会从教育、价值观、社会责任等角度对其是否属于中产阶层的判断颇具争议。近年来，由于博彩业成为澳门经济的龙头产业，在澳门的就业以及政府财政中拥有举足轻重的地位，因此，澳门主流价值观对博彩业的接受程度已大为改观。

博彩业从业人员主要关注自身的权益保障以及本行业发展的社会环境改善，在这方面无论是工会组织还是政府都做了大量工作。此外，目前博彩业从业人员比较关注的突出问题是外来劳工从低端到中高端对本地员工的竞争压力，这方面的问题虽然在政府与工会的关注与工作改善

之中，但博彩业本地员工仍期望政府有进一步的政策措施。其主要的需求包括以下几方面。

（1）限制外劳，管理层本地化

有受访单位表示："'好工留给澳门人做'的口号，虽然很自私，也只能这么说了。所以，我们也要求政府将中层管理人员本地化，初步已经成功的就是，所有 Supervisor 也就是赌台主任已经是本地人，进一步我们希望政府能够将助理经理（APM）、区域经理（PM）那些都要本地化。"

（2）维护好本地及行业治安，为博彩业生存创造良好的经营环境

有受访者表示："有两个因素会导致澳门的博彩业出大问题。第一就是治安，治安不好没有人愿意来；第二就是疫病，比如'非典'的时候没有人来。"

（3）政府为博彩业员工家庭提供必要的服务

有受访者表示："生活问题！因为赌场 24 小时营业，很多时候你要上通宵班，小孩子没法照看，老人家没法照顾，这两样事情我跟政府反映了很多次。你说，他们两夫妻上班，小孩子和老人在家里，谁来照看呢？工人有的照顾不足，有的你又请不起，如果老人家行动不便的突然中风摔倒在地上，两夫妻都在公司上班，没有人处理，很容易就发生不幸。那么，这两件事情我们跟政府反映了很多次，希望能够建设多一点托儿所和发展更多的托管服务，也就是老人家晚上 10 点送过去第二天早上 8 点接回来，这些服务希望政府做到，最大的问题就是这个。"

实际上，从研究人员的角度来看，澳门边缘中产的问题既有政府目前某些工作不足的原因，更有边缘中产自身的原因。在博彩业一枝独秀的情况下，由于博彩行业的特殊性，导致在澳门形成了一种"利益输送型"经济，也就是说，在全球和东南亚地区的博彩业格局中，澳门具有十分特殊的地位。由于中国内地禁止发展博彩业，因此，大量的赌客涌向澳门，从而刺激了澳门经济的高速发展，但这种经济发展本身是一种由于制度差异和政策差异带来的后果，而不是经济内生发展的结果。严格地说，当前澳门的经济繁荣是一种带有政策依赖性的繁荣，而不是自身综合社会环境和人力资本核心竞争力发挥的结果。因此，从长远来看，居安思危，利用博彩发展带来的机遇大力提升人力资本素质，

提升澳门劳动力在本地市场乃至更大范围内市场的竞争力是帮助澳门经济获得"内力"的一项重大战略举措，此点将在第十三章中阐述。而一味地安于现状、把自身的困境归于外劳输入实属不智之举。澳门特区政府在这一过程中也应积极发挥引导和帮助的作用，助力这一具有深刻历史意义的转型。

第七章 澳门各阶层居民的社会政治参与

社团是澳门社会的一个重要和基本的特色。回归之前的澳葡政府对民间事务与民生问题采取"不作为"态度,使得民间社会与澳葡政府之间存在巨大公共产品与公共治理的功能缺失,从而催生了以居民、群体、行业性质的华人社团为骨架的民间—社团网络的发展。民间—社团作为澳门中下层社会的基本社会结构和功能网络,在一定程度上满足了社会自治的基本需求。澳门社会内以功能性和群体性社团为典型的民间组织,代表着社会中下层各种利益诉求,通过与政府的沟通、抗争与合作,实现了澳门社会最基本的公共服务与公共治理。

1987年,以《中葡联合声明》的签署为标志,澳门进入回归祖国的过渡期。其后的10多年澳门的社团从20世纪80年代中期的400多个发展到回归时的1700多个,并且呈现多元化的发展,甚至出现了全新的"政治性社团"。澳门的回归催生了社团发展的又一个"井喷"期,时至今日(2018年)澳门的社团数目已经增加到9000个左右。

从类别上看,澳门的社团形态各异,广泛涵盖澳门社会主要行业职业与利益群体。其主要类别代表可分为13类社团:工商类、工会类、专业类、教育类、文化类、学术类、慈善类、社区类、乡族类、联谊类、体育类、政治类和其他。[①] 早期华人社团主要是慈善联谊性质的,这类社团以居民居住地域为依托,参与澳门公共服务和公共产品的生产,发挥了"社会治理"的很多功能。20世纪70年代以来随着澳门以博彩业和加工业为主要构成的行业结构的基本成形,各种行业和各阶层的社团在澳门大量诞生。80年代,澳门回归问题的提出导致很多新兴

---

① 娄胜华:《转型时期澳门社团研究》,广东人民出版社2004年版,第138—139页。

社团涌现,特别是知识分子等大批专业人士加入到社团里来。90年代,中国内地的改革开放及澳门的移民潮,同乡会不断涌现。在这13种社团中,尽管工商类社团在数量上不占有优势,但其社会地位和社会影响对澳门社会却有举足轻重的影响。而90年代前后快速兴起的专业类、学术类、政治类的社团,吸引了大量的专业人士和年轻一代,其人员组成使这几类社团成为很具潜在影响力的一股力量,其专业人士的视角也让其不断地发出有别于传统的声音。

澳门回归祖国作为一个重要的社会结构性转折事件,带给澳门的社团以怎样的影响?社团的发展与澳门的社会发展有着怎样的互动关联?澳门的社团在澳门回归后,在社会结构的变化中,与新兴的"中产阶级"究竟有哪些关联互动?为了解这些问题,笔者在调查中先后走访并访谈了政府相关部门、家庭和有代表性的社团组织。这里的讨论将以这些为基本的资料来展开。

第一节 回归前后澳门社团的变迁

澳门回归祖国后的最大变化之一就是从澳葡政府的"小政府,大社会"特征变成了澳门特区政府的"大政府,大社会"特征,具体表现为两个关键的变化:首先,澳门特区政府的建立带来了政府行政架构的重整,澳门地方政府的机构日趋完善;其次,立法会不再是总督的咨询机构,而成为独立的立法机构,原有社团体制中社团的政治参与功能日趋制度化。

在这两个因素的影响下,政府和社团的关系有所变化:一方面,新生的澳门特区政府面对各方面的挑战,保留了澳门原有的社团体制,建立了新型"政府—社团(中间机构)—社会"的治理模式,并且通过资金资助的方式开始引导和参与社团的活动。另一方面,社团也改变了葡澳政府时期社会与政府之间的较为典型的抗争关系,转为对政府的总体上的支持与合作。

对于这个变化,有基层社团工作者在访谈中解释道:

> 回归之前我们跟西洋政府争取我们的福利和我们的权益,那个

定位是不同的，反正我们要维权，要福利，要改善社区，都是跟政府要的，因为不要的话他们就拿回大西洋去了，我们没有那么笨的，当然本来这些事情政府也应该管的嘛。另外一个，政府的业绩都是靠我们社团挣回来的，所以他们从资源上——因为他们有的是钱——相对而言他们还是比较愿意资助的，他们给钱，我们出力，他们拿成绩去汇报，我们的成绩就是改善居民的民生情况。回归之后就不同了，我们现在的责任是跟政府共建社区，监督政府依法施政，也是为了我们的民生工作改善、提高我们的生活质量而维权，但是在工作方法上就有很多不同。

澳门的传统社团系统是以民族和国家为核心概念来凝聚系统内部成员，在从葡萄牙的殖民地变为中国特别行政区的过程中，社团的角色从"华人社群与葡国统治者的中介"，转变为了澳门社会治理的主人，成为一个主权国家下的自治地区，特区政府的合法性与澳门民族认同和国家认同合而为一的组织。然而随着外来政权的离去，在本土政权下，社团的角色开始发生变化，社团网络内部也开始出现了分化。与此同时，利益观念在澳门社会意识中的强化又促使了原来阶级合作的解体，部分社团为了争取政府的各种资源相互竞争，潜在的矛盾开始显现出来。澳门社会与政治环境的变化也导致了社团体制面临着系统性的矛盾和挑战。

一　"政府—社团（中间机构）—社会"治理模式的延续和发展

作为新兴政府，澳门特区政府延续了"政府—社团（中间机构）—社会"的社会服务和社会治理模式，并且从财政制度、法规、行政构架等几个角度进一步推动了公共产品的生产和社会服务的提供的"官资民办"的体制，进一步引导社团的活动。

澳门特区政府进一步通过社会工作局每年以"财政辅助"、技术辅助和"设施、设备或物件之让与"三种方式，"给予私人机构的财政援助"占到政府"社会服务方位内的支出"的65.5%。[1] 截至2001年年底，澳门私营非营利团体承办的社会服务设施有119所，占澳门该类设施总数的80%。教育方面，除几所官办中葡学校外，绝大多数的中小学依旧是在政府财政资助下，由民间非营利团体兴办，如工联、街总以及一些教会机构。

这样经过长时间的经营，澳门政府"官办民营"的社会服务体制已经基本成形，在体制设计中，政府不只定位为"一个资源提供者"，而且还有"监督的角色"。

在2003年8月26日批示中，政府就针对社团财政资助的发放订定拨给的一般规则进行了进一步的更新和明确："对政府部门直接参与范围以外所发展的活动给予财政资助，应列为施政方针之重大目标，目的在实现民间社会的计划，鼓励民间社会创立事业的能力和公民参与。"这个批示确认的政府财政资助对象为"以发展公益活动为宗旨、依法成立的不牟利私人机构"，也就是说，非营利的社团法人"可享有财政资助"。批示将政府部门财政资助方式分为偶发性资助与常规性资助，偶发性资助是对社团举办的偶发性活动的财政补助；常规性资助则"可用于确保私人机构的运作"。[2] 在与基层团体的访谈中也从侧面证实了这样一种机制。

澳门特区政府尽管重整了政府的行政架构，职能相比澳葡政府更加完善，但作为在澳门既有民间—社团文化基础上建立的新生政权，为了实现对社会的有效管理，原有的"政府—社团（中间机构）—社会"的治理模式被赋予了新的内涵与功能。这样"官办民营"的社会服务与社会治理体制一方面降低了政府自身的组织成本，也有利于政府资源通过社团的社会资本深入社会，实现政府治理与社会利益的广泛结合。另一方面，回归后的特区政府通过财政制度、法规、行政架构等方面的推进，进一步完善了"官资民办"的体制，通过"财政辅助"、技术辅助和"设施、设备或物件之让与"等方式进一步引导社团的活动，促

---

[1] 张鸿喜：《澳门社会福利服务民营化研究》，《行政》2004年第17卷总第63期，第16—17、25页。

[2] 澳门特别行政区审计署：《公共部门向社团发放财政资助的研究》，2003年，第56—58页。

进了社团的发展。

二 澳门政治制度方面的改革与社团的体制代表功能

为了使澳门原有的社团体制在新的政治框架内顺利运转，发挥其政府与社会之间的桥梁与纽带作用，除了财政上的大力支持外，政府还在与社团的合作中体现其治理理念与发展规划，并通过政府—社团（中间机构）—社会的联合模式加强了政府的民意基础与行政的合法性。为此，澳门特区政府在成立过程中还进行了一系列政治制度的改革，这些改革一方面保持了原有社团体制民意代表功能得以运作的组织架构，另一方面加强了社团更加广泛深入的参政议政机制。

澳门特区的行政架构中，虽然不再设置咨询会，却设置了行政会，此外，建立了不少咨询委员会。根据《中华人民共和国澳门特别行政区基本法》（简称《基本法》）第 66 条的规定：澳门特别行政区机关可根据需要设立咨询组织。而据澳门特区行政暨公职局的报告显示，在 2008 年的时候，澳门已经有 31 个不同的咨询组织和委员会，不少社团组织正是通过这一渠道实现参政议政。

本课题组在调研中发现，澳门基层社团的服务范围仍在扩大之中，并且，这些社团亦因其代表性而参与到各类咨询组织和立法会选举过程中，成为政府主动地了解民意、咨询民意、回应民意的一个重要渠道。另外，澳门主权回归中国后，这些政府组织机构具有法理的合法性，各社团在这些机构中的代表功能更由此获得了来自政府和社会的正式认可。

三 选举与利益表达方式的变化

澳门特区政府政治制度改革的另一个举措是将原有的两个市政议会合并改组为民政总署，同时保留了立法会，并且立法会不再是总督的咨询机构，而成为独立的立法机构。同时，选举制度也有变革，不过维持了原有的直选、间选和官委三种混合议席的产生方式，并且在直接选举和间接选举中，仍然要求参选者通过社团组成提名委员会作为参选单位。代表性社团参与各个咨询组织和立法会选举，这也标志着华人社会的利益表达渠道从非制度方式转变为主流的正式制度表达渠道。

从另一个角度看，社团对自身在这种利益表达中的角色和作用也是非常清楚的。回归以后，社团如雨后春笋般冒出来，很大的一个原因就是根据《选举法》的规定，社团在间接选举中拥有投票权，且每个社团拥有 11 票。因此，一部分人群为了自己的政治、经济利益，往往就会组成一个社团，一方面是为了获得这一投票权，另一方面也是为了培养自己的利益代表，为未来的参政议政做好准备。

从家庭访谈的情况看，在经历澳葡时代到回归之后这一系列重大历史转变之后，澳门民众在政治问题上也变得更加成熟，个别社团近似于"贿选"的行为并不能有效地影响他们。在选举问题上，民众更多的还是根据自身对竞选人的纲领和其自身表现来做出决定。

第二节　澳门居民与社团

一　澳门居民参加社团的基本情况

表 7—1 中的数据表明，澳门居民中约有 1/4（24.4%）加入了各种社团。表 7—2 中的数据则进一步表明，在加入了社团的居民中，六成左右（58.9%）的人只加入 1 个社团，而接近三成（27.8%）的人加入 2 个社团，加入 3—5 个社团的比例约为 13.3%。在调查中的选项还包括了 6 个及以上，但没有人选择该项。

表 7—1　　　　　　　　澳门居民参加社团的情况

	频数	百分比	累计百分比
是	241	24.4	24.4
否	737	74.7	99.1
不方便说	9	0.9	100.0
合计	987	100.0	

表 7—2　　　　　　　　澳门居民参加社团的个数情况

	频数	百分比	累计百分比
1 个	142	58.9	58.9
2 个	67	27.8	86.7
3—5 个	32	13.3	100.0
合计	241	100.0	

从身份来看，表7—3中的数据表明，新中产加入社团的比例略高于老中产和边缘中产。但新中产、老中产和非中产加入社团的比例均明显高于边缘中产。统计分析表明，这一差异统计显著（$\alpha = 0.001$）。这在一定程度上表明，边缘中产目前的组织化程度是最弱的。表7—4中的数据则进一步表明，新中产在社团活动中是毫无疑问的积极分子，加入2个社团的中产比例为31.8%，而加入3—5个社团的新中产比例达到了25%。新中产的这种多社团加入行为实际上会带来信息的快速流通，从而有利于使得新中产内部逐步形成一个统一的整体。

表7—3　　　　　　　　　不同阶层参加社团的比例

			中产类型				合计
			非中产人士	新中产	老中产	边缘中产	
请问您目前是否加入过任何社团	是	频数	136	44	6	55	241
		列百分比	26.2%	29.3%	26.1%	18.7%	24.4%
	否	频数	381	101	17	238	737
		列百分比	73.3%	67.3%	73.9%	81.0%	74.7%
	不方便说	频数	3	5	0	1	9
		列百分比	0.6%	3.3%	0.0%	0.3%	0.9%
合计		频数	520	150	23	294	987
		列百分比	100.0%	100.0%	100.0%	100.0%	100.0%

表7—4　　　　　　　　　不同阶层参加社团的个数

			中产类型				合计
			非中产人士	新中产	老中产	边缘中产	
请问您目前加入社团的个数是	1个	频数	86	19	4	33	142
		列百分比	63.2%	43.2%	66.7%	60.0%	58.9%
	2个	频数	36	14	2	15	67
		列百分比	26.5%	31.8%	33.3%	27.3%	27.8%
	3—5个	频数	14	11	0	7	32
		列百分比	10.3%	25.0%	0.0%	12.7%	13.3%
合计		频数	136	44	6	55	241
		列百分比	100.0%	100.0%	100.0%	100.0%	100.0%

二 对社团的态度

表7—5中的数据表明,分别有6.9%和29.1%的澳门居民"非常同意"或"比较同意""社团对促进澳门居民参政议政有很大帮助"这一说法,而表示"比较不同意"和"非常不同意"这一说法的比例分别为15.7%和6.1%,表示一般的占34.6%。而表7—6中的交互分析表明,不同意这一说法的比例在老中产中较高,有30.4%的老中产表示比较不同意,有8.7%的人表示非常不同意。在新中产、边缘中产以及非中产人士中,对这一说法的同意程度差别不大。统计分析表明,不同阶层人士之间对这一看法的差异在统计上显著($\alpha = 0.05$)。老中产在社团促进澳门居民参政议政作用上的看法,暗示了当前的社团体系可能对老中产在这方面的帮助不大。

表7—5 澳门居民同意"社团对促进澳门居民参政议政有很大帮助"说法的情况

	频数	百分比	累计百分比
非常同意	68	6.9	6.9
比较同意	287	29.1	36.0
一般	341	34.6	70.6
比较不同意	155	15.7	86.3
非常不同意	60	6.1	92.4
很难讲	75	7.6	100.0
合计	986	100.0	

表7—6 不同阶层同意"社团对促进澳门居民参政议政有很大帮助"说法的情况

		中产类型				合计
		非中产人士	新中产	老中产	边缘中产	
非常同意	频数	38	8	0	22	68
	列百分比	7.3%	5.3%	0.0%	7.5%	6.9%
比较同意	频数	151	42	3	91	287
	列百分比	29.1%	28.0%	13.0%	31.0%	29.1%

续表

			中产类型				合计
			非中产人士	新中产	老中产	边缘中产	
您对如下说法的态度是：社团对促进澳门居民参政议政有很大帮助	一般	频数	185	53	6	97	341
		列百分比	35.6%	35.3%	26.1%	33.0%	34.6%
	比较不同意	频数	69	23	7	56	155
		列百分比	13.3%	15.3%	30.4%	19.0%	15.7%
	非常不同意	频数	29	14	2	15	60
		列百分比	5.6%	9.3%	8.7%	5.1%	6.1%
	很难讲	频数	47	10	5	13	75
		列百分比	9.1%	6.7%	21.7%	4.4%	7.6%
合计		频数	519	150	23	294	986
		列百分比	100.0%	100.0%	100.0%	100.0%	100.0%

表7—7中的数据表明，31.4%的居民"非常同意"或"比较同意""社团对我个人表达意见有较多帮助"这一说法，而28.0%的人则表示"非常不同意"或"比较不同意"这一说法，另有1/3的人表示"一般"。这表明，居民中对社群帮助个人表达意见方面的现状分歧较大。表7—8中的交互分析进一步表明，新中产对这一说法的同意程度低于其他阶层的人士，其"非常同意"和"比较同意"的比例合计为22.6%。统计分析表明，不同阶层人士之间对这一个看法的差异在统计上显著（$\alpha=0.05$）。

表7—7 澳门居民同意"社团对我个人表达意见有较多帮助"说法的情况

	频数	百分比	累计百分比
非常同意	48	4.9	4.9
比较同意	261	26.5	31.3
一般	328	33.3	64.6
比较不同意	199	20.2	84.8
非常不同意	77	7.8	92.6
很难讲	73	7.4	100.0
合计	986	100.0	

表7—8 不同阶层同意"社团对我个人表达意见有较多帮助"说法的情况

			中产类型				合计
			非中产人士	新中产	老中产	边缘中产	
您对如下说法的态度是：社团对我个人表达意见有较多帮助	非常同意	频数	27	5	0	16	48
		列百分比	5.2%	3.3%	0.0%	5.4%	4.9%
	比较同意	频数	136	29	7	89	261
		列百分比	26.2%	19.3%	30.4%	30.3%	26.5%
	一般	频数	180	59	5	84	328
		列百分比	34.7%	39.3%	21.7%	28.6%	33.3%
	比较不同意	频数	92	30	5	72	199
		列百分比	17.7%	20.0%	21.7%	24.5%	20.2%
	非常不同意	频数	39	18	2	18	77
		列百分比	7.5%	12.0%	8.7%	6.1%	7.8%
	很难讲	频数	45	9	4	15	73
		列百分比	8.7%	6.0%	17.4%	5.1%	7.4%
合计		频数	519	150	23	294	986
		列百分比	100.0%	100.0%	100.0%	100.0%	100.0%

表7—9中的数据表明，超过四成的人表示，社团对于自身没有什么吸引力，而认为社团对自身有吸引力的合计起来仅为20.9%，另有29.0%的人表示"一般"。表7—10中的交互分析则表明，主要来说，老中产较为同意这一看法，其表示同意的比例合计起来高达69.6%；而新中产则不大同意这一看法，其同意的比例仅为35.4%；边缘中产和非中产人士在这个问题上的回答和总体水平接近。统计分析表明，不同阶层人士之间对这一个看法的差异在统计上显著（$\alpha = 0.05$）。同时，这一分析还表明，社团对于新中产的吸引力是最大的。

表7—9 澳门居民同意"社团对我个人来说没有什么吸引力"说法的情况

	频数	百分比	累计百分比
非常同意	160	16.2	16.2
比较同意	268	27.2	43.4
一般	286	29.0	72.4

续表

	频数	百分比	累计百分比
比较不同意	144	14.6	87.0
非常不同意	62	6.3	93.3
很难讲	66	6.7	100.0
合计	986	100.0	

表7—10　不同阶层同意"社团对我个人来说没有什么吸引力"说法的情况

			中产类型				合计
			非中产人士	新中产	老中产	边缘中产	
您对如下说法的态度是：社团对我个人来说没有什么吸引力	非常同意	频数	92	16	8	44	160
		列百分比	17.7%	10.7%	34.8%	15.0%	16.2%
	比较同意	频数	136	37	8	87	268
		列百分比	26.2%	24.7%	34.8%	29.6%	27.2%
	一般	频数	157	48	4	77	286
		列百分比	30.3%	32.0%	17.4%	26.2%	29.0%
	比较不同意	频数	73	22	1	48	144
		列百分比	14.1%	14.7%	4.3%	16.3%	14.6%
	非常不同意	频数	24	17	0	21	62
		列百分比	4.6%	11.3%	0.0%	7.1%	6.3%
	很难讲	频数	37	10	2	17	66
		列百分比	7.1%	6.7%	8.7%	5.8%	6.7%
合计		频数	519	150	23	294	986
		列百分比	100.0%	100.0%	100.0%	100.0%	100.0%

第三节　澳门居民与政府

一　参加选举的情况

参加选举情况是观察一个社会中政治参与的重要方面。表7—11中的数据表明，53.9%的居民在上一届立法会选举的时候是选民。表7—12中的数据则表明，对上一届立法会选举的时候已经是选民的人来说，将近八成（78.2%）的人参加了立法会选举投票，这一比例在当今世界上算比较高的。① 表 7—13 中交互分析则表明,澳门各阶层参与选举投票的比例差异不大,统计上差异不显著（α=0.05）。

表 7—11　　　　在上一届立法会选举的时候是不是选民

	频数	百分比	累计百分比
是	533	53.9	53.9
不是	430	43.5	97.5
不清楚/不记得	25	2.5	100.0
合计	988	100.0	

表 7—12　　　　　是否参加了立法会选举

	频数	百分比	累计百分比
参加了	417	78.2	78.2
没有参加	110	20.6	98.9
记不清	6	1.1	100.0
合计	533	100.0	

表 7—13　　　不同阶层在上一届立法会选举时参加选举的情况

			中产类型				合计
			非中产人士	新中产	老中产	边缘中产	
您是否参加了上一届立法会选举投票	参加了	频数	206	63	11	137	417
		列百分比	79.5%	78.8%	68.8%	77.0%	78.2%
	没有参加	频数	48	17	5	40	110
		列百分比	18.5%	21.2%	31.2%	22.5%	20.6%
	记不清	频数	5	0	0	1	6
		列百分比	1.9%	0.0%	0.0%	0.6%	1.1%
合计		频数	259	80	16	178	533
		列百分比	100.0%	100.0%	100.0%	100.0%	100.0%

二　澳门居民对政府的评价

表 7—14 中的数据表明,"非常同意"和"比较同意""澳门居民

---

① 比如,美国大选的选举参加率自 1960 年以来最高仅为 65%。中国香港 2000 年的立法会选举投票率也仅为 45.3%。

有较多表达意见的渠道"这一说法的居民约占 34.2%，认为一般的占到 29.8%，而表示不同程度不同意的比例合计为 31.5%。总体上，呈现"三三制"的情况。表 7—15 中的数据进一步表明，不同阶层的澳门居民对此说法的同意程度差别不大，统计分析表明不存在显著性（α=0.05）。也就是说，不同阶层对这一说法的同意程度基本一致。

表 7—14　澳门居民对"澳门居民有较多表达意见的渠道"说法的同意情况

	频数	百分比	累计百分比
非常同意	59	6.0	6.0
比较同意	278	28.2	34.2
一般	294	29.8	64.1
比较不同意	215	21.8	85.9
非常不同意	96	9.7	95.6
很难讲	43	4.4	100.0
合计	985	100.0	

表 7—15　不同阶层对"澳门居民有较多表达意见的渠道"说法的同意情况

			中产类型				合计
			非中产人士	新中产	老中产	边缘中产	
您对如下说法的态度是，澳门居民有较多表达意见的渠道	非常同意	频数	26	12	2	19	59
		列百分比	5.0%	8.0%	8.7%	6.5%	6.0%
	比较同意	频数	147	39	5	87	278
		列百分比	28.4%	26.0%	21.7%	29.6%	28.2%
	一般	频数	164	44	6	80	294
		列百分比	31.7%	29.3%	26.1%	27.2%	29.8%
	比较不同意	频数	107	33	6	69	215
		列百分比	20.7%	22.0%	26.1%	23.5%	21.8%
	非常不同意	频数	48	17	4	27	96
		列百分比	9.3%	11.3%	17.4%	9.2%	9.7%
	很难讲	频数	26	5	0	12	43
		列百分比	5.0%	3.3%	0.0%	4.1%	4.4%
合计		频数	518	150	23	294	985
		列百分比	100.0%	100.0%	100.0%	100.0%	100.0%

表7—16中的数据表明,20.9%的人对"澳门政府在听取居民的意见和建议方面做得不错"这一说法表示不同程度的同意,而将近1/3的居民认为做得"一般",有近四成(39.5%)的人表示不同程度的不同意。表7—17中的数据进一步表明,大体上来说,新中产和非中产人士对这一说法的同意程度略高一点,但统计分析表明,不同阶层的居民对这一说法的同意程度差异不具有统计上的显著性($\alpha = 0.05$)。也就是说,不同阶层对这一说法的同意程度基本一致。

表7—16　澳门居民对"澳门政府在听取居民的意见和建议方面做得不错"说法的同意情况

	频数	百分比	累计百分比
非常同意	31	3.1	3.1
比较同意	175	17.8	20.9
一般	341	34.6	55.5
比较不同意	249	25.3	80.8
非常不同意	140	14.2	95.0
很难讲	49	5.0	100.0
合计	985	100.0	

表7—17　不同阶层对"澳门政府在听取居民的意见和建议方面做得不错"说法的同意情况

			中产类型				合计
			非中产人士	新中产	老中产	边缘中产	
您对如下说法的态度是:澳门政府在听取居民的意见和建议方面做得不错	非常同意	频数	20	5	0	6	31
		列百分比	3.9%	3.3%	0.0%	2.0%	3.1%
	比较同意	频数	105	20	1	49	175
		列百分比	20.3%	13.3%	4.3%	16.7%	17.8%
	一般	频数	173	55	11	102	341
		列百分比	33.4%	36.7%	47.8%	34.7%	34.6%
	比较不同意	频数	124	36	7	82	249
		列百分比	23.9%	24.0%	30.4%	27.9%	25.3%
	非常不同意	频数	64	29	2	45	140
		列百分比	12.4%	19.3%	8.7%	15.3%	14.2%

续表

		中产类型				合计
		非中产人士	新中产	老中产	边缘中产	
很难讲	频数	32	5	2	10	49
	列百分比	6.2%	3.3%	8.7%	3.4%	5.0%
合计	频数	518	150	23	294	985
	列百分比	100.0%	100.0%	100.0%	100.0%	100.0%

表7—18中的数据表明，16.4%和32.8%的澳门居民分别对"澳门政府的行政效率不高"说法表示不同程度的同意，约三成（31.1%）的人表示"一般"，而不同意这一说法的人的比例仅为14.7%。表7—19中的数据进一步表明，新中产和老中产同意这一说法的比例要低于边缘中产和非中产人士。统计分析表明，这一差异具有显著性（α = 0.05）。也就是说，不同阶层对这一说法的同意程度不一致。

表7—18　澳门居民对"澳门政府的行政效率不高"说法的同意情况

	频数	百分比	累计百分比
非常同意	162	16.4	16.4
比较同意	323	32.8	49.2
一般	306	31.1	80.3
比较不同意	101	10.3	90.6
非常不同意	43	4.4	94.9
很难讲	50	5.1	100.0
合计	985	100.0	

表7—19　不同阶层对"澳门政府的行政效率不高"说法的同意情况

		中产类型				合计
		非中产人士	新中产	老中产	边缘中产	
非常同意	频数	83	24	6	49	162
	列百分比	16.0%	16.0%	26.1%	16.7%	16.4%
比较同意	频数	171	40	4	108	323
	列百分比	33.0%	26.7%	17.4%	36.7%	32.8%

续表

			中产类型				合计
			非中产人士	新中产	老中产	边缘中产	
您对如下说法的态度是：澳门政府的行政效率不高	一般	频数	167	52	6	81	306
		列百分比	32.2%	34.7%	26.1%	27.6%	31.1%
	比较不同意	频数	46	19	5	31	101
		列百分比	8.9%	12.7%	21.7%	10.5%	10.3%
	非常不同意	频数	17	11	0	15	43
		列百分比	3.3%	7.3%	0.0%	5.1%	4.4%
	很难讲	频数	34	4	2	10	50
		列百分比	6.6%	2.7%	8.7%	3.4%	5.1%
合计		频数	518	150	23	294	985
		列百分比	100.0%	100.0%	100.0%	100.0%	100.0%

表7—20中的数据表明，仅有2.9%和15.1%的澳门居民对"澳门政府官员总体尚算清廉"这一说法表示同意，约1/3表示"一般"，而43.0%的澳门居民表示"比较不同意"或者"非常不同意"这一说法。这说明，澳门居民对政府官员的清廉情况很不满意。而表7—21中的交互分析进一步表明，老中产和非中产人士对这一说法的同意程度最低，表示"非常同意"和"比较同意"的比例合计分别为13.0%和16.4%。相对来说，新中产表示"非常同意"和"比较同意"的比例合计达到了22.6%。尽管对这一说法的同意程度在总体上都不高，但统计分析表明，各阶层人士对这一说法的同意程度差异显著（$\alpha = 0.01$）。

表7—20 澳门居民对"澳门政府官员总体尚算清廉"说法的同意情况

	频数	百分比	累计百分比
非常同意	29	2.9	2.9
比较同意	149	15.1	18.1
一般	293	29.7	47.8
比较不同意	253	25.7	73.5

续表

	频数	百分比	累计百分比
非常不同意	170	17.3	90.8
很难讲	91	9.2	100.0
合计	985	100.0	

表 7—21　不同阶层对"澳门政府官员总体尚算清廉"说法的同意情况

<table>
<tr><th colspan="2"></th><th></th><th colspan="4">中产类型</th><th rowspan="2">合计</th></tr>
<tr><th colspan="2"></th><th></th><th>非中产人士</th><th>新中产</th><th>老中产</th><th>边缘中产</th></tr>
<tr><td rowspan="12">您对如下说法的态度是：政府官员总体尚算清廉</td><td rowspan="2">非常同意</td><td>频数</td><td>15</td><td>5</td><td>1</td><td>8</td><td>29</td></tr>
<tr><td>列百分比</td><td>2.9%</td><td>3.3%</td><td>4.3%</td><td>2.7%</td><td>2.9%</td></tr>
<tr><td rowspan="2">比较同意</td><td>频数</td><td>70</td><td>29</td><td>2</td><td>48</td><td>149</td></tr>
<tr><td>列百分比</td><td>13.5%</td><td>19.3%</td><td>8.7%</td><td>16.3%</td><td>15.1%</td></tr>
<tr><td rowspan="2">一般</td><td>频数</td><td>168</td><td>41</td><td>1</td><td>83</td><td>293</td></tr>
<tr><td>列百分比</td><td>32.4%</td><td>27.3%</td><td>4.3%</td><td>28.2%</td><td>29.7%</td></tr>
<tr><td rowspan="2">比较不同意</td><td>频数</td><td>133</td><td>36</td><td>9</td><td>75</td><td>253</td></tr>
<tr><td>列百分比</td><td>25.7%</td><td>24.0%</td><td>39.1%</td><td>25.5%</td><td>25.7%</td></tr>
<tr><td rowspan="2">非常不同意</td><td>频数</td><td>71</td><td>27</td><td>7</td><td>65</td><td>170</td></tr>
<tr><td>列百分比</td><td>13.7%</td><td>18.0%</td><td>30.4%</td><td>22.1%</td><td>17.3%</td></tr>
<tr><td rowspan="2">很难讲</td><td>频数</td><td>61</td><td>12</td><td>3</td><td>15</td><td>91</td></tr>
<tr><td>列百分比</td><td>11.8%</td><td>8.0%</td><td>13.0%</td><td>5.1%</td><td>9.2%</td></tr>
<tr><td colspan="2" rowspan="2">合计</td><td>频数</td><td>518</td><td>150</td><td>23</td><td>294</td><td>985</td></tr>
<tr><td>列百分比</td><td>100.0%</td><td>100.0%</td><td>100.0%</td><td>100.0%</td><td>100.0%</td></tr>
</table>

表 7—22 中的数据表明，18.2%和 32.9%的澳门居民对"政府决策的透明度不高"说法表示不同程度的同意，约三成（27.0%）的人表示"一般"，而不同意这一说法的人的比例仅为 15.2%。这表明，澳门居民整体上对政府决策的透明度不甚满意。表 7—23 中的数据进一步表明，新中产同意这一说法的比例要低于其他几类人员，这可能主要是因为新中产中本身有大量政府工作人员。不过，尽管差别不大，统计分析表明，这一差异具有显著性（α=0.05）。也就是说，不同阶层对这一说法的同意程度不一致。

第七章 澳门各阶层居民的社会政治参与 241

表7—22 澳门居民对"政府决策的透明度不高"说法的同意情况

	频数	百分比	累计百分比
非常同意	179	18.2	18.2
比较同意	324	32.9	51.1
一般	266	27.0	78.1
比较不同意	111	11.3	89.3
非常不同意	38	3.9	93.2
很难讲	67	6.8	100.0
合计	985	100.0	

表7—23 不同阶层对"政府决策的透明度不高"说法的同意情况

			中产类型				合计
			非中产人士	新中产	老中产	边缘中产	
您对如下说法的态度是：政府决策的透明度不高	非常同意	频数	94	24	7	54	179
		列百分比	18.1%	16.0%	30.4%	18.4%	18.2%
	比较同意	频数	158	44	4	118	324
		列百分比	30.5%	29.3%	17.4%	40.1%	32.9%
	一般	频数	151	41	5	69	266
		列百分比	29.2%	27.3%	21.7%	23.5%	27.0%
	比较不同意	频数	52	21	5	33	111
		列百分比	10.0%	14.0%	21.7%	11.2%	11.3%
	非常不同意	频数	18	11	0	9	38
		列百分比	3.5%	7.3%	0.0%	3.1%	3.9%
	很难讲	频数	45	9	2	11	67
		列百分比	8.7%	6.0%	8.7%	3.7%	6.8%
合计		频数	518	150	23	294	985
		列百分比	100.0%	100.0%	100.0%	100.0%	100.0%

三 澳门居民与政府的潜在沟通渠道

表7—24中的数据表明，如果对政府有意见，澳门居民最有可能采取的方式是"给政府有关部门打投诉电话"（33.6%）和"到互联网上提出批评意见"（33.6%）；其次是"通过社团向政府反映"（26.7%）；再次是"打电话给电台或电视台反映"（25.9%）。这表明，除了向政府直接反映情况外，社团和媒体是澳门居民与政府沟通的主要潜在渠

道。这中间值得注意的是，有14.3%的人选择"不反映"，同时还有9.6%的人选择"采取上街游行示威的办法"。

表7—24 澳门居民如果对政府有意见或建议，最可能采取哪些方式向政府反映

		回应情况		案例百分比
		频数	百分比	
与政府沟通渠道	自己到政府主管部门办公地点当面提出意见	146	8.7	14.8
	通过社团向政府反映	263	15.8	26.7
	向报纸、杂志投稿提出意见	99	5.9	10.1
	到互联网上提出批评意见	331	19.8	33.6
	打电话给电台或电视台反映	255	15.3	25.9
	给政府有关部门打投诉电话	331	19.8	33.6
	采取上街游行示威的办法	95	5.7	9.6
	不反映	141	8.4	14.3
	写信给政府	4	0.2	0.4
	通过议员	1	0.1	0.1
	向朋友讲	3	0.2	0.3
	合计	1669	100.0	169.4

表7—25中的数据进一步表明，不同阶层的人士在对政府有意见时，其采取的沟通方式并不完全一致。老中产首选"给政府有关部门打投诉电话"，其次是选择"到互联网上提出批评意见"，再次是"打电话给电台或电视台反映"；而新中产的前三项选择与老中产一致，但选择"到互联网上提出批评意见"的比例非常高；对于边缘中产来说，列第一位的是"到互联网上提出批评意见"，第二位的是"给政府有关部门打投诉电话"，再次是"通过社团向政府反映"；对于非中产人士，其首选的渠道是"给政府有关部门打投诉电话"，其次是"到互联网上提出批评意见"，再次是"通过社团向政府反映"。

表7—25　不同阶层如果对政府有意见或建议，最可能采取哪些方式向政府反映

			中产类型				合计
			非中产人士	新中产	老中产	边缘中产	
与政府沟通渠道	自己到政府主管部门办公地点当面提出意见	频数	73	31	2	40	146
		列百分比	14.0%	20.7%	8.7%	13.7%	
	通过社团向政府反映	频数	149	31	6	77	263
		列百分比	28.7%	20.7%	26.1%	26.4%	
	向报纸、杂志投稿提出意见	频数	43	24	3	29	99
		列百分比	8.3%	16.0%	13.0%	9.9%	
	到互联网上提出批评意见	频数	167	65	7	93	331
		列百分比	32.1%	43.3%	30.4%	31.8%	
	打电话给电台或电视台反映	频数	138	35	6	75	255
		列百分比	26.5%	23.3%	26.1%	25.7%	
	给政府有关部门打投诉电话	频数	175	66	8	82	331
		列百分比	33.7%	44.0%	34.8%	28.1%	
	采取上街游行示威的办法	频数	49	13	1	32	95
		列百分比	9.4%	8.7%	4.3%	11.0%	
	不反映	频数	72	13	2	54	141
		列百分比	13.8%	8.7%	8.7%	18.5%	
	写信给政府	频数	1	2	1	0	4
		列百分比	0.2%	1.3%	4.3%	0.0%	
	通过议员	频数	0	0	0	1	1
		列百分比	0.0%	0.0%	0.0%	0.3%	
	向朋友讲	频数	2	0	1	0	3
		列百分比	0.4%	0.0%	4.3%	0.0%	
合计		频数	520	150	23	292	985

从上述关于沟通渠道的分析可以得到如下启示：一是互联网已经成为各阶层人士所共同选择的一项表达意见的方式，因此，澳门政府应高度重视网络舆论的影响。二是"给政府有关部门打投诉电话"也是各个阶层的共同选择，因此，澳门政府应注重各部门受理民众投诉工作制度和流程的建立，定期给澳门民众反馈。三是边缘中产和非中产人士相对处于弱势地位，很多时候还需要借助社团的力量来向政府反映意见，对此政府也要有必要的重视。最后一点，除了老中产作为雇主，选择"采取上街游行示威的办法"的比例较低之外，其余的人士均有10%左右的比例有这一倾向，这也是值得注意的一个地方。

第四节　澳门社团与政府的关系

从与基层组织和政府部门的访谈中，我们可以感受到政府的资助已经构成了对一些社团财政上的主导地位，一些项目的招标，也客观上促成了社团之间的竞争与合作关系。相较于回归前，社团与政府、社团与民众的关系都发生了一些积极变化。

此外，随着外资的进入，社团与政府的关系可能会出现某种新的动向。按照目前的社团组织管理制度，外资完全可以利用社团来影响政府。并且，根据目前的选举制度，外资在一定程度上也能够通过影响员工的投票进而达到影响选举结果的目的。由于澳门总人口不多，且并非所有有资格的选民均参加直接投票，从理论上说，这种可能性就变得更大一些。一些社团负责人已经对此提出了自己的担忧。

一　第三种声音：新中产的价值诉求

随着中产阶层群体的扩大及其构成的多样化，其内部也出现不同程度的分化。一方面，社团正在成为不同群体表达利益诉求的渠道；另一方面，其中一部分知识分子也正在以社团的方式参与政治生活，强调自己的中立价值立场，并日益成为一股需要予以重视的力量。这一批知识分子在社会事务上强调自身的中立立场，主张用理性的态度去处理和政府事务有关的问题，用他们自己的话说，是既不想因为某件事情是政府主张就一定支持，也不想附和一些媒体对政府的批评意见。在此，我们姑且称之为"第三种声音"。

其中一个受访专业团体就对澳葡时期以来形成的政治传统持否定态度。因为在澳葡时期实行的主要是殖民化统治，即使在1976年的《澳门组织章程》颁布之后，澳门也只是获得某种程度的自治权。在澳葡时期，澳门民众也没有太多的空间去表达自己的想法和态度。回归之后，虽然澳门民众对政府的监督权在法律层面得到了完整的保护和支持，但长期形成对政府比较宽容的心态仍然在不少民众中延续，这一点在家庭访谈中也有发现。但2004年欧文龙案的出现可以说是一个很大的转折点，由于欧文龙案件涉案金额超过8亿元，这不啻在澳门扔下了一颗重磅炸弹；2007年年初，时任澳门特区行政长官何厚铧的评分较之2004年高点下跌15.4个百分点，支持率下降23个百分点。欧文龙一案的出现，使澳门民众对政府官员贪污腐败和权力滥用的关注有所增加。

欧文龙一案只是一个典型事件，更深层的意义是澳门经济—社会快速变迁所产生的种种矛盾和问题，其所引发的各种议题与关注扩大了澳门社会的公共空间和参与机会，进而促使一些知识分子由沙龙走向社团，将分散的、非正式的意见表达变为有组织的、有纲领的社团行动。

二 社团发展对社会治理模式的影响

澳门特别行政区建立以来，澳门的治理机制逐步成形于一种颇具特色的双轨制基础之上，即政府—社团（中间机构）—社会模式与政府—社会模式，这种双轨治理结构与澳葡时期截然不同。澳葡当局对华人社会采取维持性消极应对态度，而特区政府则对澳门社会整体承担全面责任，遂实行积极进取经济—社会政策。这使得澳门特区政府与社团及社会的关系发生了根本性变化。

如前所述，特区政府建立之前，由于澳葡当局民生关注和公共职能的缺失，各类填补其空间的社团组织应运而生，其作用既受到底层的欢迎，也获得了澳葡上层的准允。长此以往，社团在澳门成为解决民众生产、生活、教育、医疗等基本问题的有效手段，也是底层民众表达诉求、维护权益及与政府沟通的一种机制。澳葡当局"放手不管"而形成的"小政府，大社会"格局，促进了澳门社团的发展，同时也培育和强化了民间自我管理的自治文化传统。应当说，在澳葡时期这种以社团为基础的强势民间社会是被"逼"出来的，因为中国传统公共治理与公共物品提供长期遵循和追求的是一种民间自治与政府责任两者之间的分工、合作与平衡的方式。但在澳葡时期却是政府公共责任缺失状态下以社团为特征的"大社会"发育，因此，整个社会的公共功能处于一种不完备的失衡状态。

特区建立之后，"澳人治澳，高度自治"扩大了澳门的政治空间，原则上澳门本地政治力量都可以有机会分享这个空间。一方面由于澳门固有的社团文化传统，再加上有"澳人治澳"的政策基础，澳门社团传统在新的政治条件下的发展符合逻辑。此外，澳门中产阶层的兴起又使澳门传统社团拥有了更广泛的社会资源和组织资源，从而澳门社团也具备了不断发展的内生条件。但与此同时，"澳人治澳，高度自治"也赋予了特区政府更大的社会责任与政治资源，澳门政府公共职能与治理机制不可避免地成为强势，亦即所谓"大政府"。这样，"大社会"与"大政府"必然会在更加广阔的领域形成前所未有的"交集"，这种"交集"不但体现在政府对社会的全面责任与管理，而且还具体体现为政府—社会治理路径中政府对社会的直接介入。迄今，澳门社会团体与政府关系问题主要发生在这个显著增大的"交集"当中。

"大政府"与"大社会"的格局无论对于澳门社团或是政府都是相对陌生的经验。"大政府"直接导致了政府—社会的治理路径，而"大社会"又延续了政府—社团（中间机构）—社会模式。因此，澳门社团与特区政府同样要经历一个磨合与再调整期。调查发现，有很大的概率可以期待这个磨合与再调整期能够基本平稳过渡，尽管可能存在一些小适力全阵痛。因为，澳门社团的传统是服务社会、维护民权、沟通政府，而这也正是特区政府所期待的。澳葡时期，在失衡状态的"大社会"和"小政府"格局中，两种力量更多具有异己的因素，澳门社团更多的是通过斗争和"索要"的方式实现自己服务社会的宗旨。特区政府成立之后，澳门社团总体对政府是认同与支持的，因为"这是我们澳门人自己的政府"。而特区政府也倚重社团的资源与功能以实现其治理与发展目标。比之澳葡时期社团与政府的关系，过去是斗争现在是合作，过去是"索要"现在是共建，过去是得失现在是共赢，过去是隔阂现在是参与。而且正如前文所述，社团与政府的合作关系已经成为一种制度化的机制。

澳门社团与特区政府合作的政治基础是两者的经济—社会发展目标的高度契合，尽管任何社会团体或政治力量都有其特定群体利益与价值观念。一些学者从西方经验出发并站在二元对立方法论立场上，经常对作为一个整体的国家与社会、政府与市场采取二分法的分析与叙述，在政策与实践领域更是倾向于"你大即我小、你小则我大"诸如此类对立的、非包容性的视角，割裂了国家与社会以及政府与市场相互性、整体性、共生性的联系，否认这种关系仅仅是一个硬币的两个面。因此，反映其政治理念的表述通常为所谓"小政府，大社会"的种种美好，其中含义是国家从社会生活中全面退出以及没有政府"干预"的自由市场经济的制度安排。这种理念主要来自西方国家的局部经验，其在第二次世界大战后60多年间非西方世界的实践基本都是以经济—社会的失败或动荡而告终。

特区建立以来的实践表明，现今9000多个社团在澳门经济与社会中具有广泛的代表性，社团与政府的合作加强了社团的作为，也延伸了政府的执政功能、降低了执政成本、增强了执政基础。本次调查发现，无论澳门社团或政府，对于双方的作用与合作关系都给予了比较正面的评价或建设性的批评与建议。政府与社团共同实施或由政府"采购"社团主导并直接组织的社会服务与社会改进项目，这种社会服务与社会管理模式符合政府、社团、社会三者的共同利益；拥有广泛代表性的社团在民情反映、政策咨询和社会监督领域里与政府的合作对于政府执政的代表性、科学性以及合法性都产生了巨大的正面意义。因此，澳门政府与社团初步形成了"大政府"与"大社会"相互依存、相互补充、相互加强的完整社会服务与治理机制。

根据本次调查掌握的情况，预计未来澳门社团与政府之间的合作将会进一步加强；社团的民众基础、社团服务功能，以及社团对政府政策的建议都是政府所需要倚重的，而政府的政策资源和财政资源对于澳门社团的工作开展也将日趋重要。应该讲，澳门特色的"大政府，大社会"的治理模式有其自身的政治文化基础和经济—社会发展的现实需要，继续发展和完善这种机制其前景是光明的。

第八章 澳门中产阶层与经济—社会发展

澳门经济—社会对澳门中产阶层的影响是历史和现实的，也是意义深远的。澳门经济—社会发展不但创造了自己的中产阶层，与此同时，也造就了它自己的审视者、评判者以及澳门未来的塑造者。

与冲突理论以及结构化理论不同，渊源于保守主义社会学的中产阶级理论更多从结构稳定的角度看待中产阶层的社会意义，即通常所说的"稳定剂"作用。但是从其他不同理论视角来看，尤其是从第二次世界大战以来西方发达国家乃至非西方国家的经历来看，中产阶层充当"催化剂"与作为"稳定剂"的历史几乎一样长。例如第二次世界大战结束后遍及西欧的左翼运动，1956年东欧的匈牙利事件，20世纪60年代末席卷整个西方世界的反抗风暴，捷克布拉格之春和波兰团结工会运动，80年代韩国的光州起义和菲律宾的权力更迭，90年代初苏联东欧剧变，20世纪末拉美左翼政治的兴起，21世纪初东欧与中亚的"颜色革命"，中国台湾的蓝绿对立、泰国的红黄冲突，欧元区成员国近年来的大罢工和公众抗议，2010年至今的"阿拉伯之春"，英国2011年的城市骚乱，美国2011年发生的"占领华尔街"抗议风潮及其在50多个城市的蔓延等，诸如此类不胜枚举，其共同点都是或以中产阶层为主体、或由其所领导、或作为重要参与者的社会变迁或社会动荡。中产阶层无论作为"稳定剂"或"催化剂"，取决于其整体或其部分群体对经济—社会情势的感知与判断，其中既有客观的国际国内经济、政治因素，也有观念上的意识形态因素。总之，战后历史表明，中产阶层可以作为一个相对独立的政治力量而存在，既可以作为"稳定剂"，又可以变为"催化剂"，尽管其自身并非铁板一块。

回顾过去10年澳门中产阶层发展的历史，澳门经济—社会对澳门中产阶层的形成、发展以及内部结构都产生了显著影响。或者说，在过去的一段时间里，澳门中产阶级与澳门经济—社会两者之间的关系是后者更多扮演了建构前者的角色。如特区政府的建立、澳人治澳、全球化发展、产业升级与转移、博彩业的异军突起等，为澳门中产阶层兴起直接创造了前所未有的职业机会、收入来源和发展空间。不仅如此，建构澳门中产阶层的各类因素本身，同时也为它所催生的澳门中产阶层建构了各种问题。但是，这并非是说澳门中产阶层在过去的发展中总是处于完全被动的地位，因为除了物质原因之外，澳门的历史文化传统、人力资源条件等人文因素在其中发挥的内在作用也是不容忽视的；澳门政治与社会的稳定、澳门社团作用的复兴，以及博彩业的大发展也印证了这一点。因此，我们有理由关注，在澳门经济—社会建构澳门中产阶层的过程中，随着中产阶层的兴起、壮大和发展，处在这种变化之中的澳门中产阶层会怎样构建澳门今天以及未来的经济—社会。

第一节 澳门经济—社会发展对中产阶层的影响

本节将以澳门边缘中产及澳门传统老中产为重点，讨论澳门经济—社会对澳门中产阶层的影响。澳门经济—社会变迁对澳门中产阶层形成和发展的牵引作用是巨大的，与此同时，澳门产业结构特殊的不平衡性，也给澳门中产阶层中各地位群体结构的特异性发展带来种种问题。调查中发现，博彩业的异军突起所产生的直接结果是所谓边缘中产阶层的庞大规模和传统型老中产的经营问题，同时还间接拉动了澳门房地产价格与劳动力价格过快上涨，后者足以影响澳门中产阶层和澳门整体经济—社会发展。

一 博彩业龙头与多元发展政策

博彩业的迅速发展无论对澳门经济还是对澳门社会都产生了巨大和深远的影响，随之对澳门博彩业的作用的讨论也日益增多。这些讨论的关注点是，没有博彩业澳门还能有什么；有了博彩业之后，它会是澳门经济—社会发展的龙头抑或是盖压群芳的独大。博彩业造就了庞大的从业人群，应该如何看待这个群体独特性的问题。

1. 澳门博彩业——龙头还是独大

澳门博彩业究竟是龙头还是独大？从不同角度可能得出不尽相同的结论。首先从过去一段时间到当前的现实来看，博彩业的确是独大。但是从发展的眼光来看，如果博彩业不曾独大又如何可以成为龙头？而究竟澳门博彩业今后是否可以由独大变成龙头，则又要看澳门作为区域经济要素的机会和政府政策推动方向。

作为地域性小型经济体，澳门经济生存与发展有赖于区域交换和国际贸易。根据比较优势理论与实践，澳门在特区建立之后能否振兴经济，关键在于澳门能否利用自身的优势，参与全球化市场竞争。博彩业在澳门有上百年的历史和自己独特的文化积淀，因此，在政策的支持下澳门博彩业的高速发展时期应运而生，尽管存在问题，但也是澳门经济现实有限选项的不得已而为之。

有受访者表示："澳门自己独特的历史背景令其在回归时选择了博彩业作为龙头产业去发展，我认为是一个必然选择。用句俗话来说：你有多少原料做多少菜，澳门历史原因发展选择了博彩业。"

澳门自然经济禀赋与澳门政治生态、历史文化及人力资源条件，决定了澳门参与国际和区域竞争实现经济迅速起步的唯一强势就是博彩业，这点即使是深怀忧虑者也不会怀疑。自从 2002 年赌权开放以来，澳门博彩业经历了爆炸式增长，迄今为止澳门 32 万多就业者中博彩业直接就业接近 7 万人，2009 年博彩业占本地生产总值的比重为 32.3%，[①] 占财政收入贡献也在七成以上，其业绩一时间蜚声海内外，稳坐全球同业头把交椅。不仅如此，澳门博彩业的带动效益惠及酒店业、旅游业、批发零售业、餐饮服务业、交通运输业、房地产业、金融保险业，并拉动了基础设施大规模建设。因此，澳门博彩业在经济中能够成为龙头地位得以初步确立。

澳门博彩业的迅猛发展引起了澳门公众尤其是一部分澳门新中产的关注，其忧虑质疑之声随处可见。但是关键在于，没有博彩业的牵引，澳门还会有什么？有关资料显示，特区建立之前，澳门第一产业就已经无足轻重，长期以来旅游博彩业、出口加工业、建筑地产业和金融保险

---

① 澳门统计暨普查局网站。

业是澳门经济的四大支柱。有资料显示，20世纪最后20年，澳门制造业在澳门经济中的比重总体上是一个持续下降的趋势；回归后，澳门第二产业及其制造业产值也是基本稳定徘徊在低位，第二产业占本地生产总值在11%—19%，制造业比重从10%下降到不足4%。众所周知，除了政府政策因素导致个别年份的增长外，澳门的建筑地产业也呈萎靡不振状态。与此同时，在澳门特区建立以来的大部分时间里，澳门的第三产业占澳门总产值比重一直在80%—89%，而其中博彩业及其连带行业是其主要部分。这说明，除了博彩业及其相关行业，在不具备自然地理优势以及在人口少、面积小和相对封闭的条件下，澳门不可能产生强劲的经济内生动力，从而澳门也就没有能够发育出参与国际竞争的其他优势产业。事实上，随着出口导向的加工制造业的不断向外转移，其建筑地产业市场也必然呈萎缩态势，进而面向本地的金融保险业就失去了实体经济依托而同样难有大的作为。在这种情况下，博彩业的发展对澳门经济起到了强劲的刺激和支柱作用，可谓"忍辱负重"。

表8—1中的数据显示，博彩业对就业的贡献率连续多年达到20%左右，与博彩业密切相关的批发及零售业和酒店及饮食业两项就业相加又占到就业总数量的27%，还不用说博彩业对建筑业、运输业、金融保险业等方面的带动效应。因此可以说，当前澳门就业50%以上是直接由博彩业或间接由博彩业创造的，而其中的大部分是新中产和老中产阶层职业岗位。问题是博彩业从业者自身却成为边缘中产。

表8—1　　　　　　　　澳门就业人口的行业分布　　　　　　　单位:%

就业人口之行业分布	2008年	2009年	2010年
制造业	7.6	5.3	4.8
建筑业	11.9	10.3	8.6
批发及零售业	12.3	13.1	13.3
酒店及饮食业	12.8	13.8	13.6
运输通信及仓储业	5.0	5.2	5.8
金融业、不动产及工商服务业	9.7	11.4	10.0
公共行政	6.2	6.4	6.8

252　澳门中产阶层现状探索

续表

社会服务及个人服务	13.5	15.1	15.7
博彩业	20.6	19.8	19.9
其他	0.4	0.6	0.5

资料来源：澳门特别行政区政府统计暨普查局。

博彩业对澳门政府税收的贡献亦然，2010年特区政府796亿元税收中博彩业提供了688亿元。政府财政支出不但促进其他行业的调整、改革与发展，而且也推动了就业并增加了澳门人的社会保障与社会福利水平，见图8—1。

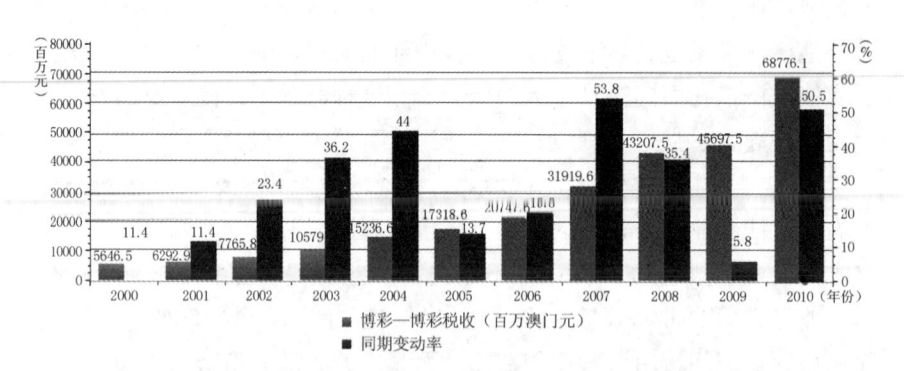

图8—1　澳门博彩业税收增长情况（2000—2010）

资料来源：澳门特别行政区政府统计暨普查局。

从以上情况不难看出，博彩业不但造成自身独大局面，同时也为澳门经济—社会多元化创造着必要条件：澳门博彩业资本积累以及澳门相关产业与事业的发展。但仅此是不够的，澳门产业适度多元化的发展必须依托更大范围内的经济要素——资本、技术、人力资源、土地、市场；澳门经济适度多元化不可避免地要受到区域经济乃至全球化的检验放行。澳门地域经济难以自发形成多元化经济发展格局，特区政府与中央政府共同政策配合或推动不可或缺。CEPA先试先行、《横琴总体发展规划》、《珠江三角洲地区改革发展规划纲要》等政策举措被认为是实现澳门经济发展适度多元化的重要尝试。

在为澳门经济注入活力的同时，博彩行业的一业独大也带来了潜在的社会影响。就找工作来说，不少受过大学教育的人反映在澳门难以找到适合自己专业和学历的工作。造成这一结果的一个重要原因是澳门在博彩业快速发展的同时破坏了既有的产业结构。表8—2的数据表明，以现代各种产业就业人士为代表的新中产人士认为在澳门找不到合适工作的原因就在于"相关产业或者部门不发达，职位较少"。这实际上也对博彩业独大的状况提出了质疑。

表8—2　　　　　　　　　　找到满意工作的难度

			中产类型			合计
			非中产人士	新中产	边缘中产	
找到满意工作的难度	您认为比较难的原因是：相关产业或者部门不发达，职位较少	频数	35	14	28	77
		列百分比	28.2%	58.3%	32.5%	32.9%
	您认为比较难的原因是：家里没有社会关系，没有机会	频数	35	6	26	67
		列百分比	28.2%	25.0%	30.2%	28.6%
	您认为比较难的原因是：自身缺乏相应的能力	频数	53	3	32	88
		列百分比	42.7%	12.5%	37.2%	37.6%
	您认为比较难的原因是：其他（请注明_____）	频数	1	1	0	2
		列百分比	0.8%	4.1%	0.0%	0.9%
合计		频数	124	24	86	234
		列百分比	100.0%	100.0%	100.0%	100.0%

同时，由于博彩业工资水平远高于其他产业，这也导致了人们倾向

于到博彩业工作来获得高收入。在调查中,询问被调查者的下一份工作选择的行业是什么,得到了表8—3中的结果。这一结果表明,除了公共行政,酒店业是澳门居民最希望从事的行业。而制造业、建筑业等澳门传统行业备受冷落。这实际上表明,随着博彩业在澳门的发展,其他的产业有不同程度的衰落,这实际上和"荷兰病"[①]有惊人的相似。

表8—3　　　　　　　　　　澳门居民最希望从事的行业

	频数	百分比	累计百分比
农业	4	0.7	0.7
捕鱼业	2	0.4	1.1
制造业	6	1.1	2.2
电力、气体及水的生产和分配	12	2.2	4.4
建筑业	23	4.1	8.5
批发及零售业	39	7.0	15.5
酒店业	103	18.5	34.0
运输业	11	2.0	36.0
金融	52	9.4	45.4
不动产业务	13	2.3	47.7
公共行政	125	22.5	70.1
教育	41	7.4	77.5
医疗及卫生服务	25	4.5	82.0
团体、社会及个人的其他服务	76	13.7	95.7
家庭佣工	6	1.1	96.8
国际组织及驻外机构	18	3.2	100.0
合计	556	100.0	

2. 澳门博彩业与边缘中产

澳门博彩业的迅猛发展不但拉动了整个澳门经济,而且急剧改变了澳门社会结构,除了间接促进部分澳门新中产和老中产的发展,更是直接形成了一个特殊经济及社会地位的中产阶层群体。正是由于其特殊性和争议性,这里称其为边缘中产。即一个产出大、效益佳、收入高、规

---

① 荷兰病(the Dutch disease)这一概念来自对20世纪荷兰经济发展的总结,其本意是指一国特别是指中小国家经济的某一初级产品部门异常繁荣而导致其他部门衰落的现象。

模大，同时学历低、技能弱、地位低、声望差"四高四低"的博彩业中低端从业群体。然而，在行业内他们是一群训练有素、纪律严明、业绩突出、兢兢业业的工薪收入群体，无论其从业素质还是工作业绩无不使国际同行刮目相看，难以望其项背。因此，随着新中产的崛起，博彩业从业群体的尴尬处境日益成为引起广泛关注的社会问题。

博彩业对其从业者的影响不仅是造就了一个澳门中产类型，而且还带给了这个群体乃至澳门社会一系列的社会问题，即澳门的边缘中产问题。高效能、低声望的窘迫，不但使博彩业从业人员尤其中低端从业者的中产阶层身份在澳门主流社会备受争议，同时也难以得到其他中产阶层群体的广泛认可。故此，边缘中产的处境不但是博彩业从业人员的窘迫，也是澳门的尴尬。

部分澳门主流中产阶层，主要是新中产对博彩业从业者"不接纳"质疑态度，并不是依据经济层面的标准，而是因为这个群体的受教育水平。从表8—4中的数据可以看出，新中产和老中产都认为判断一个人是不是中产要看其教育文化程度的比例远高于边缘中产和非中产人士。

表8—4　不同阶层对"判断一个人是不是中产阶层人士要不要看他的教育文化程度"的看法

			中产类型				合计
			非中产人士	新中产	老中产	边缘中产	
您认为，判断一个人是不是中产阶层人士要不要看他的教育文化程度	要看	频数	107	66	11	76	260
		列百分比	47.8%	58.9%	61.1%	45.5%	49.9%
	不用看	频数	102	43	7	86	238
		列百分比	45.5%	38.4%	38.9%	51.5%	45.7%
	很难讲	频数	15	3	0	5	23
		列百分比	6.7%	2.7%	0.0%	3.0%	4.4%
合计		频数	224	112	18	167	521
		列百分比	100.0%	100.0%	100.0%	100.0%	100.0%

对公共事务的关注与参与程度也是部分主体中产"不接纳"博彩

业从业者的另一个维度，他们对博彩业从业者的评价是："公民意识差，不参与社会事务的沉默者。"要客观认识澳门博彩业及其所创造的边缘中产阶层，需要一个非价值判断的视角，并以此为出发点去理解澳门产业格局的特殊性与边缘中产出现的必然性。

首先，关于博彩业高薪诱使很多年轻人初中毕业就放弃学业晋升进入赌场工作从而加剧了澳门人口素质低质化的趋势的看法，是值得进一步探讨的。

澳门博彩业从业者的受教育水平问题，需要从两个方面进行分析。一方面目前澳门人口受教育程度总体偏低，源于当时的澳葡政府不重视本地教育，而且当时澳门经济也无此需要；特区政府成立以来虽然大力推动教育事业发展，但无论从制度建设还是人才培养方面都有一个滞后周期。另一方面更重要的是澳门的产业过去从未对教育发展产生过明显的拉动作用，现今的拉动作用也不大，表现为各类专业与技能就业机会不足，尤其是高端就业机会显著匮乏。事实上，只是博彩业迅速发展之后，澳门的失业率才大幅度下降，并且稳定在近年来的3%以下的水平。

此外，调查发现博彩业诱使青年放弃升学的现象也有其产业结构发展不平衡的原因。有资料显示，澳门有很多比博彩业更有魅力的职业，如公务员、一般行业的管理人员、具有一定资历的专业人士（医生、律师、教师、会计师）等，不但薪金高而且社会地位也高，这说明博彩业高收入不是青年人放弃升学的首要条件。

理论上，令人羡慕的高收入且拥有较高社会地位职业对高学历有必然的需求，但实际情况显然是其就业机会不足，令人望尘莫及。即使对于有志向、高学历的青年人也令其难以望其项背，这一点从笔者对大学生和青年人职业规划和毕业求职问题的调查访问中得到印证。因此，在目前澳门的中高端职业空间和收入结构的双重约束下，由机会成本决定的"读书无用"也是促使一部分青少年放弃读书升学的因素之一。

有受访青年表示："但我们到底要学些什么才能应付这些变化，我们也不知道，这些都是不安稳的。我们是人，我们想安居乐业，楼价上升，我们不管怎样努力，都追不到的。这反映到这个社会，资本主义太厉害了，像香港也出现了地产霸权呀，贫富的悬殊越来越大。我们青年人出来社会，除了学历什么都没有，那这种种变化我们怎么应付呢？这种种的变化令我们有颗不安稳的心，也看不到方向，怎样去发展。"

另外一些有志成才的青年人也处于迷茫和困顿之中，他们不知道澳门未来的方向，不知道怎样才能学有所用，教育系统对学生未来职业规划的指导力度不够，他们常常感觉无所适从，学无所用。

有受访青年分别指出："我的很多同学都是比较迷糊地选择大学专业，我当时也是概念模糊，如到底计算机是学什么呢？出来以后做什么工作呢？没有人很具体地跟你讲这个课程那个课程是做什么的。"

"现在政府也一直在说，澳门的经济要适度多元化，很多青年也都在看，到底澳门有哪些更好的工作机会可供青年选择。比较热的是澳门公务员和博彩业，其他生命科学、工商管理等就很难找工作。我有些师姐读的是工商管理，回来的确很难找到工作。"

"还有一些专业技术职位很难立刻有人才补上去。轻轨，专业、技术性的岗位还要聘请外地的人来做，维护与运行都需要人去做，但是澳门大学科目，土木工程等没有太多人去学，没有相关大型公司去做，有脱节。政府做了大的项目，但是技术人才等跟不上。"

从以上青年人的反映可以看出，许多青年人放弃学业进入博彩业并非完全是高收入单一因素使然；澳门教育制度自身的缺陷以及澳门未来职业发展问题给求学者带来的种种困扰，也使教育对青年人缺乏足够的吸引力。

此外，从事荷官培训的行业工会人员对年轻人入职博彩业的种种争议也有自己的看法。

有受访的博彩从业人员表示："我本人都反对自己的子女入赌场工作，你在博彩业怎么晋升呢，无非就是PM，1个月3万多元，但是很难升到这个位置。如果你在外面做其他行业，很快就可以升到几万元一个月的职位。但是，我为什么赞成一些青少年入赌场工作，他们有志于这一行当的时候我都鼓励他们去，这没有问题。因为这样的，你让他们去做什么呢，高不成低不就，流连在球场、游戏场所、街头，始终会被黑社会拉去做下手，做放火烧车等违法的事情。既然一个青年不喜欢读书，为了避免他们成为一个坏人，不如去赌场干活，成为一个正正当当的纳税人更好。为什么这类青年会被人拉入黑社会呢？无他，贪图吃吃喝喝不用钱，贪图那些名牌包鞋不用钱，有得玩等。如果他去赌场工作,一个月有1万多元的话,他还用贪图这些吗?他买什么都可以了,这就是我的观点。我很鼓励青少年继续升学,如果他真的不喜欢读书的话,赌场也是一个不错的选择,起码工资不错,还是一个正当的工作,当他在赌场工作了一段时间还想回去学校念书的话,也还是有机会。"

最近澳门有关法律规定博彩业入职年龄标准从18岁提高到21岁,这有助于促使青年人更多读书,博彩业入职人员的教育结构预期也会得到提升。近几年来,无论政府还是博彩工会在促进入职人员继续教育方面做了很多工作,包括专业进修、技术培训,甚至帮助优秀员工接受高等教育。但是关键问题还是澳门的就业机会要有足够的空间,澳门的教育要有足够的竞争力和对青年人的吸引力。

澳门本地产业的适度多元化战略如果能够顺利实现,预计将能够拓展澳门各类专业职业岗位并对教育机构从需求上产生刺激作用。与此同时,有关教育机构、就业指导部门及政府就业促进部门应联合促进澳门本地人才到内地就业和创业,充分利用未来粤港澳经济圈开发以及横琴开发机遇。尤其是教育机构与政府就业促进部门应联手制定先行教育课程及人才培训计划,为澳门产业适度多元化和澳门人才走出去做好人力资源准备。面对大中学生对未来澳门经济—社会发展方向以及就业前景缺乏了解的现实情况,有关机构应该广泛宣传相关经济—社会发展总体规划和中短期计划,使学生对未来澳门及周边地区人力资源需求及职业发展形成初步感知,以利于学生制定自己的学习计划和就业规划。

二 小企业生存与发展空间

1. 中小企业面临的主要问题

从本次调查的情况看,身份为雇主的比例为3.0%,自雇人士的比例约为5.8%。据此估计,中小企业主的比例约为两者之和,即8.8%(见表8—5)。这部分的人群实际上就是我们通常所说的老中产。[①] 表8—6中通过多重应答分析列出了老中产所面临的主要问题。列前三位的依次是"雇人成本高""没有人愿意干""场地租金贵",分别有

---

① 此处为了分析中小企业面临的问题,将收入在1万元以下的老中产以及没有回答收入的人士也纳入分析。

57.7%、53.8%和50.0%的老中产提及。

表8—5　　　　　　　　中小企业主的比例

	频数	百分比	累计百分比
全职雇员	558	65.0	65.0
雇主	26	3.0	68.0
兼职雇员，不是学生	31	3.6	71.6
自雇人士	50	5.8	77.4
退休	76	8.8	86.3
失业	82	9.5	95.8
家庭主妇	34	4.0	99.8
不能工作	2	0.2	100.0
合计	859	100.0	

表8—6　　　　　　　中小企业主面临的主要问题

		回应情况		基于案例的百分比
		频数	百分比	
中小企业主面临的主要问题	雇人成本高	15	21.4	57.7
	场地租金贵	13	18.6	50.0
	市场竞争激烈	12	17.1	46.2
	缺乏资金	3	4.3	11.5
	没有人愿意干	14	20	53.8
	原材料/物价高	10	14.3	38.5
	顾客少	1	1.4	3.8
	其他	2	2.9	7.7
合计		70	100	269.2

2. 中小企业主的态度

那么，中小企业主自身怎么看待中小企业目前面临的困难呢？表8—7中的数据表明，34.6%的中小企业主表示"非常同意"或者"比较同意""我的企业遇到困难是因为受到了博彩业发展的影响"这一说法，而46.2%的中小企业主则表示"比较不同意"或者"非常不同意"这一说法，选择一般的占19.2%。这一结果多少有些出乎研究者的意料。

表8—7　中小企业主对"我的企业遇到困难是因为受到了博彩业发展的影响"说法的同意程度

	频数	百分比	累计百分比
非常同意	7	26.9	26.9
比较同意	2	7.7	34.6
一般	5	19.2	53.8
比较不同意	8	30.8	84.6
非常不同意	4	15.4	100.0
合计	26	100.0	

表8—8中的数据表明，34.6%的中小企业主表示"非常同意"或者"比较同意""博彩业的发展给我的企业发展带来了新的机遇"这一说法，而34.6%的中小企业主则表示"比较不同意"或者"非常不同意"这一说法，选择一般的占26.9%的比例。

表8—8　中小企业主对"博彩业的发展给我的企业发展带来了新的机遇"说法的同意程度

	频数	百分比	累计百分比
非常同意	1	3.8	3.8
比较同意	8	30.8	34.6
一般	7	26.9	61.5
比较不同意	2	7.7	69.2
非常不同意	7	26.9	96.2
很难讲	1	3.8	100.0
合计	26	100.0	

尽管在中小企业的现状是否由博彩业的发展导致这一问题上，中小企业主的意见很不统一，但表8—9中的数据表明，中小企业主对澳门中小企业的明天感到十分担心，65.4%对中小企业的明天表示担心，而非常不同意"澳门中小企业的明天十分令人担忧"这一说法的比例仅为11.5%。

表 8—9 中小企业主对"澳门中小企业的明天十分令人担忧"说法的同意程度

	频数	百分比	累计百分比
非常同意	9	34.6	34.6
比较同意	8	30.8	65.4
一般	4	15.4	80.8
非常不同意	3	11.5	92.3
很难讲	2	7.7	100.0
合计	26	100.0	

中小企业的现状可以用另一个问题来间接反映，那就是看中小企业主是否愿意自己的子女继续从事自己的行当。表 8—10 中的数据表明，65.4% 的中小企业主不希望子承父业，仅有 11.5% 的中小企业主表示非常同意"我希望我的子女继续从事我现在的生意或业务"这一看法。

表 8—10 中小企业主对"我希望我的子女继续从事我现在的生意或业务"说法的同意程度

	频数	百分比	累计百分比
非常同意	3	11.5	11.5
一般	5	19.2	30.8
比较不同意	5	19.2	50.0
非常不同意	12	46.2	96.2
很难讲	1	3.8	100.0
合计	26	100.0	

表 8—11 中的数据表明，超过六成（61.6%）的中小企业主认为 10 年前的生意更好做一点，只有 15.4% 的中小企业主不同意这一看法。这说明，从中小企业主自身的感受来说，中小企业的生存环境在恶化。

表 8—11　中小企业主对"相比之下，我觉得 10 年前的生意更好做一点"说法的同意程度

	频数	百分比	累计百分比
非常同意	8	30.8	30.8
比较同意	8	30.8	61.6
一般	3	11.5	73.1
比较不同意	2	7.7	80.8
非常不同意	2	7.7	88.5
很难讲	3	11.5	100.0
合计	26	100.0	

总的来说，澳门中小企业主对当前环境的态度可以用图 8—2 来集中描述。从图 8—2 中可以看出，中小企业主对后三个问题的意见较为一致，而在第一个问题和第二个问题上则分歧较大，实际上，这正是因为不同中小企业所在领域不同的原因。凡是在接入型产业中的，往往不同意"我的企业遇到困难是因为受到了博彩业发展的影响"这一说法；而在传统性中产那里，自然不会同意"博彩业的发展给我的企业发展带来了新的机遇"这种说法。但总的来说，大部分的中小企业主目前对企业的明天感到担忧。

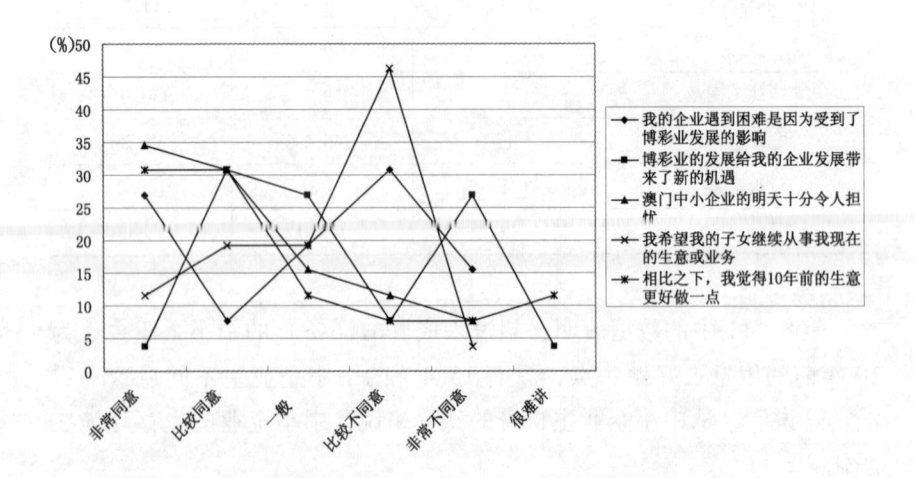

图 8—2　澳门中小企业主对有关澳门中小企业现状说法的态度

3. 中小企业问题剖析

正如前一章所分析的那样，作为澳门社会的一个固有结构，以中小企业经营者为主体的老中产阶层仍然广泛存在于今天的澳门。但是这个群体在特区建立和博彩业快速发展之后经历了一个逐渐分化过程，由原来一个基本上同质性很高的阶层演化成三个不同的地位群体，即传统型老中产、资产型老中产和接入型老中产。

由于显著受益于博彩业和旅游业的发展，资产型老中产和接入型老中产这两类地位群体目前还处于上升阶段或基本稳定状态，因此，在增大的澳门经济蛋糕中，他们也分得了应有的一份。而传统型老中产却是相对剥夺感甚强，多有哀叹"今不如昔"的抱怨者。

面向本地需求经营的传统型老中产，由于近10年澳门的产业转移、博彩业扩张，以及不动产资产价格、消费品价格、劳动力价格上涨因素的影响，其经营正在经历相对萎缩甚至被迫退出的困境。调查中发现，面对实际困境，传统型老中产阶层表现出的"应对"方式一般有这样几种。

（1）挖掘潜力，争取生存。这部分老中产问题较多，他们文化水平不高，缺乏改善或转型经营的资本投入实力，而只能继续以小本小利维持原有生计；通常家庭经济负担大，住房条件稍差，或者正在还房贷。为了维持家庭生活，并由于能力和资本限制，这部分经营者只能在现有条件下试图力所能及地改善经营，如增加家庭成员自身的劳动投入时间和劳动强度，节省经营成本，增加收入，努力在原有基础上提高经营质量，期望以此抵消目前的不利局面。但是这种策略的潜力十分有限，靠他们自身的有限力量难以根本扭转经营状况。如果一旦遇到周边经营环境或更多市场不利因素冲击，其所有努力可能顷刻瓦解。家庭变故也会使他们雪上加霜，如照顾老人和子女、家庭成员健康问题等。总之他们的经营状况很脆弱，可能随时难以为继。这类人对现实不满，对政府意见很大、抱怨多，容易产生过激情绪。

（2）苦苦支撑，以守待援。这部分人的经营状况比前者稍好，家庭无大的负担，能力也比较强，但无奈大的经营环境不利，只能艰苦维持，以求不久的将来情势可以转变。他们总体上对澳门的现状评价偏向正面，对政府寄予希望，但对于政府对他们的忽视感到不满，普遍抱怨贫富差别和机会不平等，同时又热切期望政府推出有利于他们的政策，帮助其改善经营状况，对于未来持谨慎乐观态度。

（3）不求进取，寄望于子。这部分从业者的年龄偏大，对生意抱着能维持就维持的态度，将未来的希望寄托在子女身上，希望子女得到好的教育，或希望子女在事业上有更大发展。因此，他们往往更关注政府的社会保障、教育质量以及未来澳门的经济发展与社会公平问题。

（4）等待机会，伺机行动。这部分经营者在传统型老中产中的经济状况偏上，过去有一定积累，无大的家庭经济负担，因此，在等待机会把生意做大些，或转入与博彩业及旅游业关系更紧密、收入更丰厚的经营机会。这类人对澳门的发展和政府政策基本满意，只是抱怨自己还没找到机会跟上澳门的大发展。

从调查初步发现的这四类传统型老中产的问题及生存策略来看，澳门传统型老中产的确面临不同程度的经营困境。澳门传统型老中产的问题属于国际发展中比较普遍出现的利益格局调整、贫富差距和利益分配问题。博彩业、旅游业及其他现代产业的发展压缩了传统型老中产的经营空间和利润空间，而其他行业发展所造成的生产要素价格的上涨和生活支出的增加，使他们两面受迫，其所产生的冲击对该群体无论从生计还是生活都是首当其冲的。

澳门传统型老中产阶层所面临的问题，是一种国际上典型的发展困境，即利益调整、收入差距扩大以及由此产生的相对剥夺感。国际经验表明，在不具产业优势的中、低收入国家，如果没有强有力的社会政策，任其社会过度分化通常都会转变为棘手的政治问题。但如果政府介入过强，则又会出现对社会公平的追求可能损伤经济效益的两难困境，结果还是会引发社会问题和政治危机。这使得众多发展中国家在经济政策与社会政策的平衡之间如履薄冰，拉美问题即这方面的典型。但对于高收入国家，往往对国民实行高保障、高福利政策，对于弱势群体实行特别惠顾，对弱势产业实行补贴和保护政策等。这样虽然也会影响经济效益，但所取得的社会稳定与和谐又反过来为经济发展提供了社会环境和政治条件保障。但是，社会保障、福利政策以及各种政府补贴政策，往往成为国民的刚性需求，即一旦上去就很难下来。因此，高收入国家一旦经济增长不可持续，就会因经济困境而导致企业利润下降、财政收入减少、失业增加，从而社会保障与社会福利则变为不可承受之重。一段时间以来，美国、英国、法国、意大利、希腊、爱尔兰、西班牙等国或发生的公众抗议和罢工浪潮，或出现的财政赤字以及主权信用危机等，就是这个问题的鲜活例证。其对澳门的启示是，"授人以鱼，不如授人以渔"。传统型老中产阶层本身就是构建澳门经济—社会的一个组成部分，其本身的健康发展也是澳门健康发展的必要条件。

澳门是高收入经济体，当然可以采取有针对性地对一部分传统型老中产家庭加强社会保障与社会福利的方式缓解其生活压力。同时，也可以在税收、信贷以及使用低端外劳等方面实行更优惠的政策以改善他们的经营环境。同时，有关方面可以通过区域经济规划、社区发展规划、商业协调，并通过促进优势产业的溢出效应更加有针对性地向传统型老中产阶层扩散等方式，使传统型老中产的经营更加紧密地与澳门现有及未来的强势产业相结合。

虽然传统型老中产阶层在澳门经济中的比重趋于下降，但是其社会影响及其所显现的社会问题却依然重要。传统型老中产从业者一般年龄偏大，上有老下有小，是家庭的中流砥柱，他们的经济状况涉及家庭养老、子女哺育以及他们自身未来的生活归宿。还有一部分高龄传统型老中产，是靠他们的生意补足养老，从而不但改善他们自身的老年生活，而且也在减轻子女以及社会对他们的负担。因此，从社会的角度来看，澳门传统型老中产的意义可以在他们自身人口数量的基础上由此放大3—5倍。再者，从社区和地方性角度来看，传统型老中产主要依赖于社区及本地消费，正因此这类经营也主要服务于社区居民和本地民众，他们的存在对于社区和本地商业、服务业的多元化、便捷化以及使当地居民享有较好的服务、较低的价格等方面都是不可或缺的。从另外一个意义上说，传统型老中产还是澳门传统生活方式乃至历史和文化的一个重要组成部分。因此，保护传统型老中产既是维护了社会整体利益，在一定程度上也是保存了老澳门。这对于澳门当今和未来经济—社会发展的意义不啻是扶助"弱势"或一种"负担"，而且也是为澳门发展提供了一种动力。

三 社会流动与个人发展

社会流动（social mobility）指的是一个社会成员或一个社会群体从一个阶层转到另一个社会阶层，从一种社会地位转向另一种社会地位，或者从一种职业转向另一种职业的过程。澳门社会流动基本情况通常来说，可以分为代际流动和代内流动。前者是指子代相对于父代的社会地位变化情况，而后者是指同一个人在生活历程中的社会地位变化。

现代社会中，流动性是生活和工作的一个基本特征。如果一个社会是开放的，那么人们将随着社会的发展而拥有更多的向上流动（upward mobility）；而如果一个社会是相对封闭的，则每个人的流动机会都是有限的。通常在研究社会流动时，研究者用职业地位来表征个体的社会地位变化。其具体的研究方法是精确记录每一个个体的职业变动，然后根据相应的职业评分表来测量每一个职业的人，从而记录人们的流动过程。在解释机制上，人们通常会用到文化资本说、制度区隔等理论范式来展开。

澳门的社会流动问题无疑也是要从职业角度入手来展开分析。鉴于缺乏对澳门职业的精确赋值体系，这里只能粗略地对澳门社会流动问题进行探讨。这里分别从代内职业流动和代际职业流动来观察澳门的职业流动。

先说代内流动。一般来说，每个人在一生中从事的职业不止一个。而每一次职业的变动都是一个流动机会。于是，观察代内流动就有两个基本问题：第一个问题是社会成员是否发生了流动？第二个问题是这一流动是向上流动还是向下流动还是水平流动？如前所述，第一个问题要有精确的职业得分才能计算，不过，此处可以粗略地对各类职业进行赋值，以观察宏观的趋势，见表8—12。

表8—12中的数据表明，在2011—2012年期间，81.5%的澳门居民没有发生社会流动，只有18.5%的人有社会流动发生。这里需要说明的是，由于数据限制，对于在同一职业的职级提升的情况没有计入流动。

表8—12　　　澳门居民的职业流动状况（2011—2012）①

	频数	百分比	累计百分比
未流动	805	81.5	81.5
流动过	183	18.5	100.0
合计	988	100.0	

代际流动指的是子辈相对于父辈的社会地位变化。代际职业流动研究适合在结构相对稳定的社会中开展，因为只有在这样的结构中，职业地位才具有相应的稳定性。简单举例来说，在博彩未开放前，庄荷的地位不是随便可以得到的，因此其社会地位相对较高；而在博彩业开放以后，庄荷成了开放的职业，只要符合一定的条件并经过培训均可以成为庄荷。在这种情况下，对庄荷的分析就变得相对复杂。从道理上说，如果父辈在澳葡时期作为庄荷，而子辈在博彩业开放之后继续从事庄荷，其代际流动实际上是下向的而非平向的。如果我们将多个职业同时纳入比较，则职业声望的测量将变成一件非常复杂的事情，目前还不具备这样的研究条件。

第二节　澳门中产阶层对经济—社会发展的影响

前面通过边缘中产和传统型老中产案例扼要讨论了澳门经济—社会发展所产生的中产阶层和中产阶层问题，即澳门经济—社会对澳门中产阶层的建构问题。以下将重点关注与上述作用同时存在的反向过程，即澳门中产阶层及其问题对澳门经济—社会的建构。这是一枚硬币的两面，是一个社会结构与其主体之间的相互作用。

一　中产阶层的扩大与社会稳定

从统计学意义上讲，一个社会的人口在收入变量上的分布特征是判

---

① 此处以问卷中询问的被调查者目前的职业和上一份职业之间的比较结果为依据计算是否流动。

断该社会是否形成中产阶层的依据，理论上即人口在一个收入维度上分布的众数是否落在该收入维度的中位数上。通常将这种符合状况描述为纺锤形社会结构，即在分布图上呈现"两头尖，中间大"的形状。据此，通常将这种"两头尖，中间大"的社会结构看作是中产阶层型社会；而人口分布众数大、收入离散度小的社会为收入平等型社会，相反为收入不平等型社会。因此，同是纺锤形中产阶层社会，也有纺锤的"短粗"与"细长"之分；收入平等型中产社会之人口收入分布趋于"短粗"型纺锤，收入不平等型中产社会之人口收入分布则趋于"细长"型。收入平等型中产社会，不但中产阶层收入的高低之间差异小，而且整个社会的贫富差距也相对较小；反之则是收入不平等型中产社会。两者之间可能存在很大的经济、社会以及政治差异。因此，判定是否中产社会与判定其收入差距类型具有同等重要的意义。由于尚未在澳门实施统计调查，故很难描述澳门人口收入分布的精确形态。但是根据本次调查所了解的情况，如（1）普通工薪阶层年收入中位数约为144000元，与人均GDP之比略偏低；（2）非普通工薪收入、资产性收入及资本收入可能远远高于普通工薪收入；（3）来自普通被调查对象的反映。估计澳门的人口收入分布状态很可能是收入差距较大且较为低于全社会实际收入均值的右偏态高斯分布类型，即"细长"偏低收入分布，因此，可能属于偏低收入分布的不平等型中产阶层社会。这种类型与收入平等型中产社会的"理想状态"虽有相当差距，但是考虑到仅仅在十几年前的澳门还属于据传是"金字塔"形的低收入分布的不平等型等级社会，这已是一个巨大的社会改善和历史进步。

如果可以假定当前澳门属于偏低收入分布的不平等型中产阶层社会，那么它是否属于稳定型社会呢？这个问题不是教科书式的结论可以回答的，而是需要对特定经济—社会进行具体分析。

首先，要从历史的角度分析它的来源和可能的归宿。如前所述，当前澳门这种不平等型偏低收入分布的中产阶层社会，是通过巨大的历史性经济—社会变迁快速形成的，亦即从仅仅十几年前的阶级不平等与收入不平等的低收入分布状态转变过来的，或者说是从不平等贫困+小康型向不平等小康+富裕型的短暂过渡。其间，大大减少了贫困阶层人口，转变了大量踌躇满志的老中产，创造了仍在上升中的新中产以及相对高收入的边缘中产，其社会绝大多数成员是满意和基本满意的。因此，可以初步判定这个社会具备保持稳定的基本条件。

尽管从历史和现实的角度看，由于澳门经济与社会变迁惠及其绝大多数人口，因而建立了保持社会稳定的初步基础，但这并非意味着澳门今后不存在非稳定因素。

特区建立以来，澳门巨人的经济—社会变迁重新调整了利益结构，改变了分配格局，创造了前所未有的机会，但这在经济层面对每个人的惠及程度不同，其差异在某些领域是较大的，其作用不但造成了部分民众和阶层明显的相对剥夺感而且也提升了人们的期望值。总体上讲，澳门目前由于快速经济—社会变革与发展所导致的现实风险和潜在风险属于经济—社会磨合期与再调整期的问题，这些问题归结起来有以下几方面。

表现在政治领域：

（1）壮大的中产阶层其诉求正在转化为对话语权、参与权、监督权的追求。

（2）澳人治澳，中产阶层对政府的期望更高，对澳门事务的主动性更强。

（3）专业中产阶层的发展，其经济、社会治理的责任感、参与意愿以及评价和影响意识不断增强。

（4）公共知识分子和独立知识分子群体的成长及其准政治团体的出现，其批评意识与参政议政意识已经显现，其对民众的影响力初步形成。

表现在经济领域：

（1）房屋价格上涨与中产阶层的生活质量追求发生碰撞，也与中产阶层拥有不动产的愿望大相径庭。

（2）壮大的中产阶层对职业机会的需求增加；受过良好教育的"80后""90后"相继进入社会，成为中产阶层的现实和潜在加入者，从而加剧了各类中、高端职业欠缺与就业多元化需求之间的矛盾。

（3）面对收入差距扩大的现实状况，中下层中产群体对社会的不满也在增加，其中一些不满正在从怨言转变为诉求行动。

表现在社会领域：

（1）随着中产阶层的发展，社团文化传统在新的经济—社会条件下得到复兴，无论政界人物还是民间百姓对其作用更加重视；其中一些社团对建立新型"小政府，大社会"的追求有所显现。

（2）正在兴起的中产阶层具有一定的经济脆弱性，面对澳门财富的巨大增长和政府财政巨大实力，其对政府实行二次分配政策与效果更加关注、对社会保障与社会福利的要求正在提升。

从澳门的现实情况出发，上述问题具有快速经济—社会变迁时期的经济—社会磨合与再调整需要之特征。但从理论或经验概括的层面上讲，这类社会问题或社会需求，正是一个以中产阶层为基础的社会的治理需要面对和解决的普遍问题。但是，无论在理论或是在实践层面，国际上各种解决方案大相径庭，甚至南辕北辙，其中充满各种争议与质疑。

以欧美经验来看，上述社会矛盾与张力的出现，正是发生所谓"社会转型"的必要条件，即所谓非西方国家迈向西方发达国家的自由市场经济+政党政治模式的前夜，但其价值核心呈明显西方中心主义特征；21世纪以来，非西方国家的类似问题更是成为西方国家推动"颜色革命"的社会条件。

欧美模式虽然在过去100年中也曾屡遭挫折，尤其是直接造成了两次世界大战和两次全球性经济危机的灾难，其所标榜的普遍意义即使自冷战之后的20世纪90年代中期以来，尤其在2007年次贷危机进而引发全球金融危机之后，更是广受批评和质疑。

而从发展中国家的经验来看，如何解决类似上述矛盾，则是所谓避免"中等收入陷阱"或"拉美化"的问题，即经济—社会发展停滞不前、贫富差距悬殊并造成深刻社会分裂与矛盾，从而导致社会分裂的灾难性后果。"中等收入陷阱"与"拉美化"现象的本质，正是以拉美国家为典型的发展中国家试图在非西方世界复制欧美模式的失败经历，因而也被称为"失败国家"。

介于西方发达国家与"失败国家"之间的一种变革状态是所谓"转型国家"，即苏联及东欧国家从社会主义体制向西方体制的转轨，20年来其成效与前景如何自毋庸赘言。但有一点值得注意，所谓"失败国家"正是非西方国家向西方模式"转型"或复制西方模式的失败，新的"转型国家"仍在十字路口上徘徊，其前景不容乐观。

近10年来，由于中国经济与社会发展的成功，其经济发展和社会治理模式与经验被称为所谓"北京共识"，以区分于推行新经济自由主义政策的"华盛顿共识"。"北京共识"的核心理念与实践可以概括为：在经济领域发展和完善重视政府调节与监管作用的市场经济；在社会领域发展政府主导与社会广泛参与的公共物品建设。其经验不妨称为试图通过民主集中式的政治体制（即在广泛论证和征询意见的基础上实行集中决策）建设一个大政府+大市场+大社会的中国特色社会主义。中国经验尽管仍属于探索和发展阶段，其中还面临许多困难和矛盾，但其经济发展和社会治理成效有目共睹。更重要的是，中国"模式"是针对无论西方国家还是拉美和非洲广大发展中国家之成功和失败之经历而尝试、而发展起来的，其中一些重要经验可为澳门的治理提供借鉴。

随着澳门经济—社会发展与中产阶层的兴起，澳门所面临的社会稳定与治理问题在国际经验中既有共性也有其独特性。由于澳门文化属于东西方混合类型，其治理可能需要同时借鉴西方高收入国家和中国内地两种经验，其核心关注是避免出现澳门版的拉美困境。

澳门虽然与拉美国家没有多少可比之处，但是拉美问题实质并不是经济总量大小的问题，而是财富分享问题所导致的经济—社会畸形发展，在一国家内部同时存在两个世界，即巨富与赤贫以及西方与非洲这样的经济—社会断裂，其根源是面向富人和西方国家的经济结构以及残破不全的社会政策。近10年来，一些拉美国家试图作出修补和改革，但鲜见成功案例，其付出的巨大代价值得深思。拉美问题之所以引起广泛注意，还因为高收入国家也未能完全幸免类似之困扰。2006年发生的巴黎郊区骚乱，金融危机以来法国、英国、希腊、意大利等主要欧洲国家此起彼伏的罢工和抗议浪潮，以及2011年发生在英国城市的大规模骚乱和美国"占领华尔街"抗议浪潮等，归根结底都是源于财富分配和政府的经济—社会政策问题。

如前所述，澳门特区建立以来，各项事业都取得了巨大进步，澳门新生中产阶层总体是理解和配合政府工作的，而澳门当前的问题属于快速发展中的问题，因此是属于磨合与再调整的范畴。在这个磨合与再调整阶段，因澳门经济与社会总体向好，又有中央政府和内地腹地的支持，从而澳门政府与社会有较大的空间和较多的手段处理上述问题，这一点与欧元区及拉美长期经济—社会结构性问题截然不同。

二 中产阶层的发展与产业结构调整

中产阶层的兴起既给澳门带来了经济—社会磨合与再调整压力，同时也带来了新的发展契机。中产阶层是现代经济与社会各种职业、行业、社团组织发展的产物，因此，对现代职业不断发展的需求是其自身生存和发展的基本诉求。过去10年，澳门的经济—社会变革所带来的各种职业机会催生了澳门中产阶层的兴起、初步形成了澳门中产阶层社会。那么随着这个阶层的繁衍、成熟与发展，澳门是否还有足够的产业空间能够与中产阶层的规模扩大、就业稳定以及向上流动相适应？这是当下和未来对澳门决策者的一项重大挑战。因此，澳门经济—社会规划需要优先考虑的问题是，制定一个以中产阶层就业需求和职业发展为导向的经济—社会发展战略。

强调以中产阶层就业需求与职业发展为核心的澳门经济—社会发展战略并不是一个空洞的概念。因为，倡导产业适度多元化也好，发挥既有比较优势也好，推动产业升级也好，加强区域经济合作也好，都不能直接等同于中产阶层就业优先的发展目标。多元化、比较优势、产业升级、区域经济合作都只能是策略与手段选择，对其取舍，关键要看能否达到满足澳门中产阶层就业需求与职业发展的效果。

伦敦—华尔街轴心曾经是世界金融领域的双驾马车，其优势举世无双。在资本逐利本性以及英美金融资本压倒性优势的推动下，最终导致两国金融产业急剧扩张，产业资本和制造业比重大幅度下降，致使两国出现一定程度的"产业空心化"趋势，即物质生产部门的萎缩，仅此就使美国在过去30年里失去了几百万个就业岗位，金融危机使其负面后果更加显现。奥巴马政府试图重振美国制造业，为此有意庇护国内保护主义并两次推出量化宽松货币政策。但由于既有金融产业的固有强势与惯性及其造成的经济结构的约束作用，其政策性资金并无明显流入制造业迹象。美国政府甚至不得不放弃其自由经济基本教义，直接由政府注资金融机构、通用公司以及房利美和房地美两大房地产巨头，并纵容反市场的国内贸易保护主义抬头,但全美经济复苏乏力,失业率仍然高居9%以上。

致使美国"产业空心化"的推力还包括美国引以为傲的科技创新优势。所谓"成也萧何,败也萧何",美国发达的研发产业和高新技术产业不能不称为全球所谓产业升级的顶端,但也正是这样的产业升级致使美国传统产业走向衰落,中低端中产阶层就业首当其冲遭受重创。事实表明,美国的产业升级了,GDP上去了,但产业失衡,实体经济萎缩,失业率居高不下;美国经济蛋糕做大了,但分配更加不均,既有社会保障也捉襟见肘、难以为继。有关资料报道显示,2000年至2009年美国的财富增加了30%,而同期美国中产阶层的实际收入却下降了4.8%,并最终酿成席卷全美50多个大城市的"占领华尔街"的社会运动。其始作俑者不仅是金融产业比较优势和高科技产业升级两大市场因素,而且还有美国经济—社会政策对国内贫富差距扩大的漠视。

为了平衡博彩业比较优势的市场失衡,产业适度多元化是澳门中产阶层与政府的共识,即使是身处博彩业的有识之士,为了澳门的整体利益也赞成澳门产业适度多元化并希望博彩业能够成为澳门经济的龙头而不是一枝独秀。但是,在自由经济以及全球化的架构内,澳门产业多元化的空间与优势十分有限。换言之,就澳门的自然地理、比较优势、人力资源等区域或国际竞争力来讲,澳门要实现产业多元化并不具备纯粹市场性内生条件和外部环境。因此,政府作用在此至关重要。政府在市场经济中根据社会的总体利益以及具体情势无论发挥主导、引导、干预、推动还是协调等介入作用,都是必要的,而且是合理的。其目的是通过政府作为一种强有力的公共力量达到对市场力量的平衡,实现澳门经济—社会发展的总体战略目标。这既是澳门中产的根本利益,也是政府的责任。对政府作用的评价也是前面提及的所谓"华盛顿共识"与"北京共识"之主要分歧。事实表明,即使"华盛顿共识"的主要倡导者美国,由于"坚守"自由市场信念而发生了金融危机,而当危机来临时美国政府却又一次极为强势地介入市场。这类案例说明,市场力量不能自然保障经济的健康发展以及社会的整体利益,政府干预即使在发达经济体也是不可或缺的。

澳门由于历史及自身条件原因,本身产业多元发展就缺乏市场性内生因素，其博彩业独大的经济结构具有很强的动力惯性，如果任其自然发展，其畸形的经济结构必然导致失衡的社会形态，而对其平衡与纠正的功能非政府作用莫属。本次调查也发现，澳门中产阶层几乎不分左、中、右，都没有将博彩业独大、房屋价格飙升、产业发展不平衡以及专业就业岗位缺乏等问题的责任统统归咎为市场力量。相反，澳门中产阶层认为政府应为这些问题承担责任并且应该有所作为。这也正说明，澳门公众对政府的作用寄于很大期望，并支持政府作为市场因素平衡者的角色为澳门经济—社会整体利益发挥更大作用。

三 "80后"的困顿与青年发展政策

作为澳门现实或潜在中产的"80后"和"90后"，对于澳门现实与未来的感知明显较"60后"和"70后"悲观。从他们的叙述中可知，这部分青年人认为自己的机会不好。

有受访青年认为："回归后有很多机会，好机会都让前面的人赶上了，他们还能干二三十年；我们就业都难，更别说向上流动，但房价涨了，我们一生都买不起。政府对我们也没有什么特殊政策，除非我们变成弱势群体，但那是我们不愿意的。我们感到迷茫，看不到希望。"

但是，对于上述在"80后"和"90后"中普遍存在的这种看法，有关政府部门则不大认同。

有受访的公务人员表示："如果你看澳门的失业率，就很难说就业有困难，就业是他想干什么工作，这就是问题了。反而刚才一直在提的竞争力问题，不是他就业有困难，而是他就业没有困难，选择太多了。所以这个是短期的社会现象，可能他就觉得需要在继续升大学还是先赚点钱过日子之间进行选择，有一个短期的影响他们价值观的想法。"

从上述两段谈话的差异中可以看到，以近年来澳门本地人不到3%的失业率，即使是针对"80后"和"90后"也不应该存在绝对不能就业的问题，但是"80后"和"90后"却"绝对地"感受到就业困难，由此也说明政府和社会之间的确有不同角度的沟通和理解问题。事实上，上述两种说法都是真实的情况，理解这种差异和矛盾需要从澳门中产阶层的问题视角出发。从澳门中产阶层的快速兴起角度来看，青年群体的问题是现实的，因为无论社会对他们的期望还是他们自身对自己未来职业与生活的定位,都已经开始以一个现实或潜在的中产阶层成员的标准为参照系了,因此实际问题不是澳门有没有就业岗位,而是符合他们标准和理想的就业岗位不多。所以,以"80后"困境为代表的类似现象也正是澳门中产阶层兴起的问题;如果没有特区建立以来的澳门中产阶层兴起,很可能"80后""90后"还会像他们父辈和祖辈那样生活,但是随着澳门中产的兴起,尤其是新中产的兴起,使青年人有了关于未来职业、经济收入以及生活方式的新坐标,他们自然而然地认为现在的新中产阶层的生活应该就是他们的未来生活,甚至应该更好。但现实却有些令他们失望和困惑。

由于一部分青年人对社会现实的不适应所产生的焦虑感,"80后"群体更急于引起政府和社会对他们的关注,他们希望与社会和政府有一个有效的诉求与沟通渠道,但遗憾的是目前还没有这样一种至少是令他们满意的有效沟通。由于青年人没有太多的后顾之忧,因此可能诉诸更加直接的方式表达自己的意愿和不满,"五一大游行"就是在这样的背景下有了"80后"的加入。当然不排除"80后"加入"五一大游行"也有澳门政治背景因素以及境外影响因素。

部分"80后"走向街头既是中产阶层民生问题政治化的一种表现形式,也与"80后"群体成长环境有关。"80后"生长在更开放的澳门政治环境中,全球化、互联网、学校教育等培养了他们更加自由、独立的表达意愿、对经济与社会事务的参与意愿以及更直率的批评方式。

"80后"问题不是孤立的,而是澳门整体问题的一部分。澳门中产阶层对就业需求与职业发展的诉求今后将更多、更集中地以"80后"问题的形式显现出来,这是澳门经济—社会磨合与利益关系再调整应该重点关注的和主要针对的目标群体之一。

四 知识分子公共意识的凸显与澳门政治秩序

澳门知识界和专业阶层在特区成立之后也同样有了很大发展,其主要成员集中在学术、教育领域以及各个专业技术领域,但公共知识分子群体只是其中具有公共关注倾向并具有社会影响力的一小部分人。公共知识分子基本上是以个人以及非正式小团体形式分散地存在于澳门各个领域,其中多分布在学术、教育和各类研究机构。澳门严格意义上的公共知识分子正式社团组织仅处在萌芽状态，但却是作为澳门一种新的政治参与力量开始出现的。

澳门公共知识分子群体无论是以个人、非正式小团体存在，还是以社团方式存在，其基本价值观及政治倾向都可粗略地划分为左、中、右三种特征。其中左翼知识分子相对明显具有爱国、爱澳倾向，与澳门政府关系更为紧密和更具建设性，更多参与澳门各项事务，但并不失其独立严谨的批评精神；右翼也具有明显的爱澳、爱国情怀，其特点是更多具有自由主义思想倾向，更多从西方政治价值和政党政治模式的范畴看待澳门的问题；中间派则更多抱有一种现实主义的态度，没有过多意识形态倾向性，有时也表现为左右两种混合形态。

澳门公共知识分子的共同特点是希望有更多途径参政、议政，发挥自身知识与专业优势并发挥更多批评与监督作用。澳门公共知识分子不分左、中、右都期望建设一个政治开明、经济发展和民生富足的澳门经济—社会。比较集中关注的问题有政治民主、科学决策、机会平等、收入差距以及社会公正等，但其所考虑问题的价值背景及解决路径有所不同。在澳门公共知识分子当中，左、中翼是其主流，其社会基础比较坚实，影响力也更大。但是，由于澳门快速经济增长与社会利益格局的改变，尤其是民生问题出现了有待解决的一些新的重大问题，右翼的影响力也在上升。

随着澳门中产阶层的发展，澳门公共知识分子的社会基础和影响力势必加强，澳门公共知识分子需要更多被纳入到澳门的经济、社会以及政治发展的进程当中去。今后澳门的政策、治理和民意反映机制中，社团政治与公共知识分子将会呈现更加平衡的态势，由此将会出现一个政府、社团、公共知识分子三足鼎立的协商与决策格局。政府在这一进程中应当努力发展其主导作用并完善有利于这一模式运作的各种协商民主和政治参与制度、方法和机制，从而尽力避免"政府—反对派"那样的政治模式。

第九章　澳门中产阶层规模的变动

第一节　澳门中产阶层规模的扩张（2011—2016）

在2011年的澳门中产阶层研究课题中，研究者曾经对澳门中产阶层的规模进行过估算。当时使用的办法是采取质性研究方法分析澳门家庭的支出和收入情况，并利用统计部门公布的汇总数据预估澳门中产阶层和中等收入阶层的规模。利用定量调查的数据，研究者进一步从居民认同、收入、恩格尔系数等多个角度对澳门中等收入阶层和中产阶层的规模分别进行了分析和讨论。按当时提出的划分标准，澳门的中等收入阶层（以家庭收入为基础）约占16—64岁人口的32%。若以个人收入为基础进行估计，这一比例约为42.4%；若以居民的自我认同为标准，则该比例约为39.4%。而（新）中产阶层的规模大约只有14.6%。

本次研究的中产阶层指的是新中产阶层，也就是西方理论传统中的中产阶层。诚如先前研究指出的那样，"中产阶层的形成是一个社会结构变迁问题，这一问题归根到底是现代社会经济发展的结果。如果没有现代化大生产、没有发达的分工体系、没有现代意义上的政府、没有现代意义上的服务业和各种新兴产业，也就谈不上所谓的中产阶层或新中产阶层"。澳门自2012年以来在中产阶层规模方面的扩展和这一过程有着紧密的关系。在适度多元化战略带动下，澳门非博彩产业有了一定的发展，我们分别从财政收入结构、投资结构和人员就业机构来分析这一过程。

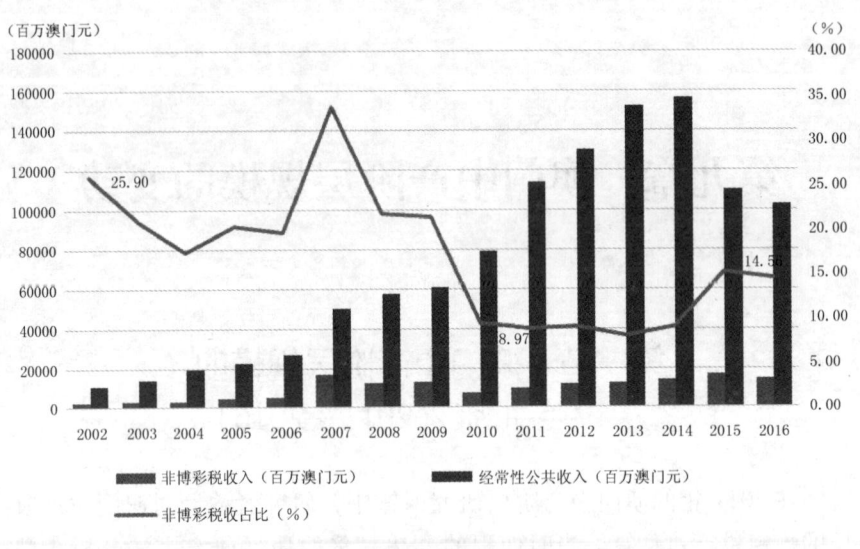

图 9—1　澳门非博彩税收、经常性公共收入以及
非博彩税收占比（2002—2016）

资料来源：根据澳门统计暨普查局数据资料库资料整理。

图 9—1 表明，非博彩税收入在澳门经常性公共收入中的比例在回归之初的比例约为 25.90%，而随着博彩业的适度开放，这一比例一度下降至 2013 年的 8.12%，达到历史最低点。从 2014 年开始，这一比例开始回升，2016 年该比例达到 14.56%，这一比例仍然低于 2009 年时候的水平。

当然，非博彩税收入只是在一定程度上反映了非博彩产业的发展状况。因为经常性公共收入里面不仅包括非博彩产业的税收和其他行业税收，还包括非产业收入。[①] 为了进一步观察非博彩产业的发展，我们分析了非博彩产业的产值和从业人数的变化。

图 9—2 中的数据表明，以 2008 年的工业生产指数为 100，则可以看到，从 2000 年至 2016 年，十多年间，澳门的工业发展总体上呈现下

---

① 此外，还有一个因素也值得考虑。那就是，澳门对众多中小企业实施税收减免政策。因此，税收结构只是大体上反映了产业结构的变动，但并非和实际经济结构完全一致。如果按照 GDP 占比来计算，澳门博彩业的 GDP 占比近年来在 48% 至 62% 之间浮动。参见《澳门经济适度多元化发展统计指标体系分析报告》。

降趋势,到 2013 年基本上下降到最低点,工业发展指数仅为 63.1,近两年则开始有较快的回升。而对外贸易指数 2016 年为 100,可以看到自 2009 年开始,贸易指数基本上处于上升态势,仅在 2016 年有小幅回落。通过工业指数变动和贸易指数变动,我们可以看到,澳门的工业和对外贸易在近年来具有实质性的发展。结合前面的关于非博彩税收入在经常性公共收入中的占比分析可以得知,近年来非博彩税收入占比的上升不仅仅是因为博彩税收的萎缩,非博彩行业自身的增长也有一定的贡献。

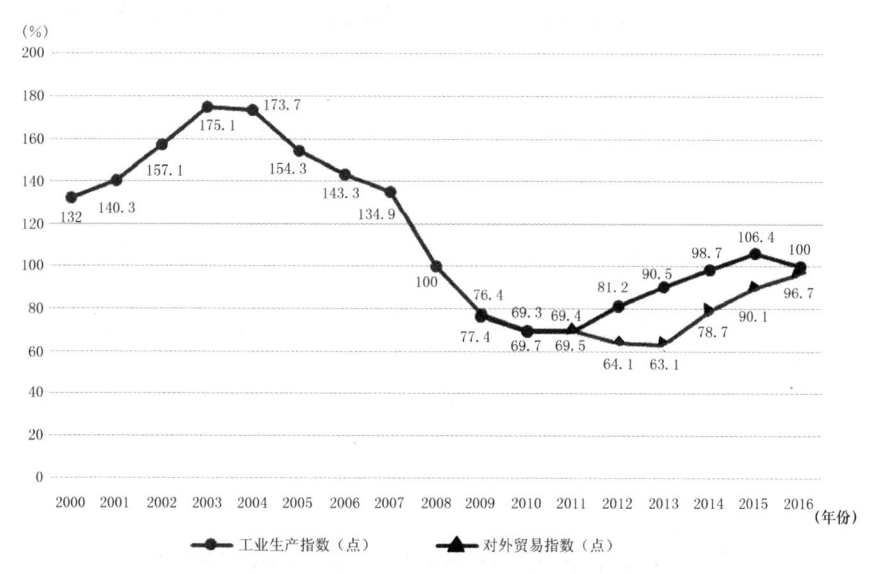

图 9—2　澳门工业生产指数及对外贸易指数变动趋势（2000—2016）[①]
资料来源：根据澳门统计暨普查局数据资料库资料整理。

投资是分析产业结构变化的最直接重要指标,投资带动行业发展和人员就业。因此,投资的行业分布对于我们了解产业结构的变动以及劳动力的流动有非常重要的意义。图 9—3 列出了澳门历年来的投资变化情况。从该图中可以看出,建筑业、酒店及服务业、批发及零售业以及运输和交通行业在十多年间的投资变动幅度波动很大,而其

---

① 贸易变动指数为近年制定,缺失 2007 年及此前年份数据。

他几个行业的变动幅度相对较小。其中值得注意的是金融证券行业和保险业，这两个行业在近年都保持了稳定的增长。由于这两个行业的从业人员普遍受教育文化程度较高，他们是近年中产阶层规模增长重要促进力量。

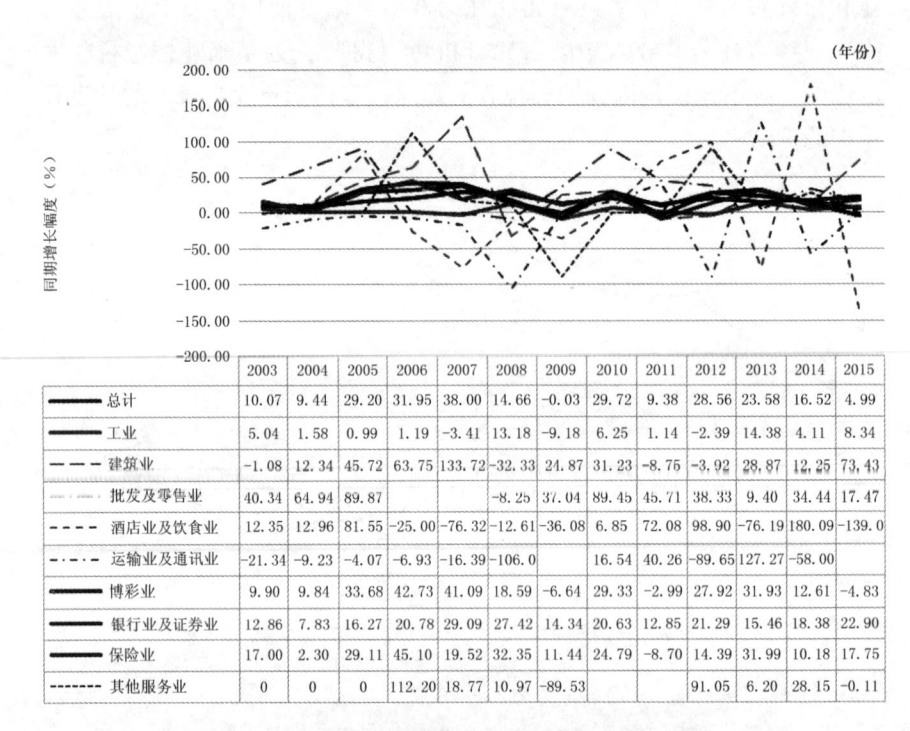

	2003	2004	2005	2006	2007	2008	2009	2010	2011	2012	2013	2014	2015
总计	10.07	9.44	29.20	31.95	38.00	14.66	-0.03	29.72	9.38	28.56	23.58	16.52	4.99
工业	5.04	1.58	0.99	1.19	-3.41	13.18	-9.18	6.25	1.14	-2.39	14.38	4.11	8.34
建筑业	-1.08	12.34	45.72	63.75	133.72	-32.33	24.87	31.23	-8.75	-3.92	28.87	12.25	73.43
批发及零售业	40.34	64.94	89.87			-8.25	37.04	89.45	45.71	38.33	9.40	34.44	17.47
酒店业及饮食业	12.35	12.96	81.55	-25.00	-76.32	-12.61	-36.08	6.85	72.08	98.90	-76.19	180.09	-139.0
运输业及通讯业	-21.34	-9.23	-4.07	-6.93	-16.39	-106.0		16.54	40.26	-89.65	127.27	-58.00	
博彩业	9.90	9.84	33.68	42.73	41.09	18.59	-6.64	29.33	-2.99	27.92	31.93	12.61	-4.83
银行业及证券业	12.86	7.83	16.27	20.78	29.09	27.42	14.34	20.63	12.85	21.29	15.46	18.38	22.90
保险业	17.00	2.30	29.11	45.10	19.52	32.35	11.44	24.79	-8.70	14.39	31.99	10.18	17.75
其他服务业	0	0	0	112.20	18.77	10.97	-89.53			91.05	6.20	28.15	-0.11

图9—3 澳门各行业直接投资变化情况（2003—2015）[①]

资料来源：根据澳门统计暨普查局数据资料库资料整理。

我们这里重点关注典型中产人士就业的行业就业人数的变化情况。从逻辑上说，随着经济规模的扩大，各行业的就业人士通常都将有不同比例的增长。但由于产业结构发生变化，各个行业内的劳动力变动速度并不一样。这样，在政府管理部门、教育、医疗、金融服务等部门就业

---

① 由于批发及零售业、运输及交通业以及其他服务行业在个别年份的投资变动幅度过大，有的甚至超过1000%，导致绘图时压缩整个图的比例，因此删去这些"奇异值"，从而有利于把握投资变化的整体规律。

人口的增加就会导致劳动力构成中产人士比例的上升。图9—4给出了历年来在不同部门就业人口的增长变化情况。

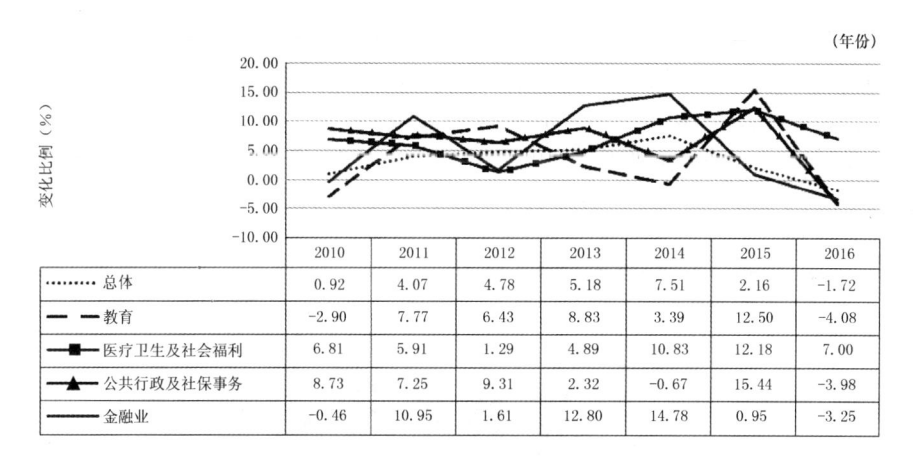

	2010	2011	2012	2013	2014	2015	2016
……… 总体	0.92	4.07	4.78	5.18	7.51	2.16	-1.72
― ― 教育	-2.90	7.77	6.43	8.83	3.39	12.50	-4.08
―■― 医疗卫生及社会福利	6.81	5.91	1.29	4.89	10.83	12.18	7.00
―▲― 公共行政及社保事务	8.73	7.25	9.31	2.32	-0.67	15.44	-3.98
―― 金融业	-0.46	10.95	1.61	12.80	14.78	0.95	-3.25

**图9—4　2010年以来澳门劳动力增加总体情况和中产阶层
重点分布行业的增加情况对比**

资料来源：根据澳门统计暨普查局数据资料库资料整理。

从图9—4中的数据看出，在2010年至2016年期间的大多数年份，教育、医疗卫生及社会福利、公共行政及社保事务、金融业等领域的就业人口增长快于总体的增长速度，这为中产阶层规模的变动方向提供了明确的指示，即中产阶层规模趋于增长。

第二节　对现时澳门中产阶层规模的估计

判断、了解中产阶层发育和成长的基本状况对于制定社会发展规划具有重要意义。那么，能否对现实中澳门中产阶层的规模进行一个大致的估计呢？以下我们将采取两种方法对现在澳门中产阶层的规模进行估计。这里需要指出的是，由于我们并非使用一手资料，而是利用澳门统计暨普查局的资料进行分析判断，因此所得结果仅具有指示性的意义。

第一种估计方法为：将就业人口中职业为"立法议员、政府官员、社团领导人、企业领导及经理""专业人员""技术员及专业辅助人员"的人员视为典型的中产阶层人士,其规模大小在 2016 年为 5.91 万人,这一人群占整个就业人口的 17.1%。

第二种估计方法为:在第一种估计方法中为中产阶层人士的基础上再加上高校注册学生,以这部分人作为典型的中产阶层人士,其规模在 2016 年约为 9.19 万人。然后将这一比例除以 15 岁以上全澳总人口,得到的比例为 16.3%。

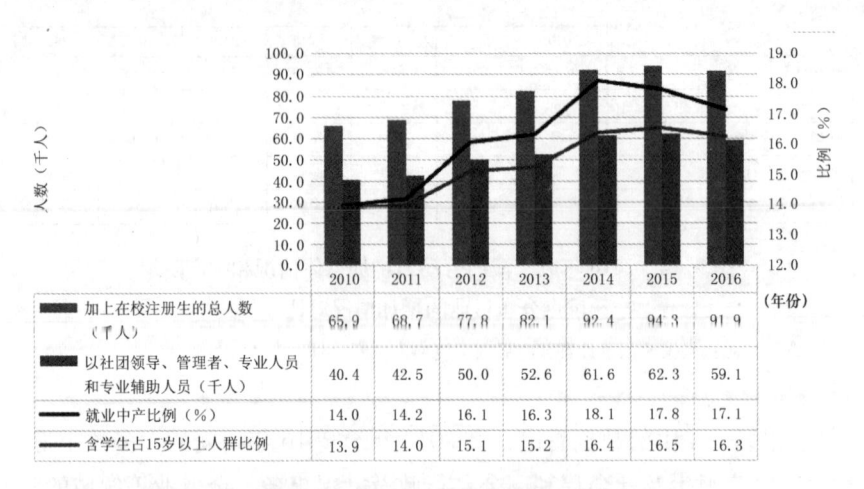

	2010	2011	2012	2013	2014	2015	2016
加上在校注册生的总人数(千人)	65.9	68.7	77.8	82.1	92.4	94.3	91.9
以社团领导、管理者、专业人员和专业辅助人员(千人)	40.4	42.5	50.0	52.6	61.6	62.3	59.1
就业中产比例(%)	14.0	14.2	16.1	16.3	18.1	17.8	17.1
含学生占15岁以上人群比例	13.9	14.0	15.1	15.2	16.4	16.5	16.3

图 9—5　对澳门现时中产阶层规模的估计(2010—2016)
资料来源:根据澳门统计暨普查局数据资料库资料整理。

从图 9—5 中可以观察到,总的来看,不管用哪一种分析路径,澳门中产阶层的规模自 2010 年以来均在持续上升,其中尤以 2013 年至 2014 年期间上升比例幅度较大。我们在 2011 年开展有关中产阶层调研的时候,曾经估计中产阶层的规模约在 14.6%,当时用来估算的基础数据是 2010 年公布的统计数据。

按照上述方法估计,可能的偏差在于,一部分接受过大学教育但从事文员或者其他工作的人未能被纳入中产人士的统计范围。对此,我们的判断是,一方面是这部分数量较小,对整个中产规模的估计不构成大的影响;另一方面,长期从事文员工作也会使得当事人的观念和态度日益偏离中产,从而也不宜再纳入中产人士的范围。

从 2010 年以来的中产规模变化可以看出，不管是就业人口中的中产比例还是总人口中的中产比例，在 2010 年至 2016 年之间都上升较为缓慢，大概在 6 年间上升了 3 个百分点左右，平均每年上升 0.5 个百分点，这从侧面说明，社会结构的变化需要时间积淀。

第十章　澳门政治参与环境变化

第一节　经济和社会发展背景

一　博彩产业波动，适度多元化迎来新的契机
（一）澳门博彩业的波动

2012年至2017年期间，澳门经济经历了较大波动。一方面，在内地反腐风暴的影响下，以贵宾厅业务见长的澳门博彩业受到较大冲击；另一方面，亚洲自2010年起取代北美，成为全球最大的博彩业市场，在澳门周边的不少国家和地区开始允许博彩合法化，这也给澳门带来不小的外部竞争压力。在上述两个因素的影响下，澳门博彩自2014年6月开始下滑，进入连续25个月的下降通道，博彩业毛收入从2015年5月的325亿元不断下跌，一直到2016年7月才触底止跌，当月的博彩毛收入仅为178亿元。从2016年8月开始，博彩业开始缓慢逐步回暖，但直到2016年8月，当月博彩毛收入仅为227亿元，低于2011年年底的水平。图10—1列出了2010年以来各季度博彩业毛收入的变化情况。

（二）"一带一路"倡议和大湾区城市群的发展规划影响

早在"十一五"规划中，国家已经将澳门的经济发展纳入其中，并明确提出要"促进澳门经济适度多元化"。"十一五"中期，由国务院审议通过和正式批复的《珠江三角洲地区改革发展规划纲要（2008—2020年）》，将澳门的长远经济发展目标定为世界旅游休闲中心。但10多年来，澳门经济多元化的成效并不十分突出。澳门博彩业波动的出现促使人们更加深入地思考产业适度多元的问题。同时，这一波动前后恰逢我国提出"一带一路"倡议以及粤港澳大湾区城市群发

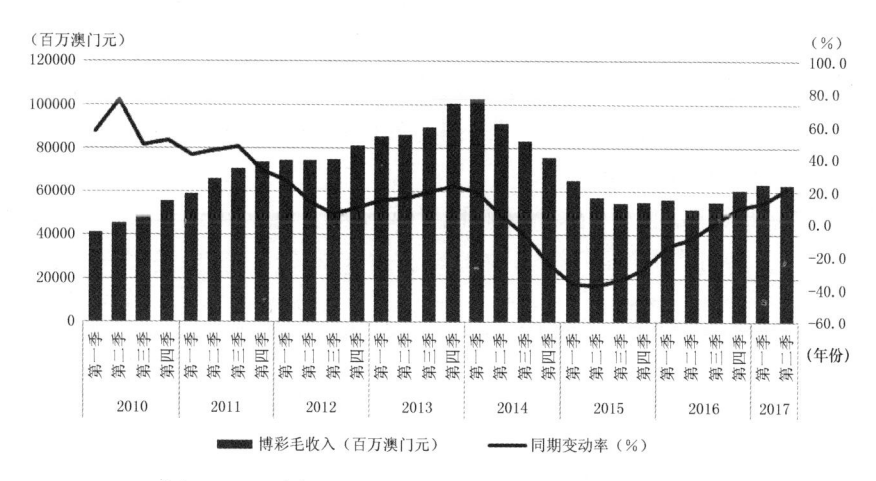

展规划,从而为进一步实施适度多元化的战略提供了新的动力。

图 10—1 澳门 2010 年以来博彩业毛收入的变化趋势

资料来源:根据澳门统计暨普查局统计资料库数据整理。

2013 年 9 月和 10 月,中国国家主席习近平在出访中亚和东南亚国家期间,先后提出共建"丝绸之路经济带"和"21 世纪海上丝绸之路"(简称"一带一路")的重大倡议。中国国务院总理李克强参加 2013 年中国—东盟博览会时强调,铺就面向东盟的海上丝绸之路,打造带动腹地发展的战略支点。加快"一带一路"建设,有利于促进沿线各国经济繁荣与区域经济合作,加强不同文明交流互鉴,促进世界和平发展,是一项造福世界各国人民的伟大事业。2015 年 3 月 28 日,国家发展改革委、外交部、商务部联合发布了《推动共建丝绸之路经济带和 21 世纪海上丝绸之路的愿景与行动》,标志着"一带一路"倡议正式向世界推出。

2015 年 3 月 29 日,澳门特区行政长官崔世安强调,特区政府十分重视并将全力配合 3 月 28 日公布的《推动共建丝绸之路经济带和 21 世纪海上丝绸之路的愿景与行动》上有关澳门特区的参与路径。澳门特区具有独特优势,参与这一重大倡议。其中,澳门的旅游业、中医药产业等都具有参与的潜力,而澳门特区作为"中国与葡语国家商贸合作服务平台",应能在推进"一带一路"建设中形成叠加效应。2015 年 4 月

23 日，澳门特区行政长官崔世安与国家发展和改革委员会副主任何立峰会面，就"一带一路"倡议以及澳门特区如何从中发挥作用交换意见。崔世安强调，特区政府将加快深入研究在国家"一带一路"的建设发展中，澳门特区如何发挥自身优势，并根据中央指示，把澳门发展成为"世界旅游休闲中心"和"中国与葡语系国家商贸合作服务平台"，为国家发展做出努力和贡献。

"一带一路"倡议在澳门激起了强烈的反响。2015 年 3 月 12 日，全国政协委员、澳门中小型企业联合总商会会长、澳门励骏创建有限公司联席主席周锦辉做客大公网两会特别报道"大公访谈"时表示，"一带一路"倡议是他回到澳门 30 年以来最好的政策，这一政策将促进中小企业发展，推动中国传统工业产品和传统文化走出去。2015 年 4 月 21 日澳门经济财政司司长梁维特表示，国家多个自贸区的设立以及"一带一路"的发展倡议，为澳门未来经济发展提供新的机遇。在经济发展新常态下，特区政府和业界均需思考如何抓住区域合作和新机遇、调整结构、迎难而上做好工作。2015 年 8 月 12 日上午，以"和平合作、开放包容、互学互鉴、互利共赢"为主题的"21 世纪海上丝绸之路经济论坛"在澳门举办。2015 年 10 月 15 日，以"'一带一路'——释放文化旅游经济新动力"为主题的第四届世界旅游经济论坛在澳门举行，澳门社会文化司司长谭俊荣代表澳门特区政府与联合国世界旅游组织秘书长塔勒布·瑞法依签署合作备忘录。

2017 年 3 月 5 日，李克强总理作的《政府工作报告》中明确提出，要推动内地与港澳深化合作，研究制定粤港澳大湾区城市群发展规划。粤港澳大湾区城市群发展规划的提出进一步为澳门适度多元化提供了方向。粤港澳大湾区城市群发展规划实际上是此前关于珠江三角洲发展规划、大珠三角、泛珠三角发展战略、《内地与香港关于建立更紧密经贸关系的安排》以及《内地与澳门关于建立更紧密经贸关系的安排》等一系列政策安排的进一步升级。和此前不同的是，这一安排是站在全球视野下，结合"一带一路"倡议而做出的定位。2017 年 7 月 1 日，在国家主席习近平的见证下，澳门特别行政区行政长官崔世安、香港特别行政区行政长官林郑月娥、国家发展改革委员会主任何立峰和广东省省长马兴瑞在香港会议展览中心签署了《深化粤港澳合作 推进大湾区建设框架协议》。崔世安行政长官在"携手共建粤港澳大湾区 合力打造世界级城市群"论坛的致辞中表示,粤、港、澳三地合作成果务实而丰硕,具备了建设世界级城市群的基础条件;未来,澳门将主动加强与中央的紧密沟通、做好澳门自身建设、深化与粤港两地的融合发展、积极善用各方资源,推动粤港澳大湾区更好更快发展。

就大湾区城市群发展规划提出的本意来说,中国政府是希望为了在未来的全球化竞争中赢得主动,建立全新的开放平台。目前,知识、技术、资本、人员、服务等在全球范围内的流动和优化组合,对市场规则的一致性以及国际标准的兼容性提出了更高要求。从纽约、旧金山、东京等三大湾区的发展经验来看,湾区经济形态已经成为全球经济重要增长极与技术变革领头羊,三大湾区通过其开放的经济结构、高效的资源配置能力、强大的集聚外溢功能、发达的国际交往网络,在经济、人口、科技、产业等领域都体现出了无可比拟的聚集优势。当前中国的经济转型急切需要创新型发展模式,亟须探索通过科技创新、产业升级,向国际价值链高端攀升,培育新经济动能。同时也有利于形成北有京津冀一体化、中有长江经济带、南有粤港澳大湾区的区域经济发展新格局,为打造中国经济升级版提供有力支撑。

因此,大湾区城市群发展规划升级为国家发展战略层面的规划,这为澳门的适度多元化战略带来了新的契机。从区域经济学的视角来看,澳门区域和自然面积有限,产业较为单一,最好的发展路径就是走区域融合发展道路。在未来,澳门可以充分利用国家这一战略规划,将澳门的经济和社会发展带入一个新的历史阶段。

二 民生问题凸显出公共行政改革问题

在回归前夕,大量人口移民澳门,先后出现了20世纪90年代初和2008年亚洲金融风暴前后两次移民高峰。基本上来看,在1971—1980年期间,澳门人口基本上在25万以下,人口规模较为稳定;而1981—1990年、1991—2000年这两个10年期间,人口各增长了10万左右。同时,外劳持续上升,至2016年年底,澳门共有外劳16万多。在2001—2016年这10多年期间,澳门人口从40万增长至60多万,净增加了20万。由于澳门地理面积狭小,人口的急剧增长,使得住房问题变得尤为突出。回归之后，博彩业很快开放，尽管带来了经济的高速增长，随之而来的交通、环境、医疗等问题日益突出，而许多涉及民生的政策难以快速制定并推行，这是客观上造成澳门居民对政府和官员不满的重要原因。而从特区政府的施政举措来看，一些政策的实施，也是引发民怨的重要原因。这里略举两例来进行简略分析。这两个例子分别是澳门"万九"经屋工程和澳门轻轨建设。

（一）"万九"经屋工程

经屋和社屋是澳门政府为了解决低收入阶层的住房问题而推出的两项措施，其中社屋通过低租金方式提供给低收入人群，而经屋则通过申请轮候的程序，提供给有一定收入的较低收入者。自澳门回归以来，由于移民大量增加，导致房价逐年上涨，从而加大了对经屋的需求。为此，现任特首崔世安先生在就任特首以前，就承诺将在 2012 年建设 19000 套左右的经屋，满足较低收入人群的需要。从 2009 年开始，经屋建设项目逐渐开工。2013 年，澳门首个由政府全资兴建的经济房屋项目氹仔湖畔大厦竣工，开始向申请户提供钥匙。当时，氹仔湖畔大厦项目由 6 座楼宇组成，均为 46 层以上高层，提供 2703 个经屋单位，内设大型停车场、巴士转乘站、干货市场、托儿所等社区设施。经屋每平方米均价 10656 元（澳门元，下同），最低每平方米 7560 元。这一价格约为当年中低端二手楼盘价格的 40% 左右。但这一项目刚推出来，3792 个轮候住户（澳门官方称"家团"）中就有七成放弃轮候。放弃轮候的原因在于，T1 型的一房厅，实用面积折合 20 余平方米。当时有舆论指出澳门政府建"万九"套公屋口号是"灌水""凑数"。在澳门电台举行的电视辩论上。议员何润生认为 T1 户型供过于求是当局决策失误，社屋、经屋的比例无任何意义。房地产炒卖炽热，令不少青年、新婚人士及中产阶层向政府伸手。何润生建议，应向不同阶层人士提供不同类型的房屋。而公屋事务委员会委员高岸峰则指出：社屋、经屋的比例是为了平衡地产界的利益，T1 户型过剩是当局没有更新申请资料所致。石排湾项目兴建两千余 T1 户型，但对长者出行不便，T1 户型比例之外，其地理位置安排亦不合理；已经购买了经屋的残疾人士则称，居住在较细小的单位影响其日常生活，政府是在敷衍他。针对民间的这些舆论，当时的房屋局代局长郭惠娴说，一房厅的规划主要参考了轮候者的数据，并考虑到商品房市场缺少小户型的情况。在建设经屋时，一房厅的轮候队伍尚有两千多个家团。部分申请人填表时未深思熟虑，或者已转购商品房或选择了其他户型，但永宁、湖畔等公屋还是按"旧人旧制"进行。不过，新的情况已经更新，不会再出现户型与需要的较大落差。"万九"之后的公屋计划初步以两房一厅为主。其中正在招标的青洲坊一、二地段，单是两房厅及三房厅单位合计已占逾八成，一房厅单位所占比例已减少。①

（二）澳门轻轨建设

由于澳门地理条件限制，路面交通扩展规模十分有限。根据澳门统计局暨普查局资料，澳门的道路交通设施在长时间内受地理条件制约，发展速度非常缓慢，过去近20年中一共增加了不到100千米。但澳门的车辆保有量则从12万辆左右增长至25万辆左右，几乎翻了一倍多，这客观上给澳门的交通带来了压力。见图10—2。

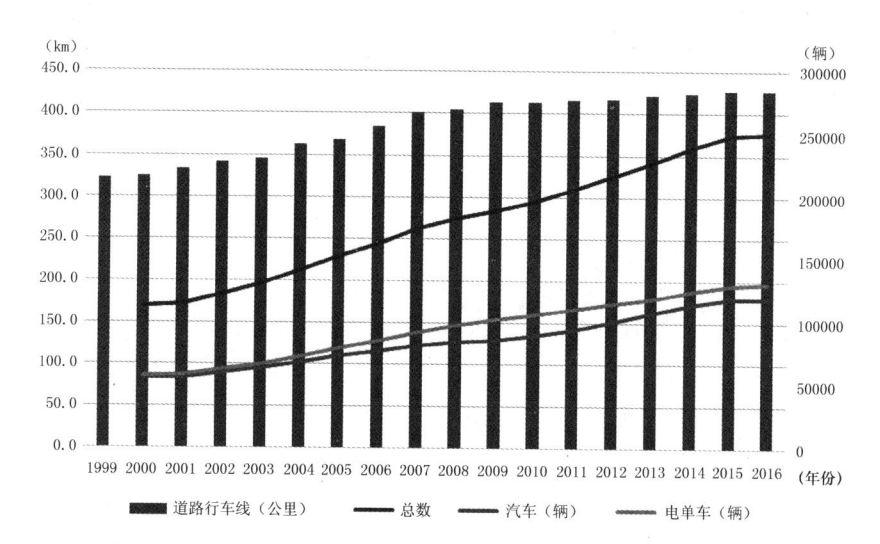

图10—2 澳门道路行车线及车辆保有量的增长情况（1999—2016）
资料来源：根据澳门统计暨及普查局有关资料整理。

---

① 参见南都网《澳门小户型经屋遇冷滞销"万九公屋"被指"灌水"》，http://house.zh51home.com/Article/ArticalShow_95714.html。

在这种情况下，在澳门兴建轻轨应该说具有一定的合理性，尤其是考虑到澳门今后人口还将继续增长这一现实，发展轨道交通不失为一个长远之计。2007年7月，澳门特区政府公布《澳门轻轨系统首期优化方案》，当时粗略估算连接澳门半岛和氹仔的轻轨一期工程总造价为42亿元。经过45天的公众咨询，同年10月，特区政府宣布决定兴建第一期轻轨系统；11月，特区政府运输基建办公室（以下简称运建办）正式成立，负责协调整个轻轨系统的设计、建造和将来轻轨系统的运作安排。澳门轻轨设计的走线方案全程总长21千米，共有21个车站，其中澳门半岛段10个车站，北起关闸，经港澳码头、科学馆、西湾、南湾、妈阁，过西湾大桥到氹仔。氹仔和路氹城段将有11个车站，包括澳门国际机场、北安客运码头、东亚运体育馆、莲花口岸等，全程覆盖了出入境口岸、高密度住宅区和部分旅游景点。按照当初的设计，未来澳门轻轨将在澳门的莲花口岸至珠海的横琴口岸，与广珠城轨无缝换乘对接，由此连接全国的城际及高速轨道网，把澳门与内地各地连接在一起。2012年，轻轨项目正式进入大规模施工阶段。

但进入施工阶段以来，轻轨项目的建设进度却一再推迟。2012年氹仔段轻轨工程全面展开时，当时预计的通车时间是2016年。但根据日本媒体的报道，却曝出仅在2011年至2013年间，顾问公司就对轻轨的营运日期调整了15次，修改后预计2017年年底轻轨可以开始试营运。可是这个一推再推的时间表再次被打破——澳门审计署2015年前发表的第三份关于轻轨的审计报告认为，澳门段轻轨的最早竣工日期为2019—2020年。

同时，轻轨的预算也成了无底洞。2007年公布《澳门轻轨系统首期优化方案》时，推算第一期轻轨总成本约42亿元，两年之后这个数字就升至75亿元。到了2012年年底，最新的动态估算已达142.73亿元。5年多的时间里，预算暴涨三倍多！但是，这还不是最终的封顶预算，因为一期工程中的澳门北段走线方案尚未最后确定，尚有许多不确定因素扰攘其中，运建办表示因此无法推算最终预算，这一点也正是被审计署报告所诟病之处——进行公众咨询的三个不同走线方案中，本应包含各自不同的成本估算，这也是社会公众和政府决策所要考量的依据之一。审计署报告还披露，工程每延后一年，便可能增加10多亿元的开支，而且相关成本会以"复合增长方式累加"。而在 2014 年 12 月 20 日就职的运输工务司司长罗立文在立法会跟进委员会上坦陈，澳门半岛段目前无条件确定总的预算金额及工程时间表；氹仔段虽然动工，但全线延误，同时由于轻轨车厂工程瘫痪两年，因此即使氹仔段轨道落成，也肯定无法通车。①

（三）民生问题凸显出公共行政改革问题

民生问题解决不善、政府部门行政效率低下，加之不时暴露出来的贪腐问题，都给社会民众批评政府提供了空间。在多次立法会咨询会上，立法会议员对政府提出了尖锐批评。尤其是在 2006 年，欧文龙贪腐案被曝光之后，澳门民众对政府的批评日益增多。在 2008 年 7 月 15 日的立法会口头质询会上，议员李从正指出，澳门电讯去年取得创纪录的 6.56 亿元纯利，固定资产净值的回报率更高达 68%，几乎是澳电准许利润率的 6 倍。李从正质询特区政府在审批收费时，为何不将连年"暴利"列入考虑的主要因素？同时，他要求有关单位交代引入网络电话、无线上网等电信服务的进展。梁玉华议员则表示，有关单位曾预计领取养老金下调至 60 岁的措施可望于当年 4 月实行，但时至 7 月尚无音讯。她认为，既定政策出现延误后，有关单位除了需要加快工作进度，及早兑现承诺外，更须主动向公众交代，以免引起不必要的误会及猜疑。议员梁庆庭提出，修法期间有关单位暂停居民申请公屋的程序，这一情况引起了居民的焦虑，有关方面应该予以解释。②

澳门出现众多的民生问题具有一定的客观历史原因。澳门在澳葡统治时期形成了小政府、大社团的格局，尽管在澳葡统治的后期，政府也试图发挥政府的管理职能，但成效并不明显。回归之后，澳门特区在政务管理上推行行政主导制，这使得澳门特区政府不得不负担许多此前没有经验的管理事务，政府行政能力欠缺的弱点暴露无遗。尽管从 21 世纪初开始，澳门特区政府一直在推动公共行政改革，强调加强行政能力

---

① 《澳门轻轨：君问工期未有期》，参见 http://www.chinanews.com/ga/2015/04-16/7211646.shtml。

② 网易新闻，《澳门立法会周四办口头质询 就市民关心问题回应》，参见 http://news.163.com/08/0715/11/4GSVC4O4000120GU.html。

建设①，并采取了种种措施培养本地行政人才，同时还从内地引进人才，但在日益复杂的社会发展局面下，特区政府的治理能力仍然捉襟见肘，行政人才的缺乏局面仍然未得到有效改善。早在2009年，澳门发策研究中心联合广东省行政学院成立的"澳门政治发展课题"课题组就指出公共行政关系的几大问题：一是政府和社团的关系有待理顺，政府和社团之间的关系要角色清楚，职能分明；二是政府各部门之间职能交叉、职责不清，多头领导加大行政成本；三是政府和市场的关系要清楚，在制定产业政策和监管产业发展方面需要发挥作用。② 同时，政治人才缺乏也是一个重要的原因。澳门的政治人才"一是缺，人才基础薄弱……二是青黄不接，未能形成合理的梯次结构……三是素质参差"。③ 从这一角度来分析，不难理解为什么澳门民众对特区主要官员的满意度偏低了。其实，在官员满意度调查中，主要官员只是一个符号，它代表的是澳门政府官员整体在民众心中的形象。

二 结构问题凸显，深层次社会发展问题显露

在2015年，澳门的人均国民生产总值（GDP）已经超过5万美元，进入全球前五名。但就整个社会发展来说，仍然面临着不小的问题。我们可以从如下几个方面进行考虑。

一是整个产业结构畸形，博彩产业独大，其他产业萎缩，区域协调发展程度低，长远发展方向不明，这从整体上导致城市竞争力难以提升。而由于产业不佳，缺乏现代化的高端制造业和服务业，人才难以聚集，从而产生恶性循环，难以走上内生型发展之路。产业结构畸形的重要后果之一就是社会结构相应地缺乏中产阶层，整个社会的治理水平也处于相对落后阶段。

二是社会阶层结构有固化的趋势。由于特殊的历史原因，澳门本地存在着势力较大的家族。这些家族不仅拥有大量财富，同时也占据着重

---

① 参见澳门发展策略研究中心《澳门特区政府公共行政改革研究报告》，2009年。
② 澳门发展策略研究中心、澳门公共行政改革研究课题组：《澳门特区政府公共行政改革研究报告》，2009年。
③ 澳门发展策略研究中心、澳门政治人才问题研究小组：《澳门特区政治人才问题研究》，2009年。

要的社会治理岗位。对于普通阶层出生的后代来讲，即便是接受了高等教育，不仅经济上很难通过创业实现从中下层向上层的流动，在政治领域也很难实现向上流动；换句话说，对普通阶层后代来说，天花板效应明显。这实际上是阶层固化和缺乏社会流动的表现。通常来说，阶层固化使得不同社会群体之间产生隔阂和分裂，社会团结程度下降，这是社会动荡的潜在威胁。同时，由于社会流动的缺乏，导致优秀人才不愿意到澳门长期发展，阻碍社会进步。

三是社会思想文化缺乏活力。澳门作为曾经被葡萄牙管制的殖民地区，具有丰富的历史文化和人文资源，理应成为中西文化交流的合宜场所。但由于博彩经济从本质上是一碗"政策饭"，属于典型的"输血经济"而非"造血经济"。内生性发展元素的不足导致整个社会安于现状，视野受限，探索精神不足，难以催生变革和发展。加之在澳门传统文化中具有的安土重迁的倾向，澳门人从整体上很难做到"走出去"，这对日后融入大湾区城市群发展战略以及实践"一带一路"倡议是一个潜在的阻碍因素。

第二节 政治大气候和周边环境的影响

一 全球范围内社会运动的发展

社会运动贯穿人类的文明史。从早期的宗教运动到现代社会中的各类维权抗争活动中，都可以看到社会运动的影子。为了分析澳门中产阶层的政治参与发展动向，我们这里对社会运动的基本概念以及20世纪以来社会运动最重要的特征进行简短的归纳和梳理。

（一）认同政治的兴起

社会运动是指有组织的一群人，有意识且有计划的改变或重建社会秩序的集体行为，用意则在促进或抗拒社会变迁。从社会运动的目标出发，可以把社会运动分为如下四种类型：改革运动、革命运动、反动运动与乌托邦运动。其中，"改革运动"是指社会运动成员对于现有社会秩序是满意的，但同时他们也认为：局部的社会改革是必要的，尤其是社会的特定领域。大多数的抗议事件或社会运动是属于改革运动，旨在改革社会的某一部分或项目，并非企图推翻整个现有体制。比如说，在澳门发生的"反对外劳输入"社会运动。"革命运动",如其字面所示,是指某一社会运动对现有社会秩序极度不满,其目的在推翻现有制度或政权,并试图根据自己的意识形态蓝图来重组整个社会。"反动运动"也常常被称为"保守运动"或"抗拒运动",其目的在维持既有社会价值与制度,并且防止变革;这类运动如历史上的中国清末民初的保皇运动以及美国南北战争时期支持蓄奴的社会运动。而乌托邦运动是要以创造新社会形态取代既有社会制度的一种社会运动,其所要创新的目标往往不明晰,只是停留在理想层面。就中文的语境来说,我们从大众媒体和日常生活中听到的社会运动往往都是指第一种类型,即改革运动。

自20世纪下半叶以来,社会运动已成为现代民主社会不变的特色。随着共产主义和社会主义意识形态在西方国家的衰落,认同政治应运而生。所谓认同政治,就是在没有普世性意识形态支持下的、为比较单一目的而发起的社会抗争运动,比如同性恋运动、女权运动、反核运动、和平运动、环境运动,等等。出现这一情况的原因在于,"二战"结束以后,共产主义运动在全世界处于低潮,而赫鲁晓夫否定斯大林的秘密报告流传开后,西方的左派势力受到很大的打击,以共产主义的意识形态为基础的社会运动在整个西方世界开始弱化。加上西方福利国家的兴起和国家的民主化,欧美的左派力量分裂严重,美国历史学家福山的《历史的终结》就是在这种情况下应运而生的。与此同时,从20世纪70年代开始,社会运动在欧美国家被进一步纳入合法的制度框架,而社会抗争在认同政治兴起后的规模和剧烈程度也在不断减少,抗争被血腥镇压的可能性因此大大降低,这使得社会运动成为人们表达利益诉求的重要方式。以至于到后来,不论是社会弱势群体还是既得利益集团,都开始越来越自觉地运用社会运动来获取他们的利益。换言之,当今欧美社会几乎所有的团体都学会了运用社会运动来谋取利益,而认同政治则是其理念基础。

(二)21世纪的新一轮"青年反叛"与社会运动浪潮

"青年反叛"用以形容青年群体在思想与行动上与主流阶层及文化的反差与对抗。在20世纪具有代表性的是法国巴黎的"红五月"运动以及20世纪60年代美国的各大社会运动。进入21世纪,世界各地爆发了新一波的"青年反叛"与社会运动浪潮,例如2006年以来欧洲各地青年抗议政府在教育或其他社会领域的新自由主义改革的罢课和示威抗议活动、2011年9月美国的"占领华尔街"运动等。21世纪的这一轮青年反叛运动尽管在提出的具体诉求方面和20世纪60年代的青年社会运动有显著差异,但实际上背后的根本原因仍然是相似的,那就是青年的经济问题和自身发展问题没有得到解决,青年的社会上升途径不通畅,从而导致青年对现行社会制度不满。

在20世纪60年代,巴黎"红五月"运动的主体不少是狂热的社会主义分子,运动口号与理论虽然极其壮丽,但背后的因素却是经济原因。由于欧洲战后出现婴儿潮,法国高等教育在20世纪50年代与20世纪60年代不断扩张,从而导致学历贬值,不少新增的教席亦大多以合约工形式出现,待遇低人一等。由于这些新学额与新教席大都集中在各新兴社会科学学科,大学毕业生与年轻教授无产阶级化的趋势也在这些学科最为突出。在大洋彼岸的美国则在20世纪60年代爆发了著名的民权运动、嬉皮士运动、女权运动和反战运动。尽管美国在"二战"后有高达109个月的经济连续增长,国力十分强盛,但由于长期的种族问题没有得到解决,黑人和白人在政治权利上并不平等,由此在20世纪60年代引起了平权运动;而战后机械化工业生产则引发了当时青年对主流价值观的厌恶和憎恨,从而发展出了嬉皮士运动。

青年失业率的攀升引发了21世纪的这一轮新的运动浪潮。以中东茉莉花革命为例,2011年以前,中东北非四国失业率高达25%—30%。在无出路感的煎熬之下,他们发动了茉莉花革命。2011年,发生在美国的占领华尔街运动也是由于全球金融危机爆发后,许多大公司濒临破产,导致美国等许多国家经济萎靡不振和失业率居高不下,失业者为了抗议美国政治领袖在解决经济危机中的不够有作为而发起的社会运动。示威组织者称,他们的意图是要反对美国政治的权钱交易、两党政争以及社会不公正。2016年在法国爆发的"黑夜站立"社会运动也是法国青年为了反对政府改革劳动法,延长在岗工人工作时间。[1]

有研究指出,在1990年至2005年间全球经济基本平稳增长的态势下,全球青年失业率仍一直处于攀升状态。近20年全球青年平均失业

---

[1] 参见张金岭《法国"黑夜站立"运动及其社会背景》,《当代世界》2016年第6期。

率高达12.2%，在失业率最低的年份也超过了10%。更令人担忧的是：在全球经济相对景气的年份，青年失业情况的改善程度也不尽如人意，经济增长对青年就业的改善贡献不断降低。[①]

综合上述情况不难看出，在21世纪爆发的这一轮新的社会运动仍然围绕着青年的发展问题展开。由于各国青年在面临既有社会结构和权力结构时的处境相似，因此这类社会运动很容易蔓延，从而在更大范围内成为社会事实。

二 中国台湾、中国香港近年来的社会运动影响

发生在台湾、香港以"反服贸协定"运动、"反课纲行动"、"占中"为代表的社会运动对澳门产生了不容忽视的影响。香港和澳门同样为特别行政区，均实行"一国两制"这一基本国策。由于两地地理上临近，语言相通，且香港作为早年的亚洲四小龙之一，发展水平一直高于澳门，因此，香港的社会发展对澳门有很强的示范效应。而台湾和大陆同根同源，加之台湾、澳门两地有不少人均从福建、广东移民，以此，两地经贸往来和民间沟通十分密切。近年来，澳门学生到台湾留学的比例有增无减，台湾的政治参与传统通过这部分学生传导回澳门，也对澳门的政治生态起到重要的影响作用。

三 澳门自身政治环境的影响
（一）澳门社会运动的制度空间

在全球社会运动的大趋势影响下，澳门并未独善其身。以认同政治为基础的社会运动在澳门历史上可以找出很多例。仅从回归以后来看，历年的"五一"大游行多以遏制外劳、反对黑工以及反贪腐为主题，已经成为澳门社会运动的重要内容。而2014年以"反离补法案"为事由的"5.25"大游行，则是回归以来最多澳门人参与的反政府示威游行活动。由于澳门地界较小，人口密度大，这次社会运动的能见度极高，震惊世界。

[①] 苗国：《高校毕业生"史上最难就业季"与全球性青年失业问题再探讨——比较制度框架下的跨国定量研究》，《青年研究》2013年第5期。

根据《中华人民共和国澳门特别行政区基本法》第二十七条规定，"澳门居民享有言论、新闻、出版的自由，结社、集会、游行、示威的自由，组织和参加工会、罢工的权利和自由"，而从澳门治安警察局有关游行示威的规定来说，游行示威活动采取预告批准制，只要游行发起人提供举行集会或示威之主题或目的，预定举行日期、时间、地点、路线，同时提供三名发起人签名和姓名、职业及住址信息，即可申请组织游行示威。司警局和民政总署部门对游行活动的时间和地点进行审核，民政总署管理委员会主席在收到告知文件后5个工作日内、至迟在集会或示威开始前48小时内做出批准或者至迟在集会或示威开始前24小时内做出不批准的决定，治安警察局则至迟在集会或示威开始前24小时内做出批准或者不批准的决定。由此可见，在相关的法律框架下，澳门社会运动有着基本的制度空间。

（二）澳门的社团文化和社会运动

澳门一向被称作"社团社会"，社团文化在澳门有着悠久的历史。澳门最早的社团应是于1569年成立的仁慈堂。19世纪末20世纪初，郑应观、康有为、梁启超以及孙中山先生在澳门活动，一些政团相继诞生，如保皇会、澳门孔教会、同盟会澳门支部等。随着时代进步，经济发展，一些行业性组织也开始成立。至中华人民共和国成立初期，一大批新社团成立，工联、妇联、学联、归侨总会等均成立于该时期。回归前至1998年，澳门共有各类民间社团1500多个。2004年增至2500多个。截至2007年4月，澳门社团数量已发展到3500多个。2017年年底，澳门社团总数，已经超过9000个。澳门社团主要分为：工商金融、劳工、专业、社会服务、文化、教育、体育等，差不多涵盖了社会各个领域。回归前的这些社团，担负着与澳葡政府沟通、争取业界合理权益的桥梁作用以及组织各类型的慈善救济活动、帮助有需要的群体的职责，是民间纠纷的调停者和社会秩序的维护者。

澳门社会社团众多，与政府有着密切联系，并参与立法会选举，对政府的重要决策有极大的影响。但是澳门从来没有形成政党。其原因在于，政党是具有共同利益的特定阶级或阶层的代表，它是通过谋取政权和执掌政权等共同行动，实现其共同的理想和目标而结成的。政党具有明确纲领和章程，比较健全的组织机构，以及一定群众基础的政治团体。但是澳门从来都不是一个独立的主权国家。在回归前，它是一个主权属于中国、行政管理权暂时属于葡国管制的特殊地区。在回归后，澳门特别行政区则是中国单一制体制下享有高度自治权的地方政府，其行政管理权由中央人民政府授予。因此澳门一直只是作为地方行政的主体存在，这是澳门无法形成政党的先天限制。就澳门社团来说，它的最初形态只是作为政治社会结构的补充性存在，最初的澳门社团不过是中国传统文化在这个区域的一种体现，社团的形成多以伦理与自治为基础，以血缘地缘为纽带，以家族宗族村落为本位，以等级权威秩序稳定和谐为核心概念，这一点与西方历史进程中的社团有显著差异。因此，在澳门来说，最初的社团是以宗亲会、同乡会、街坊会、商会这类社团为主，其形成基础主要是血缘关系、地缘关系和业缘关系。不过，这一特征在近来有所变化，后文将结合新成立社团的分析进行阐述。

不难看出，澳门社团为现代民主社会中以认同政治为基础的社会运动提供了天然的组织网络和基础。[①] 从历史上看，澳门有着较为悠久的社会运动传统。最典型的社会运动是"12.3"事件。由于澳葡政府不批准氹仔街坊会建立学校，街坊会不理会澳葡政府的批示，按社团的原定计划新建校舍，最后导致澳门华人与殖民地警察之间在1966年12月3日发生冲突，该事件导致8人死亡和超过100人受伤，事后澳门发生大规模的群众游行示威，造成之后数月内澳葡政府完全瘫痪。事件发生后的1966年12月10日，广东省人民委员会外事处奉命对澳门葡萄牙当局提出强烈抗议和4项要求，包括立即无条件接受澳门居民提出的要求，向中国赔礼道歉，严惩主要肇事者，保证今后不允许中国国民党势力在澳门进行任何活动。同一天，在澳门的部分社团也向当时的嘉乐庇总督致抗议书，提出类似要求，并"立即向澳门同胞当面认罪和具签认罪书，同时将认罪书在报章和电台公布，并保证今后不得再有任何迫害澳门中国同胞的事件发生"。1967年1月28日下午，总督嘉乐庇到澳门中华总商会礼堂，签署《澳门政府对华人各界代表所提出的抗议书的答覆》，"12.3"事件至此方告一段落。

---

① 不过，这里的认同和西方现代民主社会的认同还是有不小差异，最主要的差异在于认同形成的基础。

第三节　网络的发展和在线政治的流行

一　在线政治的兴起

在线政治讨论、在线政治参与及在线选举运动是互联网出现以来被广为关注的社会现象。从 2000 年前后开始，在线政治受到了广泛的关注。而众多西方国家在政治选举中利用网络获得成功的案例则进一步引起了人们对在线政治参与的重视。

在互联网环境下，政治参与的仪式化色彩日益淡薄，而利益表达的色彩日益浓厚，网民表达自身利益的能力正在增强。近年来，中国内地出现的各种维权事件中充分体现了这一发展趋势，典型的事件有湖北邓玉娇案、江西宜黄事件、广东乌坎事件，等等。在这些事件中，当事人维权不再是仅限于当事人自身和政府进行协商的范围，而是通过网络的报道和发酵成为公共事件，一些原来仅在当地范围内有影响的事件也开始得到全国范围的关注，甚至引起境外媒体的关注，由此政府面临的压力显著增加。从近年来的更多案例中均可以发现，正是这种个人事件的公共事件化，迫使政府不得不拿出更多的精力，并以更谨慎的态度对待每一项可能引起公共关注的事件。而对网民来讲，这无疑增强了弱势群体维权的能力。在这种情况下，一种新的政治秩序开始萌芽并得以逐步生成。

在互联网环境下，网络动员成为社会运动的有力推手。早在 20 世纪末，美国社会学家居拉克（Gurak）就研究过互联网与集体行动的关系，他通过对美国莲花公司（Lotus Development Corporation）推出 Marketplace 这一产品失败的案例以及克林顿政府时期美国民众反对政府掌控加密算法的案例分析指出，在以计算机为媒介的通讯中，一种被他称之为社区精神（community ethos）和信息的快速传递，这两个因素是导致集体行动的重要原因。另一位美国研究者米勒（Mele）则通过对美国吉尔维地区（Jervay）低收入家庭居住区重建的案例，分析了虚拟社区是如何帮助原本处于弱势地位的非裔美国妇女获得对重建规划的发言权。21 世纪以来，网络群体事件（此处指基由网络动员起来并发生于物理世界的群体性事件）广泛出现于世界。2010 年突尼斯的"茉莉花革命"，2011 年的伦敦骚乱以及美国的"占领华尔街"运动，乃至 2014 年出现的台湾"太阳花运动"和香港"占中"事件，当中都存在着网络动员的身影。

二 从线下到线上：澳门的政治参与
（一）澳门的互联网发展基本状况

互联网渗透率是评估一个国家或地区互联网普及程度的重要指标，其基本含义是接触网络的人口占总人口的比例。不过，各个国家和地区在统计这 指标时所用的统计口径并非完全一致。在内地，由中国互联网络信息中心每半年发布一次的《中国互联网络发展状况统计报告》将网络渗透率定义为过去半年内接入过网络的16岁以上人口占16岁以上总人口的比例。根据有关调查数据，澳门地区16岁以上人群的网络渗透率约在81%。如果采用总人口作为基数，则可以推断澳门地区16岁以上触网人士占澳门总人口的70%。

从全球范围看，人们的网络交流平台发展先后经历了以BBS为代表的虚拟社区（virtual community），随后出现的是以ICQ为代表的即时通讯（instant messenger），此后出现的是以博客（Blog）为代表的自媒体（we media），再后是以脸书（Facebook）、推特（Twitter）为代表的社交媒体。在澳门地区，由于区域人口规模的限制，并没有出现本地化的社交媒体，其主要的互联网上网应用来自于国外和内地。同时，由于内地目前的互联网管制政策，一些源自国外的社交应用和即时通讯应用（例如脸书、推特、连我[Line]）无法在内地使用，而由于社交软件在同辈群体中更易传播的特点，相对于具有内地生活经历的人来说，在澳门土生土长的本地居民更易接受来自海外的社交软件，如脸书；而具有内地生活经历的人（包括部分非永久性澳门居民和外地雇员）则会受到来澳门之前的使用习惯影响，更容易使用QQ、微博、微信等源自内地的互联网应用。有关调查数据表明，在澳门地区，92.5%的网民使用微信，71.3%的网民使用WhatsApp，70.3%的网民使用脸书，27.7%的网民使用连我，26.2%的网民使用QQ，19.0%的网民使用微博客，11.6%的网民使用推荐，9.5%的网民使用博客。总的来看，在强社会关系交往软件上，以微信为代表的软件略占优势；而在弱社会关系交往软件上，以脸书为代表的全球性软件占优势；自媒体不算十分发达。

(二) 澳门网络政治参与: 典型个案

目前,澳门的网民主要以脸书作为网络政治参与的工具。脸书的专页成了政治人物宣扬自己的主张、凝聚人气的主要手段;而小组讨论则是网民在线讨论和组织动员的主要方式。

案例1:"博彩最前线"脸书主页。该脸书是"博彩最前线"工会团体的发声平台,该工会团体是于2012年9月7日正式成立于澳门特别行政区的非营利性社团。作为一个非政府组织(NGO),该社团吸纳任职于澳门任何博彩企业下属各部门之前线员工,其宗旨是为前线博彩员工争取权益,包括工作环境、待遇和福利等的改善。该脸书是澳门首个博彩前线员工的发声平台。在该脸书运行两年半之后,其负责人杨晚亭于2015年1月11日创建了同名微信公众号(fmgmo2012)。杨晚亭为澳门原创音乐人,曾于2013年以"自由新澳门"名义参加立法会选举,名单中排行第三。现为澳门电子竞技协会主席,澳门博彩最前线理事长,曾于澳门发起多次关于博彩从业人员的工业行动;他除了负责该脸书与微信公众号的运营之外,同时开通了以其名字为名称的个人微信号,其内容分为以下几类:分别是"澳人的事""议员快讯""澳人专栏""博彩最前线",末者的内容实际上源于同名微信公众号以及脸书。此外,"博彩最前线"之脸书在澳门具有较大的影响力,表现为粉丝相对较多、互动情况频繁、在澳门同类自媒体中具有相当可观的人气。该脸书的运作,充分体现了澳门"80后"青年人在新媒体时代通过"自媒体"进行多元化的传播动员状况。

案例2:"三校事件"。2015年9月3日至9月5日期间,澳门特区连续发生澳门大学纪念抗战胜利的"9.3"事件,澳门理工大学内地生与本地生的对立冲突以及澳门科技大学"新生烧烤事件"。这三项事件统称为"三校事件"。"三校事件"引起了激烈的网络讨论,其矛头均指向内地生和本地生的对立。[1] 不过,内地学生和澳门本地生客观上存在隔阂不是"三校事件"中的要害因素,"爱瞒日报"及"澳门人"

---

[1] 自澳门回归以来,内地学生到澳门高等院校求学人数逐年增长。据澳门统计暨普查局最新数据,2011—2012年度,澳门高等院校毕业的内地学生达到1931人,占到总毕业人数1/3左右。由于内地学生和澳门本地生在入学前成长的制度和文化环境有较大差别,加之在语言和日常生活等方面存在差别,两个群体之间存在一定的隔阂。

等自媒体在"三校事件"发生之时所进行的讨论才是这次事件中值得重点关注的地方。"爱瞒日报"及"澳门人"为澳门地区的两家较有政治偏向性的自媒体。在该事件中,两家自媒体"分工明确",即澳大及理工方面主要由"爱瞒日报"(现任社长为周庭希)来报道;而科大方面则主要由"澳门人"(现任主编为杨晚亭)来报道。其中,"澳门人"于2015年9月6日在其脸书主页加上内容为"澳门大陆化?"的小编附言;在科大学生会9月7日发布向公众致歉并表明同时将维护学生合法权益的公开信之后,"澳门人"则进一步攻击科大学生"用法律恐吓大众。果然有强国人优良传统风格"。事后,不少澳门本地学生认为,这其中是有人在故意挑起内地学生和本澳学生的矛盾。

第十一章 澳门中产阶层政治参与的特点

第一节 2012年以来中产阶层政治参与主要事件回顾

一 概述

澳门向来深受社团社会影响,社团所涵盖的会员和基层干事大多数属于中产阶层,他们也通过社团的形式来参与和讨论政治议题,大部分社团各有其特点和涵盖的范畴。近年来,随着澳门的发展和变化,新媒体出现后的广泛传播特性,澳门中产阶层的人事对于政治和行政问题的参与比起以前更加广泛,以近5年(即2012—2017年)的发展为例,可以看出新中产在过往的典型事件与案例中的参与有如下特征。

表11—1　　　　　　　澳门新中产的参与特征

参与的性质	参与的形式	参与的效果	参与的工具
①建设性参与 ②表达性参与 ③抗争性参与	①对基层民众的宣传与动员 ②对政法机构(人员的)的沟通与交涉 ③对街头运动的运用	①争取社区民众的理解与支持 ②实现相关法规政策的讨论与改善 ③造成对有关方面的压力	①传统媒体 ②新媒体 ③座谈、论坛、集会、游行 ④标语、大字报、宣传册

二 近5年（2012—2017）来澳门新中产阶层政治关注与参与较多的主要事件①

（一）桃花岗事件（2012年）

罗约翰神父街，老街坊通称为"桃花岗"，街巷位于澳门红街市附近。30多年来，附近商贩一直获民署发牌并经营多年。

2009年，地产商丁文礼声称持有2004年法院的判决书，表示已通过"和平占有"获得该土地拥有权，并要求小贩搬迁。法院的数据显示，丁于1977年购入此处379平方米的土地，但一直未在政府登记业权。直至2000年，丁入禀法院以"和平占有"土地超过20年为由，申请成为业权人。2004年，初级法院确认其地主身份，不过，丁没有立即收地，直至上诉期（2009年）过后，才通知"桃花岗"的档主迁走。

2009年9月底，小贩们召开记者会，强调当年法官在裁决前，没有传召或通知任何档主出庭作供。小贩向检察院提出刑事检举，质疑有关发展商申请获得土地拥有权的合法性。22日，一些有心捍卫红街市桃花岗的市民，自发在脸书设立群组。短短五日内，群组已集得逾千个"赞"，引起社会广泛关注，群组呼吁"桃园结义"，维护澳门本土特色的天地。26日，行政长官首次表态关注此事件，他表示会尊重法院判决和发展商的土地业权。

2010年2月，桃花岗小贩向检察院检举事件。时任检察长何超明于2013年年底表示涉及桃花岗的刑事调查基本完成，同年12月检察院正式起诉丁文礼"虚假证言罪"及"加重诈骗罪"。2014年9月初级法院合议庭裁定丁文礼"虚假之当事人陈述罪"以及"加重诈骗罪"罪名不成立。检察院和辅助人针对被告"加重诈骗罪"罪名不成立部分向中级法院提起上诉。中级法院于2015年7月改判被告该罪罪名成立，中级法院三位法官二审裁定检察院及辅助人上诉理由部分成立，直接改判初审脱罪的商人丁文礼巨额诈骗罪成立，判囚4年。同时宣告邻近罗约翰神父街、面积合共379平方米的土地收归国有。判处4年徒刑，并宣告将涉案房地产收归国有。丁不服，向终审法院提起上诉。

---

① 本部分文件主要根据澳门发展策略研究中心协助收集的新闻媒体报道资料整理而成。

2017 年初，终审法院裁定，桃花岗地权案丁文礼诈骗罪名不成立。

（二）《澳门青年政策（2012—2020）》

澳门特区政府于 2010 开始准备《澳门青年政策（2012—2020）》工作，旨在根据澳门经济、社会及政治发展的新形式以及澳门青年新中产阶层为主体的诉求、不满和期望，制定新的青年与新中产发展政策，回应多年形成的各种问题并为未来做出纲领性规划。"从青年的切身需要着想，从营造优质的人文社会环境出发，特区政府把检视和整体规划澳门青年全面发展列为 2012 年施政的重点工作之一，教育暨青年局在青年事务委员会全体委员的支持和参与下，完成了《澳门青年政策（2012—2020）》（简称'青年政策'）咨询文本，并于 2012 年 8 月 21 日至 10 月 21 日展开为期两个月的公开咨询。"在此期间，政府和有关青年社团还开展了大量的媒体宣传、印刷品发放以及网络咨询活动，同时举办研讨会和论坛等满足青年人的认知要求和参与愿望。

《澳门青年政策（2012—2020）》内容广泛，涵盖了青年新中产阶层的主要关注与诉求，涉及澳门青年的年龄范围界定类型，主要体现其基本政策方向，支持和推动青年在社会参与，身心成长，关爱气氛以及增进社会流动四个方面更好发展。

为了适应青年的特点，尤其是新中产的政治政策参与愿望，政府部门于 2013 年 10 月完成了为期 60 天的公开咨询，在 34 场的公开咨询活动中，共收到 1300 多条意见，当中绝大多数具有建设性和参考价值。在此基础上为有效落实青年政策，教青局同时编制了执行青年政策的"行动计划"，分短、中、长期提出了 20 个工作项目约 60 个工作内容。该政策推出后，除了举行公众咨询，听取公众意见之外，也由教青局组织各大青年社团进行政策讨论和研究，邀请不同青年社团代表座谈等进行意见收集。经整理分析，对文本进行了四个方面的修订：一是按青年的社会身份属性，明确青年的界定；二是在愿景上加入独立思考、批判精神等内容；三是在具体措施上增加了配合教育长效机制和人才培养长效机制的工作；四是进一步优化对资助的监管。

> 公开咨询期间进行了共 34 场咨询活动，教青局的领导及主管人员均有不同程度的参与，就咨询文本做出说明并听取意见。
>
> 公众咨询专场，共举办了 2 场公众专场咨询会及 1 场青年专场咨询会，公开邀请社会各界、市民大众及青年参与，共 610 人出席了咨询会，72 人于会上发言。
>
> 社团聚焦座谈，全力配合社团和民间服务机构（社会团体、青年社团、弱势群体、专业团体及土生葡人组织等）举办的咨询活动，并安排政府代表出席活动及听取意见，共出席了 9 场社团聚焦座谈。
>
> 学校专场咨询会，全力配合学校举办的咨询活动，并安排政府代表出席活动及听取意见，共出席了 19 间学校 22 场专场咨询会，参与人数共 6479 人。公开咨询期间进行了共 34 场咨询活动，教青局的领导及主管人员均有不同程度的参与，就咨询文本做出说明并听取意见。公众咨询专场，共举办了 2 场公众专场咨询会及 1 场青年专场咨询会，公开邀请社会各界、市民大众及青年参与，共 610 人出席了咨询会，72 人于会上发言。
>
> 社团聚焦座谈，全力配合社团和民间服务机构（社会团体、青年社团、弱势群体、专业团体及土生葡人组织等）举办的咨询活动，并安排政府代表出席活动及听取意见，共出席了 9 场社团聚焦座谈。学校专场咨询会，全力配合学校举办的咨询活动，并安排政府代表出席活动及听取意见，共出席了 19 间学校 22 场专场咨询会，参与人数共 6479 人。
>
> ——《青年政策》咨询总结报告

在有关青年参与问题和诉求方面，政府部门也做了重点回应。2016 年，教青局再次针对政策组织青年社团代表进行《青年政策》发展中期的情况检视和探讨。2017 年《澳门年鉴》中显示，政府继续透过各项工作帮助青年成长、成才，并公布了《澳门青年政策（2012—2020）》中期检讨结果，表示将进一步完善青年政策。

> **参与路径**
>
> 重点回应
>
> 在咨询文本第 5.5 广开参与路径的内容中，已有开拓更多有利青年参与社会的渠道，并安排青年和相关部门领导直接沟通的机会，以及逐步扩大青年参与社会事务的层面，提升青年参与社会的积极性。
>
> 在咨询文本第 5.5 广开参与路径的内容中，也提出了开拓更多青年信息服务，提供有助青年发展和参与所需的信息。
>
> 后续工作方向
>
> 未来将对相关建议作进一步细化分析，研究转化为具体工作的可行性；加强宣传和讯息发布，让青年能更充分掌握参与社会事务的渠道和机会；完善政策文本。
>
> ——《青年政策》咨询总结报告

（三）《澳门特别行政区人口政策框架》（2012 年）

《人口政策框架》文本显示，政研室预计澳门在 2030 年可成为世界旅游休闲中心及中国与葡语国家经贸合作服务平台，且经济适度多元化有相当进展后，届时人口规模将至 80.2 万人（低度方案为 75.4 万人、高度方案为 85.2 万人），中外雇员数目为 15 万至 20 万人。但无论是低、中、高的人口估算，届时的外雇数量必定较目前多。

该文本一出，首先得到居民反应的是恐未来在澳发展人数会令澳门难以负荷，譬如随之而来的交通、房屋等问题比现时情况是否会更加严重等。因澳门地区居民观念相对保守和传统，且几乎全民就业的社会造成澳门青年竞争力相对邻近地区，如香港、内地来说一直较低，此前多次讨论引入更多外劳以及鼓励内地生在澳读书完之后留澳工作等情况都得到了一定程度的居民讨论和反弹，因担心引入人口后自身竞争力会使得现时饭碗的稳定程度降低，有危机感。故此次文本提出后，亦有猜想认为政府是为下一步引入人才和更多外劳而进行铺垫，给居民事先打预防针，遂有人质疑政府该如何衡量是否人才？如何合理引入等问题。亦有居民呈开放心态，因现时澳门的产业发展较为单一，过去政府和本澳教育也没有对可能会衍生的行业人才、专才等进行预先培养，故认为引入人才定会帮助澳门更好发展产业多元化，经济发展亦会更充满活力；

另一方面，本澳居民中有部分在外国读书返澳后，找不到对应的行业发展，故留在外国，难以学成后回馈澳门社会，而产业发展多元之后，一定程度上可以带动这一批人回流澳门，长期建设澳门，遂认为是有效循环，应该合理开放。

由于人口政策框架文本涉及澳门的诸多深层问题，尤其引起青年与新中产阶层的广泛关注，社会争议与参与普遍高涨，遂引起政府有关部门高度重视。政府在新的舆情背景下，为顺应青年与新中产阶层的政策关注与政策参与，开放并启动了广泛的社会咨询，并收到社会各界尤其是新中产阶层的积极响应。

> 目前，澳门正全力落实世界旅游休闲中心的发展定位，致力促进经济适度多元化发展，因此本澳亦需要更高素质的人力资源。制订符合发展所需、具有民意基础的人口政策已是大势所趋。有见及此，特区政府由2012年11月3日至2013年2月3日，展开为期三个月的人口政策框架公众咨询。
>
> 在三个月的咨询期内，我们共举办了5场大型意见收集会，对象包括社会服务、劳工、文化教育、工商金融等界别；还应多个团体邀请，出席了14场小型意见收集会，以及透过热线电话、电邮、传真、邮政信箱、电台、电视台等不同渠道，广泛搜集社会各界的意见和建议。期间反应踊跃，共收集了527份，合共2102条社会意见，涉及人口政策宗旨和目标、人口基本特征与主要挑战、提升人口素质、应对老龄化、优化人口移入机制、未来人口规模、人口承载力等不同范畴。
>
> 为了科学地梳理、分析这些涵盖广泛的意见，我们采取了分类和归纳等方法，将2102条意见逐一编列，撰写意见分析报告，向社会各界汇报，也为特区政府在确定日后人口政策框架，分阶段提出具体的人口政策措施时提供参考。本书所载除意见分析报告外，还把社会各界透过书面、电邮、各项咨询活动、报章、电视、电台所提的意见，悉数列出，供社会人士查阅。
>
> ——《澳门特别行政区人口政策框架咨询意见报告及意见汇编》

(四) 西湾湖广场综合旅游项目（2012 年）

民间倡议设立夜市多年，政府曾在 2011 财政年度施政报告中指出，建议以西湾湖广场下层作为试点，发展兼具本澳特色饮食、手信及文创产品等夜市综合旅游项目。民署公布了西湾湖项目的咨询结果及微调方案，计划准备于 2012 年年初分阶段招标。

考虑到"西湾湖广场综合旅游项目"涉及西湾湖周边地区的发展，为加深公众了解，政府就项目展开为期一个月的公众咨询，并先后向各咨询组织、团体和业界进行咨询，听取了社会大众及团体代表意见与建议，回收报告共 63 份意见文件，归纳、整理为 178 条意见或建议，市民最关注交通配套、功能分区及休闲设施、环境影响三大方面。而网民在社交网站发起投票，数天内则有近千人表态，不足 200 人支持西湾湖旅游项目，近 800 人反对。有学者认为，情况反映政府咨询不足，其结果也不能反映民意。有人士指出，项目由提出、咨询到微调方案，透明度不足，没有对准目标群体，侧重面向餐饮业界及社团。不少西湾湖一带的居民忧虑项目对附近环境无可避免构成影响。一时引起城中热论，社会反弹。此后政府举行西湾湖广场综合旅游项目第二轮公众咨询，结果表示，反对意见达六成多至九成九，当局宣布搁置计划。

(五) 非强制性中央公积金制度（2012 年）

为向本澳居民提供更稳固的社会保障，政府于 2012 年提出实施双层式社会保障制度，2011 年起已实施第一层社会保障制度为所有本澳居民提供基本的保障，尤其是养老保障，以改善居民的生活质量，主要为生活保障；而当时提出并正在构建中的第二层中央公积金制度，则由第二层非强制性中央公积金制度支持。制度分别设有共同供款计划及个人供款计划。共同供款计划由劳资双方共同供款，劳资每月供款额为雇员当月基本工资的 5%，最低供款额为 500 元。其中，有供款计划、权益归属比例、与私退金的衔接、款项投放选择。根据《公积金个人账户》法律的规定，每名符合资格的澳门永久性居民可获政府在个人账户注入 10000 元启动金；继续额外向居民的公积金个人账户注入预算盈余特别分配 7000 元。

自此方案提出后，因公积金户口自澳门居民年满 18 岁后则自动设立，面向对象几乎覆盖全民，故得到广大民众的广泛参与和讨论。有多个团体曾学习和对比了新加坡现有的"中央公积金"、香港的"强积金"甚至国内所推行的"五险一金"等制度。对于特别是全民在退休之后的生活方面起了更好保障作用，社会反应基本持正面及赞赏的态度。

第二层非强制性中央公积金制度目的是加强本澳居民的社会养老保障，以及对现行的社会保障制度做出补足，相关的第 7/2017 号《非强制性中央公积金制度》法律已于 2017 年 5 月 31 日获立法会全体大会细则性通过，并将于 2018 年 1 月 1 日正式生效。

（六）政制发展（2012 年）

政制发展是 2012 年澳门特区的大事之一，这是澳门首次对 2013 年立法会产生办法和 2014 年行政长官产生办法做出修改。为此，特区政府编发了政制发展咨询文件，展开了为期 45 天的咨询活动，共举办了 10 场咨询会，共收到了超过 16 万份意见书。咨询期间，澳门社会各界对政制发展的意见不尽相同，更掀起一波近年鲜见的政治争议。其中"+100"方案的提出再次被社会部分声音质疑为"小圈子选举"，而并非大部分的选举决定。

第一阶段咨询收获 2692 份意见书，破历史纪录（座谈发言 210、电邮 1441、传真 332、邮寄 285、面交 407、电话 17）。第二阶段咨询力度更大，三四月间为期 45 天的咨询讨论规模更大，发动面更宽，形式更多元化。仅 4 月 23 日最后一天咨询期便收到逾 10 万份意见书，其中工联逾 3 万份，街坊总会 2.3 万份，妇联 1.9 万份，中华教育会 6800份，中华总商会 3400 份及网上意见逾 2000 份，学联与新青协 3451 份，江门同乡会 17689 份，中山石歧联谊会 3661 份，周锦辉等 12 选委 9400份。有人说它是澳门有史以来最深入最成功的全民咨询是适当的，一点都不过分。

澳门行政会举行新闻发布会时宣布，该会已经完成讨论关于澳门政制发展的两项立法草案，即行政长官产生办法修正案草案以及立法会产生办法修正案草案，两项草案建议采用"2+2+100"方案。对于 2013年立法会产生办法，修正案草案建议，直、间选各增加 2 个议席，委任议席不变；而对于 2014 年第 4 任行政长官产生办法修正案草案，建议行政长官选举委员会由目前的 300 人增至 400 人。

据介绍，在政制发展第二阶段，政府共收到 16.5 万份各类意见和建议，其中，87.1% 意见认为应增加行政长官选委会委员至 400 人；86.49% 的意见认为直、间选议席应各增加 2 席，委任议席维持不变。有评论表示，此次政制发展的讨论和实践，标志澳门民主发展在循序渐进、均衡参与前提下向前跨进了一大步。而直选议员之一，代表泛民的区锦新议员亦表示"很清楚，这是在基本法框架内的民主进步"。

（七）立法会选举（2013 年）

澳门特别行政区于 2013 年 9 月 17 日进行第五届立法会议员选举。据行政公职局公布的数据显示，第五届立法会选举共有 22 个组别提交候选名单，与此前三届相比，竞选组别分别有 16 个组别、18 个组别和 15 个组别。而今年参选情况激烈，也因 2012 年政府根据社会发展及人口的增加，推动政治发展，以"+2+2"将直选议员席位由 12 名增加至 14 名，间选议员席位由 10 名增加至 12 名，间选界别也由 4 增加到 5。故当时便有学者预测选情会更为激烈，表示上届议员中有十位议员继续参与直选，悬念不大之外，更多的人员猜想停留在了新增的 4 席之中。

而后统计的数据显示，2013 年的选民登记数量为 27 万，登记人数居历届最多，而投票人数为 151881 人，投票率仅为 55.02%，而其中空白票的占比高达 1083 张，占总票数 0.71%，亦居历届最高。选举组别主要以工联、街总、妇联三大社团为代表的传统派，民联协进会、改革创新联盟、澳粤同盟等为代表的乡商派以及新澳门学社、新希望为代表的泛民主派为主；该届票王为陈明金为代表的澳门民联协进会，共获得 26390 张选票，共获得 3 个立法会席位，打破了澳门使用改良汉狄计票法单一组别难以获得 2 个以上席位的瓶颈。这一情况使得第六届立法会选举宣传时，宣传主力亦由此前的两人变为三人。

（八）成立人才发展委员会（2014 年）

自 2012 年提出《人口政策》之后，澳门对于未来该地区的人口发展做了一部分规划。另外，为贯彻落实崔世安在 2014 年施政报告中提出的构建本地人才培养长效机制的构想，澳门特区政府在政府公报刊登了第 11/2014 号行政长官批示，设立人才发展委员会，由行政长官亲任委员会主席。

人才发展委员会的职责主要是，制定、规划及协调澳门特区总体的人才培养长远发展策略。构思并落实人才培养的短、中、长期措施和政策，特别是构思制定"精英培养计划""专才激励计划"及"应用人才促进计划"，研究设立鼓励人才留澳及回澳的机制等。时任行政长官办公室主任谭俊荣表示，委员会的设立与现有的"技术移民"政策没有关系。

因当年《人口政策》提出之后，比较多的声音在于质疑政府如何定义"人才"、通过何种方式合理引进等问题，后行政长官在 2014 年的施政报告中证实纳入人才培养长效机制之构想，由行政长官亲自挂帅成立人才发展委员会，将重要探讨的方向也提出进行相关研究，使得大家对于政策之落实拥有信心。且政府的人才培养计划，是要通过政策支持，使更多的澳门居民成为人才群体，从而推动澳门的经济适度多元发展和社会可持续发展。一个地区人力资源的丰富和引入人才政策的灵活性，临近的粤港地区甚至新加坡都做得非常有表率，对于未来澳门的综合发展以及产业多元化发展都大有裨益。

（九）5.25"反离补运动"（2014 年）

2014 年 5 月 25 日，为了反对澳门特区政府提案的《候任、现任及离任行政长官及主要官员的保障制度》法案，由"澳门良心"及"澳门公职人员协会"共同发起的"反离补，反特权"大游行，据游行主办方估算约有超过 2 万人参加此次游行，此次游行是澳门回归祖国以来最多澳门人参与的反政府示威游行活动。

"离补法案"之所以能够引起如此大规模的民众反弹，直接原因是：第一，有社团宣传和动员；第二，在有组织的宣传下形成民众压倒性的反对舆论；第三，民众舆论的因素。民众舆论认为：澳门政府在未经过公开咨询的情况下，强行订立离补法案；"离补法案"赋予候任、现任和离任特首和主要官员巨额离职补偿金；在任特首还可享有凌驾司法系统的刑事豁免权为不正义。

另一方面，民众大规模向立法会请愿的间接原因是：长期积累的社会不满情绪，民众认为特区政府官员施政无功，在一直无法解决交通、房屋、医疗等社会问题的同时还要做出重复、高额的补偿,而官员竟然公然伸手将大笔公帑塞入自己荷包,从而进一步造成公共资源分配不公和制造特权阶级。

直接原因和间接原因的结合引起公愤爆发,其间该法案亦被居民戏称为"自肥法"。此次运动主要形式为请愿、游行、静坐、包围和社交网络行动"一人一信"对在任立法议员进行私信传送等,目标在于政府立即撤回该离补法案,希望行政长官辞职下台;最后立法会一致通过中止表决该法案,澳门政府亦宣布撤回该法案。

(十)海一居事件(2015 年)

2015 年 12 月 25 日,保利达集团负责发展的澳门烂尾楼盘海一居的地皮临时批租期届满,政府强制回收,依据自 2013 年 4 月在立法会通过的新土地法。数十名业主中午手持抗议标语,要求与地盘发展商保利达集团主席见面。

事件起因乃是早于 2006 年,保利达集团已就项目土地用途由"工业"改划为"商住"向澳门政府补地价,并按照当时的建筑条例要求,申请兴建"海一居"项目。澳门政府于 2013 年 9 月份所刊宪,并于 2014 年 3 月份生效而具有追溯权之《新土地法》没有考虑如"海一居"此等特殊情况的发展项目加设过渡期,未能全面保障公众利益。加上政府相关部门在审批过程中,用上相对较长的时间及附加多项额外要求及环评报告,导致"海一居"的工程延误,未能如期展开,引起这次风波。据海一居业主联合会表示,澳门特区政府 2014 年才批准海一居工程开工,明知 2015 年将按新土地法收地,开发商盖楼一年建十八幢 50 层高根本没有可能如期完成。而小业主从 2010 年开始至 2015 年购买楼花,由澳门特区政府落印并由律师完成全部法律程序购买,缴交了印花税,并登记,已取得业权并受澳门基本法保障。业主联合会还质疑,澳门特区立法会 2013 年通过新土地法,当时立法会明知 2010 年起海一居已开始售楼花,怎么没有事前考虑处理?

事后保利达集团公开回应事件时表示,现正集中资源处理有关"海一居"之诉讼案件,希望澳门特区法院包括行政法院能尽快做出公平公正的裁决,补回过去因澳门政府当局审批延误的施工时间,好使项目可顺利重新动工，让业主、澳门政府及保利达集团三方面达成三赢局面，维持澳门社会和谐稳定。

2016年1月29日，运输工务司司长批示，正式宣告"海一居"土地批给失效要回收。5月1日，由"海一居"业主联合会组织的澳门五一大游行，已超过4500人走上街头。"海一居"地盘外部和保利达办公室门口依然挂有业主们贴出的字报，写有"政府强抢民居""冤""世纪冤案"等标语。

2017年3月，在北京出席"两会"会议的"海一居"发展商保利达集团主席柯为湘表示，虽然据他了解，绝大部分"海一居"业主要求收楼，暂时未有人提出退订，但如果一手楼花业主要求退订，公司会积极配合。换言之，在起楼、收楼遥遥无期的情况下，一手楼花业主有望取回本金，退出这个折腾人至深的无底漩涡。但据"海一居"业主联合会主席高铭博透露，大部分业主是购买二手、三手楼花，一手楼花业主只占极少数，保利达这种"分化"做法，只会激起其他业主的情绪，无助解决根本问题。

（十一）《澳门特别行政区五年发展规划（2016—2020年)》

2015年11月17日，澳门特别行政区"五年发展规划"（2016—2020）基础方案公布。这是澳门回归16年来首次公布中长期发展规划，该规划将与国家"十三五"规划同步落实并与之接轨。

根据规划提出的愿景和要求，希望澳门将建设成为一个以"旅游"为形式、以"休闲"为核心、以"中心"为方向、以"世界"为质量，具有国际先进水平的宜居、宜业、宜游、宜乐的城市。规划将未来5年澳门加快建设世界旅游休闲中心的具体目标进行了细化。列出了7个主要目标——保持整体经济稳健发展、优化产业结构取得新的进展、加强建设国际旅游城市、居民生活素质持续提高、教育水平进一步上升、环境保护成效显著、强化政府施政效能。这七大目标还涵盖22个子目标以及50余个评价目标。

而分量较重的是民生篇，把居民最关心的宜居问题放在这一篇的优先位置，把挑战较多的土地、基础设施建设、交通等问题作为突破点。规划列出五大方面的重大公共工程建设共13项，包括城市发展、交通建设、环境保护、医疗系统、城市安全等内容，还列出了未来5年的重点工程建设。

普通民众对于此规划提出后的讨论较多，因其是自澳门回归祖国以来第一份五年规划，学习了内地计划发展的前瞻性出台计划；另外对于居民来说政府提出方案、法规等，行动力长期都表现出效率低下、虎头蛇尾的情况（譬如工程使用公帑超支、时间拖滞无法如期完工等），相当于提出了一个完成期限，一定程度上表达出了政府未来五年规划的决心，也带给了居民们一定的期待。得到中产阶层人群比较多的讨论、参与和学习，多半是通过社团组织举办小论坛、沙龙等活动，进行了讨论和交流。

第二节 新中产阶层政治参与主要特点

澳门新中产阶层的基本特征是各个年龄层的高学历人士和青年人，而高学历青年又是青年人中的主体人群和代表性人群；随着澳门经济的发展和受到高等教育的新生代进入社会，澳门新中产阶层无论从数量上还是素质上都得到了提升。尤其是随着"80后"逐步成为澳门社会的中坚力量以及"90后"群体走入社会舞台，在过去5年中，澳门以新中产阶层为主体的民众参与局面与政治生态正在形成。虽然一部分高学历青年尚未完全在经济上进入中产阶层，但他们在受教育水平、思维方式、生活方式以及政治观念方面，已经被塑造成新中产阶层或准新中产阶层，成为新中产阶层已经成为他们的既定生活目标。

从2012年以来澳门主要事件的成因和发展，都可以看出新中产阶层比以往更多、更深入地参与到了澳门的立法、政策制定，以及民意和舆论形成与发展过程之中。可以初步判断，澳门新中产阶层政治关注与政治参与在以下三个方面得到了显著发展。

一 政治/政策关注程度比较高

随着新中产阶层的发展，作为澳门这个"传统社团社会"中的社团，也在发生结构性的变化、理念上的变化以及行动方式上的变化。其中，以某种社会理念为基础的社团正在发展；越来越多的社团从关注具体问题到面向法律、政策以及政府行政的综合性视角正在成为趋势。

本次调查访问的几位新中产阶层代表性社团领导人普遍反映，社团成员对于澳门重大事件、立法会议员表现、主要议案与立法以及政府行政与政策的关注度较若干年前有明显上升，且表现得更加理性和务实，情绪性色彩与单纯发泄有所减少。尤其是"5.25"事件以后，新中产阶层在总体上更加关注具体民生内容的改善和推动某些特定理念的有效实践。新中产阶层通过参与符合自己理念的社团行动，力求脚踏实地寻求达到自身目标，而不是如曾经那样热衷于表达不满情绪。政治/政策关注度提高则具体表现在自身诉求与社团理性行动的结合，在这个过程中去逐步了解相关法律、政策、行政以及社会情势，找出问题要点和解决问题的现实途径。

因此，澳门新中产阶层为了追求自身理念的诉求，通过社团集体思考、讨论与行动，更加关注有关问题的实际情况，进而去了解各种民意、宣传民众、沟通市民、联合立法会议员、结合行政部门，达到广泛共识、利用法律途径和政策手段、推动达到建设性效果。

案例A：典型的理念性社团

调查记录：

该协会成立于2013年，成员300人左右，骨干成员11人，义工100人，积极活动成员20人左右，活动参与会员及非会员通常60多人，参与者多为公务员、教师、文员。

理念：倡导母乳喂养

行动：社区宣传，共同政府，联合议员

目标：改变奶粉喂养观念和行为

社团领袖介绍：

我们是一个专业化的社团。该社团经常会面谭俊荣并与政府部门会谈。由于配方奶粉喂养行为不但与机构倡导有关，而且还涉及销售市场，同时还有母亲哺育条件如时间保障、场所、单位制度等等，都是要有政策法规方面配合和保障。为此，我们不断向立法机构和政府反映问题，是有效果的。2016年施政报告107页讲，要推动和支持母乳喂养措施；谭司长也在公共场合推广母乳喂养观念，已经有了一些行政法规，澳门卫生局已经推出"澳门母乳喂哺室设备及管理标准指引"。两年多前博彩业设立了哺乳室，威尼斯人首先开始，然后其他纷纷效仿。

2017年2月8日，我们协会在"澳门广场"举行"母乳喂哺友善公约"活动，有我们协会、卫生局、妇联三家参加。

我们的资源：协会、妇联、卫生局、社工局、博彩业、"POKE STAR"、女性团体等。

我们与珠海、深圳"母乳哺养促进会"都有交流和联系。

未来通过协会的更多活动争取在立法方面有利于母乳哺养，我们通常举办一些大众化的活动，不是去批评谁谴责谁反对谁，我们不希望激化矛盾，而是通过沟通协商争取与上层建筑方面理顺关系，而我们致力于在基层方面做一些推广和培训，形成氛围和民众响应，这样我们和政府及立法是合作的关系、是互相促进的关系，达到了社会进步目的。

二 政治参与倾向比较显著

2012年以来，以高学历及青年人为特点的澳门新中产阶层的政治参与意愿与行动态势比较显著，但其特点依然是通过社团形式诉诸其意见表达和行动，而且并不刻意表现为以某种明确的政治动机与目标。

表11—2　　社团参与积极程度与年龄的交互分析[①]

		年龄			
		18—29	30—44	45—59	60岁+
从不参议政/不太积极	27.7%	18.7%	40.2%	21.8%	26.3%
一般	26.5%	28.0%	20.1%	30.9%	26.4%
颇为积极参政议政	19.7%	24.3%	24.1%	17.4%	16.4%
非常积极参政议政	16.5%	23.4%	12.9%	18.9%	14.3%
不知/难讲	9.6%	5.6%	2.7%	11.1%	16.7%
	100.0%	100.0%	100.0%	100.0%	100.0%

---

① 参见澳门新青年协会《澳门青年参与社团及政治活动现况调查》，2012年。

表 11—3　　社团参与积极程度与教育程度的交互分析①

		教育程度			
		小学或以下	中学	大专	本科/研究生
从不参议政/不太积极	28.1%	27.6%	26.0%	28.5%	31.7%
一般	25.9%	32.0%	27.1%	28.9%	16.1%
颇为积极参政议政	20.0%	11.6%	20.4%	19.3%	31.0%
非常积极参政议政	16.7%	8.9%	20.8%	19.9%	17.8%
不知/难讲	9.3%	19.9%	5.7%	3.4%	3.3%
	100.0%	100.0%	100.0%	100.0%	100.0%

2017年，我们通过对新中产阶层分布比较集中的一些社团调查，了解到他们为了实现自身的理念、伸张成员的诉求以及为了促进澳门社会发展，往往从追求最具体事态的改善和较为实际的目标开始，并不好高骛远地提出不切实际或不具操作性的口号，也不追求宏大议题的政治与社会发展纲领，尤其是不主张激进的、具有很大争议性的政治议题。然而，在社团成员的实践中，为了推动实际上哪怕是微小改善，就往往自觉不自觉地涉及澳门现行法律、政策以及行政事务的具体问题，从而使他们的诉求和行动不但事实上具有了政治参与的性质，而且具有了更加务实的可操作性，因而实际效果往往更加显著。

上述实践效果比起澳门"激进自由派"和"泛自由派"热衷大跨越式的政治改革，以求加速扩大立法会议员直接选举、重组选举委员会，甚至以期推进特区行政长官直选等明里暗里所诉诸的政治社会改革，更加具有现实性和推动澳门民生改善和政制发展的成效。

因此，在可以预见的未来，随着关注澳门具体民生问题的新中产阶层及其社团行动的发展，澳门新中产阶层的政治参与将不可避免地不断增长，即以不同于"激进自由派"及"泛自由派"的政治理念为基础，使民生议题更多走向政治关注和政治参与，进而重塑澳门政治发展进程与澳门政治生态格局。

---

① 参见澳门新青年协会《澳门青年参与社团及政治活动现况调查》，2012年。

但是，澳门新中产阶层正在发展，尤其青年新中产的加入，澳门新生代的价值观和政治理念都在发生变化，近5年来澳门的政治与经济情况也发生新的变化，利益关系与政治信任出现了新的问题；澳门新中产阶层与澳门权力精英的关系必然会随之变化，新生代澳门中产阶层对澳门权力精英的态度已经发展到了一个既"合作"又"抗争"的新阶段。环保运动是这一新阶段的一个典型代表。

案例B：推动环保理念与实践的社团

调查记录：

我们的宗旨是推动环保理念与实践。

我们的成员为高学历的青年人，他们积极参加学会的活动和网络交流。

未来实现环保理念和改善澳门生态环境，不可能不参与政治议题，但是与政府的关系不可能对抗只能合作，因为澳门政府是值得和可以合作的。

我们与政府有合作也有分歧，在磨合与讨论中前进。比如，我们对"路环"的规划有自己的意见，我们认为要保护环境但没有看到相关规划，我们则会联署向政府表达意见。

我们不是为批评而批评、为参政而参政。有时法律法规和政府政策行为与我们的宗旨和要求距离太大，所以我们不得不发声表达并有所行动，比如政府的责任制问题，后果很严重，"澳门环境保护十年规划2001—2010"大部分没有达标；还有挖掉山建豪宅的问题，明显地代表着商业利益，没有考虑环境和居民的环境需求，等等。这些事件致使我们不得不出来。

我们经常联系政府、沟通政府、与政府人员讨论问题，一些环境项目也是政府支持的。政府也信任我们，要我们的意见，一些立法会选举参选人听取我们意见并加入政纲。

需要说明的是，一方面，澳门新中产阶层的代表性社团在面向具体民生问题和特定社会理念的诉求与行动，在操作层面和行动路径上不可避免地导致更多和更广泛的政治参与，不得不对相应的法律、政策以及行政环境的改善有所追求,这与澳门少数"激进自由派"将民生问题作为政治动员,有意识、有组织、有目的地刻意将民生问题政治化,将民生诉求转向政治议题,将政治议题转向澳门政治体制问题,进而试图动摇和否定澳门现行政治制度的诉求和活动是有根本区别的;另一方面,澳门新中产阶层的主要成员为了追求现实生活与发展领域里的一些具体目标,在实践层面又可能会与"泛自由派"阵营在特定议题上存在目标和行动上的合力效应,那就是都会与某些现行法律、政策以及行政作为形成不同程度的张力,有时可能是冲突,如桃花岗事件和"5.25"事件。因此,活跃的新中产阶层的理念、诉求、态度以及行动,将在澳门扮演越来越重要的角色。

三 参与方式更加多样化

(一) 社团的多样性

澳门社团社会传统以及澳门社团的开放性,为澳门社会新中产成员的多样性观念发展、组织发展和行动发展提供了广阔的空间。澳门新中产阶层的政治参与主要通过参与的社团方式形成观念认同和身份认同,进而实现同类人群的组织化,随着不同类型的社团更加多样化,社团对其成员的意义也更加多样化。总体上新中产代表性社团可主要分为两类,即身份认同性社团与观念认同性社团。

案例 C:典型的身份认同性新中产社团

调查记录:

我们也是一个职业性社团,聚集以青年人为主体的公务人员,特点是年轻、收入低、学历较高,为了对外发出我们的声音。我们最近一次活动是和谭俊荣司长交流。

内部我们有微信群和 Facebook,积极讨论成员关心的各种问题。

我们比较关心公职人员法律修改。因为政府这方面工作不太透明、不太深入,我们发声就是要提出自己的意见,表达自己的心愿。比如,晋升中的学位限制问题,晋级中的待遇问题。

我们不讨论太敏感的政治话题,我们只讨论公务员的共同问题。

澳门目前有7000多个[①]注册社团，传统澳门社团主要是地域性社团、宗教社团、慈善性、互助性、扶助性、社区管理性以及行业和界别性的社团，很少有因理念和诉求而形成的社团，即使有一些也是有比较浓厚"激进自由派"色彩的政治性社团，如"新澳门学社""社会发展新动力"等。出于理念而又比较不带强烈政治色彩的社团是近年来开始发展出来的，比如"爱护动物协会""保护动物遗弃协会""澳门环保学生联合会""绿色未来""梦想角""澳门母乳协会"等。此外，还有一些社团更具有新中产理念，如"澳门青年协会"与青年中产阶层联系较多。总之，过去5年来，澳门社团不但更具多样性而且其功能多样化的发展已初见端倪。

值得注意的是，近些年来大多具有新中产特点的社团并不主要是为政治目标和政治参与而建立的，身份认同和观念认同是这些社团的组织基础，但随着不同社团对特定观念和目标的关注在行动的发展实践中，逐渐地和不断地与澳门的法律、制度、政策等体制结构发生互动甚至碰撞，原本以身份认同与观念认同为基础的社团正在发展成为澳门政治结构和制度结构中的新生力量和塑造因素。

根据上述分析和判断，澳门民生问题的政治化不但不可避免，并且随着新中产的成长，这个趋势可能会更加明显。可以预见的是，在未来10年，澳门社会的注意力将更加明显地从经济领域转向政治领域，表现为不同新中产阶层社团的观念与诉求会不断与现行的制度产生互动甚至是摩擦，从而开始更多参与未来澳门的塑造。

（二）参与领域的广泛性

随着澳门新中产阶层的崛起，澳门社团在注重传统社会服务领域的同时，表现出对更广泛澳门事务的关注。除了由来已久的住房、交通、医疗、教育、弱势群体等具体民生领域，其参与也逐渐向司法、行政、人才、创新、文物、社会公正、反腐败、利益集团、发展分享、环境可持续发展等问题和领域扩展。这种变化的原因本身就是新中产阶层的价值倾向使然，但也与澳门社会的具体问题有关。

澳门居民传统上倾向于倚重精英和领袖来代表他们的利益并解决他

---

① 这一数据为2017年年中数据。

们的问题。博彩业开放以来，澳门经济获得了飞速发展，但是经济发展的成果并没有得到公正的分享。新中产阶层或准中产阶层中的青年人几乎一致认为，利益集团获利丰厚却让普通人承担了发展代价，出现严重社会不公正甚至恶劣的腐败事件。澳门民众尤其是以青年人为代表的新中产阶层，将过去澳门民众所信任、所倚重、所爱戴的澳门上层社会与政治—经济精英普遍地视为背离他们利益的寡头利益集团，而他们自身则属于不同于利益集团的社会群体和阶层。特别是在为事业、为生活苦苦奋斗的青年新中产阶层中，产生了新的政治权利意识，那就是为争取更好的未来，他们必须依靠自己，而且必须为此有所作为。因此代表各种理念、各种诉求的各类社团如雨后春笋般地产生，尽管很多社团还很弱小和不成熟，但是大量青年人的社团却在行动，平时在各个领域做着他们喜欢做的事情，同时在利用新媒体和社交平台传播理念、表达意愿、提出批评、互通信息。而当出现全局性的问题与重大事件，这些相对分散、孤立、弱小的社团有时则会形成暂时联盟，其力量和作用往往使精英集团始料不及，而且其社会改良效果也往往是"激进自由派"所不能企及的。

案例 D——从关爱狗到关注政策

调查记录：

我们社团有 3 个骨干，还有几位义工。每周都组织聚会，一起带狗出去散步。我们社团线上线下都有人群，主要是养狗人士和爱狗人士；养狗人士多有不错的职业和宽裕、和谐的家庭。相关社团还有"爱护动物协会"和"保护遗弃动物协会"，小的有七八个。

我们的工作多是从事对民众的宣传教育，也包括财政府部门、立法议员的工作；澳门没有相关动物保护法律，打狗的就是警察！打流浪狗和公屋住户的狗。对动物保护意识差。

为了推动我们的工作，需要跟议员、政府官员接触、沟通，有时还要有抗争，但都是良性的、建设性的。参与了"动物保护法"咨询，但我们的咨询意见没有被采纳，结果"动物保护法"事实上就是一个"动物管制法"，不是爱护动物的法规。

> 我们为表达诉求和不满，也会组织游行和街头活动，游行时有2000多人参加。我们还通过网络社交平台与民众沟通，争取民意支持。一次救助沙皮狗的事件"关注"有4万多人。
>
> 由于我们的理念和诉求涉及复杂的法律、政策、管制以及政府行为问题，所以没有办法简单推进，我们就必须更多参政议政，影响政府和议员。游行和请愿肯定会发生，不这样就很难推动动物保护。
>
> 我们有很多要求和目标都是立法和行政需要做的，不推动不参与就无法实现。
>
> 我们要求特区政府关注流浪狗问题，澳门有2000多只（流浪狗）。1. 政府要监管工地；2. 监管宠物商店；3. 政府狗房有60多年了，应该在路环重建，并增加教育和管理功能；4. 学校要开设"爱动物通识教育课程"；5. 狗牌照要增加GPS功能，狗房要由民政总署管理；6. 25公斤以上体重要考试，测试其攻击性；等等。

此外，还有一些青年新中产阶层人士与一些传统大社团在理念和方法上存在越来越明显的分歧，期望能够有代表他们价值观与运作理念的新社团出现。特别是在一些行业、界别社团中，老一代的新中产精英已经不能充分代表新一代新中产的意愿诉求和运作方式。这种情况下，青年新中产阶层会另起炉灶，这应该是未来的一个趋势。很多青年精英人士和广大青年都在期待这样的情况出现。

（三）新中产成为在线参与的主力

中产阶层的在线参与比例远远高于非中产。有关研究结果表明，不同职业的网上社群参与者在希望对政府施政发表意见时，首选的行动方式有所不同。"技术员或者辅助性专业人士""专业人士""立法议员、政府官员、社团领导人及经理""服务、销售和同类工作人员"这四类人员选择在网上提出意见进行讨论的比例相对较高。而前三类人员恰恰是中产阶层的主要构成力量。见表11—4。

表 11—4　和政府沟通方式在不同职业人群之间的差异

		如果你希望对政府施政发表意见，你首先会选择？							合计
		找到政府部门投诉或建议	找到可以信赖的议员，通过他们提出建议	找社团提出建议	在网上提出意见进行讨论	通过电台或电视台提出建议	参加或组织游行示威活动	无所谓，自然有别人去关心	
对职业开放问题重新编码后的职业变量	立法议员、政府官员、社团领导人及经理								
	计数（人）	7	5	0	6	1	0	3	22
	行百分比	31.8%	22.7%	0.0%	27.3%	4.5%	0.0%	13.6%	100.0%
	专业人士								
	计数（人）	3	6	1	9	2	2	9	32
	行百分比	9.4%	18.8%	3.1%	28.1%	6.2%	6.2%	28.1%	100.0%
	技术员或者辅助性专业人士								
	计数（人）	1	0	0	4	0	1	3	9
	行百分比	11.1%	0.0%	0.0%	44.4%	0.0%	11.1%	33.3%	100.0%
	文员								
	计数（人）	11	3	5	5	5	3	15	47
	行百分比	23.4%	6.4%	10.6%	10.6%	10.6%	6.4%	31.9%	100.0%
	服务、销售和同类人员								
	计数（人）	4	1	2	14	5	2	5	33
	行百分比	12.1%	3.0%	6.1%	42.4%	15.2%	6.1%	15.2%	100.0%
	工业工匠或手工艺者								
	计数（人）	1	1	0	0	0	0	0	2
	行百分比	50.0%	50.0%	0.0%	0.0%	0.0%	0.0%	0.0%	100.0%
	机台、机器操作员、司机或者装配员								
	计数（人）	2	0	0	0	0	0	1	3
	行百分比	66.7%	0.0%	0.0%	0.0%	0.0%	0.0%	33.3%	100.0%
	非技术工作人员								
	计数（人）	3	1	2	2	2	2	5	17
	行百分比	17.6%	5.9%	11.8%	11.8%	11.8%	11.8%	29.4%	100.0%
	学生								
	计数（人）	8	1	3	6	2	1	10	31
	行百分比	25.8%	3.2%	9.7%	19.4%	6.5%	3.2%	32.3%	100.0%
	退休								
	计数（人）	0	0	1	2	0	2	5	10
	行百分比	0.0%	0.0%	10.0%	20.0%	0.0%	20.0%	50.0%	100.0%

续表

			colspan="7" 如果你希望对政府施政发表意见，你首先会选择？	合计
			找到政府部门投诉或建议	找到可以信赖的议员，通过他们提出建议	找社团提出建议	在网上提出意见进行讨论	通过电台或电视台提出建议	参加或组织游行示威活动	无所谓，自然有别人去关心	
对职业开放问题重新编码后的职业变量	家庭主妇	计数（人）	0	2	0	5	2	0	7	16
		行百分比	0.0%	12.5%	0.0%	31.2%	12.5%	0.0%	43.8%	100.0%
	其他	计数（人）	1	2	0	0	0	0	0	3
		行百分比	33.3%	66.7%	0.0%	0.0%	0.0%	0.0%	0.0%	100.0%
	无业	计数（人）	0	2	0	0	0	0	1	3
		行百分比	0.0%	66.7%	0.0%	0.0%	0.0%	0.0%	33.3%	100.0%
	自雇	计数（人）	0	0	0	0	2	0	2	4
		行百分比	0.0%	0.0%	0.0%	0.0%	50.0%	0.0%	50.0%	100.0%
	拒答	计数（人）	0	0	0	0	0	0	5	5
		行百分比	0.0%	0.0%	0.0%	0.0%	0.0%	0.0%	100.0%	100.0%
合计		计数（人）	41	24	14	53	21	13	71	237
		行百分比	17.3%	10.1%	5.9%	22.4%	8.9%	5.5%	30.0%	100.0%

四 变化的原因

澳门新中产或准中产青年人，对澳门住房、交通、向上流动等问题表现不满，而且在他们看来这些问题的存在不是技术或资金问题，而是利益集团的资源和权力垄断问题。在对旧的和现有权力精英不信任而又没有找出有效解决途径的情况下，澳门"泛自由派"对青年新中产阶层就有很大的新合力和动员力。除了"激进自由派"的主张或行动不符合澳门传统政治文化之外，多数青年新中产在价值观和意识形态上深受"泛自由派"影响。即使不是将行动矛头直接对准现行体制，但在相对自由的澳门政治与社团社会环境中，他们在具体民生诉求或理念诉求的实践中，会以不同于"激进自由派"的方式、较为温和理性地推动相关司法、行政等权力领域里的改革。如果澳门权力机构不能顺应这种趋势，则青年新中产阶层有极大的可能被转化成一个强大的反对力量。

从欧文龙事件的震动，到房屋问题、交通问题、青年社会流动问题日益凸显，以及2013年新一届立法会的产生，尤其是2014年以来的一系列重大事件，如"5.25"事件、何超明贪腐案、"海一居"事件，等等，连续对澳门社会产生了冲击，澳门社会政治敏感度日益提升，青年新中产阶层的参与意识正在觉醒。虽然外部因素的影响也是其中不可忽视的因素，但带来这种转变的主要因素在澳门内部。见表11—5和表11—6。

表11—5　　你认为现时的澳门政治制度，能不能够保障市民参政议政及权利呢？[①]

	年龄				教育程度			
	18—29	30—44	45—59	60岁+	小学或以下	中学	大专	本科/研究生
能	37.2%	29.4%	30.8%	40.4%	35.1%	32.7%	31.6%	35.0%
不能	54.2%	52.8%	40.3%	20.9%	27.1%	43.5%	55.1%	54.6%
不知/难讲	8.6%	17.8%	28.9%	38.7%	37.9%	23.8%	13.3%	10.3%
	100.0%	100.0%	100.0%	100.0%	100.0%	100.0%	100.0%	100.0%

①　澳门新青年协会：《澳门青年参与社团及政治活动现况调查》，2012年。

表 11—6　假如澳门经济变坏，会增加、减少，或是不会影响你参加立法会选举投票的意愿呢？[1]

	年龄				教育程度			
	18—29	30—44	45—59	60岁+	小学或以下	中学	大专	本科/研究生
增加	19.2%	13.2%	10.4%	6.0%	6.7%	10.2%	15.8%	20.3%
减少	6.7%	7.0%	8.0%	6.4%	11.5%	7.1%	4.9%	4.4%
不会影响	73.8%	76.1%	74.8%	70.6%	68.6%	75.9%	77.9%	74.6%
不知/难讲	0.4%	3.6%	6.8%	16.9%	13.2%	6.8%	1.3%	0.7%
	100.0%	100.0%	100.0%	100.0%	100.0%	100.0%	100.0%	100.0%

澳门回归初期传统上对精英阶层的信任和依赖的情结，正在明显受到新的现实问题所带来的挑战；澳门民众更加意欲通过自身行动实现自己诉求的意愿，上述资料显示新中产阶层是其中的主要人群；新中产的崛起，进一步推动了澳门人参政议政的事态发展。

表 11—7　整体来讲，你认为立法会议员有无履行其应有职能呢？[2]

	年龄				教育程度			
	18—29	30—44	45—59	60岁+	小学或以下	中学	大专	本科/研究生
有	30.3%	17.7%	19.0%	29.0%	22.9%	22.7%	23.2%	24.0%
无	43.4%	44.4%	31.8%	15.3%	25.1%	33.6%	28.8%	48.6%
不知/难讲/要看是哪一位议员	26.2%	37.8%	49.1%	55.7%	52.1%	43.6%	48.0%	27.4%
	100.0%	100.0%	100.0%	100.0%	100.0%	100.0%	100.0%	100.0%

上述所引用的数据虽然没有明确的新中产阶层类别，但澳门新中产

---

[1] 澳门新青年协会：《澳门青年参与社团及政治活动现况调查》，2012年。
[2] 同上。

阶层基本特征是各个年龄层的高学历人士和青年人，而高学历青年人又是青年人中的主要人群和代表性人群；一部分高学历青年虽未完全在经济上进入中产阶层，但他们在教育上、思维方式上、生活方式上以及观念上，已经被塑造成新中产阶层或准新中产阶层，成为新中产是他们的生活目标。因此，相关数据仍然能反映出一些实际情况。

第十二章　未来澳门中产的政治参与展望

第一节　对澳门第六届立法会直选议员选举的观察

一　澳门立法会概况
（一）澳门立法会的历史沿革

根据《中华人民共和国澳门特别行政区基本法》第 67 条规定，澳门立法会是澳门特别行政区的立法机关。第 69 条、第 72 条分别规定，澳门特别行政区的立法会除第一届另有规定外，每届任期四年；立法会设主席、副主席各一人，由全体议员互选产生。到 2017 年为止，澳门特别行政区立法会共有六届。其中，第六届立法会成立于 2017 年，共 33 名议员，其中 12 名为间接选举，14 名为直接选举，另外 7 名为官委。前五届立法会的就职年份分别是 1999 年（第一届）、2001 年（第二届）、2005 年（第三届）、2009 年（第四届）、2013 年（第五届）。

立法会作为澳门政治制度的重要组成内容，其基本形式源自于澳葡管制时期。澳门在葡萄牙长期管制下，长期以来都是直接适用葡萄牙的法律或葡萄牙为殖民地而制定的法律，本身并不享有立法权。在 1964 年以前，澳门没有独立的立法机关，以澳门总督为主席的政务委员会行使有限度的制定法令的权力。如属较重要的法令，则须请葡国审查批复才能实施。1964 年，葡萄牙颁布《澳门省（政府）政治、行政章程》，规定在澳门成立立法委员会，总督为主席。但立法委员会并不享有实质上的立法权，不仅在机构上隶属于总督，权限上也与政务委员会一样，只能制定一些并不重要的法令。1972 年，葡国制定《澳门省政治行政章程》，将立法委员会易名立法会，该立法会由总督主持。立法会的 14 名议员由直接选举（5 名）、间接选举（8 名）、委任（1 人）组成。澳门回归之后的立法会议员选举也沿袭了直选、间选和委任三种方式并行的做法。

1974 年，葡萄牙发生政变，宣布放弃海外殖民地。1976 年制定的葡国新宪法和《澳门组织章程》，确认澳门为葡国管制下的特殊地区，在不抵触葡国宪法和《澳门组织章程》的原则下，享有行政、经济、财政及立法自治权。《澳门组织章程》第四条规定："澳门地区的本身管理机关为总督及立法会，会同总督运作的尚有咨询会。"立法会设主席一人，总督不再兼任立法会主席。立法会议员分别由直接选举（6 名）、间接选举（6 名）、总督委任（5 名）产生。至此，澳门才有了相对独立的立法会。从 1976 年至 1999 年，澳葡当局共组成六届立法会。

由于澳门 1999 年 12 月 31 日正式回归中国，澳葡时期的第六届立法会的去留成为了一个问题。为了平稳过渡，全国人民代表大会澳门特别行政区筹备委员会在 1999 年 4 月 10 日举行的第十次全体会议上通过了《中华人民共和国澳门特别行政区第一届立法会具体产生办法》，其中第三条规定，"澳门特别行政区第一届立法会由 23 人组成，其中直接选举产生议员 8 人，间接选举产生议员 8 人，行政长官委任议员 7 人"，第四条规定"澳门特别行政区第一届立法会议员必须拥护中华人民共和国澳门特别行政区基本法、愿意效忠中华人民共和国澳门特别行政区并符合澳门特别行政区基本法规定的其他条件"，第五条规定"原澳门最后一届立法会通过直接选举或间接选举产生的议员，如符合本办法第四条规定的条件，愿意过渡为澳门特别行政区第一届立法会议员，须填写《澳门特别行政区第一届立法会议员资格确认申请表》，连同相关证明文件一并递交澳门特别行政区筹备委员会秘书处，经筹委会主任委员会议审议后提请筹委会全体会议确认"。[①]

（二）立法会的职权

根据《中华人民共和国澳门特别行政区基本法》（简称《基本法》）

---

① 《中华人民共和国澳门特别行政区第一届立法会具体产生办法》，参见 http://www.gmw.cn/03zhuanti/2_zhuanti/jinian/macau/j05.htm。

第 71 条的规定，立法会享有如下职权：

（1）依照《基本法》规定和法定程序制定、修改、暂停实施和废除法律；

（2）审核、通过政府提出的财政预算案；审议政府提出的预算执行情况报告；

（3）根据政府提案决定税收，批准由政府承担的债务；

（4）听取行政长官的施政报告并进行辩论；

（5）就公共利益问题进行辩论；

（6）接受澳门居民申诉并作出处理；

（7）如立法会全体议员三分之一联合动议，指控行政长官有严重违法或渎职行为而不辞职，经立法会通过决议，可委托终审法院院长负责组成独立的调查委员会进行调查。调查委员会如认为有足够证据构成上述指控，立法会以全体议员三分之二多数通过，可提出弹劾案，报请中央人民政府决定；

（8）在行使上述各项职权时，如有需要，可传召和要求有关人士作证和提供证据。①

由上述规定可以看出，立法会实际上具有设立澳门地区常规法律、监督政府、保护公共利益的重要职能，前述关于澳门轻轨建设工程接受立法会质询就是一个例子。因此，澳门立法会选举也就成为澳门居民政治参与的重要渠道。然而，由于议员通过直选、间选和委任三种方式参加，因此，自然人个体只能以直选的方式参与立法会的议员选举。

二　对澳门第六届立法会选举结果的分析

2017 年 9 月 17 日，澳门立法会举行立法会议员的直接选举。根据澳门立法会选举委员会 2017 年 1 月 16 日公布的消息，2017 年共有自然人选民 307020 人，比 2012 年年底净增 29867 人；法人选民 858 人。②

---

① 澳门特别行政区立法会：《立法会简介》，参见 http：//www. al. gov. mo/zh/introduction。

② 澳门选民登记，"最新消息"，参见 http：//www. re. gov. mo/re/public/html. jsf？ article = news。

最终，直选投票率为57.22%，共选举出14名立法议员，按照得票多少排序分别是：麦瑞权、李静仪、施家伦、高天赐、何润生、区锦新、梁安琪、宋碧琪、吴国昌、林玉凤、黄洁贞、苏嘉豪、郑安庭、梁孙旭。间选投票率采取差额选举办法，投票率约91%，共5550人投票，最后当选的议员为工商、金融界的贺一诚、高开贤、崔世平、叶兆佳；劳工界的林伦伟、李振宇；专业界的崔世昌、陈亦立、黄显辉；社会服务及教育界的陈虹，以及文化及体育界的张立群、陈泽武。由于本项研究主要从个体层面观察中产阶层参与立法会选举的活动，因此这里仅对立法会议员的直选进行分析。

第六届立法会参选组别达到了25个，候选人总数达到186人，组别和人数都超过此前历届立法会参选。[①] 从选举结果看，总的来说，大的社团仍然保持稳定，拿到了绝大多数议席，但有几个情况值得关注。

一是从整体上看，得票分布更加"散"，当选门槛提高。在2013年，得票相对分布在几个代表大社团的组别中，同心、群力、妇联（好家园）、民主昌、民主新、新希望、澳粤同盟、（原）民联、澳发新联盟、革新盟等10个组别实际上包揽了14个议席，其中，（原）民联得到了3席，澳粤联盟、群力各得了2席，其余组别各得1席。十个组别得票合计占到85.3%，最低当选票数为6565（新希望梁荣仔）。而在2017年，有12个组别获得议席，比上一届多出两个组别，同时仅有两个组别（澳粤同盟、同心）获得了两席。而前12个获得议席的组别得票率合计共为85.14%，这一比例和2013年接近，但是应注意到是分配到12个组别，因此，得票比上一届要"散"。由于得票更为分散，导致单一组别获得多席的可能性降低，从而当选门槛提高。2017年第六届立法会当选的最低票数为8348（工联梁孙旭），比2013年高出1883票。当选的最低得票率为4.88%。

二是各板块的力量对比发生变化。从2017年立法会选举结果看，传统的工街妇社团（即同力、群心、好家园）累计得票22.49%，比上一届的得票率合计高出3.53个百分点，比上一届多得1个议席，算是

[①] 在开始的时候，共有25组参选。第五组"粉红爱民"在投票前宣布退出本届立法会直选，故最后参与投票的候选组别为24组。

"收复失地",而上一届的票王(原)民联作为福建乡族的代表,分拆为两组后累计得票共计14.59%,下降了3.45个百分点,丢失了一个议席。这二者基本抵消。传统的民主派力量(包括民主昌、民主新、新希望、学社)的得票共计26.31%,比上一届得票(24.70%)增长了1.63个百分点。工商博彩板块的三组(澳粤同盟、澳发新联盟、革新盟)得票率为20.93%,比上一届(26.01%)大跌了5.08个百分点,且丢失了1个议席。代表中产的老牌社团"公民监察"组别获得5.60%的选票,比上一组增加了2.03个百分点,并获得一个议席。

三是新成立的小社团代表在本届立法会选举中表现令人瞩目。第15组传新力量第一次参选就取得了7162票,距离当选仅差了不到1200票,这不仅好于今年新当选的苏嘉豪在上一届立法会中的表现,也好于公民监察在前几届中一直在5000多票的情况。另外就是第25组博彩最前线,获得了超过3000票,而因为海一居房地产问题而成立社团"海一居维权联盟"也获得了将近2400票。这种现象恰恰是认同政治效果的表现。相关情况见表12—1。

表12—1 第六届立法会选举和第五届立法会选举得票情况对比①

	2017得票数(票)	2017得票率	2013得票数(票)	2013得票率	增长(票)	得票率变化
第16组—同心	16696	9.75%	11960	8.17%	4736	1.58%
第2组—群力	12340	7.20%	15815	10.80%	-3475	1.95%
第11组—好家园	9496	5.54%			9496	
第4组—公民	9590	5.60%	5225	3.57%	4365	2.03%
第8组—民众	10103	5.90%	26426	18.04%	-16323	4.45%
第9组—民联	14879	8.69%			14879	
第3组—民主昌	10080	5.89%	10987	7.50%	-907	-1.62%
第13组—民主新	11381	6.64%	8827	6.03%	2554	0.62%
第7组—学社	9213	5.38%	3227	2.20%	5986	3.18%
第6组—新希望	14386	8.40%	13130	8.96%	1256	-0.57%

① 根据http://www.eal.gov.mo/zh_tw/introduction.html公布的有关数据整理。

续表

	2017得票数（票）	2017得票率	2013得票数（票）	2013得票率	增长（票）	得票率变化
第20组—澳粤同盟	17214	10.05%	16251	11.10%	963	-1.05%
第14组—澳发新联盟	10452	6.10%	13093	8.94%	-2641	-2.84%
第18组—革新盟	8186	4.78%	8755	5.98%	-569	-1.20%
第15组—传新力量	7162	4.18%			7162	4.18%
第25组—博前	3126	1.83%			3126	1.83%
第24组—海一居维盟	2399	1.40%			2399	1.40%
第12组—市民力量	1305	0.76%			1305	0.76%
第19组—公民一心	904	0.53%			904	0.53%
第21组—基层之光	823	0.48%			823	0.48%
第10组—思政动力	672	0.39%			672	0.39%
第17组—澳门公义	393	0.23%			393	0.23%
第23组—民主起动	279	0.16%			279	0.16%
第1组—新澳门梦	199	0.12%			199	0.12%
总票数	171278	100.00%	146467	100.00%	24811	0.00%

第二节 对澳门第六届立法会直选议员参选政纲的分析

一 参选组别政纲关键词

政纲是各个立法会参选组别的政治纲领，是各个参选组别争取选民的重要武器。根据有关选举的调查，政纲在选民选择投票给哪一个组别时占到了40%以上的影响权重。[①] 因此，各个组别所提出的政纲一方面是展现参选组别的理念，另一方面则是代表了参选组别对当前澳门社会焦点和矛盾的判断。从这一点来说，参选组别的政纲在很大程度上反映了澳门社会当前的主要问题。

表12—2　　第六届立法会各参选组别的政纲[②]

组别	政纲关键词
第1组—新澳门梦	政治、教育、经济、财政、房屋、保育、职工、福利
第2组—群力	安居、出行、社会保障体制、社会服务、请奶奶船业、消费权益、中小微企、新产业发展、博彩有序发展、多元旅游产品、区域和合作机制、问责、政府部门合作、咨询制度改革、立法机制、廉洁、旧区改造、社区建设、环境治理、粤澳警务合作、楼宇维修金额
第3组—民主昌	普选特首、直选议席、公共财政开支监察、经屋社屋、老弱病残照料
第4组—公民监察	住房交通、医疗健康、教育文化、城规环保、家庭社会、就业创业、公共行政、政治发展
第5组—粉红爱民	大学免费、教师就业、支持办学、经屋社屋、楼市租金管制、限制外劳、建老人院、监督政府、政府效率、问责制度
第6组—新希望	住房、交通、福利、医疗保障、政治改革、扩大直选、控制内地留学生规模、环境、劳工权益、全民强制公积金、简化行政手续、反对垄断、赌场员工利益

[①] 参见澳门发展策略研究中心《第六届立法会参选组别知名度调查》，2017年。
[②] 根据立法会选举管理委员会公布的《2017年立法会选举候选名单政纲概要》整理。

续表

组别	政纲关键词
第7组—学社	革新立法议会、监管公共开支;自治、直普选;土地储备,城市规划;交通;移民,博彩业规范化;中小微企、环保、文化、教师、福利、医疗、劳工权益、平权、动物保护
第8组—民众	上楼、行政革新、医疗服务、中小企发展、博彩企业员工权益、社区安全,老弱病残照料
第9组—民联	争取10%博彩毛收入分红,重开公务申请资助首次置业,给医护减压设全民重疾医保。折居家育儿津贴退免费托儿,争取养老金调至5000元,加强问责,淘汰不达标庸官
第10组—思政动力	监督政府施政成效,高官问责,廉洁奉公,推动议席直选产生,保障公务人员权益,确立公仆屋村政策,明确晋升制度,杜绝用人唯亲
第11组—好家园	出生津贴、喂奶时间、免费乳腺癌筛查、儿童活动场所、男士产假、托儿名额、养老金、敬老金、专业认证、扶持中小微、公交、阳光政府、立法质量
第12组—市民力量	取消选民登记、免费大学公共教育、促进文创产业、青年发展、吸引大型国际企业、首次置业优惠、回复经屋积分轮候制、改善交通、打击违规的士司机、高官问责、基建透明、部门咨询互通
第13组—民主新	增建公屋、削外劳、除黑工、公交、养老、支持小班教学、职业保障、老残病弱扶助;监察人权保障、新闻自由、言论自由、宗教自由、结社自由;公共财政监察、普选特首、增加直选议席、分区直选市政机构
第14组—澳发新联盟	青年创业发展、"一带一路"、粤港澳大湾区战略、中小企、青年宿舍计划、大众体育设施、权益保障、阳光政府、官员问责制、免费四年高等教育、土生葡人、城市总体规划、交通网络规划、开放电信市场、环保规划
第15组—传新力量	优化环境、清除污染、直达巴士、全新房策、恢复房屋居住属性、资讯透明、阳光政府、行政改革、落实问责、革新咨询、回应民意、立法效率、强化监督、支援中小企、推动多元、人才输入和专业认证、立法会间选民主化、一人两票

续表

组别	政纲关键词
第16组—同心	本澳居民优先就业、收入休假的权益保证、和谐劳资关系构建、经济产业多元、住房建好、物价平、生活好、青年发展平台、城市画报、廉洁高效、公共行政机制
第17组—澳门公义	平价楼宇、废除"以地换地"、旧区重建、公共交通、本澳居民权益、市场垄断、十九年义务教育、缩短轮诊时间、关注弱势、养老保障、反贪倡廉、高管问责
第18组—革新盟	民生保障、交通出行、中小企发展、中葡平台、区域合作、发展政制、监督市政、城市规划、医疗系统、弱势社群、人口政策、人才制度、青年平台
第19组—公民一心	廉洁选举、全民置业权、现金分享、军事化人员通则、高官问责、司法工作效率、反对的士拒载、提升医疗水平、加减建设轻轨、推广葡语、加快旧区重建
第20组—澳粤同盟	房屋政策、土地资源、公屋资源、旧楼检测、医疗改革、患者权益、养老安老、提高医护水平和待遇、完善巴士管理、加快轻轨建设、减轻出租司机压力、完善家佣管理、妇女专业培训、人才培训、多元化、完善向上流动、职业教育和认证、中小企、美食之都、旅游休闲中心、金融枢纽、升学资助、课程多元化、采购法、土地法
第21组—基层之光	公职人员公积金、公职基层人员福利、调升支撑点数、增加长者社保、交通基础设施、停车场、行车天桥、公交政策、提升的士服务素质、平抑物价、打破垄断、增建社屋经屋、首贷支持、反对外劳从事庄荷、施政效率、施政透明度、廉洁公平、可持续发展规划
第22组－基层互助	保障本澳工人就业、大建公屋、取消经屋、增加医疗服务、公交优先发展、行人天桥、教育免费、中文教育优先
第23组—民主起动	普选行政长官和全体立法会议员、非政权民政事务机构、改善法律滞后、落实高官问责、言论自由、监督重大工程、制定《工会法》、本地人优先就业、产业多元化、职业技术教育、减少公立医院轮候时间、增减经屋社屋、改建旧区、公交优先、加快轻轨、路环环保

续表

组别	政纲关键词
第24组—海一居维盟	要求政府、海一居担起责任，保障海一居小业主权益、合法买楼、应得权益
第25组—博前	博彩业员工双休、年假、产假；争取各种津贴、小费、全面禁止外劳、赌场禁言、制定《工会法》

二 政纲内容分析

总的来说，除了个别组别（如海一居维盟、基层互助、博彩最前线）提出的政纲内容局限于某几个领域外，各组别政纲所涉及的内容均较为全面，基本覆盖了经济社会发展的诸方面。而各组别所提出的政纲内容，除了在是否普选特首和全体立法会议员方面存在较大差别外，绝大部分组别提出的政纲较为类似，至多只是在某些具体条款和具体内容上有细微差别，有些差别更多仅是文字表述上的。归纳总结起来，参选组别的政纲有以下特点。

几乎所有的组别都不同程度地提出了民生方面的政纲。这些民生方面涵盖了住房、交通、医疗、就业、教育、社会保障和福利、城市规划建设及环保等多个方面的内容。

——住房方面主要的意见包括扩大经屋社屋规模、落实经屋社屋计划、完善经屋社屋的管理规程，同时还包括完善土地规划，提高住房用地供给，提供首套房房贷支持，加强旧屋检测，加强房屋维修金管理，等等。

——交通方面的主要意见包括实行公交优先发展战略，完善公交线路规划，加快轻轨建设，增加点对点公交，加强巴士站停车秩序管理，增加过街天桥，加强对出租车司机管理、减轻出租车压力，等等。

——医疗方面的主要意见包括改革医疗制度、减少公立医院轮候时间、增多医疗资源、加快离岛综合医院大楼建设、提高医护人员待遇、加强医护人员培训、增加发放医疗券，等等。

——就业方面的主要意见在于本澳人员优先就业、限制外劳、打击黑工、限制移民、限制内地留澳学生指标、保障员工正常休假和产假、推行最低工资立法、制定《工会法》、增强对博彩员工的人身保护、增强对青年创业的扶助，等等。

——教育方面的主要意见主要包括实行十九年义务教育、将免费教育推行至2岁儿童，加强在职学习，推动终身学习，实施小班教学，保障教师权益，扩建托儿所，保障学位，等等。

——社会保障和福利方面的主要意见包括加强对老弱病残的扶助力度、提高对退休人群的待遇标准、实现博彩员工对博彩毛收入10%分红、提供新生儿一次性资助、提供哺乳室，等等。

——城市规划建设及环保方面的意见主要包括推动落实旧区改造，合理化规划土地、释放工业用地，加强小区体育和文化康乐设施建设，建设珠海湾多用途空中走廊、保障路环环境，等等。

和民生问题一样，行政改革几乎在每一组的政纲中都有提及。其主要的意见包括四点，一是增加行政的透明度；二是提高行政效率，增强部门沟通联动；三是落实"高官问责制"；四是加大反贪腐的力度，建立阳光政府。但是在这部分意见里面，除了个别组别（第17组）明确提出了加大对重大公共工程的财务监督外，其他组别并没有提出具体的要求。

社会经济发展政策方面力主多元化。参选组别约有半数提及适度多元政策，主要的意见是要求政府推动适度多元化、促进中小微企业发展、加快融入粤港澳大湾区城市群的发展并利用"一带一路"机遇，推广葡语培训，等等。

政治改革意见核心集中在双普选。共7个组别（即民主昌、民主新、学社、新自由、公民监察、民主起动、传新力量）在政纲中提出了双普选议题，与其相关的意见还包括呼吁保障人权，保障新闻自由、言论自由、宗教自由和结社自由，等等。

第三节　对未来澳门中产阶层政治参与的展望

澳门第六届立法会选举提供了一个观察澳门中产阶层政治参与的很好机会。从选举结果和参选组别提出的政纲看，中产阶层参政的意愿正在逐步提高，对议席的竞争能力在逐渐增强，这对于判断未来澳门的政治走势有非常重要的意义。结合此前关于澳门中产规模变动、澳门政治参与环境变化以及近年来澳门中产阶层政治参与的历史事件回顾分析，我们可以做出如下判断。

首先，从本届立法会成员的构成看，通过直选产生的民主新、民主昌、学社、自由新、公民监察是传统的代表中产阶层发声的社团，其社团领导是典型的中产阶层人士。另外，从本次官委的立法会议员看，除了马志成是上届留任外，其余新任6位官委议员都是学者或专业人士。其中有4位来自澳门大学、澳门科技大学等高校，有两位分别是律师和土木工程师，平均年龄45岁，有5位拥有博士学位，也是典型的中产阶层人士代表。尽管他们和直选产生的议员在很多方面可能有所不同，但他们同样都是中产人士。由此可以看出，中产阶层政治参与的比例正在提高。

其次，从立法会直选的结果来看，最值得关注的是新当选的公民监察、学社以及接近当选的传新力量。公民监察是中产阶层人士的典型代表，学社和传新力量这两个组别的参选人士也是清一色的中产阶层人士。并且，公民监察在第五届立法会选举中得票仅为5200票左右，学社在第五届选举中得票为3200票，而本次选举中，两组得票均超过9000票，而传新力量则初次参选即获得7600余票。尽管在民间对于这一选举结果的出现原因有种种猜测，但这至少说明两个问题，一是中产阶层人士在争取选票、争取选民支持方面的能力正在增强，二是选民及社会各界对中产阶层人士的认可度正在提高。

再次，结合政纲和第十章中关于澳门政治参与环境的分析，澳门中产阶层较为准确地把握了澳门社会发展中存在的问题。从本次选举中，代表中产阶层利益参选组别提出的政纲看，澳门的中产阶层十分强调行政监督的立场，并提出实现普选。可以预计，澳门的行政效率、施政透明度、反贪腐问题以及政制改革问题在未来将成为焦点问题。

最后，澳门的社团社会机制变迁趋势为中产阶层提供了进军政坛的润滑剂。近5年来，以业缘、趣缘和理念为基础的社团大量成立，除了趣缘中有一部分为老年人成立的曲艺社团外，其余大部分社团是以文化交流、体育健身、职业发展为主的趣缘社团以及以环保、动物保护、文化推广为主的理念型社团，同时还有很多代表现代产业的职业联合社团，这些社团的成员多为中产阶层人士。尽管不同社团之间的人员相互重叠严重，但这些社团一旦成立，就会在社团成员之间形成基本认同，这些认同构成了他们行动的基础，至少可以使这些社团成员在选举中做出偏向中产阶层的选择；同时，随着他们力量的壮大以及随着"后喻社会"的来临，他们对自己周边的亲朋好友的影响力也在扩大。而近几年新成立的社团中以血缘、地缘以及学缘为基础的比例一直维持在较低水平，这里还要考虑到以学缘为基础形成的社团往往也是中产阶层社团。因此，在澳门这一社团社会中，人们政治行为的基础正在逐步从以血缘、地缘为基础的强关系社会网络转向以认同为基础的弱关系社会网络。随着年轻人受教育程度的上升以及社会交往的日益丰富，这种趋势将有增无减，并将对此后的政治参与产生深远影响。

第十三章 主要政策建议

第一节 全面推进民生建设

一 落实经济房屋、社会房屋的开发，切实解决住房问题

20世纪90年代后期和21世纪初，澳门房地产业经历了一个或低迷或平稳的时期，随着赌权开放和旅游业的高速发展，澳门不动产一时间变得炙手可热。随着澳门中产阶层的兴起，澳门人对房屋的有效需求短期内也将快速增长。

有自己的房屋是澳门人的文化传统，但是随着中产阶层的兴起，中产阶层的生活方式也已经成为一种时尚和必需，年轻人对房屋的需求不再是三代同堂或两代同堂。由于澳门土地的紧缺和特区政府建立之初对澳门房屋需求预计不足，随着经济的高速发展，澳门的房屋供不应求和价格飙升在这种特定时期内难免会集中显现。

针对近年来房屋价格急剧上涨的状况，澳门中低收入者，尤其是中产阶层中的年轻人出现了普遍的不满和忧虑。在这种房地产价格越来越脱离澳门广大中产阶层消费能力并成为澳门社会问题的情况下，澳门应该利用其"大政府"的平衡作用，采取抑制房价、广开房源的政策，纠正和缓解房价过高对社会的压力。

房价快速上涨也将对澳门经济产生中长期的消极影响。如果没有相应措施，房地产价格快速上涨迟早要大幅度推高澳门劳动力价格，从而带动澳门其他经济要素价格的联动上涨，这将会伤害澳门的整体竞争力，不利于正在策划和形成期的澳门产业适度多元化目标的实现。扭转这种不利局面，只有政府可以有所作为。

抑制房价、广开房源是相互联系的政策。即抑制投机性购房，提高

"经屋"和"社屋"供给。考虑到市场的反应和不同消费者的利益，首先实行加大"经屋"和"社屋"的投放是较为温和而且有效的措施，也是政府职权责任内的事情。本次调查了解到，在这方面政府已经开始积极地行动，正在推出重大举措。待有关政策继续实施后，有关方面应组织对其效果和经济—社会影响的适时评估，并以此为基础做出相应政策调整。

二 持续关注低收入群体，随经济发展适当提升其福利待遇

低收入群体或其他"弱势群体"在高收入社会结构中仍将是一个长期存在的组成部分。特别是"低收入概念"相对性，低收入群体的问题产生于客观上的贫富差距和主观上的相对剥夺感，实际情况可能是年老、疾病、教育水平和技能不够、残疾、移民等不适应而引起的收入不足。产生低收入群体的客观原因还有诸如住房问题、通货膨胀、产业结构调整等现实经济问题。

特区政府针对低收入群体和其他弱势群体问题做了长期、重大努力，澳门社团也为这部分人提供了大量帮助。但是这些努力需要长期的持续性。所谓持续性包括：（1）不断跟踪低收入及弱势群体问题与需求的变化，适时调整相应的政策；（2）不断分析掌握低收入群体人口构成，为相应政策提供较为准确的目标对象和覆盖范围；（3）加强社区建设，尤其是薄弱社区的建设，使社区服务功能更加完善，更有针对性；（4）完善低收入家庭和弱势家庭的倾斜政策，通过教育、医疗、就业等方面的服务增强其能力建设。

三 制定针对"夹心层"的经济—社会政策，缓解其发展困扰与忧虑

在"弱势群体"与富裕的中产阶层之间，存在一个主要由部分中下层中产阶层人群组成的所谓"夹心层"，他们主要来自一部分传统型老中产和大量青年中产，这部分人群既没有富裕中产阶层的经济能力与社会网络，又没有低收入和弱势群体的社会保障与福利待遇，所谓不上不下，不富不贫。青年中产的"夹心层"问题大多属于过渡性，通过有针对性的社会政策可以促进他们更多向上流动，防止大量成员长期停

滞不前或出现向下流动。目前住房价格是其比较集中反映的问题，因此政府住房政策可适当考虑他们的具体情况，增加保障和福利覆盖面。

四 适当提升中等收入阶层公共福利

即使是中等收入的中产阶层也有其脆弱的一面，比如一旦健康出现问题就可能失去工作和收入来源，由于住房还贷、赡养父母以及子女抚养等开支较大，其生活会很快陷入困境，靠现有失业救助政策难以为继，并可能成为新的弱势群体。由于这部分人是澳门的精英阶层，关注其生活与发展稳定的诉求，缓解他们的后顾之忧，进一步增强其发展信心，也使潜在的中产对未来有更大希望，这对澳门整个中产阶层的稳定有重要的意义。

第二节 培养专业人才，促进中产阶层发育成长

一 实施职业资格认证，深化在职培训工作

职业资格认证制度是现代社会的一项基本制度。实行该项制度，对于建设完善澳门地区人才的培养管理机制、促进劳动力市场的规范化、提升澳门劳动力的国际竞争水平有着重要的意义。

同时，结合职业资格认证，深化培训工作是提高劳动力素质、创建学习型社会和学习型组织的重要举措。对于在职培训工作，关键是要做到分类指导，把培训效果落到实处。具体来说，针对新中产人员，重点是要做好结合资格认证的培训工作；对于边缘中产人员，重点是找准培训的兴趣点，启发参加培训的积极性，形成持续培训的机制；对于非中产人员，则关键是要结合市场就业岗位的提供，加大求职所需专业技能的培训。

二 优化教育职业，促进专业成长

教育事业是澳门各项事业发展的人才资源培育基地，经过特区政府、教育界以及社会多方的协调和努力，终于在2012年通过了《非高等教育私立学校教学人员制度框架》（以下简称《私框》），与之前通过的《非高等教育公立学校教师及教学助理员职程制度》（以下简称《公

教职程》),基本保障了基础教育教师的待遇和福利,并为其专业成长提供了法律和资源上的保障,促进其专业化的进程,以逐步赢得社会的肯定和尊重。《公教职程》和《私框》的通过,已经很大程度上解决了过去澳门教师队伍福利待遇偏低的情况,而法律亦从制度上减轻了整体教师的授课节数,让教师可以获得更多时间提高教学质量和辅导学生。相关法例的通过,优化了教育职业,有利于吸引更多人才投身这个行业。澳门大学教育学院幼儿教育学士学位课程的报读人数大增或可作为佐证。调查期间,不少受访的教师表示,《私框》的通过,基本解决了过去收入的问题,接下来必须思考自身如何做好,使自己变得更加专业,争取社会的认同。因此,笔者认为在保障基础教育教师队伍的薪酬福利以后,下一步必须进一步协助其专业成长,提高师资队伍的整体素质,深化教师队伍的爱国爱澳文化传承,分阶段引入评鉴制度,先从校内评鉴作为第一步;在条件成熟时,考虑引入地区性或国际性的教师评核,进一步提升澳门教师的整体素质,接轨国际,以争取社会的普遍认同。再者,特区政府必须细化《私框》的落实工作,相关制度亦需适时检讨,进一步巩固教师的专业地位。

通过教师职业的优化,可以作为其他社会公益事业人员专业化的重要参考标的,例如医生、护士、社工等,都可以比照教学人员专业化的进程,通过法律加以规范,利用资源投入辅助其专业化的发展,让其从业人员循序渐进提升素质,以达标准中产水平,一方面,可以整体提升澳门教育和社服的服务素质,造福全澳市民;另一方面,进一步增大社会上新中产的人口比例,有助社会持续稳定,迈向良性健康的可持续发展。

第三节 完善沟通与政治参与机制

一 团结知识分子,深化政治协商

知识分子具有对话语和舆论的创造和主导能力。政府积极吸收、扩大知识分子参政议政,重视其关注与诉求、团结其政治力量,则可以增强政府执政的能力与执政的科学性、代表性与合法性。澳门政府这方面做了很多工作,收到了明显效果,下一步是需要进一步完善知识界参政议政的深入化、规范化、程序化和机制化的制度建设,与知识界形成有效的协商、议事和咨询的伙伴关系。

二 健全民意表达与意见反馈体系

本次调查发现,来自民众或一些群体的抱怨在很大程度上是沟通问题。政府对很多问题有所掌握并正在试图通过政策或立法工作予以解决或改善,但是民众不甚了解政府正在做出的努力,也不清楚政府工作的进展以及其中存在的问题和困难。所以民众往往误解为政府行动迟缓、不了解情况、没有重视等。因此加重了民众的不满,致使其甚至采取更激烈的方式,试图引起政府的重视并想通过施加更大压力来督促政府有所行动。"五一大游行"中的很多参与者就是出于与政府沟通不畅或误解。另一方面,一旦出现民众抗议,政府与社会的关注就似乎来得更多,给部分人的印象是"会哭的孩子有奶吃",结果造成误导;一些"80后"参与游行也是感觉只有这样才有效果。

因此,加强并健全民意表达与意见反馈体系,及时了解民怨、民意与民情,尤其是适时做出正式回应就显得相当重要。引导社会通过政府与民众沟通机制表达意愿、反映问题,最大限度上消除误解,增加共识。这方面的工作需要更加依靠社团在民众中的社会基础,发挥其桥梁作用、宣传作用和引导作用。同时,政府也应逐步建立和完善与民众的直接沟通与互动机制,通过深入基层、听证会、民意调查、新闻发言人、政策评估等手段和制度,使更多问题摆在桌面上,解决在互动中,而不是走向街头。

三 发展政府与社团的合作关系

澳门社团在深入基层、服务社会、了解民情方面有其特有的优势,澳门民众对社团有广泛的参与和信任。随着澳门经济、社会以及政治生活的日趋复杂,政府加强社团的固有社会服务与上下沟通功能,可以有效扩展政府自身的组织功能和延伸社会政策的针对性与代表性。从另一方面讲,政府与社团共同建设意见沟通与社情反馈机制,共同发展社会政策和社会服务体系,也有利于澳门社团文化在新的形势下的健康发展,顺应中产阶层意见表达和公共参与的发展趋势,达到社会资源整合、成果共享、责任共担的目的，避免政府陷入"无限责任"的困境。

总之，政府加强与社团之间的合作关系，初步形成政府—社团—社会以及政府—社会的双轨制机制，可以使澳门"大政府，大社会，大市场"三者的关系更加平衡，同时进一步体现政府在社会事务中的全面主导作用。

第四节 长期政策

一 积极推进产业适度多元进程

首先，缓解中小企业经营困境，稳固本土基层经济，从而稳定一部分老中产，这也是澳门产业多元、澳门中产阶层健康发展的需要。此外，对于发展多元特色经济，这几年来已有很多研究和很好的建议，这里不再赘述。但是，要进一步推动澳门产业适度多元的发展，需要政府加强领导工作，将计划发展部门的作用和职能进行必要的提升，政府需要更高层策划、推动和协调机制。同时，要联合工商界共同策划和实施具体工作，需要通过政府强有力的产业政策，对于相关产业发展采取引导、鼓励、扶植、支持等政策倾斜，为工商界提供一个良好的产业适度多元发展环境。

最后需要指出，无论实行什么发展战略，澳门亟须的是一个面向中产阶层就业需求及其职业发展的产业环境和就业空间；任何与之不符的产业发展都会对澳门中产阶层稳定以及澳门经济—社会可持续发展造成不利影响。

二 建立政策的评估体系

完善目前已有的政策决策的咨询论证机制，进一步建立和完善对主要政策的前期论证与后期评估制度，包括定期的社会政策评价反馈、定向的重点人群满意度评估、专项社会政策的实施效果综合评估等，通过政策执行过程中的情况反馈和政策执行后的效果评估，有利于及时发现问题，适时调整政策，并为新的政策制定提供更多信息。

建立健全政策论证与评估体系，可以更大地发挥澳门社团、专业人士以及知识分子的作用，同时，也为民众的广泛参与提供了制度性平台，不但可以使有关政策更具科学性、针对性和代表性，同时，也可以形成全社会共同参与和责任共担的经济—社会发展局面。

三 建设经济—社会风险管控体系

从中长期着眼，澳门需要建立一个经济—社会风险管控体系，及早发现潜在危机，及时化解现实危机，从容应对和处理不稳定因素。为此，可以重点逐步开展下述工作：（1）建立重要经济与社会活动指标监测系统；（2）建立定期专项民意调查机制；（3）完善民情民意研究与情况反馈体系；（4）对所得到的信息进行综合研究、评估并建立报告制度。

该体系的建设可通过官方、社团以及学术科研机构的分工合作，形成不同层面、不同侧重的调查、评估、研究合作与信息沟通网络系统，为政府政策措施的制定提供更坚实的依据。

结　语

中产阶层问题是当今社会发展所面临的普遍问题。2011年5月17日，世界银行集团发布的《2011年全球经济展望》中明确提出："一个可称为全球中产阶层的形成将成为可持续发展的重要源泉和消减贫困的重要渠道。"不过，历史和现实也清楚地表明，虽然中产阶层在大多数时候可以成为社会的稳定器，但如果政府政策应对不当，中产阶层也可能成为各种社会风波乃至政治动荡的"催化剂"。对澳门来说，这一问题同样如此。加强对澳门中产阶层的研究，深入探讨澳门中产阶层的历史、现状和发展走向，对实现澳门和谐稳定、促进澳门经济社会健康持续发展有明确而重要的意义。

为了准确把握澳门中产阶层的状况和问题，"澳门中产阶层现状探索"课题组在一开始就明确主张应从社会发展的角度来研究澳门中产阶层问题，强调中产阶层问题不仅仅是一个关于中产阶层自身的问题，更是一个影响社会未来走向的问题。同时，课题组还坚持从历史变迁的角度来把握澳门中产阶层的形成历史和现状，以勾勒澳门中产阶层的历史，并借此探究澳门中产阶层在未来的发展。在上述基本思路的指导下，经过研究，课题组在如下方面得出了初步结论。

一是关于澳门中产阶层的性质和特征。澳门特别行政区行政长官2010财政年度和2011财政年度施政报告中所提到的中产阶层实际上是指澳门中等收入阶层。[①] 这一群体大体上包括老中产阶层、新中产阶层

[①] 课题组在2011年年底的阶段性报告中已经做出了这一判断。这一判断在近来得到了验证——"经过一段时间的研究，并结合本地实际情况，政府采用中等收入阶层的概念，从多方面顾及中等收入阶层的发展需要。明年，我们将继续推动专业认证制度的建设，增加教育进修机会，实施税务减免，努力营造有利于社会流动的环境。"（澳门特别行政区行政长官2013财政年度施政报告）

和边缘中产阶层三个子群体。其中，所谓的老中产阶层是指各种中小企业主；而新中产阶层则是以各类专业人员和管理人员为主体的人群；边缘中产阶层则是指博彩行业从业人员的中低端人群。澳门中产阶层内部存在着较高的异质性，三个子群体在形成过程、职业、收入、社会政策关注等多方面存在着显著差异。

二是澳门居民对中产阶层的认知存在着较大分歧。从量化研究的结果看，澳门居民对于中产阶层人士应具有何种教育程度意见分歧较大。超过3/4的澳门居民心目中的中产阶层实际上指的是中等收入阶层，而只有不到1/4的澳门居民是从西方传统意义上的中产阶层概念来理解中产阶层的。这实际上为澳门社会近年来有关中产阶层问题的争论提供了注脚。没有一致的中产阶层认定，是不可能对中产阶层有关问题达成一致意见的。对这个问题，笔者认为解决的途径是分别从中等收入阶层和中产阶层的概念源头出发，分析澳门中等收入阶层和中产阶层现状，从而达到正本清源的目的，这一厘清也有利于今后和其他国家和地区进行进一步的交流和对比分析。

三是关于划分澳门中等收入阶层和中产阶层的标准。中等收入阶层和中产阶层的划分标准存在多种意见。笔者认为，每一个相对独立的社会中都有自己的中等收入阶层和中产阶层划分标准，这一标准的设定必须考虑当地的实际社会状况。并且，在制定划分标准时，应该严格区分中产阶层和中等收入阶层这两个概念。因此，笔者没有沿用其他国家或国际组织提出的标准，而是采取理论和调查实际相结合的办法，通过对澳门不同职业收入状况以及典型家庭的家庭财务状况进行分析，并从多种划分角度对澳门中等收入阶层的规模进行了讨论和比较。按照本书提出的划分标准，澳门的中等收入阶层（以家庭收入为基础）约占16—64岁人口的32%；若以个人收入为基础进行估计，这一比例约为42.4%；若以居民的自我认同为标准，则该比例约为39.4%。

四是关于当前的澳门中产阶层和中等收入阶层问题。从现阶段看，澳门中等收入阶层的问题集中体现在民生问题，其主要涉及对象是澳门中产阶层中下部分人群，具体的问题主要包括住房、就业、社会保障、职业发展、交通等，其中，住房问题是重中之重。中产阶层问题则主要是政治参与问题，其主要涉及对象是以管理人员和专业人士为代表的新中产阶层中的部分人员。

上述四点是本书研究中所得到的初步结论。笔者认为，就中等收入阶层有关问题来说，基本上可以通过中短期政策来逐步解决；而中产阶层相关问题的解决则需要通过长期的社会发展来得以改善。这其中的关键在于要认识到中产阶层发展和产业结构之间的相互影响：一方面，中产阶层的扩大有赖于适度多元进程；另一方面，中产阶层的壮大也是适度多元的重要人力资源保障。此外，如前言所述，中产阶层问题是一个多领域问题的复合，包括了学理上的探讨，也包括社会政策层面的政策设计。对于不同的问题，宜采取专项研究的方式进行进一步深入的探究。最后，澳门中产阶层是一个具有高度异质性的群体，各子群体的差别甚大，在许多问题上宜提炼更具针对性的研究主题，这或许是深入认识澳门中产阶层的更好办法。

附录 A 课题组成员名单

澳门发展策略研究中心
中国社会科学院台港澳研究中心
澳门中产阶层研究课题组
成员名单

课题统筹： 萧志伟

澳门发展策略研究中心课题组成员

组　长：戴华浩　高少卿
成　员：何仲传　吕开颜　陈志峰　冯家超　郭敬文
　　　　庄真真　朱深勇　李玉培　阮若华　宫世海
　　　　侯桂林　施家伦　唐继宗　尉东君　张作文
　　　　陈　晖　刘健豪　郑锦耀　谢四德

（排名不分先后）

中国社会科学院台港澳研究中心课题组成员

组　长：陈　昕
顾　问：王斌康
顾问兼项目协调人：石　光
成　员：赵联飞、孟　蕾、李玉成、潘　杰

（排名不分先后）

附录 B 拜访的政府部门、社区和社团名录

第一阶段拜访名单

政府部门	澳门特别行政区政府统计暨普查局文件中心
	澳门特别行政区政府贸易投资促进局
	澳门特别行政区政府劳工事务局
	澳门特别行政区政府经济局
	澳门特别行政区政府房屋局
	澳门特别行政区政府教育暨青年局—教育研究暨资源厅
	澳门特别行政区政府社会工作局—研究暨计划厅
	澳门特别行政区政府社会保障基金
社团组织	澳门工会联合总会
	澳门街坊会联合总会
	澳门妇女联合总会
	澳门中华教育会
	澳门公共行政管理学会
	澳门核数师会计师公会
	澳门幸运博彩业职工总会
	澳门民众建澳联盟
	澳门公民力量
	澳门明爱
	澳门医疗社团（负责人座谈）
	青年教师社团（座谈）
社区组织	下环区街坊会
	北区社区组织
	离岛社区组织

第二阶段拜访名单

政府部门	澳门特别行政区政府统计暨普查局
社团组织	澳门工会联合总会
	澳门学者同盟
	澳门妇女联合总会
	澳门青年联合会
	澳门街坊会联合总会
	中总青委会
	中华教育会
	澳门归侨总会

附录 C 部分 SPSS 输出结果

在控制收入后分析教育与中产阶层身份认同的情况

请问您的最高学历（包括在读）* 您认为您自己是不是中产阶层人士？* 请估计一下，您个人去年的年收入最接近如下哪个范围？

请估计一下，您个人去年的年收入最接近如下哪个范围？				您认为您自己是不是中产阶层人士？				合计
				算是	基本上算是	不算	很难讲	
3万元以下	请问您的最高学历（包括在读）	小学及以下	频数	1	1	17	0	19
			百分比	25%	5.9%	17.9%	.0%	15.8%
		初中	频数	1	3	17	0	21
			百分比	25%	17.6%	17.9%	.0%	17.5%
		高中/中专/技校/职高	频数	0	4	34	3	41
			百分比	.0%	23.5%	35.8%	75%	34.2%
		大专	频数	1	2	7	0	10
			百分比	25%	11.8%	7.4%	.0%	8.3%
		本科	频数	1	6	20	1	28
			百分比	25%	35.3%	21.1%	25%	23.3%
		硕士研究生及以上	频数	0	1	0	0	1
			百分比	.0%	5.9%	.0%	.0%	.8%

356　澳门中产阶层现状探索

续表

请问您的最高学历（包括在读）*您认为您自己是不是中产阶层人士？*请估计一下，您个人去年的年收入最接近如下哪个范围？

			您认为您自己是不是中产阶层人士？				合计
			算是	基本上算是	不算	很难讲	
	合计	频数	4	17	95	4	120
		百分比	100.0%	100.0%	100.0%	100.0%	100.0%
3万-6万元	请问您的最高学历（包括在读）						
	小学及以下	频数	0	0	7	0	7
		百分比	.0%	.0%	29.2%	.0%	21.9%
	初中	频数	0	1	5	0	6
		百分比	.0%	20%	20.8%	.0%	18.8%
	高中/中专/技校/职高	频数	0	0	5	0	5
		百分比	.0%	.0%	20.8%	.0%	15.6%
	大专	频数	1	2	1	1	5
		百分比	50%	40%	4.2%	100%	15.6%
	本科	频数	0	2	6	0	8
		百分比	.0%	40%	25.0%	.0%	25.0%
	硕士研究生及以上	频数	1	0	0	0	1
		百分比	50%	.0%	.0%	.0%	3.1%
	合计	频数	2	5	24	1	32
		百分比	100.0%	100.0%	100.0%	100.0%	100.0%

续表

请问您的最高学历（包括在读）* 您个人去年的年收入最接近如下哪个范围？* 请估计一下，您认为您自己是不是中产阶层人士？

请估计一下，您个人去年的年收入最接近如下哪个范围？

				您认为您自己是不是中产阶层人士？				合计
				算是	基本上算是	不算	很难讲	
6万—12万元	请问您的最高学历（包括在读）	小学及以下	频数	1	1	12	1	15
			百分比	25.0%	12.5%	19.0%	100.0%	19.7%
		初中	频数	1	1	19	0	21
			百分比	25.0%	12.5%	30.2%	.0%	27.6%
		高中/中专/技校/职高	频数	2	2	17	0	21
			百分比	50.0%	25.0%	27.0%	.0%	27.6%
		大专	频数	0	3	8	0	11
			百分比	.0%	37.5%	12.7%	.0%	14.5%
		本科	频数	0	1	6	0	7
			百分比	.0%	12.5%	9.5%	.0%	9.2%
		硕士研究生及以上	频数	0	0	1	0	1
			百分比	.0%	.0%	1.6%	.0%	1.3%
	合计		频数	4	8	63	1	76
			百分比	100.0%	100.0%	100.0%	100.0%	100.0%

续表

请问您的最高学历（包括在读）* 您认为您自己是不是中产阶层人士" * 请估计一下，您个人去年的年收入最接近如下哪个范围？

请估计一下，您个人去年的年收入最接近如下哪个范围？ 12万—18万元

请问您的最高学历（包括在读）			您认为您自己是不是中产阶层人士？				合计
			算是	基本上算是	不算	很难讲	
小学及以下	频数	您认为您自己是不是中产阶层人士？	0	2	8	0	10
	百分比		.0%	8%	11.4%	.0%	9.1%
初中	频数		5	4	18	1	28
	百分比	您认为您自己是不是中产阶层人士？	35.7%	16%	25.7%	100%	25.5%
高中/中专/技校/职高	频数		4	8	25	0	37
	百分比	您认为您自己是不是中产阶层人士？	28.6%	32%	35.7%	.0%	33.6%
大专	频数		3	4	6	0	13
	百分比	您认为您自己是不是中产阶层人士？	21.4%	16%	8.6%	.0%	11.8%
本科	频数		2	6	12	0	20
	百分比	您认为您自己是不是中产阶层人士？	14.3%	24%	17.1%	.0%	18.2%
硕士研究生及以上	频数		0	1	1	0	2
	百分比	您认为您自己是不是中产阶层人士？	.0%	4%	1.4%	.0%	1.8%
合计	频数		14	25	70	1	110
	百分比	您认为您自己是不是中产阶层人士？	100.0%	100.0%	100.0%	100.0%	100.0%

续表

请问您的最高学历（包括在读）* 您认为您自己是不是中产阶层人士？* 请估计一下，您个人去年的年收入最接近如下哪个范围？

				您认为您自己是不是中产阶层人士？				合计
				算是	基本上算是	不算	很难讲	
18万—24万元	请问您的最高学历（包括在读）	小学及以下	您认为您自己是不是中产阶层人士？	1	1	2	0	4
			频数					
			百分比	9.1%	4.8%	4.8%	.0%	5.3%
		初中	频数	0	1	7	0	8
			百分比	.0%	4.8%	16.7%	.0%	10.5%
		高中/中专/技校/职高	频数	5	4	11	2	22
			百分比	45.5%	19.0%	26.2%	100%	28.9%
		大专	频数	2	6	9	0	17
			百分比	18.2%	28.6%	21.4%	.0%	22.4%
		本科	频数	1	6	12	0	19
			百分比	9.1%	28.6%	28.6%	.0%	25.0%
		硕士研究生及以上	频数	2	3	1	0	6
			百分比	18.2%	14.3%	2.4%	.0%	7.9%
	合计		频数	11	21	42	2	76
			百分比	100.0%	100.0%	100.0%	100.0%	100.0%

续表

请问您的最高学历（包括在读）* 您认为您自己是不是中产阶层人士？* 请估计一下，您个人去年的年收入最接近如下哪个范围？

请估计一下，您个人去年的年收入最接近如下哪个范围？	请问您的最高学历（包括在读）			您认为您自己是不是中产阶层人士？				合计
				算是	基本上算是	不算	很难讲	
24万—36万元	小学及以下	您认为您自己是不是中产阶层人士？	频数	0	0	1	0	1
			百分比	.0%	.0%	4.2%	.0%	1.7%
	初中	您认为您自己是不是中产阶层人士？	频数	2	3	4	0	9
			百分比	22.2%	13.0%	16.7%	.0%	15.5%
	高中/中专/技校/职高	您认为您自己是不是中产阶层人士？	频数	2	7	6	1	16
			百分比	22.2%	30.4%	25%	50%	27.6%
	大专	您认为您自己是不是中产阶层人士？	频数	2	5	2	0	9
			百分比	22.2%	21.7%	8.3%	.0%	15.5%
	本科	您认为您自己是不是中产阶层人士？	频数	2	6	10	1	19
			百分比	22.2%	26.1%	41.7%	50%	32.8%
	硕士研究生及以上	您认为您自己是不是中产阶层人士？	频数	1	2	1	0	4
			百分比	11.1%	8.7%	4.2%	.0%	6.9%
	合计	您认为您自己是不是中产阶层人士？	频数	9	23	24	2	58
			百分比	100.0%	100.0%	100.0%	100.0%	100.0%

续表

请问您的最高学历（包括在读）*您认为您自己是不是中产阶层人士？*请估计一下，您个人去年的年收入最接近如下哪个范围？				您认为您自己是不是中产阶层人士？				合计
请估计一下，您个人去年的年收入最接近如下哪个范围？				算是	基本上算是	不算	很难讲	
36万—48万元	请问您的最高学历（包括在读）	小学及以下	频数	1	1	0	0	2
			百分比	10%	10%	.0%	.0%	7.1%
		初中	频数	0	1	0	0	1
			百分比	.0%	10%	.0%	.0%	3.6%
		高中/中专/技校/职高	频数	1	2	2	1	6
			百分比	10%	20%	28.6%	100.0%	21.4%
		大专	频数	2	1	0	0	3
			百分比	20.0%	10%	.0%	.0%	10.7%
		本科	频数	2	3	5	0	10
			百分比	20%	30%	71.4%	.0%	35.7%
		硕士研究生及以上	频数	4	2	0	0	6
			百分比	40%	20%	.0%	.0%	21.4%
	合计		频数	10	10	7	1	28
			百分比	100.0%	100.0%	100.0%	100.0%	100.0%

续表

请估计一下，您个人去年的年收入最接近如下哪个范围？ * 您认为您自己是不是中产阶层人士？ * 请估计一下，请问您的最高学历（包括在读）？

				您认为您自己是不是中产阶层人士？				合计
				算是	基本上算是	不算	很难讲	
请估计一下，您个人去年的年收入最接近如下哪个范围？	48万—60万元	请问您的最高学历（包括在读）	小学及以下					
			频数	0	1	0	0	1
			百分比	.0%	12.5%	.0%	.0%	4.8%
			初中					
			频数	1	0	1	0	2
			百分比	16.7%	.0%	20%	.0%	9.5%
			高中/中专/技校/职高					
			频数	1	1	1	1	4
			百分比	16.7%	12.5%	20%	50%	19.0%
			大专					
			频数	1	1	0	0	2
			百分比	16.7%	12.5%	.0%	.0%	9.5%
			本科					
			频数	2	4	3	1	10
			百分比	33.3%	50.0%	60%	50%	47.6%
			硕士研究生及以上					
			频数	1	1	0	0	2
			百分比	16.7%	12.5%	.0%	.0%	9.5%
		合计						
			频数	6	8	5	2	21
			百分比	100.0%	100.0%	100.0%	100.0%	100.0%

续表

请问您的最高学历（包括在读）*请估计一下，您个人去年的年收入最接近如下哪个范围？*请估计一下，您个人去年的年收入最接近如下哪个范围？				您认为您自己是不是中产阶层人士？				合计
				算是	基本上算是	不算	很难讲	
60万—72万元	请问您的最高学历（包括在读）	初中	频数	0	1	0		1
			百分比	.0%	20.0%	.0%		12.5%
		高中/中专/技校/职高	频数	1	1	0		2
			百分比	50%	20.0%	.0%		25.0%
		本科	频数	0	3	0		3
			百分比	.0%	60.0%	.0%		37.5%
		硕士研究生及以上	频数	1	0	1		2
			百分比	50%	.0%	100.0%		25.0%
	合计		频数	2	5	1		8
			百分比	100.0%	100.0%	100.0%		100.0%
72万—96万元	请问您的最高学历（包括在读）	高中/中专/技校/职高	频数		1		0	1
			百分比		50.0%		.0%	33.3%
		本科	频数		1		1	2
			百分比		50.0%		100.0%	66.7%

续表

请估计一下，您个人去年的年收入最接近如下哪个范围？	请问您的最高学历（包括在读）			您认为您自己是不是中产阶层人士？				合计
				算是	基本上算是	不算	很难讲	
96万—120万元	合计		频数	1	2			3
			百分比		100.0%		100.0%	100.0%
	大专		频数	1	0		1	2
			百分比	100%	.0%		100.0%	66.7%
	硕士研究生及以上		频数	0	1		0	1
			百分比	.0%	100%		.0%	33.3%
120万元以上	合计		频数	1	1	1		3
			百分比	100.0%	100.0%	100.0%		100.0%
	大专		频数		0	1	0	1
			百分比		.0%	100.0%	.0%	33.3%
	本科		频数		0	0	1	1
			百分比		.0%	.0%	100.0%	33.3%
	硕士研究生及以上		频数		1	0	0	1
			百分比		100.0%	.0%	.0%	33.3%

续表

请问您的最高学历（包括在读）* 您认为您自己是不是中产阶层人士？* 请估计一下，您个人去年的年收入最接近如下哪个范围？

请估计一下，您个人去年的年收入最接近如下哪个范围？			您认为您自己是不是中产阶层人士？				合计
			算是	基本上算是	不算	很难讲	
很难讲	合计	您认为您自己是不是中产阶层人士？ 频数		1	1	1	3
		百分比		100.0%	100.0%	100.0%	100.0%
请问您的最高学历（包括在读）	小学及以下	您认为您自己是不是中产阶层人士？ 频数	1	1	6	0	8
		百分比	8.3%	6.2%	18.2%	.0%	11.6%
	初中	您认为您自己是不是中产阶层人士？ 频数	3	1	3	2	9
		百分比	25%	6.2%	9.1%	25%	13.0%
	高中/中专/技校/职高	您认为您自己是不是中产阶层人士？ 频数	2	5	8	2	17
		百分比	16.7%	31.2%	24.2%	25%	24.6%
	大专	您认为您自己是不是中产阶层人士？ 频数	2	0	2	3	7
		百分比	16.7%	.0%	6.1%	37.5%	10.1%
	本科	您认为您自己是不是中产阶层人士？ 频数	2	7	10	1	20
		百分比	16.7%	43.8%	30.3%	12.5%	29.0%
	硕士研究生及以上	您认为您自己是不是中产阶层人士？ 频数	2	2	4	0	8
		百分比	16.7%	12.5%	12.1%	.0%	11.6%
合计		频数	12	16	33	8	69
		百分比	100.0%	100.0%	100.0%	100.0%	100%

Chi – Square Tests

请估计一下，您个人去年的年收入最接近如下哪个范围？		Value	df	Asymp. Sig. (2 – sided)	Exact Sig. (2 – sided)	Exact Sig. (1 – sided)
3 万元以下	Pearson Chi – Square	16.291a	15	.363		
	Likelihood Ratio	16.395	15	.356		
	Linear – by – Linear Association	1.070	1	.301		
	N of Valid Cases	120				
3 万—6 万元	Pearson Chi – Square	30.809b	15	.009		
	Likelihood Ratio	22.668	15	.091		
	Linear – by – Linear Association	3.932	1	.047		
	N of Valid Cases	32				
6 万—12 万元	Pearson Chi – Square	10.232c	15	.805		
	Likelihood Ratio	9.662	15	.840		
	Linear – by – Linear Association	.180	1	.672		
	N of Valid Cases	76				
12 万—18 万元	Pearson Chi – Square	10.010d	15	.819		
	Likelihood Ratio	11.007	15	.752		
	Linear – by – Linear Association	1.245	1	.265		
	N of Valid Cases	110				
18 万—24 万元	Pearson Chi – Square	16.505e	15	.349		
	Likelihood Ratio	17.878	15	.269		
	Linear – by – Linear Association	1.115	1	.291		
	N of Valid Cases	76				
24 万—36 万元	Pearson Chi – Square	6.743f	15	.964		
	Likelihood Ratio	7.816	15	.931		
	Linear – by – Linear Association	.001	1	.971		
	N of Valid Cases	58				

续表

请估计一下,您个人去年的年收入最接近如下哪个范围?		Value	df	Asymp. Sig. (2-sided)	Exact Sig. (2-sided)	Exact Sig. (1-sided)
36万—48万元	Pearson Chi-Square	14.907g	15	.458		
	Likelihood Ratio	16.478	15	.351		
	Linear-by-Linear Association	.479	1	.489		
	N of Valid Cases	28				
48万—60万元	Pearson Chi-Square	7.236h	15	.951		
	Likelihood Ratio	9.226	15	.865		
	Linear-by-Linear Association	.057	1	.811		
	N of Valid Cases	21				
60万—72万元	Pearson Chi-Square	7.200i	6	.303		
	Likelihood Ratio	8.859	6	.182		
	Linear-by-Linear Association	.290	1	.590		
	N of Valid Cases	8				
72万—96万元	Pearson Chi-Square	.750j	1	.386		
	Continuity Correctionk	.000	1	1.000		
	Likelihood Ratio	1.046	1	.306		
	Fisher's Exact Test 1.000				.667	
	Linear-by-Linear Association	.500	1	.480		
	N of Valid Cases	3				
96万—120万元	Pearson Chi-Square	3.000l	2	.223		
	Likelihood Ratio	3.819	2	.148		
	Linear-by-Linear Association	.071	1	.789		
	N of Valid Cases	3				

续表

请估计一下，您个人去年的年收入最接近如下哪个范围？		Value	df	Asymp. Sig. (2-sided)	Exact Sig. (2-sided)	Exact Sig. (1-sided)
120万元以上	Pearson Chi-Square	6.000m	4	.199		
	Likelihood Ratio	6.592	4	.159		
	Linear-by-Linear Association	.500	1	.480		
	N of Valid Cases	3				
很难讲	Pearson Chi-Square	18.801n	15	.223		
	Likelihood Ratio	19.619	15	.187		
	Linear-by-Linear Association	.312	1	.576		
	N of Valid Cases	69				

在控制受教育程度后分析收入与中产阶层认同相关的情况

请估计一下，您个人去年的年收入最接近如下哪个范围？ * 您认为自己是不是中产阶层人士？ * 请问您的最高学历（包括在读）？ Crosstabulation

请问您的最高学历（包括在读）：小学及以下

请估计一下，您个人去年的年收入最接近如下哪个范围？			您认为自己是不是中产阶层人士？				合计
			算是	基本上算是	不算	很难讲	
3 万元以下	频数	您认为自己是不是中产阶层人士？	1	1	17	0	19
	百分比		20%	12.5%	32.1%	.0%	28.4%
3 万—6 万元	频数	您认为自己是不是中产阶层人士？	0	0	7	0	7
	百分比		.0%	.0%	13.2%	.0%	10.4%
6 万—12 万元	频数	您认为自己是不是中产阶层人士？	1	1	12	1	15
	百分比		20%	12.5%	22.6%	100.0%	22.4%
12 万—18 万元	频数	您认为自己是不是中产阶层人士？	0	2	8	0	10
	百分比		.0%	25%	15.1%	.0%	14.9%
18 万—24 万元	频数	您认为自己是不是中产阶层人士？	1	1	2	0	4
	百分比		20%	12.5%	3.8%	.0%	6.0%
24 万—36 万元	频数	您认为自己是不是中产阶层人士？	0	0	1	0	1
	百分比		.0%	.0%	1.9%	.0%	1.5%
36 万—48 万元	频数	您认为自己是不是中产阶层人士？	1	1	0	0	2
	百分比		20%	12.5%	.0%	.0%	3.0%
48 万—60 万元	频数	您认为自己是不是中产阶层人士？	0	1	0	0	1
	百分比		.0%	12.5%	.0%	.0%	1.5%

续表

请估计一下，您个人去年年间收入最接近如下哪个范围？ * 您认为您自己是不是中产阶层人士？ * 请问您的最高学历（包括在读）Crosstabulation

请问您的最高学历（包括在读）				您认为您自己是不是中产阶层人士？				合计
				算是	基本上算是	不算	很难讲	
很难讲	合计	3万元以下	频数	1	1	6	0	8
			百分比	20%	12.5%	11.3%	.0%	11.9%
			频数	5	8	53	1	67
			百分比	100.0%	100.0%	100.0%	100.0%	100.0%
		3万—6万元	频数	1	3	17	0	21
			百分比	7.7%	18.8%	23.0%	.0%	19.8%
		6万—12万元	频数	0	1	5	0	6
			百分比	.0%	6.3%	6.8%	.0%	5.7%
			频数	1	1	19	0	21
			百分比	7.7%	6.3%	25.7%	.0%	19.8%
初中	请估计一下，您个人去年年收入最接近如下哪个范围？	12万—18万元	频数	5	4	18	1	28
			百分比	38.5%	25.0%	24.3%	33.3%	26.4%
		18万—24万元	频数	0	1	7	0	8
			百分比	.0%	6.3%	9.5%	.0%	7.5%
		24万—36万元	频数	2	3	4	0	9
			百分比	15.4%	18.8%	5.4%	.0%	8.5%

续表

请估计一下，您个人去年的年收入最接近如下哪个范围？ * 您认为您自己是不是中产阶层人士？ * 请问您的最高学历（包括在读）Crosstabulation

				您认为您自己是不是中产阶层人士？				合计
请问您的最高学历（包括在读）				算是	基本上算是	不算	很难讲	
	36万—48万元	频数	您认为您自己是不是中产阶层人士？	0	1	0	0	1
		百分比		.0%	6.3%	.0%	.0%	.9%
	48万—60万元	频数	您认为您自己是不是中产阶层人士？	1	0	1	0	2
		百分比		7.7%	.0%	1.4%	.0%	1.9%
	60万—72万元	频数	您认为您自己是不是中产阶层人士？	0	1	0	0	1
		百分比		.0%	6.2%	.0%	.0%	.9%
	很难讲	频数	您认为您自己是不是中产阶层人士？	3	1	3	2	9
		百分比		23.1%	6.2%	4.1%	66.7%	8.5%
	合计	频数	您认为您自己是不是中产阶层人士？	13	16	74	3	106
		百分比		100.0%	100.0%	100.0%	100.0%	100.0%
高中/中专/职高/技校的您个人去年年收入最接近如下哪个范围？	3万元以下	频数	您认为您自己是不是中产阶层人士？	0	4	34	3	41
		百分比		.0%	11.4%	31.2%	30%	23.8%
	3万—6万元	频数	您认为您自己是不是中产阶层人士？	0	0	5	0	5
		百分比		.0%	.0%	4.6%	.0%	2.9%
	6万—12万元	频数	您认为您自己是不是中产阶层人士？	2	2	17	0	21
		百分比		11.1%	5.7%	15.6%	.0%	12.2%

续表

请估计一下，您个人去年每年收入人最接近如下哪个范围？ * 您认为您自己是不是中产阶层人士？ * 请问您的最高学历（包括在读）
Crosstabulation

请问您的最高学历（包括在读）

			您认为您自己是不是中产阶层人士				合计
			算是	基本上算是	不算	很难讲	
12万—18万元	您认为您自己是不是中产阶层人士？	频数	4	8	25	0	37
		百分比	22.2%	22.9%	22.9%	.0%	21.5%
18万—24万元	您认为您自己是不是中产阶层人士？	频数	5	4	11	2	22
		百分比	27.8%	11.4%	10.1%	20%	12.8%
24万—36万元	您认为您自己是不是中产阶层人士？	频数	2	7	6	1	16
		百分比	11.1%	20.0%	5.5%	10%	9.3%
36万—48万元	您认为您自己是不是中产阶层人士？	频数	1	2	2	1	6
		百分比	5.6%	5.7%	1.8%	10%	3.5%
48万—60万元	您认为您自己是不是中产阶层人士？	频数	1	1	1	1	4
		百分比	5.6%	2.9%	.9%	10%	2.3%
60万—72万元	您认为您自己是不是中产阶层人士？	频数	1	1	0	0	2
		百分比	5.6%	2.9%	.0%	.0%	1.2%
72万—96万元	您认为您自己是不是中产阶层人士？	频数	0	1	0	0	1
		百分比	.0%	2.9%	.0%	.0%	.6%
很难讲	您认为您自己是不是中产阶层人士？	频数	2	5	8	2	17
		百分比	11.1%	14.3%	7.3%	20%	9.9%
合计		频数	18	35	109	10	172
		百分比	100.0%	100.0%	100.0%	100.0%	100.0%

续表

请估计一下，您个人去年的年收入最接近如下哪个范围？ * 您认为您自己是不是中产阶层人士？ * 请问您的最高学历（包括在读）
Crosstabulation

请问您的最高学历（包括在读）				您认为您自己是不是中产阶层人士？				合计
				算是	基本上算是	不算	很难讲	
大专	3万元以下	频数	您认为您自己是不是中产阶层人士？	1	2	7	0	10
		百分比		6.7%	8.3%	19.4%	.0%	12.5%
	3万—6万元	频数	您认为您自己是不是中产阶层人士？	1	2	1	1	5
		百分比		6.7%	8.3%	2.8%	20%	6.2%
	6万—12万元	频数	您认为您自己是不是中产阶层人士？	0	3	8	0	11
		百分比		.0%	12.5%	22.2%	.0%	13.8%
	12万—18万元	频数	您认为您自己是不是中产阶层人士？	3	4	6	0	13
		百分比		20.0%	16.7%	16.7%	.0%	16.3%
	18万—24万元	频数	您认为您自己是不是中产阶层人士？	2	6	9	0	17
		百分比		13.3%	25%	25%	.0%	21.3%
	24万—36万元	频数	您认为您自己是不是中产阶层人士？	2	5	2	0	9
		百分比		13.3%	20.8%	5.6%	.0%	11.3%
	36万—48万元	频数	您认为您自己是不是中产阶层人士？	2	1	0	0	3
		百分比		13.3%	4.2%	.0%	.0%	3.8%
	48万—60万元	频数	您认为您自己是不是中产阶层人士？	1	1	0	0	2
		百分比		6.7%	4.2%	.0%	.0%	2.5%

374 澳门中产阶层现状探索

续表

请估计一下，您个人去年的年收入最接近如下哪个范围？ * 您认为您自己是不是中产阶层人士？ * 请问您的最高学历（包括在读）Crosstabulation

<table>
<tr><th colspan="3" rowspan="2">请问您的最高学历（包括在读）</th><th colspan="5">您认为您自己是不是中产阶层人士？</th><th rowspan="2">合计</th></tr>
<tr><th>算是</th><th>基本上算是</th><th>不算</th><th>很难讲</th></tr>
<tr><td rowspan="8">请估计一下，您个人去年的年收入最接近如下哪个范围？</td><td rowspan="2">96万—120万元</td><td>频数</td><td>您认为您自己是不是中产阶层人士？</td><td>1</td><td>0</td><td>0</td><td>1</td><td>2</td></tr>
<tr><td>百分比</td><td></td><td>6.7%</td><td>.0%</td><td>.0%</td><td>20%</td><td>2.5%</td></tr>
<tr><td rowspan="2">120万元以上</td><td>频数</td><td>您认为您自己是不是中产阶层人士？</td><td>0</td><td>0</td><td>1</td><td>0</td><td>1</td></tr>
<tr><td>百分比</td><td></td><td>.0%</td><td>.0%</td><td>2.8%</td><td>.0%</td><td>1.2%</td></tr>
<tr><td rowspan="2">很难讲</td><td>频数</td><td>您认为您自己是不是中产阶层人士？</td><td>2</td><td>0</td><td>2</td><td>3</td><td>7</td></tr>
<tr><td>百分比</td><td></td><td>13.3%</td><td>.0%</td><td>5.6%</td><td>60%</td><td>8.8%</td></tr>
<tr><td rowspan="2">合计</td><td>频数</td><td>您认为您自己是不是中产阶层人士？</td><td>15</td><td>24</td><td>36</td><td>5</td><td>80</td></tr>
<tr><td>百分比</td><td></td><td>100.0%</td><td>100.0%</td><td>100.0%</td><td>100.0%</td><td>100.0%</td></tr>
<tr><td rowspan="8">本科</td><td rowspan="2">3万元以下</td><td>频数</td><td>您认为您自己是不是中产阶层人士？</td><td>1</td><td>6</td><td>20</td><td>1</td><td>28</td></tr>
<tr><td>百分比</td><td></td><td>8.3%</td><td>13.3%</td><td>23.8%</td><td>16.7%</td><td>19.0%</td></tr>
<tr><td rowspan="2">3万—6万元</td><td>频数</td><td>您认为您自己是不是中产阶层人士？</td><td>0</td><td>2</td><td>6</td><td>0</td><td>8</td></tr>
<tr><td>百分比</td><td></td><td>.0%</td><td>4.4%</td><td>7.1%</td><td>.0%</td><td>5.4%</td></tr>
<tr><td rowspan="2">6万—12万元</td><td>频数</td><td>您认为您自己是不是中产阶层人士？</td><td>0</td><td>1</td><td>6</td><td>0</td><td>7</td></tr>
<tr><td>百分比</td><td></td><td>.0%</td><td>2.2%</td><td>7.1%</td><td>.0%</td><td>4.8%</td></tr>
<tr><td rowspan="2">12万—18万元</td><td>频数</td><td>您认为您自己是不是中产阶层人士？</td><td>2</td><td>6</td><td>12</td><td>0</td><td>20</td></tr>
<tr><td>百分比</td><td></td><td>16.7%</td><td>13.3%</td><td>14.3%</td><td>.0%</td><td>13.6%</td></tr>
</table>

续表

请估计一下，您个人去年的年收入最接近如下哪个范围？ * 您认为您自己是不是中产阶层人士？ * 请问您的最高学历（包括在读）Crosstabulation

请问您的最高学历（包括在读）			您认为您自己是不是中产阶层人士？				合计
			算是	基本上算是	不算	很难讲	
18万—24万元	您认为您自己是不是中产阶层人士？	频数	1	6	12	0	19
		百分比	8.3%	13.3%	14.3%	.0%	12.9%
24万—36万元	您认为您自己是不是中产阶层人士？	频数	2	6	10	1	19
		百分比	16.7%	13.3%	11.9%	16.7%	12.9%
36万—48万元	您认为您自己是不是中产阶层人士？	频数	2	3	5	0	10
		百分比	16.7%	6.7%	6.0%	.0%	6.8%
48万—60万元	您认为您自己是不是中产阶层人士？	频数	2	4	3	1	10
		百分比	16.7%	8.9%	3.6%	16.7%	6.8%
60万—72万元	您认为您自己是不是中产阶层人士？	频数	0	3	0	0	3
		百分比	.0%	6.7%	.0%	.0%	2.0%
72万—96万元	您认为您自己是不是中产阶层人士？	频数	0	1	0	1	2
		百分比	.0%	2.2%	.0%	16.7%	1.4%
120万元以上	您认为您自己是不是中产阶层人士？	频数	0	0	0	1	1
		百分比	.0%	.0%	.0%	16.7%	.7%
很难讲	您认为您自己是不是中产阶层人士？	频数	2	7	10	1	20
		百分比	16.7%	15.6%	11.9%	16.7%	13.6%

续表

请估计一下，您个人去年的年收入最接近如下哪个范围？ * 您认为您自己是不是中产阶层人士？ * 请问您的最高学历（包括在读）Crosstabulation

请问您的最高学历（包括在读）

硕士研究生及以上

请估计一下，您个人去年的年收入最接近如下哪个范围？		您认为您自己是不是中产阶层人士？				合计
		算是	基本上算是	不算	很难讲	
合计	频数	12	45	84	6	147
	百分比	100.0%	100.0%	100.0%	100.0%	100.0%
3万元以下	频数	0	1	0	0	1
	百分比	.0%	7.1%	.0%	.0%	2.9%
3万—6万元	频数	1	0	0	0	1
	百分比	8.3%	.0%	.0%	.0%	2.9%
6万—12万元	频数	0	0	1	0	1
	百分比	.0%	.0%	11.1%	.0%	2.9%
12万—18万元	频数	0	1	1	0	2
	百分比	.0%	7.1%	11.1%	.0%	5.7%
18万—24万元	频数	2	3	1	0	6
	百分比	16.7%	21.4%	11.1%	.0%	17.1%
24万—36万元	频数	1	2	1	0	4
	百分比	8.3%	14.3%	11.1%	.0%	11.4%
36万—48万元	频数	4	2	0	0	6
	百分比	33.3%	14.3%	.0%	.0%	17.1%

续表

请估计一下，您个人去年的年收入最接近如下哪个范围？＊您认为您自己是不是中产阶层人士？＊请问您的最高学历（包括在读）
Crosstabulation

<table>
<tr><th colspan="3">请问您的最高学历（包括在读）</th><th colspan="4">您认为您自己是不是中产阶层人士？</th><th colspan="2">合计</th></tr>
<tr><td></td><td></td><td></td><td>算是</td><td>基本上算是</td><td>不算</td><td>很难讲</td><td></td><td></td></tr>
<tr><td rowspan="2">48万—60万元</td><td>频数</td><td></td><td>1</td><td>1</td><td>0</td><td></td><td colspan="2">2</td></tr>
<tr><td>百分比</td><td>您认为您自己是不是中产阶层人士？</td><td>8.3%</td><td>7.1%</td><td>.0%</td><td></td><td colspan="2">5.7%</td></tr>
<tr><td rowspan="2">60万—72万元</td><td>频数</td><td></td><td>1</td><td>0</td><td>1</td><td></td><td colspan="2">2</td></tr>
<tr><td>百分比</td><td>您认为您自己是不是中产阶层人士？</td><td>8.3%</td><td>.0%</td><td>11.1%</td><td></td><td colspan="2">5.7%</td></tr>
<tr><td rowspan="2">96万—120万元</td><td>频数</td><td></td><td>0</td><td>1</td><td>0</td><td></td><td colspan="2">1</td></tr>
<tr><td>百分比</td><td>您认为您自己是不是中产阶层人士？</td><td>.0%</td><td>7.1%</td><td>.0%</td><td></td><td colspan="2">2.9%</td></tr>
<tr><td rowspan="2">120万元以上</td><td>频数</td><td></td><td>0</td><td>1</td><td>0</td><td></td><td colspan="2">1</td></tr>
<tr><td>百分比</td><td>您认为您自己是不是中产阶层人士？</td><td>.0%</td><td>7.1%</td><td>.0%</td><td></td><td colspan="2">2.9%</td></tr>
<tr><td rowspan="2">很难讲</td><td>频数</td><td></td><td>2</td><td>2</td><td>4</td><td></td><td colspan="2">8</td></tr>
<tr><td>百分比</td><td>您认为您自己是不是中产阶层人士？</td><td>16.7%</td><td>14.3%</td><td>44.4%</td><td></td><td colspan="2">22.9%</td></tr>
<tr><td rowspan="2">合计</td><td>频数</td><td></td><td>12</td><td>14</td><td>9</td><td></td><td colspan="2">35</td></tr>
<tr><td>百分比</td><td>您认为您自己是不是中产阶层人士？</td><td>100.0%</td><td>100.0%</td><td>100.0%</td><td></td><td colspan="2">100.0%</td></tr>
</table>

Chi – Square Tests

请问您的最高学历（包括在读）		Value	df	Asymp. Sig. (2 – sided)
小学及以下	Pearson Chi – Square	27.363a	24	.288
	Likelihood Ratio	23.181	24	.509
	Linear – by – Linear Association	2.933	1	.087
	N of Valid Cases	67		
初中	Pearson Chi – Square	44.711b	27	.017
	Likelihood Ratio	36.451	27	.106
	Linear – by – Linear Association	3.689	1	.055
	N of Valid Cases	106		
高中/中专/技校/职高	Pearson Chi – Square	46.849c	30	.026
	Likelihood Ratio	52.369	30	.007
	Linear – by – Linear Association	6.807	1	.009
	N of Valid Cases	172		
大专	Pearson Chi – Square	51.591d	30	.008
	Likelihood Ratio	48.588	30	.017
	Linear – by – Linear Association	.011	1	.916
	N of Valid Cases	80		
本科	Pearson Chi – Square	57.762e	33	.005
	Likelihood Ratio	38.104	33	.248
	Linear – by – Linear Association	1.988	1	.158
	N of Valid Cases	147		
硕士研究生及以上	Pearson Chi – Square	19.086f	22	.640
	Likelihood Ratio	22.747	22	.416
	Linear – by – Linear Association	.648	1	.421
	N of Valid Cases	35		

参考文献

[1] 澳门发展策略研究中心:《澳门特区政府公共行政改革研究报告》,2009年。

[2] 澳门发展策略研究中心、澳门政治人才问题研究小组:《澳门特区政治人才问题研究》,2009年。

[3] 澳门发展策略研究中心:《第六届立法会参选组别知名度调查》,2017年。

[4] 澳门特别行政区立法会:《立法会简介》,参见 http://www.al.gov.mo/zh/introduction。

[5] 澳门特别行政区审计署:《公共部门向社团发放财政资助的研究》,2003年。

[6] 澳门选民登记,"最新消息",http://www.re.gov.mo/re/public/html.jsf? article = news。

[7] 陈昕、萧志伟:《澳门中产阶层研究初探》,社会科学文献出版社2017年版。

[8] 陈振宇:《谁是澳门的中产?》,《澳门日报》2011年6月15日第F02版。

[9] 程惕洁:《澳门新移民调查及政策研究(2007—2008)》,北京大学出版社2011年版。

[10] DiMaggio, P. et al., "Social Implications of the Internet", *Annual Review of Sociology*, Vol. 27, 2001, pp. 307 – 336.

[11] [德] 马克思、恩格斯:《共产党宣言》,人民出版社1997年版。

[12] 邓开颂:《澳门的苦力及其对世界经济的影响》,载吴志良、林发钦、何志辉主编《澳门人文社会科学研究文选(历史卷—中)》,

社会科学文献出版社 2009 年版。

[13] ［古希腊］亚里士多德：《政治学》，商务印书馆 1981 年版。

[14] 郝雨凡等：《澳门经济社会发展报告（2010—2011）》，社会科学文献出版社 2011 年版。

[15] 孔德勇、王存福：《"中产阶级"的历史发展和概念辨析》，《社会主义研究》2006 年第 1 期。

[16] 李略：《澳门中产阶层初探》，《澳门日报》2010 年 12 月 15 日第 F02 版。

[17] 娄胜华：《澳门公共行政案例研究》，中山大学出版社 2010 年版。

[18] 娄胜华：《转型时期澳门社团研究》，广东人民出版社 2004 年版。

[19] ［美］丹尼尔·贝尔：《后工业社会的来临》，商务印书馆 1984 年版。

[20] ［美］亨廷顿：《第三波：20 世纪民主化浪潮》，上海三联书店 1998 年版。

[21] ［美］李普塞特：《一致与冲突》，上海人民出版社 1995 年版。

[22] ［美］米尔斯：《白领：美国的中产阶级》，南京大学出版社 2006 年版。

[23] ［美］约翰·斯梅尔：《中产阶级文化的起源》，上海人民出版社 2006 年版。

[24] 苗国：《高校毕业生"史上最难就业季"与全球性青年失业问题再探讨——比较制度框架下的跨国定量研究》，《青年研究》2013 年第 5 期。

[25] 南都网：《澳门小户型经屋遇冷滞销 "万九公屋"被指"灌水"》，http：//house.zh51home.com/Article/ArticalShow_95714.html。

[26] 倪鹏飞、姜雪梅：《澳门城市国际竞争力报告》，社会科学文献出版社 2009 年版。

[27] 聂安祥：《社会交往行为与认同——澳门社会结构探析》，广东人民出版社 2008 年版。

[28] 潘冠瑾：《澳门社团体制变迁：自治、代表与参政》，社会科学文献出版社 2010 年版。

[29] 齐鹏飞：《澳门回归十年经济发展述论》，《中共党史研究》2009

年第 12 期。

[30] 司徒尚纪:《珠江传》,河北大学出版社 2001 年版。

[31] 孙豔豔、宁少林、孙东川:《澳门社团在澳门和谐稳定中的地位思考》,《理论探索》2006 年第 1 期(总第 157 期)。

[32] 台湾指标民调,2014 年 5 月 29 日,http://www.tisr.com.tw/?p=4184。

[33] 网易新闻:《澳门立法会周四办口头质询 就市民关心问题回应》,http://news.163.com/08/0715/11/4GSVC4O4000120GU.html。

[34] 萧新煌:《东亚的发展模式:经验性的探索》,载罗荣渠主编《现代化:理论与历史经验的再探讨》,上海译文出版社 1996 年版。

[35] 张鸿喜:《澳门社会福利服务民营化研究》,《澳门公共行政研究》2004 年第 17 卷总第 63 期。

[36] 张金岭:《法国"黑夜站立"运动及其社会背景》,《当代世界》2016 年第 6 期。

[37] 张树义:《澳门社会发展与政治过渡》,《比较法研究》("澳门研究"专号)1999 年第 1 期。

[38] 中共中央编译局国际共运研究室编:《德国社会民主党关于伯恩斯坦问题的争论》,生活·读书·新知三联书店 1981 年版。

[39]《中华人民共和国澳门特别行政区 第一届立法会具体产生办法》,http://www.gmw.cn/03zhuanti/2_zhuanti/jinian/macau/j05.htm。

[40] 周琪:《当代西方社会结构》,中国社会科学出版社 1995 年版。